中國古代物質文化史

绘画

寺观壁画（下）明清

王中旭 著

开明出版社

出版说明

在人类历史长河中，我们的民族创造出光辉灿烂的中华文明，虽历经坎坷而连绵不绝，成为我们这个星球上唯一从远古走来，中途不曾断裂的最完整的一脉文化体系，留下了博大丰厚的文化遗产，对人类文明进步作出了独特而巨大的贡献。完整而丰富的地上、地下物质文化遗存就是中华文明传承与发展的最好佐证。然而遗憾的是，到目前为止，尽管我们的物质遗存如此丰赡，却没有一部全面系统基于实体的物质资料而构建和叙写的中国古代文化史。我们这个出版项目的主旨，就是尝试弥补这个巨大缺憾和学术空白。

以往我们看到的中国历史著作，大都是基于传统文献资料，来进行政治、经济、军事、文化等各个领域的书写和诠释。当我们开始有意识地利用考古资料、地上文物遗存资料，并借助人类学、民族学、社会学等研究方法和手段来观察历史时，我们的研究空间和视域顿时更加广阔，某些隐藏至深的信息得以深入发掘，原有的历史认识进一步丰富而立体。这是因为历史本身的复杂性，决定了我们发掘历史信息的方法和途径也应该是多方面的。而随着近几十年考古发掘工作的不断推进，地下考古发现越来越丰富，地上文物遗存越来越受关注，同时学界的相关研究也越来越多，这些地下、地上文物遗存所展示给我们的信息就越来越系统，这些信息所构成的历史文化空间就越来越恢宏。最终使得我们不仅有必要而且也有可能不再拘泥于传统的历史记述与研究的路数，另辟蹊径，书写一部基于物质的中国古代文化史，即首先立足于地下、地上文物遗存，同时充分参考文献资料来诠释这些文物遗存的文化内涵与外延而构建的中国古代物质文化史。

这样的一部中国古代物质文化史，必然是一部能够让我们从物质实体出发来认识博大精深的中国古代文化的历史，一部广阔而深邃、客观而生动、系统而完整的历史，既能反映政治、经济、军事、文化、法制、科技、社会各方面情况，又能反映人们的生产、生活、信仰以及思想观念、审美理念、价值取向、生活情趣等。从中我们可以感受到历史发展的脉搏，探索历史最生动的层面，还原历史本来面貌。

从某种意义上来说，编纂这样一部系统科学的物质文化史不但势在必行，而且极具创新价值、学术价值和开拓意义。这样的工作，对于彰显中华民族的伟大创造力、诠释中华民族优秀的历史文化、使我们更好地认识源远流长的中华文明有着极为重要的意义。同时这种注重物质的客观性和系统关联性的学术视角，也必然会在学术领域产生积极的影响，对于推动历史学、人类学、考古学等学科的深入研究具有积极意义。此外，我们也希望这部书能够进一步唤起我们珍视历史、热爱文物、保护文物的意识。一个爱护文物、爱护历史文化遗产、尊重历史的民族，才是一个有未来的民族。

我们的中国古代物质文化史项目从策划到最终立项经过了数年时间的酝酿，从立项到陆续开始出版又经历了数年。我们计划全套书共出70卷，除索引卷外，分为通史和专题两个系列，以纵、横的脉络建立历史时空坐标。纵的是通史系列，分为史前、商周、秦汉、魏晋南北朝、隋唐五代、宋元明清六个阶段，按中国历史的时间顺序，遵循物质文化变化节奏和规律，在历史大背景下宏观阐述中国古代物质文化史的发展进程，使读者对文化遗存在中国历史洪流中有个整体、全局性的把握。横的是专题系列，按照材质、用途和功能、艺术表现形式等的不同分为石器、陶器、瓷器、玉器、青铜、金银器、漆器、兵器、乐器、家具、纺织、货币、天文历法、水利、建筑、墓葬、雕塑、绘画、书法篆刻等类。内容丰富的类别再做进一步的细致分类，并分册出版，如绘画类包括壁画（寺观壁画、墓室壁画、石窟寺壁画）、卷轴画等；雕塑类包括石窟寺雕塑、墓葬雕塑和其他雕塑等。各专题或以时间为轴或以类别为序，展现各个物质形态继承与发展、沿袭与嬗变的过程，通过点线面结合，揭示物质遗存所特有的发展曲线和深层次的历史内涵。每卷随文附图200幅左右，以体现内容和版面的活泼生动，强调实证效果，增强视觉感知及可读性。对于某些卷册，如龟兹、敦煌等，由于涉及大量译名，还会附加名词索引。

经过编委、各位作者和编辑人员的共同努力，如今这套书终于要依次与读者见面。个中滋味，甘苦各半。回顾起来，我们不得不说，这样大规模高难度的项目，在当今要集合如此众多的专家学者，进行如此大量的资料、图片的收集与整理工作，其难度远超我们的预期；尤其是若没有足够的资金支持，仅凭一家出版社的力量，几乎是不可能开展也不可能完成的。对此，国家出版基金会给我们提供了最大限度的支持，不仅是资金方面，还有精神方面，使得我们有决心、有信心也有力量把这个项目逐步完成。也正因为这样，这套书才能有幸与读者见面。在此，我们对国家出版基金会表示由衷的感谢。此外，参与主编策划和书稿撰写的各位专家、学者也付出了异常艰辛的努力，他们每个人本身的工作都很忙，可为了这套书的构思策划，为了每一卷书稿的高质量完成，还是付出了大量的时间和精力，做了最严谨而细致的工作，在此也对他们表示诚挚的谢意。

项目编辑组

总序：中国历史和文化的物质表征

《中国古代物质文化史》经过参与该书策划、撰写和编辑的诸多学者的共同努力，现在终于问世了。这个总序本来应该由项目的主编、前国家文物局局长、北京大学兼职教授张文彬先生来写，以阐述项目成果即本套书的编写宗旨、设计体例、内容特点，并介绍每分卷的写作情况等。由于张文彬先生在主持项目过程中遇身体不适，我这个后来被指定的执行主编只有勉为其难，代张文彬先生撰写这个《中国古代物质文化史》的总序了。鉴于这套书的编写宗旨、内容特点及框架体例等在出版说明中已有介绍，每分卷的写作情况在每本书的后记中也多有述及，无须我在这里重复。下面，我拟从中国物质文化史的概念定义、发展历程、专项分类三个方面，谈谈自己对中国古代物质文化史以及编写这套书的粗浅认识。

一、中国物质文化史的含义

人们通常这样认为，“物质文化，是指为了满足人类生存和发展需要所创造的物质产品及其所表现的文化”。物质文化既然是文化的一种呈现形态，那么，与“物质文化”相对应的另一种文化呈现形态就应是“非物质文化”，它们之间的关系是怎样的呢？要弄清这个问题，还需要从“文化”这个最基本的概念说起。

关于文化的定义很多，二十世纪五十年代有人作过统计，据说那时就有164种之多。文化人类学的鼻祖英国学者爱德华·伯内特·泰勒（Edward Burnett Tylor，1832—1917）是第一个从学术的角度对文化进行定义的学者。他认为，文化是复杂的整体，它包括知识、信仰、艺术、道德、法律、风俗，以及其他作为社会成员所习得的任何才能与习惯的综合体，是人类为使自己适应其环境和改善其生活方式的努力的总成绩[1]。泰勒关于“文化”的定义，尽管还存在不全面等问题（如泰勒没有提及需要后天习得的文化要素“语言”），却已给后人奠定了很好的解释基础，以后的学者又不断有补充和发展。英国功能主义人类学家A. R. 拉德克利夫-布朗（Alfred Radcliffe-Brown，1881—1955）认为，文化是一定的社会群体或社会阶级与他人的接触交往中习得的思想、感觉和活动的方式，是人们在相互交往中获得知识、技能、体验、观念、信仰和情

1 ［英］泰勒《原始文化》，上海文艺出版社，1992年。

操的过程，文化只有在社会结构发挥功能时才能显现出来，如果离开社会结构体系就观察不到文化。美国学者阿尔弗雷德·克鲁伯（A.L Kroeber）和克莱德·克拉克洪（Clyde Kluekhohn）在1951年出版的著述中，对西方164种文化的定义进行了评析后，提出了他们新的定义，即"文化存在于各种内隐的和外显的模式之中，借助符号的运用得以学习与传播，并构成人类群体的特殊成就，这些成就包括他们制造物品的各种具体式样，文化的基本要素是传统（通过历史衍生和由选择得到的）思想观念和价值，其中尤以价值观最为重要"[1]。以后，还有一些学者对文化下过定义，如美国学者罗伯特·F·莫菲（Robert F. Murphy）这样定义文化："文化是意义、价值和行为标准的整合系统，社会的人们据此生活并通过社会化将其在代际传递。"文化具有这样一些特点："文化定义关键部分就是，它意指行为的规则和确定方式，而不是指行为的本身""文化是我们在这个世界上的行为导引和对这个世界经验的符号表达""文化也是所有知识、信念和生存技能的百科全书""行为的不同习惯方式，以及某些特定的物质制品或艺术风格，可以使文化具有典型特征"[2]。根据以上学者对文化这一概念的解释，我们可以将文化理解为：

文化是人类社会在长期发展过程中凝固下来并在代际传承的价值观念、社会机制和行为规则，社会的人们据此思维、交流和行为，并且产生和创造具有特征的物质制品或艺术风格。

上述对文化的解释，包括了三个层面：其核心层面是人们的社会性，其中间层面是人们基于这种社会性的思维和行为，其外表层面则是人们思维和行为的产物。文化从表至里的三个不同的层面，其他两个层面都蕴含在表层的物质层面之下，故文化的三个层面又可以归结为两个不同的范畴（或两种不同的存在状态）——无固定形态的非物质的范畴就是所谓"非物质文化"（无形文化），有固定形态的物质范畴就是通常所说的"物质文化"（有形文化），这两种文化范畴构成了完整的文化形态。作为前人的完成了代际传承，经历了时间的筛选的两种文化的存在形态，已经成为我们需要加以关注、保护和传承的遗产。按照通行的解释，"非物质文化遗产"是人类创造这些物质文化的过程以及人类各社群为了满足自己精神生活需要的具有社会性、凝固性和典型性的行为，它是被各地区和社群视为其文化传统的表现形式、知识和技能，包括了口头传说、表演艺术、社会风俗、礼仪节庆、传统工艺等；而"物质文化遗产"，则是人类这些思维和行为的创造物，是有固定形态的可以被视觉感知的人类创造、制作和使用的人工遗留物。

说到文化的物质层面，就不得不提到考古学的一个核心概念"考古学文化"。我的专业是考古学，我们考古学家天天都在与考古学的文化打交道，不少考古学家还强调我们的考古学文化与别的学科的文化如何的不一样。翻开《中国大百科全书·考古卷》，该书对考古学文化的解释代表了目前中国考古界的主流认识："文化一词有着不同的含义，一般是指人类社会在科学、技术、艺术、教育、精神生活以及其他方面所达到的总成就，如中国文化、文化遗产等。考古学中所讲的文化，有其特定的含义，专门指考古发现中可供人们观察到的属于同一时代、分布于共同地区、并且具有

---

1 Kroeber,A.L. and Kluckhohn,C, Culture:A Critical Review of Concepts and Definition, Random House, New York, 1952.

2 [美]罗伯特·F·莫菲《文化与社会人类学引论》，商务印书馆，2009年。

共同的特征的一群遗存。”[1]从这个定义中也可以看出，所谓具有独特性的考古学文化，与其他学科的文化概念并没有什么不同。文化的物质表层要素——即可以观察到的一定时期、一定区域的一群经常共存的具有共同特征的遗迹和遗物——就是考古学的文化；获取并研究这些文化的物质表征，透过现象去发现本质，揭示隐藏在物质表层之下的创造和使用这些遗存的人们的行为及其社会关系，即这些物质遗存所蕴含的非物质的东西，就构成了考古学这一学科的基本内涵。

考古学在包括中国在内的不少国家和地区的学科分类中，是历史学的分支，是以物质材料为主要研究对象去探究人类历史的一门学问。这里，我们有必要再谈谈物质文化史与考古学的联系与区别。考古学是通过调查和发掘地下古代物质遗存、并通过这些遗存提供的信息来理解和复原古代社会历史的学科，物质文化研究也是通过古人的物质文化遗存来重构古代社会历史，从研究目的上来看，二者并没有什么不同。正是由于这样的原因，苏联的全国性考古研究机构曾经被命名为“物质文化史科学院”或“物质文化研究所”[2]，以后才改为“考古学研究所”。仅从研究机构名称上来说，物质文化研究与考古学之间无疑具有密切的关系。不过，物质文化研究与考古学尽管内涵大致相同，其外延（主要是研究对象、研究内容等）也还存在差异。考古学研究的主要是埋藏在地下的古代物质遗存，物质文化研究的对象则包括了地下、地上和传世的古代文化遗存，后者比前者的研究范围要宽；考古学不仅研究古人遗留下来的物质遗存所包含的历史文化信息，还要研究获取这些物质遗存并提取其包含信息的技术和方法，后一方面的研究已经不是物质文化史研究所关注的问题。就中国的考古学科而言，其构成包括了考古学理论与方法、中国考古学、外国考古学、专门考古学等，如何开展田野考古和如何更多地提取遗存的历史信息，已经包含在考古学方法和专门考古学的分支中。可以这样说，中国考古学是基于考古获取的物质资料和考古学的研究方法所构建的中国物质文化史；而中国物质文化史，则是通过考古发现和现存于世的实物资料所构架的能够反映历史发展主线的中国古代史。

英国学者鲁惟一（Michael Loewe）和美国学者夏含夷（Edward Louis Shaughnessy）在《剑桥中国古代史》的序言中，将研究中国古代史的材料分为“文献资料”和“物质资料”两类，前者包括了出土文献和传世文献，后者也就是通过考古调查和发掘获取的实物资料。他们指出：“一个不注意考古证据的历史学家会感到他无法去顺应当代的学术潮流；同样，一位不熟悉传统文献的考古学家会难以把握相当一部分的中国文化之精髓。”正是基于这种考虑，这两位学者在主编《剑桥中国古代史》时，组织了历史学家和考古学家两个领域学者，各自基于不同类型资料来分别撰写同一个时期同一个区域的历史[3]。《剑桥中国古代史》的先秦卷面对的是文献资料并不丰富的“原史时代”，所以他们采取了历史学家和考古学家各自表述而不加整合的编写方式。即使在文献资料逐渐丰富的汉唐时代，甚至文献资料已经非常丰富

1 中国大百科全书总编辑委员会《考古学》编辑委员会《中国大百科全书·考古学》，中国大百科全书出版社，1986年。

2 王伯洪、王仲殊《苏联考古工作访问记（一）》，《考古》1959年第2期，第101—104页。

3 The Cambridge History of Ancient China: From the Origins of Civilization to 221B.C, Edited by Michael Loewe and Edward L. Shaughnessy. Cambridge University Press, 1999.

的宋元明清时代，主要基于通过物质的资料来编写一套中国古代的历史，与主要采用文献资料编写的中国古代历史并行于世，这对于全面认识和理解中国的古代文化和古代社会，仍然会有很大的帮助。

二、中国古代物质文化发展的历程

我们这套“中国古代物质文化史”是由纵、横两部分组成。最前面的是“中国物质文化史综述”，这是按中国历史的纵向时间顺序来概述中国古代物质文化史的发展进程。中国古代漫长的物质文化发展进程从来不是匀速前进，波澜不惊的，发展中会有大小不同的转折，高低不同的峰谷。根据物质文化面貌变化节奏的不同和撰写史书详略的不同，一套多卷本的中国古代物质文化史也有不同的分卷方式。如果编写比较简明的中国古代物质文化史，我个人倾向于以魏晋之际将其划分为两个阶段，也就是一套两卷本的书系。如果编写稍微详细的中国古代物质文化史，我希望划分为四卷，四卷本除了以魏晋之际作为一个分界外，另两个分界可定在龙山时代与二里头文化时代之间、五代十国与北宋之间。如果要编写更为详细的中国古代物质文化史，也就是类似本书系的规模，我们可将其细分为史前中国、商周、秦汉、魏晋南北朝、隋唐五代、宋元明清六个阶段即六卷，这样分卷主要基于这样一些理由。

我们知道，最能导致物质文化发生大变化的因素，是重大技术发明带来的产业革命。这些发明或本土自身产生，或域外传播而来。正是基于这些重大发明，才导致了中国古代社会的巨大变化，才引起中国物质文化的多次明显转折。在这些创造性的发明中，首先应该提到的是谷物栽培和动物驯化。谷物中的人工粟等人工栽培作物大约在距今一万年前后出现在中国北方的黄河流域，以后向周边传布，甚至远布至青藏高原地区，形成了范围广大的北方旱地粟作农业区。而稻等人工栽培作物，更远在一万多年前就出现在中国南方长江中游地区，以后更传播至东北至朝鲜半岛，东南至东南亚等广阔的温暖湿润的区域，形成了广大的南方水田稻作农业区。农业的发生和推广，使得人类的生活资源趋于稳定，从而脱离了栖居山洞和追猎迁徙的不稳定生活，开始走出山洞步入旷野，在平川形成了定居的聚落，产生了钻孔、磨制和制陶等新的工艺，促使社会逐渐复杂化和多样化，奠定了中国万年农业文明的基础。大约在距今4000年前后，大麦、小麦和青稞等作物传入中国，这种适应性强的谷物丰富了旱地农业的种类，除了在低海拔地区普遍种植外，青稞这类作物还经过了高原严酷的自然选择，成为青藏高原的单一谷物。至于工业的技术革命，从先前的手工业发展成为近代化的大工业，在中国开始较晚，直到清代晚期的鸦片战争后才逐渐引入西方工业革命的成果，从而从某种程度上推动了社会的变革。因此，以农业革命的发生和工业革命的引入为标志，将中国的物质文化史划分为三个大的时代，也就是猎取时代、农业时代和工业时代（相当于以生产工具为标准划分社会发展史的旧石器时代，新石器、青铜、铁器的时代，以及机器的时代），应该是比较恰当的。只是中国的工业时代已经属于近代，古代的物质文化史不宜包括工业革命时代；而旧石器时代的人类物质文化遗存较少，如果把它作为书系中的一本就显得单薄，故将其与新石器时代合并称为“中国史前物质文化史”，只是在这个“史前时代”

中，也明确划分出这两个时代而已。换句话说，这套中国古代物质文化史去掉了工业时代，弱化了猎取的时代，强调的是建立在农业革命基础上的石器、铜器、铁器三个时代。物质文化材料的年代越早，保存至今的也就越少，因而石器时代和青铜时代只能各自作为一卷，而物质文化材料丰富的铁器时代却被划分为四卷，可能会给人以前轻后重之感，尽管历史时代考古学的重要性已不如更早的时代。

说到史前时代，这就不可避免地会涉及介于史前与历史时代之间的“原史时代”。学术界一般认为，原史时代是一个过渡性质的时期，这一时期无论是属于本社群文字还是他社群文字的文献记录都相当有限，仅据这些零星和片段的文字和文献资料无法复原该社群历史的主要梗概，要认识一时期该社群的历史需要综合考古学、人类学、文字学、历史学及自然科学的知识体系和研究手段[1]。原史时代可有广狭二义：严格的原史时代不包括传说时代，而是以成熟文字体系的出现为开始，以这种文字体系撰写的史书出现为结束。具体到中国古代史来说，也就是商代晚期至西周时期，其开端以殷墟甲骨文的出现为标志，结束以中国最早的编年体史书《春秋》开始的年代为标志，二者间的年代跨度很小[2]。宽泛的原史时代以中国古史传说时代为开始，以文字产生后出现史书为结束，具体到中国古代史来说，其开端可以上推到传说中的夏代甚至龙山时代，而其下限则与狭义的原史时代相同。不过，就物质文化这个层面来看，无论是技术上还是艺术上，大约相当于夏代后期的二里头文化与先前的龙山时代诸文化都发生了许多变化，而这种变化在战国中期又一次出现。这之间的时间幅度约略相当于中国考古学界的夏商周时代或史学界的先秦时代，也约略相当于西方汉学界所说的“从文明起源到秦统一”的阶段[3]。在这个时代里，青铜既是一种制作工具、武器和礼仪用器的最重要材料，制造青铜器又是当时技术含量最高的工艺，青铜器具这类作品还是当时艺术的集中体现，如果史前时代是以石器制作为标志的石器时代，这个时代就是以青铜为标志的青铜时代。尽管关于中国青铜时代开始和结束的时间，学术界还有一些不同的说法。

按照我个人的见解，中国的原史时代应当定位在二里头文化中期至战国前期，这是基于这样几个考虑。首先，从二里头文化兴盛开始，具有中国金属铸造的特色的泥范铸造技术开始出现，并完成了从红铜时代（或称铜石并用时代）向青铜时代的转变；而人工铁器尽管早在两周之际就已引入中国，却也是在战国前期偏晚才与青铜冶铸技术相结合，使得大量冶炼铁和普遍使用铁器成为可能，才真正进入了铁器时代。其次，也是从二里头文化兴盛期起，青铜鼎等礼器、青铜戈等兵器，以及兽面纹等动物纹样才出现并流行，独特的中国艺术传统才开始形成；而到了战国前期以后，先前流行的礼器种类和装饰纹样已经趋于消失，来自北方草原地区的艺术风格已经占据主导地位。其三，从中国的史学传统来看，中国古人向来有将秦以前的历史划分为五帝时代和三王时代的传统，现代的史学家也还将先秦史单独出来，并将夏以前的传说时代与夏商周三代区分开来。因此，我们将夏、商、周三代作为中国物质文化

1 Daniel,Glyn,A Short History of Archaeology. London: Thames and Hudson.1981.

2 李学勤先生就这样说，这样一个原史时代与中国古代历史时代的对应关系，学者们认识也不尽相同，李学勤先生认为，商与西周时期属于原史时代，而不同于商和西周的东周已脱离了原史时代而跨入真正意义的历史时代了。参看李学勤《东周与秦代文明》，文物出版社，1984年。

3 鲁惟一、夏含夷主编的《剑桥中国古代史》，其副标题就是“从文明起源到秦统一”，由此可见一斑。

发展历程中的第二个时期，也就是这套书通史系列的第二卷。

中国中心地区在战国后期就已出现了统一的趋势，东齐西秦是当时最有可能推进统一事业进行的大国，在齐国当时就有一批学者聚集在一起，开始构拟大一统后的政治构架，勾画新王朝的理想图景。秦国结束了战国时期诸侯割据的局面，建立了中央集权的大一统王朝，开创了中国历史的一个全新的时代。从此广泛推行的郡县制代替了传统的封建制，由中央政府控制的官营手工业作坊遍及全国各地，各地间的商业往来也较过去更为频繁。在这种背景下，秦汉王朝直接统治范围内物质文化产品，无论是工艺、种类，还是形制、纹饰，都逐渐呈现高度一致的状况，中国大部分地区的延续了千百年的区域文化差异从此逐渐减弱甚至消失。尽管从战国后期到西汉前期，这一时期物质文化的总体面貌还处在从商周旧制向秦汉新制的转变过程中；尽管在三国至两晋时期，中国的物质文化的发展进程发生了从“早期中国”到“晚期中国”的大转变；但如果模糊这个具体的分界，将秦汉时期这个中国古代文化发展的高峰期作为中国物质文化史的一个时期，单独设置秦汉卷作为这套书通史系列的第三卷，这应该是恰当的。

从三国鼎立局面形成一直到隋代，除了西晋短暂的统一外，中国出现了长达三百余年的分裂局面。北方古族在这期间纷纷进入中原，出现了空前的民族大融合。在这种历史背景下，各地区在文化面貌上的差异也进一步缩小，但由于从西晋以后长期的南北对峙，以及僻处一隅的某些由少数民族建立的国家保留了比较多的自身文化传统，这一时期文化除了存在着比较明显的南北差别外，在北方还存在一些更小的地区之间的差异。隋王朝结束了自西晋以后长期的分裂混乱局面和南北对峙的政治文化格局，中国遭受长期战乱破坏的社会经济得以恢复和发展。唐王朝继承了隋王朝的统一基业，实行了一系列重要的政治、经济和军事的改革措施，将中国古代社会推向了秦汉王朝以来又一个空前鼎盛的发展阶段。盛唐气象强大而持久，流风余韵，一直延续至五代十国间。基于这种考虑，虽然两晋南北朝和隋唐都是宗教热情极度高涨的时期，但两晋南北朝与隋唐五代的物质文化仍然存在比较大的差异。因此，我们将两晋南北朝与隋唐五代各自作为中国物质文化史的一个时期，各自单独作为一卷。

至于宋元明清时期，这个时期文献资料已经非常丰富，考古学家讲历史时期考古一般都只讲到元，北京大学过去的中国考古学教材最后一卷就是《宋元考古》，就反映了这个问题。我们认为，尽管在中国历史的重要性中，明清时期的物质遗存的确不如早先时期，但作为中国物质文化史应该是一个完整的过程。因此，我们这套中国古代物质文化史通史系列的最后一卷，从宋代一直写到清代，希望这些年代较晚的物质文化资料有助于丰富对这段时期历史的认识。

三、中国古代物质文化的种类

如同历史著述有通史和专门史一样，按照中国物质文化发展阶段编写的历史，只是基于物质文化遗存透露的历史文化信息，按照时间发展顺序和物质文化表征的变化程度连缀而成的中国物质文化的“通史”，“通史”中不同时段的物质文化史则相当于“断代史”。就整个中国物质文化史来说，有了这个“通史”系列，虽然可以从纵向认识整个中国古代物质文化发展的概貌，却难以从横向全面展示中国古代物质文化的方方面面。因此，还需要根据中国古代物质文化遗存的分类，按“类”来叙述某类物质文化遗存的分述系列，这个系列就是中国物质文化的“专门史”。

物质文化具有可视性，不同的物质文化具有不同的面貌特征，因而可以根据这些特征展开分类。物质文化是一个笼统的概念，我们所面对的古代物质文化是过去人们行为创造的物质遗留，也就是人们通常所称的“物质文化遗产”或“文物”。物质文化遗产的体量有大有小，大的文化遗产如建筑、壁画、纪念碑等，当初选址、设计、创造时就考虑了永固性等因素，没有考虑其位置变换，今天我们采取保护措施时也不便于将其移至他处，只能在原地保存（从保留关联信息的角度，也只能在原地保存）；小的文化遗产如家具、陈设、用具等，当初设计制作时就考虑了方便移动的使用功能，今天我们对其进行保护时，可以将其搬移到博物馆等具有更好保存环境的空间去保存。因此，物质文化遗产即文物首先可以划分为不可移动文物和可移动文物两大类，这两大类文物各自可以作为中国古代物质文化史“专门史”中的一个系列。

不可移动文物包括了大到历史城镇、传统村落、古代遗址等综合性的文物，也包括了宫殿衙署、寺观祠庙、陵园坟墓、石刻造像等专门性的文物，这些文物有三类不同的保存状态：第一类文物在历史上就已经废弃，成为历史的陈迹，呈现在人们面前的只是残缺不全的局部，有的还全部或大多掩埋在地下。历史上城镇村落的废墟、曾经一度兴旺的工矿作坊场所、废弃并垮塌殆尽的寺观祠庙、地面建筑甚至封树都已经不存的帝陵坟墓，乃至于一座房屋或一座塔幢的废址等，都属于这类文物。第二类文物虽然失去了它在历史上的作用，却仍然屹立在地表，被作为其他用途或作为历史名胜而存在。已经没有皇室官员使用的宫殿衙署、中断了宗教活动的寺观祠庙、原有功能已经退化或消失的石窟碑刻、已经弃置或被改做他用的城堡等，都属于这类文物。 第三类恐怕已不能简单地称之为文物，而是具有“物”和“非物”的综合体。至今还基本保持着原来的功能和文化传统，并随着时代的推移，继续在发生着变化，古今重叠且文化延续的城镇和村落，至今还有人居住的古村落民居，仍在使用传统工艺进行生产的作坊、农庄、牧场等，都可归属此类。

可移动文物，包括历史上各时代的重要工具、武器、礼仪用器、生活用器、艺术品、文书、档案、图书等，这些文物的材料和材质大致有两大类：第一类采用曾经具有生命的物质制作而成，也就是被称为“有机质文物”的一类，如竹木漆器、骨牙角器、纤维制品等。这类文物的存在周期相对较短，对保存条件要求也较高。第二类采用没有生命的物质制作而成，也就是被称为“无机质文物”一类，包括地球自然演化形成的天然材料和人工合成的金属材料，如玉石制品、金属制品等。这类文物的存在周期相对较长，对保存条件的要求也相对较低。

上述对于物质文化遗产即文物的分类方式，是以文物的保存状态和保存条件作为分类标准，这对于文物的保护研究来说，无疑是最恰当的分类方式。不过，这种分类没有考虑这些文物的用途和功能，而文物这方面的属性恰好是从文物这一文化的表层物质现象通向创造和使用这些文物的人、人的行为及其社会关系的桥梁，是将物质资料变为物质文化史的重要途径。因此，我们这部中国古代物质文化史的“专门史”不采取上述分类方式来分卷，而是按照材质和功能对不可移动文物进行分类。

中国文物管理部门对于不可移动文物的分类，以全国重点文物保护单位的分类最具代表性。该文物分类体系将不可移动文物分划为古遗址、古墓葬、古建筑、石窟寺及石刻、近现代重要史迹及代表性建筑等类。这些类型的不可移动文物，除了古遗址是以文物的保存状态为分类标准，近现代重要史迹及代表性建筑是以时代为分类标准，其类型与以功能作为分类标准的类型有所不同外，其他诸类都可以作为中国物质文化专门史的不可移动分系列。由于遗址大多都在中国物质文化通史系列中曾经引述，且通史系列的物质材料主要就是遗址加上遗址和墓葬等出土的各类可移动文物，专门史系列可以不必再列出遗址作为一卷；由于中国物质文化史只是有关古代中国，不涉及近代中国，故本丛书也没有近现代重要史迹及代表性建筑的内容。

中国文物管理部门对于可移动文物的分类，以全国首次可移动文物普查的分类标准最为详细。该分类标准“根据文物的异同，即构成每件文物基本物质的自然属性和社会属性之差异性、同一性”，将可移动文物划分为金/银器、铜器、铁器、陶/泥器、瓷器、砖瓦、宝/玉石器、石器石刻、漆/竹器、绘画、书法、拓片、珐琅器、玻璃器、骨/牙/角器、纺织/绣品、皮革、玺印、文具/乐器/法器、货币、雕塑/造像、古人类遗体遗骸、文献图书、徽章/证件、邮品、票据、音响制品、交通/运输工具、度量衡器、武器装备/航天装备、古脊椎动物化石和古人类化石、其他共32类[1]。正如该分类系统的分类标准有文物的自然属性和社会属性两个一样，可移动文物实际上可以划分为两个小系列：一个系列是按照文物的自然属性即材料和材质划分的系列，如玉石器、金银器、铜器、铁器、陶器、瓷器、玻璃器、骨牙角器等；一个系列是按照文物的社会属性即功能用途等划分的系列，如纺织品、货币、雕塑、武器、度量衡器等。我们编写的这套中国物质文化史的可移动文物部分基本就按照这个体系进行划分，只是一些偏小的文物类型和产生年代较晚的文物类型难以单独成册，我们这套古代物质文化史只能暂且舍弃了。

在艺术史学界，尤其是西方关于中国艺术史的研究，往往综合考虑其时代、功能和形式等方面的因素，将能够基于视觉观察的物质文化领域的中国艺术品划分为四大类。第一大类是主要兴盛于商周时期的青铜艺术；第二大类是主要存在于两汉时期的汉画艺术；第三大类是风行于晋唐时期的佛教艺术；第四大类则是从宋代以后大盛的以卷轴画为主体的绘画艺术。青铜艺术比较单纯，其物质材料就是青铜器。绘画艺术也不复杂，主要是卷轴画，此外就是壁画。汉画艺术的涉及面较广，包括了汉代画像砖、画像石、独立雕塑和建筑雕刻等诸多类型的文物。佛教艺术就更为广泛，与佛教相关的石窟、雕像、壁画、供器等，乃至于佛教寺庙建筑等都可归属于佛教艺术。以上四大类，只是中国艺术门类的主流，其他如产生于中国本土且长期与佛教艺术并存的道教艺术，在东亚地区具有广泛影响的建筑艺术（尤其是园林建筑），具有中国特色的玉器、漆器、瓷器等艺术类型，也从不同的方面丰富和补充着中国艺术史和中国物质文化史。

正是基于以上诸方面的考虑，我们主编的这套中国物质文化史的专门史划分为了不可移动文物和可移动文物两大系列，前者又包括了古建筑、石窟寺、古陵墓、古水利、古天文等不同的功能类型，后者更包括了玉器、铜器、铁器、瓷器、金银、玻璃

1 国家文物局编《第一次全国可移动文物普查工作手册》，文物出版社，2013年。

等不同的材料材质类型，雕塑、绘画等不同艺术表现形式的类型，以及兵器、货币、纺织品等不同社会功能的类型。每个类型作为一卷，有的类型因文物丰富再细分为若干册。这种最终分卷的分类标准的不一致，我想读者应该是能够理解的。

四、另类的中国物质文化史

编写一套系统的中国古代物质文化史，是主编张文彬教授提出的构想。张文彬教授早年就读于北京大学历史系考古专业，以后曾在郑州大学历史系任教，对中国古代物质文化史自然非常熟悉；他又曾担任国家文物局局长和中国博物馆学会会长，熟悉全国的文物状况和博物馆藏品情况，是主编中国古代物质文化史的最好人选。在已经拟定了基于文物分类的物质文化史编写纲要，这套书各卷刚启动编写不久，张文彬教授就因病卧床，不能继续主持编写工作。还在张文彬教授患病之前，我就受他之命协助联络作者；张文彬教授患病后，我受参与编写工作的朋友的推举，担任这套书的“执行主编”。我基于自己对中国古代物质文化史的理解，增强了这套书的纵向通史系列，其他基本上按照张文彬教授原先拟定的编写体例来组织。现在大部分分卷已经定稿，回过头来看当时全书的设计框架，总觉得还有一些不尽如人意之处。这些主要表现在以下两个方面：

首先，一套完整的古代物质文化史通史不仅要有以时间为纲的通史主干，还应该有相应的纵向旁支。就如同北宋司马光主持编写《资治通鉴》（下简称《通鉴》），他首先按照年代编出汇集史料的“长编”，以此为基础才编写《通鉴》这部翔实的编年体通史。与此同时，为了说明自己对史料异同的取舍，还编写了《资治通鉴考异》作为附属，以驳斥相反意见并客观保存异说。由于皇帝日理万机，没有那么多时间来翻阅294卷的《通鉴》，他们还编写了简写本30卷的《通鉴目录》，以满足特定读者的需要。除此之外，为了弥补《通鉴》覆盖时间跨度上的不足，司马光等还编写了20卷的《稽古录》这样的简录，时间上溯至传说中的伏羲，下延至宋英宗末年。可见司马光等人编写《通鉴》，原本有一整套完整周密的构想，即便都是编年体的史书，也有主有从，有繁有简，有纲有目，所以《通鉴》才显得与众不同，为史家所重。作为一套体例完整的中国物质文化史，在通史部分也需要像《通鉴》那样，除了需补充强化史前的旧石器时代卷和新增近现代卷，编写与中国古代物质文化史相关的资料和研究汇集外，还需要考虑简化本的中国古代物质文化史。

简化本的中国古代物质文化史以上下两卷最为恰当，这是因为基于可视的物质文化形态和面貌，在公元三至四世纪间，也就是三国至两晋间，以佛教传入并流行中国为标志，中国的主流物质文化发生了重大变化——在佛教传布开来之前，中国的城市和乡村的标志性建筑和景观是统治者的宫殿、衙署、宗庙、神祠，人们崇奉的是祖先以及社稷、山川、天地诸神祇，并且这些神祇都不采用造像的形式来表现；而在佛教流行中国后，中国城市的标志性建筑和人文景观除了宫殿和衙署外，佛教寺庙（包括仿效佛寺而建的道教宫观）成为城乡最引人瞩目的标志性建筑和人文景观，大量佛教造像和少许道教造像占据了人们精神世界，成为最广泛的崇奉对象。因此，西方汉学界往往都是以佛教传入并流行中国作为中国历史和艺术的最重要的转折标志，这以前的中国为“早期中国”，这以后的中国是“中晚期的中国”。早期中国的文化主流是传统的自然发展过程，尽管不断会有来自周边，尤其是来自北方草原地区文化的影响，但这种影响的程度是有限的，没有造成传统的变异、转移或中断。晚期的中国，由于外来佛教的强力介入，使原先中国的主流文化发生了变异，佛教深深地浸入到社会生活的各个方面。原先不事偶像崇拜的中国社会，开始将大量财富用于制作顶礼膜拜的佛教像设和象征物，用于营建覆盖这些像设和象征物的殿堂楼塔，从而导致国家财政来源的分流，带来相应的经济和社会问题。宗教的驱动力量往往巨大且持久，以佛教传入中国且在中国流传为标志，将中国物质文化史划分为早晚两个大的时期，我想应该比较恰当。佛教传入中国的年代，尽管可以追溯到两汉之际前后[1]，但在整个东汉时期，佛教都是混杂在中国传统的神仙方士中流传，还没有得到人们的广泛认知。佛教成为一种专门的宗教为人们所接受，不会早于三国两晋时期。三国两晋时期正是中国制度、思想和文化的大变革时期，文学上有所谓“魏晋风骨”，反映在物质文化上，这时期的城市、陵墓、器用、书画等也都出现了一系列新的气象。据此，以三国两晋之际作为首要转折点，将中国古代物质文化史的通史部分划分为两个大的时期，编写一套两卷本的中国古代物质文化史简本，这一定是很有意义的。

其次，我们这套中国古代物质文化史虽配有大量的图片，但基本体例还是以文字为主，图片配合文字出现。而物质文化的视觉感知非常重要，故以文物的图像为基础而加以文字解说和诠释，对于形象地认知和理解中国古代物质文化非常必要。中国国家博物馆（原中国历史博物馆）研究员孙机先生，曾编写了一本《汉代物质文化资料图说》。这是孙机先生基于多年对汉代文物研究的心得，在数十篇论文的基础上完成的图文并茂的著作[2]。这种以图说的方式叙述一个朝代的物质文化史，既是中国“左图右史”史学传统的延续，又是博物馆陈列必要的基础研究和公众获取知识的良好途径，应当大力推广。只是这种以图说史的著述，另有一套独特的编写体系，需做大量资料整理的工作，还需有系统的研究积累，编写难度很大，故迄今未见以图说的形式撰写的其他时代的中国物质文化史的著作。续写一套中国古代物质文化史图说，应当很有必要。

作为一套全方位的“中国古代物质文化史”，理所当然应有一个“中国古代物质文化史图说”系列。这套图说不宜按照中国的历史时代来述说，而应该以物质文化本身发展演变的阶段性来编写。如果按照我们前面所说的中国物质文化发展的进程，需要有史前、三代、秦汉三国、两晋南北朝、隋唐五代、两宋·辽金西夏·南诏大理、蒙元、明清诸时代。每个发展阶段则应该有都城市镇、宫殿衙署、坛壝社稷、神祠寺观、祭祀礼器、街坊住宅、园囿苑林、陵园坟墓、矿场作坊、生产工具、钱币量具、路河邮驿、衣冠服饰、家具陈设、生活用器等名目，每个名目下再细分为若干种类来展开图文的叙述。这样一部图说的中国古代物质文化史，可以弥补目前这套书的不足，

1 关于佛教传入中国的时间，有两种说法：一种是西汉末期汉哀帝元寿年间，大月氏使者伊存向博士弟子景庐口授《浮屠经》之说，见《三国志》卷三〇裴松之注引曹魏鱼豢《魏略·西戎传》；一种是东汉明帝永明年间，蔡愔出使大月氏，与僧人摄摩腾和竺法兰一起用白马驮回佛经和佛像至洛阳之说。二说的年代相差不多，且都与大月氏有关。

2 孙机《汉代物质文化资料图说（增订本）》，文物出版社，2008年。

能够从更具体和更微观的层面展现中国古代物质文化的面貌。

我希望，今后如果能够有比较充裕的时间，组织相关专家编写一套这样的中国古代物质文化图说，对于更加深入地理解古代中国，普及传统文化知识，推进博物馆教育，将是一件很有意义的事情。

编写中国古代物质文化史是一项长期的工作，要有相当长时间的资料积累和研究积累。北京大学的考古学科，自1952年以来先后编写过多个版本的《中国考古学》征求意见稿，如1960年、1972年版的《中国考古学》铅印本等，并有“多卷本中国考古学”这样的重大科研项目来推动，但迄今为止，这套多卷本《中国考古学》仍然没有问世。这其中既有新的考古资料不断涌现所带来的认识的更新，也有老一辈学者与新一辈学者认识上的差异，当然也还有这样和那样的原因。不过，仅从这一事例就可以看出，要编写一套优秀的学术著作是多么的不容易。《中国考古学》从某种意义上来说，与《中国古代物质文化史》有许多共通之处，要编写这样一套书需要投入较长的时间和相当的人力和精力。这部《中国古代物质文化史》作为一项国家出版项目，有出版的时间限定，我这个慌忙上阵的执行主编，只能尽可能召集一些长期从事中国考古学教学和科研，手头有比较现成的研究成果或讲稿，经过补充、整理、强化就可以成书的研究者，来承担中国古代物质文化史的通史系列各卷的撰写任务[1]。由于撰写时间的限制使得一些作者在完成初稿后，可能没有更多的时间来广泛征求意见和做细致的加工完善。可安慰的是，这套《中国古代物质文化史》本来就有为今后编写《中国考古学》和修订补充各专门物质文化史征求意见的意图。如果读者发现这套《中国古代物质文化史》存在着这样或那样的不足，就尽管提出批评和建议，我们一定虚心听取，以便在今后编写《中国考古学》系列时能够做得更好些。

孙 华

1 考虑到我所在的北京大学考古文博学院，也在考虑重启多卷本《中国考古学》的编写，为了使二者不发生重合，保持《中国古代物质文化史》通史系列自身的特色，我主要邀请了北京大学以外的高校考古专业的专家和教师来承担各卷的编写任务。

目 录

序

寺观壁画是中国古代绘画的重要门类，包括佛寺壁画、道观壁画两类。自东汉佛教传入中国以来，随着佛教寺院的大量修建，佛寺壁画迅速勃兴，在其影响下道观壁画亦得到发展。魏晋南北朝至隋唐时期，名手巨匠在寺观画壁间竞相挥毫，形成了具有时代特点，能代表当时最高艺术水准的宗教绘画样式，著名者如东晋顾恺之"清羸示病之容，隐几忘言之状"的维摩诘像，南朝宋陆探微的"秀骨清像"，唐吴道子的"吴带当风"，唐周昉的"水月观音"等。值得注意的是，上述画家既在寺观画壁间挥毫，同时也在绢纸上作画。北宋中后期文人画思潮兴起之后，画家不再寺观壁画、绢纸画皆能，从事寺观壁画创作的画家日益沦为工匠，与文人画家之间形成了一条泾渭分明的鸿沟。南宋以后，画史写作日益被文人画观念主导，不仅从事寺观壁画创作的画家没有在画史上留下声名，而且寺观壁画亦绝少出现在画史之中。可以说，在古代文人写作的画史中，宋以后的寺观壁画史，基本上是一部被淹没、忽略的历史。

在我国广袤的土地上，留下了大量绘制精美且保存相对完整的寺观壁画遗迹，它们分布在山西、河北、四川、北京、天津、陕西、甘肃、青海、西藏等地，从宋金一直延续到明清，未曾间断。如果算上零星保存下来的壁画局部，还可以追溯到新疆米兰地区寺院遗址中的公元4世纪的壁画残片，以及山西五台山佛光寺残存的唐代壁画局部。面对如此丰富的寺观壁画遗迹，迄今为止，还没有一部系统阐述其源流、演变的画史。在对寺观壁画进行的个案研究中，时间亦主要集中在宋金至元代，明清寺观壁画的研究相对较少。1997年，山西省古建筑保护研究所柴泽俊出版了《山西寺观壁画》[1]一书，系统搜集、整理了山西界内的寺观壁画，其中大部分属于明清时期。该书的材料均系作者实地调查所得，涉及寺院数量众多，每座寺观都有概述性的论述和代表性的图片，堪称山西寺观壁画研究的奠基之作。但由于柴泽俊先生主要从事的是建筑研究，故未能从美术史、文化史的角度对之进行深入阐述，对部分壁画年代及神祇身份的判断上，也有值得商榷之处。2011年，中央美术学院金维诺教授主编的《中国寺观壁画全集》出版，该套画册以时代、题材为单位，分为《早期寺观壁画》《元代寺观水陆法会图》《明清寺观水陆法会图》《明代寺院佛传图》《明清寺院佛传图》《明清寺院圆觉、诸天图》《元明清神祠壁画》七册[2]。《中国寺观壁画全集》系统地公布了中国古代寺观壁画的图片，相对全面，且每册前都附有论文，是今后进一步深入研究的基础。2011年，北京大学李凇教授主编的《山西寺观壁画新证》[3]出版，书中收入了李凇本人和他的研究生们关于山西寺观壁画个案研究的论文九篇，除三篇是关于元代永乐宫壁画的外，其余六篇均与明清寺观壁画有关。这些论文的写作均建立在实地考察的基础上，详细地搜集了所研究寺观现存的图像和文献（含碑记、榜题）材料，在壁画年

1 柴泽俊编著《山西寺观壁画》，文物出版社，1997年。

2 该套画册由广东教育出版社2009年至2011年出版。

3 李凇主编《山西寺观壁画新证》，北京大学出版社，2011年。

代、神祇身份、图像内容、信仰思想等的研究上多有新的发现。由于是论文汇编，研究者的水平不一，在个案研究的方法上亦尚处于探索阶段。除上述研究成果外，部分明清寺观壁画，如太原崇善寺、太原多福寺、剑阁觉苑寺、平武报恩寺、石家庄毗卢寺、怀安昭化寺、蔚县故城寺等都出版过详细的考古报告或专门的图册，是进一步深入研究的基础。

本书是对明清寺观壁画史的专门研究。尽管在对壁画年代的判断上有很大的困难，但是本书坚持按照年代的顺序来呈现明清壁画演变的历史，分为明代早期、明代中期、明代晚期和清代四章。明代早、中、晚期的分期方法借鉴了何孝荣的《明代北京佛教寺院研究》[1]：明代早期，太祖洪武至宣帝宣德年间（1368—1435）；明代中期，英宗正统至武宗正德年间（1436—1521）；明代晚期，世宗嘉靖至思宗崇祯年间（1522—1644）。每章内根据题材再进行分节。按题材，明清寺观壁画主要可分为水陆画、佛传故事画、圆觉诸天壁画、神祠壁画和道观壁画五类，每类题材的布局样式、文化意涵都有着较大的差别。通过分期，笔者发现题材和年代之间呈现出有趣的关系：明代早、中期佛传故事壁画比较兴盛，明代中期圆觉诸天壁画大量出现，明代晚期至清代水陆画、神祠壁画最为流行。

本书的写作中，主要关注到以下问题：

第一，对典型寺观壁画的资料作系统、详尽的搜集、整理。明清寺观壁画的研究还处于起步阶段，对分散在各地的寺观壁画资料作系统而详尽的搜集、整理，是进一步深入研究的基础。除北京外，笔者曾数次前往山西、四川、河北考察寺观壁画遗迹，本书所论述的寺观壁画多曾亲眼观摩。重要的水陆壁画和佛传故事壁画，笔者在实地考察的基础上皆绘制了神灵榜题或情节位置示意图，以期展现其整体面貌。对一些寺观的重要碑文，也尽量做了收录。需要说明的是，我国寺观壁画遗存十分丰富，多零散分布在深山荒郊，很多寺观壁画，尤其是清代寺观壁画的资料未曾公开发表，本书挑选的是各个时期保存相对完整、艺术水准较高的寺观壁画，希望能够抛砖引玉，还有更多的寺观壁画需要去关注、研究。

第二，壁画年代的判断。因为寺观壁画多被重绘、补绘，所以其年代问题十分复杂。笔者认为，壁画的年代应是指现存壁画被绘制的年代，而不是壁画所依据图本的年代，或者是壁画首次绘制的年代。如果壁画只是被局部性地补绘，或者重勾轮廓线、上色，那么应兼顾原来壁画的年代和补绘、重绘的年代。在对壁画年代的判断中，应注意区分碑文中记载的壁画年代、屋顶脊梁题记中的年代和壁面题记中的年代。碑文记载的壁画年代、屋顶脊梁题记中的年代不一定就是现存壁画的年代，在壁面题记和壁画同时的情况下，壁面题记中的年代相对可信。在此原则下，笔者以有壁面题记的寺观壁画为基准，总结该时期壁画的特点。在没有壁面题记的情况下，碑文记载的壁画年代、屋顶脊梁题记中的年代只有符合该时期壁画的特点，才是可信的。没有任何年代记载的寺观壁画，也能够根据每个时期的特点判断其大致年代。在此原则下，本书对部分寺观壁画年代的判断更趋保守，比之前认为的年代要略晚一些。笔者相信，适当的学术争鸣将推动研究的进一步深入。

第三，壁画与宗教法事、仪轨之间的关系。寺观是僧道、信众进行宗教法事及相关活动的场所，壁画附属在建筑之中，与宗教法事、仪轨之间有着密切的关系。以水陆画和水陆法会为例。水陆法会，亦称水陆道场，是佛教追荐亡灵的一种仪式，有着严格的仪轨。奉请神祇鬼灵（下文简称神灵）是水陆仪轨中最重要的程序，体现了水陆法会利

1 何孝荣《明代北京佛教寺院研究》，南开大学出版社，2007年。

济群生、怨亲平等的根本精神。为水陆法会准备的神灵图像，统称为水陆法会图，简称水陆画。水陆法会上奉请的神灵，和水陆画之间有着密切的互动关系，一方面水陆法会需要水陆画的密切配合，以保证仪式的顺利进行；另一方面法会上召请、祀奉的神灵，又是水陆画绘制的依据。唐宋以来水陆仪轨被不断地修改、重订，形成了不同的面貌和版本，比如说明末出现了南、北水陆的说法，南北水陆内部也有多种版本。笔者注意到，水陆仪轨的修订并非全盘否定，而是根据实际需要不断扩张、混杂，或者是精简、修正的过程。这样，不同版本的水陆仪轨之间实际上有着复杂的关系，他们既有统一联系的部分，也有对立乃至攻讦的部分。从现存佛教典籍来看，被智旭等誉为南水陆的《法界圣凡水陆胜会修斋仪轨》和讥为北水陆的《天地冥阳水陆仪文》，曾分别在江浙、山西一带流行，代表了明代流行的水陆仪轨两个重要版本，本书在对明清寺观壁画水陆画的讨论中着重关注了壁画与上述两部仪轨之间的关系。

第四，壁画与皇权政治、宗教信仰及民间文化之间的关系。寺观根据功德主的身份，可分为官修（官方修建）、私修（民间修建）两种性质，寺观的性质直接影响了壁画题材的选择。明代早期、中期，朝廷看重佛教阴翊王度、暗理朝纲的功能，对佛教实行严格管理、控制，寺院的创建需要得到朝廷的允许，多为官修性质，壁画题材主要为佛传故事、圆觉诸天、善财童子五十三参等；也有部分之前已经存在的寺院，住持、僧尼等筹资重修寺院建筑时可能会重绘、补绘壁画，属于私修性质，壁画题材主要为水陆、祠神。明代晚期至清代，朝廷对宗教的管控能力减弱，宗教在民间得到了很大的发展，寺观成为民众文化活动的重要场所，民间集资创建、重修的寺观增多，属于私修性质，壁画题材主要为水陆、祠神。本书在论述佛传故事、圆觉诸天壁画时，将重视皇权政治的影响；在讨论水陆画、神祠壁画时，将重视壁画所反映宗教信仰，以及寺院建筑、壁画与信众文化生活之间的关系。

第一章

明代早期（洪武至宣德）

第一节　明代早期的佛教政策与寺院营建

明代早期包括洪武、建文、永乐、洪熙、宣德五朝，前后历经六十八年。

公元1368年，朱元璋在应天（南京）称帝，建立明朝，改元洪武，为明太祖。明太祖在位三十一年，实行权力高度集中的君主专制，虽然十七岁时曾出家为僧，但他本人对佛教并无虔诚信仰。洪武年间，太祖利用行政手段对佛教进行干预，无论是保护、扶持佛教，抑或是整饬、限制佛教，都是基于利用佛教维护其统治的功利性目的。明太祖对儒道释三教之关系及佛道之功能有清晰的认识，他曾撰《三教论》《宦释论》《释道论》等对之进行阐述，如《三教论》曰：

> 夫三教之说，自汉历宋至今，人皆称之。……于斯三教，除仲尼之道祖述尧舜，率三王，删诗制典，万世永赖；其佛仙之幽灵，暗助王纲，益世无穷，惟常是吉。尝闻，天下无二道，圣人无两心。三教之立，虽持身荣俭之不同，其所济给之理一。然于斯世之愚人，于斯三教有不可缺者。[1]

《释道论》曰：

> 假如三教，惟儒者凡有国家不可无。夫子生于周，立纲常而治礼乐，助国家宏休，文庙祀焉。祀而有期，除儒官叩仰，愚民未知所从，夫子之奇，至于如此。释迦与老子虽玄奇过万世，时人未知其的，每所化处，宫室殿阁，与国相齐，人民焚香叩祷，无时不至。二教初显化时，所求必应，飞悟有之。于是乎感动化外蛮夷。及中国假处山薮之愚民，未知国法，先虑生死之罪，以至于善者多而恶者少，暗理王纲，于国有补无亏，谁能认识？[2]

儒道释三教中，儒家立纲常治礼乐，为官僚士大夫所崇信，是治理国家的根本。佛道以生死轮回、善恶报应、羽化飞升之说，使普通民众有所敬畏，有阴翊王度、暗助王纲之功用。明太祖上述儒教为本、佛道为用，及佛道阴翊王度、暗助王纲的认识，是他处理佛道事务、制定佛道政策的基础。

历经元末明初近二十年的战乱，佛教受到重创，“江淮南北所谓名蓝望刹，多化为煨烬之区，而狐兔之迹交道”[3]。太祖从国家战略的高度制定佛教政策，将佛教纳入为世俗政权服务的体制中来，鼓励、扶持佛教发展，主要体现在：

---

1 [明]朱元璋《三教论》，《全明文》第1册卷十，上海古籍出版社，1992年，第146页。

2 [明]朱元璋《释道论》，《全明文》第1册卷十，上海古籍出版社，1992年，第144页。

3 [明]宋濂《句容奉圣禅寺兴造碑铭》，收于宋濂著，祩宏辑，钱谦益订《护法录》卷四，《嘉兴藏》第21册，第640页下栏。

第一，先后设立善世院、僧录司等机构管理佛教事务。洪武元年（1368），太祖设立善世院，以僧慧昙领释教事，其职责包括甄选名刹住持、统领和管制全国僧人等。洪武十五年（1382）设僧录司替代善世院，掌天下僧教事，设左右善世、左右阐教、左右讲经、左右觉义，属礼部衙门，置于天界寺。

第二，征召名僧入京咨问佛法，任用儒僧为官。太祖撰有《拔儒僧入仕论》《宦释论》《拔儒僧文》等文，任用有才能的儒僧，洪武年间征召入京的僧人有祖偁、力金、福报、宗泐等。洪武十五年（1382）马皇后去世后，选高僧侍诸王，为诵经荐福，并辅佐诸王，其中辅燕王朱棣者为道衍，后来为燕王夺取皇位起了重要作用。

第三，举办水陆法会，编集、刊刻大藏经。洪武元年至五年（1368—1372），几乎每年都在南京举办水陆法会，为战乱中"有生之类不得正命而终者"追荐亡魂，以洪武五年（1372）蒋山寺法会仪式最为隆重，太祖"服皮弁服，搢玉圭"，领群臣向大雄宝殿佛像行礼跪拜[1]。洪武五年（1372）命僧点校藏经，该项工作成祖时完成，即初刻《南藏》。

第四，修建寺院。太祖在渡江进入南京之初即为法秀禅师敕建般若寺；洪武五年（1372）为宝金禅师在元铁索寺的基础上重建碧峰寺；洪武十三年（1380）在进入南京时曾驻跸过的城南光泽乡东之三山建三山讲寺；洪武十三至十六年（1380—1383）在长干寺的基础上扩建为天禧寺；洪武十六年（1383）在凤阳于皇寺附近建龙兴寺；洪武二十年（1387）在鸡鸣山之阳建鸡鸣寺；洪武二十一年（1388）将天界寺迁徙至城南宝门外二里之凤山；同年将能仁寺迁徙至城南聚宝门外等。上述寺院除少部分是完全新建的外，大多数是在宋元旧址的基础上重建、徙建而成的。

第五，招谕、封授藏传佛教高僧，设西宁、河州僧纲司。藏传佛教在西藏、青海等地有着重要的地位，太祖"因其俗尚，用僧徒化导为善，乃遣使广行招谕"[2]。洪武三年（1370）为吸引朵甘赏竺监藏部内附，诏章阳沙加仍灌顶国师之号；洪武六年（1373）西藏摄帝师喃加巴藏卜来京，封炽盛佛宝国师；洪武七年（1374）元帝师八思巴后人公哥监藏巴藏卜及乌斯藏僧麻八剌遣使来朝，上诏乌斯藏僧为灌顶国师，帝师后人为圆智妙觉弘教大国师。洪武二十六年（1393），立西宁、河州卫汉、河州卫番僧纲司，分别以僧三剌、魏失剌监藏、月监藏为僧纲司。

在设置佛教管理机构，鼓励、扶持佛教发展的同时，明太祖也在不断地强化朝廷对佛教的管理和控制，限制其发展规模，尤其是洪武十四年（1381）之后对佛教实行了趋紧的管控政策，主要体现在：

第一，分僧人为禅、讲、教三类，要求各务本业，严禁僧俗混淆。洪武十五年（1482）太祖下令分天下寺院为禅、讲、教三类，要求僧众分别专业修习，并以不同颜色的衣服区分僧人类别。洪武二十七年（1394）颁旨禁止僧人以化缘为由奔走市村；"敢有交结官府悦俗为朋者，治以重罪"；"僧有妻者，许诸人捶辱之"，索钞若无者"打死勿论"[3]。

第二，完善度牒制度，限制出家人数。洪武五年（1372）宣布给予现有僧人度牒后，次年决定对以后请给度牒者加以考试，"精通经典者方许"[4]。洪武十七年（1384）礼部尚书赵瑁奏请"三年一次出给度牒，且严加考试"[5]。洪武二十年（1387）"诏民年二十以上者不许落发为僧，年二十以下来请度牒者，俱令于在京诸寺试事三年，考其廉洁无

1 详见［明］宋濂《蒋山寺广建佛会记》，收于宋濂著、袾宏辑、钱谦益订《护法录》卷五，《嘉兴藏》第21册，第647—648页。

2 ［清］张廷玉等撰《明史》卷三三一，中华书局，1974年，第8572页。

3 ［明］幻轮汇编《释鉴稽古略续集》卷二，《大正藏》第49册，第938页中、下栏。

4 《明太祖实录》第3册卷八六，台湾中央研究院历史语言研究所校印本，1962年，第1537页。

5 《明太祖实录》第4册卷一六七，第2563页。

过者，始度为僧”[1]。洪武二十七年（1394）下令“不许收民儿童为僧，违者并儿童父母皆坐以罪”[2]。

第三，控制寺庙数量，抑制寺院经济。洪武六年（1373）敕“府、州、县止存大寺、观一所，并其徒而处之”[3]；洪武二十四年（1391）“诏天下僧道有创立庵堂寺观非旧额者悉皆毁之”[4]。明太祖仅对个别寺院赏赐过土地，数量均不大，以避免寺院成为大土地拥有者。寺院只能通过信众施舍、僧人募化购买等手段获得土地。洪武二十七年（1394）诏令中提到只有钦赐土地是免税粮的，常住土地不免税粮，只能免杂派僧人差役。

明太祖对佛教的态度及制定的佛教政策，对整个明代都有深远的影响。太祖逝世后，皇太孙允炆继位，是为明惠帝，在位仅四年，且一直处于与燕王征战状态，因此佛教没有多大的发展。因不满削藩，建文元年（1399）燕王朱棣以北京为据点起兵，历经四年征战夺得皇帝宝座，改元永乐，是为明成祖。明成祖在位二十二年，于永乐十九年（1421）迁都北京，是太祖之后另一位强势专制、颇有文治武功的皇帝。与太祖利用佛教相比，明成祖对佛教还带有崇信之意，其鼓励、扶持佛教主要体现在：

第一，任用僧人道衍。洪武十五年（1382）马皇后去世后，道衍被选侍燕王朱棣，后助其谋划、实施了靖难之役，“论功以为第一”[5]，成祖即位后授左善世。永乐二年（1404）拜资善大夫、太子少师，复其姚姓，赐名广孝。著有《道余录》一卷，摘录程、朱书中排斥佛教之语，逐条据理，一一剖析，永乐十年（1412）刊行。道衍去世后，成祖“辍视朝二日”，“亲制神道碑志其功”[6]。

第二，亲自编集佛教著作，并两次编集、刊刻大藏经。永乐十五年（1417），成祖编集的《神僧传》刊行，书中收录东汉至元代的神僧二百零八人，皆为历代“神化万变，而超乎其类者”[7]，可见成祖对佛教所宣扬的感通灵验之说的浓厚兴趣。永乐十七年（1419），编成《诸佛世尊如来菩萨尊者神僧名称歌曲》颁示天下。永乐十八年（1420），“旨刻大藏经板二副，南京一藏六行十七字；北京一藏五行十五字”[8]，其中“南京一藏”世称《明南本大藏经》，简称《南藏》，“北京一藏”世称《明北本大藏经》，简称《北藏》。

第三，修建佛教寺院。成祖继位后，为报答皇考妣的恩德，在南京天禧寺基址的基础上新建大报恩寺，“梵宇皆准大内式”[9]；从太监郑和之言，在卢龙山麓新建静海寺；迁都前敕令在北京“建两座大寺，选聪慧的僧住持”[10]。

第四，封授藏传佛教高僧，崇信藏传佛教。明成祖继承了太祖利用藏传佛教怀柔西藏、青海地区的策略，在封授高僧上更甚于太祖，《明史·西域传》曰：

> 初，太祖招徕番僧，本籍以化愚俗，弭边患，授国师、大国师者不过四五人。至成祖兼崇其教，自阐化等五王及二法王外，授西天佛子者二，灌顶大国师者九，灌顶国师者十有八，其他禅师、僧官不可悉数。[11]

---

1 《明太祖实录》第4册卷一八四，第2771页。

2 《明太祖实录》第5册卷二三一，第3372—3373页。

3 《明太祖实录》第3册卷八十六，第1537页。

4 《明太祖实录》第5册卷二一〇，第3125页。

5 《明史·姚广孝传》，第4081页。

6 《明史·姚广孝传》，第4081页。

7 《大正藏》第50册，第948页中栏。

8 ［明］幻轮汇编《释鉴稽古略续集》卷二，《大正藏》第49册，第943页上栏。

9 ［明］葛寅亮撰，何孝荣点校《金陵梵刹志》卷三一“聚宝山报恩寺”，天津人民出版社，2007年，第459页。

10 ［明］幻轮汇编《释鉴稽古略续集》卷三，《大正藏》第49册，第943页上栏。

11 《明史》卷三三一，第8577页。

其中提到成祖本人“兼崇其教”，开启了明代皇帝崇信藏传佛教的端倪。

在鼓励、扶持佛教发展的同时，成祖亦延续了太祖时期整顿、限制的政策。建文四年（1402）十一月，成祖命礼部清理释、道二教，凡汉晋以来本朝洪武十五年（1382）以前“寺观有名额者，不必归并，其新创者，悉归并如旧”[1]，禁止私创寺院。永乐十年（1412）重申洪武中严禁“僧道不务祖风，及俗人行瑜伽法”的政策，“违者杀不赦”[2]。永乐十六年（1418）规定“今后愿为僧道者府不过四十人，州不过三十人，县不过二十人，限年十四以上，二十以下”[3]，下令实行五年一度（实际上执行六年一度）。

经过太祖、成祖的开拓，仁宗、宣宗时期“民气渐舒，蒸然有治平之象”[4]，形成“仁宣之治”。仁宗在位时间较短，宣宗时期严格地执行了太祖、成祖以来整顿、限制佛教的政策。

明仁宗为成祖长子，在位不足十个月。曾频繁地为皇考妣建荐扬大斋，据《明仁宗实录》，仁宗前后九次令僧人建荐扬大斋，或三昼夜，或七昼夜，为故去的成祖、徐皇后荐亡资福。以致于来华的朝鲜使臣都说：“中国自太祖皇帝以来，皆好佛事，洪熙最好，亲设水陆。”[5]

宣宗为仁宗长子，继位后改元宣德，在位十年。宣宗礼遇汉藏高僧，尤其是大量封授、供养藏传佛教高僧，宣宗去世后，北京驱遣的藏僧多达六百九十一位。宣宗本人并不崇信佛教，虽然在皇太后张氏、皇后孙氏等的影响下，在北京重建了龙泉寺、大觉寺、大慈恩寺、大功德寺等，但总体来说对修建佛教寺院劳民伤财保持高度警惕，如宣德五年（1430）灵藏赞善王喃葛监藏巴藏卜“奏欲建佛寺，乞朝廷给赐杂用颜料”，宣宗曰“彼造佛寺，乃欲劳中国民，不与”[6]。宣德六年（1431）工部尚书吴中奏言重修代州圆果寺，上曰：“卿欲藉此永福乎？朕以安民为福，其止之，勿劳吾民。”[7]宣德九年（1434）有僧自陈欲化缘修寺祝延圣寿，宣宗斥之，罢朝顾侍臣曰：“人情莫不欲寿，古之人君若商中宗、高宗、祖甲、周文王，皆享国绵远，其时岂有僧道？岂有神仙之说？秦皇汉武求神仙，梁武帝事佛，宋徽宗好道，效验可见矣。”[8]

按本书考证的年代顺序，列明代早期代表性寺院壁画如下：

明洪武十八年（1385），稷山青龙寺后殿东壁整壁及西壁主尊北侧壁画；

洪武二十四年（1391）原绘，成化十九年（1483）摹，崇善寺《释迦应化事迹图》；

永乐四年（1406），稷山青龙寺腰殿水陆壁画；

约宣德二年（1427）绘制部分，清道光十四年（1834）补绘部分，乐都瞿昙寺中、后院回廊佛传故事壁画；

约宣德二年（1427），永登妙因寺万岁殿或暗廊佛传故事壁画。

明代早期诸帝均看重佛教阴翊王度、暗理朝纲的功能，对佛教寺院僧人过分侵占田地扰乱经济秩序，或者假借佛教之名滋事叛乱等十分警惕，制定了严格的佛教政策对之进行管理、控制。该时期的寺院基本上都是朝廷、官方创建，严禁私人建寺。上述完整地保存有明代早期壁画或摹本的寺院中，除稷山青龙寺系明代重修之外，太原崇

1 《明太宗实录》第6册卷十四，第249页。
2 《明太宗实录》第8册卷一二八，第1592页。
3 ［明］俞汝楫编《礼部志稿》卷二，《文渊阁四库全书》第597册，第41页。
4 《明史·宣宗本纪》，第125—126页。
5 吴晗辑《朝鲜李朝实录中的中国史料》上编卷五“世宗庄宪大王实录二”，中华书局，1980年，第356页。
6 《明宣宗实录》第11册卷六四，第1514页—1515页。
7 ［明］俞汝楫编《礼部志稿》卷八九，《文渊阁四库全书》第598册，第607页。
8 ［明］俞汝楫编《礼部志稿》卷八九，《文渊阁四库全书》第598册，第607—608页。

善寺、乐都瞿昙寺、永登妙因寺均是地方官员新修建的官寺，寺内都供奉有皇帝万岁牌位，政治意图十分明显，瞿昙寺、妙因寺更是朝廷利用佛教实行民族怀柔政策的体现。从题材上看，民间出资补绘的稷山青龙寺壁画除延续元代的佛会图外，还有与民间荐亡法事相关的水陆画，而官寺崇善寺、瞿昙寺、妙因寺则均绘有佛传故事壁画，可见明代早期佛传故事壁画是最为流行的题材。《释氏源流》虽为书籍，但是对其后佛传故事壁画的绘制具有深远的影响，本章一并讨论。

第二节　水陆仪轨与水陆画

一、唐宋水陆仪轨与水陆画

现存佛教文献一般认为水陆法会始于梁武帝时。北宋神宗熙宁四年（1071）杨锷《水陆大斋灵迹记》记载，梁武帝夜梦一高僧进言设水陆广大冥斋，在志公的奏请下，梁武帝在法云殿积日披览，“及详阿难遇焦面鬼王（后世多称面然鬼王），因地建立平等斛食，乃创制仪文，三年乃就”[1]。并于天监四年（505）在润州泽心寺（金山寺旧名）设水陆斋。其后北宋宗赜《水陆缘起》，南宋宗鉴《释门正统·利生志》、志磐《佛祖统记·水陆斋》皆有类似记载。梁武帝看到的面然鬼王劝阿难建立平等斛食，在《佛说救面然饿鬼陀罗尼神咒经》中有详细记载：

> 尔时阿难独居净处一心计念，即于其夜三更之后，见一饿鬼名曰面然，住阿难前白阿难言：“却后三日汝命将尽，即便生此饿鬼之中。”是时阿难闻此语已，心生惶怖问饿鬼言：“我此灾祸作何方计得免斯苦？”尔时饿鬼报阿难言：“汝于晨朝，若能布施百千那由他恒河沙数饿鬼并百千婆罗门及仙人等，以摩伽陀国斗，各施一斗饮食，并及为我供养三宝，汝得增寿，令我离于饿鬼之苦得生天上。”阿难见此面然饿鬼，身形羸瘦，枯燋极丑面上火然，其咽如针头发蓬乱，毛爪长利身如负重。[2]

由于《佛说救面然饿鬼陀罗尼神咒经》至唐才由于阗三藏实叉难陀译出，故金维诺先生认为梁武帝创制水陆仪文和修设法会的说法并无历史依据[3]。

水陆法会至少在唐代已经兴起。据传，唐高宗咸亨（670—674）中法海寺英禅师在山北寺修设水陆法会。杨锷《水陆大斋灵迹记》[4]详记此事，原文较长，今略述之：梁武之后陈隋两朝，其文湮坠。唐咸亨中，僧可宗为阴府所摄，因白泰山府君系英禅师之弟子，免罪放归。后过旬日，英公独坐，见一异人巍然冠冕足不履地，告曰大觉寺吴僧义济处有梁武所集仪文。英公访义济果得仪文，遂克日于山北寺依法崇奉修设。既毕，复见异人与徒属十数辈来谢，自称乃秦襄王，徒属乃范睢、穰侯、白起、王翦、张仪、陈轸等，咸坐本罪久处阴司，蒙师设斋忏罪将生人间故来相谢。此后英公与吴僧常设此斋。

杨锷的记述颇多灵异，英禅师的仪文来自梁武帝亦不可信，但是英禅师与吴僧设水陆斋应确有其事。该文提到，秦襄王及范睢、穰侯等因英禅师修设的水陆斋会得免地狱之苦，为水陆画中绘制自古帝王将相提供了依据。

1 收于[宋]宗晓编《施食通览》，《卍续藏经》第57册，第113页下栏。

2 [唐]实叉难陀译《佛说救面然饿鬼陀罗尼神咒经》，《大正藏》第21册，第465—466页。

3 金维诺《寺观水陆法会图的形成与发展》，收于金维诺、邵军主编《中国寺观壁画全集·2·元代寺观水陆法会图》，广东教育出版社，2011年，第1页。

4 收于[宋]宗晓编《施食通览》，《卍续藏经》第57册，第113页—114页。

晚唐僖宗时期成都已有体系完备的水陆画的绘制。北宋黄休复《益州名画录·张南本传》：

僖宗驾回之后，府主陈太师于宝历寺置水陆院，请南本画天神地祇、三官五帝、雷公电母、岳渎神仙、自古帝王、蜀中诸庙一百二十余帧，千怪万异，神鬼龙兽、魍魉魑魅，错杂其间，时称大手笔也。至孟蜀时被人模塌（搨），窃换真本，鬻与荆湖人去，今所存伪本耳。伪本淳化年遭贼掳劫，已皆散失。[1]

张南本为宝历寺水陆院绘制的水陆画为挂轴，包含有佛、道和民间神祇鬼魂，也包括儒家人伦和蜀中的地方神灵，多达一百二十余帧，体系已经相当完备。张南本绘制的水陆画在蜀地颇有影响，孟蜀时被人摹拓窃换，留存下来的伪本在北宋淳化年间（990—994）亦遭贼抢劫散失。

上文提及僖宗时期宝历寺已置水陆院。另据宋初遵世述《施食正名》，当时吴越诸寺多置别院，有题“水陆”者，有题“斛食”者，有题“冥趣”者，可见宋初南方地区对水陆的认识尚不统一、规范。水陆仪轨是水陆法会、水陆画流行的基础，宋代四川、镇江金山、四明月波山皆以营建水陆法会著名，并制订有相应的水陆仪轨。

晚唐以来，四川即是水陆法会的重地，宝历寺水陆院藏张南本水陆画伪本宋初尚存。神宗熙宁年间（1068—1077），杨锷制仪文三卷行于蜀中。杨锷仪文在南宋宗晓编《施食通览》中有部分收录，召请的神灵分上、下两堂，每堂八位，共十六位。上堂八位依次为佛陀耶众、达摩耶众、僧伽耶众、大菩萨众、大辟支佛众、大阿罗汉众、五通神仙众、护法天龙众；下堂八位分别为官僚吏从众、三界诸天众、阿修罗道众、人道众、饿鬼道众、畜生道众、地狱道众、六道外者众。上述圣凡神灵除官僚吏从属于儒家人伦外，其余均属佛教范畴。

北宋元祐八年（1093）苏轼为亡妻王氏设水陆道场，世称“眉山水陆”，苏轼撰《水陆法像赞》。据苏轼赞文，本次法会系请法云寺法涌禅师主持修营，法会上悬挂水陆画上下堂各八位，共十六轴，神灵名目与杨锷仪文相符。像赞序文曰：

在昔梁武皇帝，始作水陆道场，以十六名，尽三千界。用狭而施博，事约而理详。后生莫知，随世增广。若使一二而悉数，虽至千万而靡周。惟我蜀人，颇存古法。观其像设，犹有典刑。[2]

可知本次法会张悬的十六轴水陆画是遵循古法和“犹有典刑”的，去除了“后生莫知，随世增广”的部分。

除蜀中外，江淮京浙一带亦有水陆仪文、水陆画流行，但是不像蜀中流行的杨锷仪文那样祖述旧规，而是经后人踵事增华过的。北宋绍圣三年（1096），宗赜有感于此，以杨锷仪文为基础，结合诸家仪文，删补为四卷。宗赜《水陆缘起》记曰：

本朝东川杨锷，祖述旧规，制仪文三卷，行于蜀中，最为近古。然江淮所用，并京洛所行，皆后人踵事增华，以崇其法，至于津济一也。宗赜向于绍圣三年夏，因摭诸家所集，删补详定，勒为四卷，粗为完文。普劝四众，依法崇修，利益有情，咸登觉岸。[3]

宗鉴集《释门正统·利生志》称“然江淮京淅所用像设一百二十位者，皆后人踵事增华，以崇其法”[4]，明确提及江淮京浙水陆法会悬挂的水陆神灵像有一百二十位，与晚唐张南本在四川宝历寺水陆院绘制图本的数量大体一致。

佛教文献认为镇江金山寺是水陆法会的发源地，梁武帝的水陆斋即营建于此寺。

1 [宋]黄休复《益州名画录》卷上，人民美术出版社，1964年，第14页。

2 孔凡礼点校《苏轼文集》第2册卷二二，中华书局，1986年，第631页。

3 [宋]宗晓编《施食通览》，《卍续藏经》第57册，第115页上栏。

4 《卍续藏经》第75册，第304页上栏。

北宋佛印主持的金山水陆驰名一时，世称“金山水陆”，《施食通览·佛印禅师加持水陆感验》记曰：

又师（笔者注：即佛印）住金山时，有海贾到寺设水陆，是夜适法事僧讼斡而出，师不得已，即自行总持。此夜有渔舟泊于江湍，深夜忽闻岸上有声曰：“今夜金山水陆甚胜，乃楼至如来自行加持也。”渔人审是鬼声，于师大生敬仰。据斯显验，则知人胜法胜，乃感鬼神欢悦歆享矣。[1]

受金山水陆的影响，南宋孝宗乾道九年（1173），四明（浙江宁波一带）人史浩施田百亩，在四明东湖月波山建四时水陆道场，亲制疏辞，撰集仪文，孝宗赐额“水陆无碍道场”。南宋度宗咸淳年间（1265—1274），志磐应月波山尊教寺僧人之请，续成新仪六卷，绘像二十六轴，志磐《佛祖统纪·水陆斋》详记此事曰：

昔真隐史越王（笔者注：即史浩）尝过金山，慕水陆斋法之盛，乃施田百亩，于月波山专建四时水陆，以为报天地君亲之举，且亲制疏辞，刻石殿壁，撰集仪文，刊板于寺。既而孝庙闻而嘉之，赐以水陆无碍道场宸翰，扁（匾）于殿。逮今百年，修供惟谨。去月波里所，有梵苑曰尊教，师徒济济，率沙门族姓三千人，施财置田，一遵月波四时普度之法。先是，尊教同人有谓：越王疏旨之辞，专为平昔仕官报效君亲之举，美则美矣，而于贵贱贫富未见平等修供之意。乃力挽志磐，续成新仪六卷，推广斋法之盛，而刻其板，复依准名位，绘像帧者二十六轴，及今创立斋会，于是仪文像轴，皆得其用。[2]

志磐续成六卷新仪是在史浩仪文的基础上修订而成，而史浩仪文是受到了金山水陆的影响。上文提到，尊教同人谓史浩仪文“美则美矣，而于贵贱贫富未见平等修供之意”，可见志磐新仪应突出了贵贱贫富平等修供的特点，这是明清时期水陆法会在民间盛行的基础，对水陆法会的发展具有重要的意义。

二、明代流行的水陆仪轨与奉请神灵

值得注意的是，明代佛教文献中出现了南水陆、北水陆的提法。明末智旭《灵峰蕅益大师宗论·水陆大斋疏》曰：

自宋至明，又历五百余岁，云栖大师，依此仪（笔者注：即志磐新仪）稍事攻削，行之古杭。智旭曾于云栖躬逢盛举，见其坛法精严，事理备明，罗十法界于一堂，运三观心于刹海，真不思议功德也。丙戌，游金山，索彼仪文观之，汗漫模糊，不可寻究。盖由磐公较定后，行于四明，世称“南水陆”。而金山旧仪，被宋元以来世谛住持，附会添杂，但事热闹，用供流俗士女耳目，世称为“北水陆”也。云栖大师具择法眼，故不从北从南，每设供结界密护，除主坛一人，表白二人，斋主一人，香灯五人外，余人例于幔外瞻礼，不得入内坛。坛内人出入，必皆易衣澡浴，所以得名如法供养。不似诸方滥张圣像，任男女杂沓游观，致使饮酒食肉，吞烟啖蒜之人，皆得熏蔵尊仪也。[3]

智旭提到，南宋志磐制订的水陆新仪在四明影响很大，世称“南水陆”。而宋元以来被附会添杂，但事热闹的仪文，则被讥为“北水陆”。明代云栖大师袾宏选择对南水陆仪文稍事修订，使之流行于古杭。上述文献至少透露出两则重要的信息：第一，南、北水陆的说法是崇信南水陆的人提出来的，带有崇南贬北的意思，其目的是为了树立正统；第二，提出南水陆概念的目的是为了纯净法会仪式，要求不得滥张圣像，不得任人游观，由此可见宋元以来水陆仪轨和水陆画世俗化的趋势。

1 《卍续藏经》第57册，第119页中栏。

2 [宋]志磐撰，释道法校注《佛祖统纪校注》中册卷三四，上海古籍出版社，2012年，第756—757页。

3 [明]智旭《灵峰蕅盖大师宗论》卷七，《嘉兴藏》第36册，第387页上栏。

从悬挂水陆画的数量上来看，唐宋时期至少有两个体系：一是十六位，包括北宋杨锷仪文、苏轼眉山水陆、宗赜仪文、法印金山水陆，南宋史浩四明四时水陆，后南宋志磐新仪根据贵贱贫富平等修供的精神增添至二十六位；二是一百二十位，包括晚唐张南本绘宝历寺水陆图本，北宋江淮京浙流行的水陆等。悬挂一百二十位的水陆画，即被智旭讥笑的“被宋元以来世谛住持，附会添杂，但事热闹，用供流俗士女耳目”的北水陆。

袾宏在志磐仪文基础上修订而成的《法界圣凡水陆胜会修斋仪轨》在《卍续藏经》中有收录，全书共分六卷，现录其仪式程序及奉请神灵如下：

1. 行晨朝开启法事

奉请：大秽迹金刚圣者并诸眷属、大威德大忿怒甘露军茶利等十大明王并诸眷属、大梵天王帝释天主护世四王天龙八部并诸眷属、此一住处僧伽蓝内护正法者福德大神并诸眷属、城隍当境诸庙侯王住居六神家庭香火并诸眷属、千手千眼大慈大悲观世音自在菩萨摩诃萨（三请）、十方刹土一切毗卢遮那不空如来（三请）。

2. 行发符法事

奉请：四天捷疾持符使者并诸眷属、空行捷疾持符使者并诸眷属、地行捷疾持符使者并诸眷属、地府捷疾持符使者并诸眷属。

3. 行上堂召请法事

奉请神灵具体见下文《〈法界圣凡水陆胜会修斋仪轨〉、〈天地冥阳水陆仪文〉奉请神灵对比列表》（下文简称《奉请神灵对比列表》）。

4. 行下堂召请法事

奉请神灵具体见下文《奉请神灵对比列表》。

除袾宏《法界圣凡水陆胜会修斋仪轨》外，明代还流行另一种水陆仪轨，即《天地冥阳水陆仪文》。该仪文在美国普林斯顿大学葛思德东方图书馆（下文简称普林斯顿本）、中国国家图书馆（下文简称国图本）、北京师范大学图书馆及北京大学图书馆等地均有收藏，据戴晓云比较，上述四个版本仪文的内容基本相同[1]。普林斯顿本、国图本另附有杂文两卷、坛图式一卷，与仪文同时刊刻。国图本封面上注曰：“明正德十五年山西文水广报寺和尚文宝等刻嘉靖元年释法空增刻本。”此外，国图本仪文卷上末尾署曰：“祝赞圣皇王万代江山帝道永遐昌旹大明正德十五年正月十五日山西太原府文水县广报寺募缘比丘文宝。”杂文卷上署曰：“大明嘉靖改元岁次壬午四月吉旦文阳甘泉寺法空增刻。”可知国图本系明正德十五年（1520）山西文水广报寺文宝等刻嘉靖元年（1522）法空增刻。

但是，《天地冥阳水陆仪文》并非始成于明正德十五年（1520），广报寺文宝等只是重刻，普林斯顿本杂文前有平江昆山荐严寺僧无外惟大序曰：

《水陆仪文》雪堂总统禅师既已板行于世，今得召请诸文，文义兼优，谅非苟作，复欲刊之，以附前集，遂成释氏应世全书。传布未来，功不在英禅师下。斯言不谬，万象其印诸。大德癸卯住平江昆山荐严无外惟大序。[2]

大德癸卯即元成宗大德七年（1303）。雪堂禅师，名普仁，号雪堂，临济十八代孙，至元三十年（1293）被授江淮、福建、隆兴等处释教总统，力辞不就[3]。雪堂禅师好游历，曾在河北、江南、山西等地搜寻佛教典籍，于元贞二年（1296）刊布《镇州临济慧照禅师语录》，大德七年（1303）刊布《禅源诸诠集都序》和《天地冥阳水陆仪文杂文》。邓文原《重刻禅源诠序》曰：

---

1 戴晓云《佛教水陆画研究》第二章第一节，中国社会科学出版社，2009年，第28—30页。

2 据美国普林斯顿大学藏本，以下所引《天地冥阳水陆仪文》皆出自普林斯顿本，不另注。

3 蔡美彪《元代白话碑集录》附录二“重阳洞林寺藏经记”，科学出版社，1955年。

后二十有九年为大德癸卯，嗣法雪堂仁禅师，奉旨之五台，回途过大同，得金时潜庵觉公禅师所书图，益加考订，锦粹以传诸远。[1]

其中提到大德七年（癸卯，1303）雪堂禅师奉旨前往五台，在大同得潜庵觉公禅师所书《禅源诸诠集都序》图。《天地冥阳水陆仪文》无外惟大序称雪堂大德七年（1303）“得召请诸文”，故推测召请诸文（即《天地冥阳水陆仪文杂文》）可能也是在山西访得。

《天地冥阳水陆仪文》分上、中、下三卷，现录其仪式程序及奉请的神灵如下：

1. 关铃取杵仪

2. 加持戒刀仪

3. 加持净水仪

4. 加持宾头卢圣僧仪

奉请：宾头卢大德尊者（三请）。

5. 召请本郡城隍真宰

奉请：城隍真宰、执政主司并从眷属等众。

6. 召请当境风伯雨师

奉请：雨师风伯电公雷母并从眷属等众、主风主雨神祇等众、五方四海诸大龙王等众。

7. 加持伽蓝土地仪

奉请：伽蓝土地、土地真宰并从眷属（二请）。

8. 召请五道大神仪

奉请：五道大神。

9. 召请监斋使者仪

奉请：监斋使者。

10. 圣前开启仪

11. 悬挂信幡仪

12. 召请土地使者发牒仪

奉请：伽蓝土地发牒主宰（三请）；天界使者、空行使者、地行使者、琰魔使者。

13. 召请五方五帝开路仪文

奉请：东方青帝、南方赤帝、西方白帝、北方黑帝、中方黄帝。

14. 加持黄道仪

15. 邀请正位

奉请神灵具体见下文《奉请神灵对比列表》。

16. 赞礼三宝

17. 迎请天仙仪

奉请神灵具体见下文《奉请神灵对比列表》。

18. 召请下界仪

奉请神灵具体见下文《奉请神灵对比列表》。

19. 加持传灯显密供养

20. 五方戒坛仪

21. 加持天轮灯坛仪

22. 加持地轮灯坛仪

23. 天地二轮总加持仪

1 [唐]宗密述《禅源诸诠集都序》，《大正藏》第48册，第397页下栏。

24. 加持乳海仪
25. 加持八卦坛仪
26. 加持望乡台仪
27. 加持枉死城仪
28. 加持铁树爱河仪
29. 加持金桥仪
30. 加持灭恶趣息苦轮仪
31. 破有相无间地狱仪
32. 加持黑道仪
33. 命请冥殿十王仪

奉请神灵具体见下文《奉请神灵对比列表》。

34. 召请诸灵仪

奉请：引路王菩萨摩诃萨；我等父母累世家亲久远先亡并诸眷属等众（二请）、法界父母累世宗亲等众。

35. 召请往古人伦仪

奉请神灵具体见下文《奉请神灵对比列表》。

36. 召请孤魂仪

奉请神灵具体见下文《奉请神灵对比列表》。

37. 判斛仪文
38. 召罪忏悔
39. 无碍山前不二供养
40. 无主孤魂受食
41. 再叙功能
42. 施戒开位
43. 忏悔宿业

奉请：千手千眼大悲菩萨、大慈大悲普贤菩萨。

44. 证明灭罪
45. 发菩提心
46. 孤魂受戒
47. 加持无碍钱山仪
48. 加持莲池仪
49. 斋前供佛仪文
50. 灵前咒食仪
51. 孤魂家亲咒食仪
52. 奉送圣凡满散仪
53. 过半夜焚化钱纸饮食仪

可以看出，《天地冥阳水陆仪文》的程序较《法界圣凡水陆胜会修斋仪轨》要复杂、烦琐得多，与智旭所称“被宋元以来世谛住持，附会添杂，但事热闹，用供流俗士女耳目”的北水陆的特点相符。《天地冥阳水陆仪文·再叙功能》亦曰：“夫设平等之会，修清净之仪，不可以意倦力乖，而乃削繁就简。加一毫之善行，有无量之功能。施一粒之珍羞（馐），足无量之福祉。”可见两部水陆仪轨的繁简之别，其实根源在于其内在的理念。

奉请神灵是水陆法会中最重要的程序之一，两部仪轨中都涉及大量庞杂的神灵，其中《法界圣凡水陆胜会修斋仪轨》分为上、下两堂，《天地冥阳水陆仪文》分为正位、天仙、下界、冥殿、往古人伦和孤魂六类，这里将《法界圣凡水陆胜会修斋仪轨》

《天地冥阳水陆仪文》奉请神灵对比列表如下（两部仪轨中共同提到的神灵用下划线标出）。

《法界圣凡水陆胜会修斋仪轨》《天地冥阳水陆仪文》奉请神灵对比列表

《法界圣凡水陆胜会修斋仪轨》[1]		《天地冥阳水陆仪文》	
上堂	一切诸佛并诸眷属：法身毗卢遮那佛、报身卢舍那佛、化身释迦牟尼佛、阿弥陀佛、弥勒佛、过去诸佛、现在诸佛、未来诸佛、十方法界一切诸佛、过去庄严劫千佛、现在贤劫千佛、未来星宿劫千佛、一切诸佛全身舍利宝塔；	清净法身大毗卢遮那佛、圆满报身卢舍那佛、三类化身释迦牟尼佛、当来下生弥勒尊佛、十二大愿药师琉璃光佛、我等导师阿弥陀佛、十方三世一切诸佛；	正位
	一切尊法并诸眷属：华严经梵网戒经、佛集本行四阿含等、净名金光明等经、仁王金刚般若等经、法华经涅槃经、观无量寿佛经等、诸部律论、说经造论著述疏记、诸经律论、一切法音；		
	诸菩萨僧并诸眷属：文殊普贤、观世音大势至、药王药上法华经中诸大菩萨、贤首菩萨华严经中诸大菩萨、善财历参五十三善知识诸菩萨、信相菩萨金光明经中诸大菩萨、兜率内院无着天亲诸大菩萨、极乐国土一生补处诸大菩萨、五时法会助宣佛化诸大菩萨、藏通别圆所历地位一切菩萨；	大圣观世音菩萨、大智文殊师利菩萨、大行普贤菩萨摩诃萨、大势至菩萨、大圣虚空藏菩萨摩诃萨、大圣金刚手菩萨摩诃萨、大圣除盖障菩萨摩诃萨、大愿地藏王菩萨摩诃萨、十信十行十住十回向十地位中金刚心内菩萨；	
	诸缘觉僧并诸眷属：仁王护国经中八百万亿大仙缘觉、佛出世时从山中来五百独觉、佛法灭后一时出现七百俱胝独觉、出有佛世闻法得道诸大缘觉、出无佛世部行麟喻诸缘觉独觉、具相不具相诸缘觉独觉、现通不现通诸缘觉独觉、说法不说法诸缘觉独觉、通教八地辟支佛藏教辟支佛；		
	诸声闻僧并诸眷属：鹿苑先度五比丘最后须跋陀罗诸阿罗汉、世尊高弟大迦叶阿难陀等十大弟子、灵山闻法大比丘众万二千大阿罗汉、灵山得记学地无学地诸大声闻众、五时闻法学地无学地诸大声闻众、世尊灭后结集三藏阿难陀等诸阿罗汉、住世十六大阿罗汉万六千九百弟子众、天台山方广圣寺住世五百大阿罗汉、慧俱无碍三解脱信行法行六种阿罗汉、通教体法已办藏教学无学内外七贤众；	跋罗堕阇尊者、伽伐蹉尊者、诺迦跋哩陀尊者、苏频陀尊者、诺矩罗尊者、跋陀罗尊者、迦力迦尊者、佛陀罗尊者、戍博迦尊者、伴诺迦尊者、罗怙罗尊者、那迦犀那尊者、因迦陀尊者、伐那波斯尊者、阿氏多尊者、注荼畔吒迦尊者（以上十六罗汉）、五百尊者一十六国大阿罗汉等众、舍利弗等一切尊者、大迦叶等一切尊者、憍陈如等一切尊者、一切护法神祇等众；	

1 收于《卍续藏经》第74册。

续表

	《法界圣凡水陆胜会修斋仪轨》	《天地冥阳水陆仪文》	
上堂	传持教法禅律诸宗诸祖师僧并诸眷属：西天传教迦叶龙树师子尊者等二十三祖、北齐尊者南岳禅师天台智者大禅师、章安尊者荆溪尊者等九祖四明法智大师、禅宗达磨圆觉禅师下及六祖等诸大禅师、临济沩山洞山云门法眼五宗诸大禅师、庐山莲社圆悟法师历代往生净土诸法师、贤首教主国一法师清凉圭峰诸大法师、慈恩教主大乘法师瑜伽密教灌顶国师、律宗十祖南山澄照律师记主大智律师、译经摩腾竺法兰求法奘三藏等诸法师；		正位
	助宣佛化持明造论五神通仙并诸眷属：过去十方诸佛往昔因地同行五神通仙、释迦文佛往昔因地同行千圣王五神通仙、释迦文佛往昔同行忍辱五神通仙、护育释种瞿昙仙人占相太子阿私陀仙、色界诸天下生人间为受道者五神通仙、华严会中善知识众毗目瞿沙一万大仙、鹿野园中转法轮处往昔波罗奈仙人、请云雨会那罗他九万九千五通仙人、方等会上阿瑟咤迦等六十八大仙人、诸国土中摄诸呪术造五明论诸大仙人；		
	十大明王秽迹金刚诸大天王护法诸天并诸眷属：大威德不动尊等十大明王秽迹金刚圣者、华严会中妙焰海大自在天王等诸天王、妙庄严宫大梵天王忉利天宫帝释天主、多闻天王持国天王增长天王广目天王、摩诃天女大功德天大辩天天母摩利支天、金刚密迹神王北天大将散脂修摩尊天、南天上将韦驮尊天菩提树神善女尊天、大地主母坚牢地神欢喜药叉将鬼子母天、散脂大将所领二十八部威德大权天神、法华会上从佛闻法人非人等天龙八部；	东北方文殊师利菩萨变现忿怒大威德焰发德迦明王、东南方虚空藏菩萨变现忿怒大威德大笑明王、南方地藏菩萨变现忿怒大威德无能胜明王、西南方普贤菩萨变现忿怒大威德步掷明王、西方观世音菩萨变现忿怒大威德马首明王、西北方释迦牟尼佛变现忿怒大威德大力明王、北方阿弥陀佛变现忿怒大威德甘露军吒利明王、东方除盖障菩萨变现忿怒大威德不动尊明王、上方金刚手菩萨变现忿怒大威德降三世明王、下方弥勒菩萨变现忿怒大轮明王、变现忿怒十大明王；	

续表

《法界圣凡水陆胜会修斋仪轨》		《天地冥阳水陆仪文》	
上堂	护佛舍利坛塔伽蓝斋戒护国镇宅诸大神王并诸眷属：护佛舍利般支分婆多祈利等四大军主、护戒坛坚固光曜净云音等十二大神王、护佛塔修利犍陀摩尼跋陀等五大神王、护伽蓝美音梵音天鼓叹妙等十八大神王、护震旦国毗首羯摩天子迦毗罗大将双瞳目天女一切神众、护受三归弥栗头不罗等护五戒察刍毗愈他尼等诸大神王、护比丘轲弥迦罗移嘻隶等百七十二大神王、佛灭度后护佛弟子多赖哆等七神王、守镇宫宅东方阿修诃等五方上首神王、六斋观察人间四天王各九十一子各八大天将四天捷疾使者；		正位
	发扬水陆流通至教制仪立法十大士并诸眷属：阿难陀尊者圣师、梁朝神僧圣师、梁朝志公尊者圣师、国主救世菩萨梁武皇帝、梁朝佑公律师、唐朝法海英公禅师、宋朝佛印禅师、长芦赜公禅师、太师苏文忠公、东川节推杨公；		
下堂	四空四禅六欲诸天日月星天天曹圣众并诸眷属：无色界非想非非想处天等四空天众、色界色究竟天善现天等四禅十八梵天众、欲界他化自在天乐变化天等六欲天众、日天子月天子北极紫微大帝南极太微大帝、北斗七元星君南斗六司星君九曜星君、三台华盖二十八宿十二宫辰太岁星君、国主元命生灵所属施家各人本命星君、天曹府君主阴阳赏罚注记生死诸大天官、天府北极四圣真君汉天师正一灵应真君、天地水府三官天府功德司判官行空捷疾使者；	大圣天藏王菩萨摩诃萨（导引）、无色界中四空天众、三千界主大梵天梵辅天梵众天众、四禅九天三禅三天二禅三天初禅三天一切天众、他化自在天主化乐天主兜率天主夜摩天主忉利天主一切天众、帝释天众、东方持国天王南方增长天王西方广目天王北方多闻天王、北极紫微大帝（笔者据愿文补）、一切太乙游空天众、东方青帝南方赤帝西方白帝中方黄帝之君等众、日曜太阳天子、月曜太阴天子、金星太白真君木星岁德真君水星荣德真君火星荧惑真君土星镇德真君并从眷属、罗睺交初真君计都交中真君紫炁天一真君月孛太一真君并从眷属、宝瓶摩羯人马天蝎天秤双女狮子巨蟹阴阳金牛白羊双鱼十二宫神等众、子丑寅卯辰巳午未申酉戌亥十二元辰等众、角亢氐房心尾箕斗牛女虚危室壁奎娄胃昴毕觜参井鬼柳星张翼轸二十八宿等众、贪狼巨门禄存文曲廉贞武曲破军北斗七元星君等众、上元天官中元地官下元水官三元圣众、真武灵应真君翊圣保德真君天蓬大元帅天猷副元帅北极四圣真君等众、年直月直日直时直四大持符使者、应周天示现之星辰尽空界微尘之宿曜；	天仙

续表

	《法界圣凡水陆胜会修斋仪轨》	《天地冥阳水陆仪文》	
	五岳四渎地载游空福德诸神系祀灵庙并诸眷属：东岳天齐仁圣帝五岳圣帝五岳佐命真君、水府扶桑大帝四大海王四渎源公水府诸神、五方龙王四海九江五湖七泽诸龙王众、五方土君十二分野神君太岁已（以）下诸土神君众、雷霆风雨火部荧惑行瘟行病监生行药诸神众、百谷华果药草园林旱蝗灾荒所主诸神众、守护名山道场城邑舍宅舟车桥道所主诸神众、诸郡城隍列庙县邑山川系祀神祠诸侯王众、施家所属当境神祠住居六神家庭香火诸神众、中界功德司判官监斋使者地行捷疾使者；	大圣持地菩萨摩诃萨（导引）、后土圣母、东岳天齐仁圣帝、南岳司天昭圣帝、西岳金天顺圣帝、北岳安天元圣帝、中岳中天崇圣帝、东方青色龙王南方赤色龙王、西方白色龙王北方黑色龙王、安济龙王顺济夫人（安济夫人顺济龙王）等众、江河淮济五湖百川诸大龙神众、卫伽蓝宫观之神、主风主雨主电主雷主苗主稼之神主书（昼）主夜之众主水主火主地主空主山林木植之君社稷城隍祠堂宫庙等一切主执神衹等众、上元水府马当山灵江王中元水府牛居山定江王下元水府灵肃山镇江王三元水府等众、太岁大杀博士日游神太阴大将军黄幡白虎蚕官五鬼金神飞廉豹尾上朔日畜阴官奏书归忌九坎伏兵力士吊客丧门大耗小耗住宅龙神等众、诸大龙神等众；大威德自在王菩萨（导引）、大力阿修罗王等众、旷野大将般支迦大将矩畔拏大将并从眷属等众、大力鬼神一切诃利帝母五百鬼子大罗刹女等众；	下界
下堂	帝王后妃文武官僚儒宗贤哲仙道隐逸并诸眷属：四圣轮王三皇上圣五帝三王历代圣君、十方诸国历代帝王正后元妃帝子王孙、至圣文宣王十哲士子思孟子历代儒宗、皋夔稷契伊傅周召致君泽民历代贤臣、王公宰辅诸侯九卿百僚文武历代名臣、起教婆罗门仙十洲三岛洞天福地诸神仙众、老子尹令列子庄子立言垂教历代仙圣、巢父许子伯夷叔齐不事王侯历代隐士、未得道果僧尼未登仙品诸道流女冠众、文武官僚夫人命妇节妇烈（列）女历代女流；	大圣引路王菩萨摩诃萨（导引）、一切往古圣德明君等众、往古后妃婇女夫人、一切往古协赞臣僚等众、一切往古为国亡躯力士等众、一切往古僧尼等众、一切往古修真道士炼行女冠等众、一切往古儒流贤士等众、一切往古孝子贤孙等众、一切往古贤妇烈（列）女等众、一切往古老幼衰残等众、一切往古法界人伦等众；	往古人伦
	农民工商医卜杂流贵贱男女十类人伦并诸眷属：成劫以来光音诸天下为人种诸男女众、四大洲八中洲五百小洲历代贵贱男女、东彝西戎南蛮北狄诸国历代贵贱男女、农工技术医药卜筮行商坐贾诸男女众、师巫左道游手末作奉公吏卒诸男女众、倡优鬻色奴婢乞丐鳏寡孤独诸男女众、忠孝仁义智信礼节务善人伦诸男女众、不忠不孝奸贪暴逆行恶人伦诸男女众、顽愚庸很微柔劳文明达十类诸人伦众、施家上世祖宗亲眷历劫怨雠至此得解脱众、施家上世祖宗亲眷历劫怨雠至此得解脱众；		

续表

《法界圣凡水陆胜会修斋仪轨》		《天地冥阳水陆仪文》	
	四类受生五趣所摄山间海底阿修罗众并诸眷属：执持世界与天争权化生天趣诸阿修罗、天中降德居邻日月胎生人趣诸阿修罗、鬼道护法乘通入空卵生鬼趣诸阿修罗、且游虚空暮归水宿湿生旁生趣诸阿修罗、须弥山北入海二万一千由旬罗睺阿修罗众、须弥山北入海四万二千由旬勇健阿修罗众、须弥山北入海八万四千由旬华鬘阿修罗众、须弥山北入海十六万八千由旬毗摩质多阿修罗众、众相山中依地而住最劣一种阿修罗众、妙高山中常所住处空穴宝城阿修罗众；		
下堂	焰口鬼王三品九类诸饿鬼众横死孤魂并诸眷属：起教焰口鬼王所领百千那由他恒河沙诸鬼众、飞行夜叉地行罗刹及夜叉罗刹女诸鬼众、食香食水食吐食血三十六种诸饿鬼众、阎浮地下五百由旬阎罗所领诸饿鬼众、铁围山间不睹日月酬偿宿罪诸饿鬼众、多财上品势力中品得失下品得弃者饿鬼众、少财上品大瘿中品臭毛下品针毛诸饿鬼众、无财上品臭口中品针咽下品炬口诸饿鬼众、空中海边山谷冢墓草木粪秽诸饿鬼众、三十六伤横死夭亡孤魂滞魄诸饿鬼众；		
	阎摩罗王十王王妹十八小王诸司主吏并诸眷属：地府阎摩罗王秦广大王初江大王、地府宋帝大王五官大王变成大王、泰山大王平等大王都市大王转轮大王、王妹神女善恶二簿童子诸女吏众、当时同誓助治地狱十八臣佐诸小王众、地府洪伽噤王三十七位诸鬼王众、铁围山间恶毒鬼王三十四位诸鬼王众、主执文籍业镜火珠勘问对验诸司判官、地府五道大神无常大鬼追亡魂使者、地府功德司判官捷疾使者牛头阿旁百万狱卒；	大慈悲地藏王菩萨（导引）、秦广大王、初江大王、宋帝大王、五官大王、阎罗大王、变成大王、泰山大王、平等大王、都市大王、转轮大王、监斋使者五道大神十八典狱之王百万牛头之众、泰山府君、琰魔殿侧迦延等神、恒加禁等四九诸王、大恶毒等四八诸王、一切主执神祇等众；一切地狱道中受苦有情等众、一切饿鬼道中受苦有情等众、一切傍生道中受苦有情等众；	冥殿

续表

	《法界圣凡水陆胜会修斋仪轨》	《天地冥阳水陆仪文》	
下堂	八热八寒诸大地狱诸独孤狱一切受苦囚徒并诸眷属：正住赡部洲下等活无间八热地狱受苦囚徒、八热四门十六游增一百二十八狱受苦囚徒、十方阿鼻地狱十八地狱三十六狱一百八狱受苦囚徒、铁床铜柱剑树刀山灰河热沙诸大地狱受苦囚徒、火箭飞刀拔舌锯牙啖眼剉首诸大地狱受苦囚徒、空中水间山谷旷野诸独孤狱受苦囚徒、泰山城隍当境祠庙者阴狱中受苦囚徒、七趣之中方离中阴将入地狱诸幽冥众、诸地狱中已经释放未得受生诸幽冥众；		
	正住铁围山间边住遍五趣中鳞甲羽毛十类旁生并诸眷属：金翅鸟王师子象王摩羯大鱼诸福德旁生众、神龙宝龟凤凰麒麟珍禽奇兽诸祥瑞旁生众、鹦鹉白鹤燕雀乌鸢鸡鹰鹅鸭诸飞禽众、牛马羊鹿虎狼猪犬猴兔猫鼠诸走兽众、蛟蜃鼍鳖虫鱼虾蟹螺贝蚌蛤诸水族众、蚊蚋蚤虱蝇蝨蛆蚁蜉蝣蛣蜣诸微类众、蚖蛇蝮蝎蜂虿鸩毒蜈蚣壁镜诸毒类众、鳞甲羽毛有足无足四足多足诸旁生众、枭獍狐毒蛔食服应休循十类诸旁生众、正住铁围山间大海洲渚边住遍五趣中旁生众；		
	诸趣往来七七日内七返受生中阴趣众并诸眷属：诸天类中报尽还来受中阴身一切众生、诸仙类中报尽还来受中阴身一切众生、诸人类中报尽还来受中阴身一切众生、诸福德神报尽还来受中阴身一切众生、诸阿修罗报尽还来受中阴身一切众生、诸饿鬼中报尽还来受中阴身一切众生、诸旁生中报尽还来受中阴身一切众生、诸地狱中报尽还来受中阴身一切众生、泥犁城中罪福二相巧风所吹中阴众生、四洲诸趣往来受生一十七种中阴众生；		

续表

《法界圣凡水陆胜会修斋仪轨》		《天地冥阳水陆仪文》	
下堂	杭州府城隍列庙九县乡坊系祀灵祠诸侯王众并诸眷属：当府城隍钱塘县并八县城隍诸庙神众、杭州府主城隍之神、（以下随所住居更换，不必依此）两院皋陶士师城邑灵坛社令旗纛庙旗纛将军诸神众、故吴越国主钱武肃王之神嗣王位诸神众、诸寺观诸官衙十城门土地诸神诸巷五通祠堂神众、诸寺观诸官衙十城门土地诸神诸巷五通祠堂神众、镇海楼伍公之神施公之神吴山十庙神众、盐桥三位蒋侯相公三圣巷刘李二王各庙神众、西湖岳武穆王于忠肃公四贤祠天泽庙一切神众、助圣庙褚公之神同仁祠孙胡许三公觉苑寺三忠祠合城一切神众、钱塘江主潮神晋龙铺庙葛相公庙江干一切神众；		
	本寺所属当境神祠伽蓝住居六神山门奉事香火诸神并诸眷属：本境梵村土地三夫人合庙神众、近境清芳亭庙朱桥庙陈百二十五相公庙一切神众当境五道大神半天牧野神官诸部五通神众、一十八位护教伽蓝本寺华光之神周宣灵王之神关王之神、本寺主山神（以主随换，不必依此）、住居中溜土地明王门丞户尉东厨司命监斋使者神众、住居方隅太岁二十四道诸土神众中庭力士屋上广汉主泉神主单神主园林神主后厕神一切神众、本寺普同搭大坟小墓守护茔域诸神众；		
	施家上世祖宗亡灵师友亲眷诸位神仪并诸眷属：始祖、高祖、曾祖、祖考、先考、伯考、叔考、先兄、亡弟、师友、外亲、诸母；		
	本山上世祖宗亡灵师友亲眷诸位神仪并诸眷属：开山和尚、大师、重建山门以来先亡后化一切僧行等众、开山自古至今先亡后化一切僧行等众、本山大众各各生身父母六亲等众、本师某处某和尚、本师、府、和尚；		
	受荐某人神仪；		

续表

《法界圣凡水陆胜会修斋仪轨》		《天地冥阳水陆仪文》	
下堂	诸类孤魂：诸国君臣后妃封君、士农工商一切人伦、诸国军民战阵杀伤、诸国人民遭罹刑狱、诸国人民呪诅怨雠、诸国人民没溺波涛、江海之内专行劫盗、邪鬼妖精侵害善人、诸国人民瘵劳传染、诸国人民虎噬伤亡、诸国人民产亡乳绝、佃渔杀害一切生灵。	兴教大士阿难尊者、启教大士面然鬼王观世音菩萨摩诃萨（导引）；久病缠身苦死生灵孤魂等众、军阵横亡苦死生灵无主孤魂等众、城破横死无主孤魂等众、自刑自缢苦死生灵无主孤魂等众、车碾马踏苦死生灵无主孤魂等众、堕胎落孕苦死生灵无主孤魂等众、河漂水漠苦死生灵无主孤魂等众、兽咬虫伤苦死生灵无主孤魂等众、牢狱囚亡苦死生灵无主孤魂等众、客死他乡苦死生灵孤魂等众、三恶道中一切受苦有情等众。	孤魂

通过对比，可以发现《法界圣凡水陆胜会修斋仪轨》《天地冥阳水陆仪文》两部仪轨所涉及神灵的类别存在对应关系，比如说《天地冥阳水陆仪文》中的正位均属《法界圣凡水陆胜会修斋仪轨》中的上堂，《天地冥阳水陆仪文》中的天仙、下界、冥殿、往古人伦、孤魂大体对应《法界圣凡水陆仪文》中的下堂。

在具体神灵的名称、数量、统属关系等上，两部仪轨之间有较大的差别。在上堂/正位中，两部仪轨均包括了佛、菩萨、声闻（尊者）和明王，两部仪轨之间的差别在于：第一，《法界圣凡水陆胜会修斋仪轨》上堂还包括了佛经（尊法）、缘觉、祖师、五神通仙、神王和发扬水陆十大士，这些在《天地冥阳水陆仪文》中没有出现；第二，帝释梵天、四大天王、鬼子母夜叉众、天龙八部在《法界圣凡水陆胜会修斋仪轨》中属于上堂，而在《天地冥阳水陆仪文》中属于天仙、下界；第三，《天地冥阳水陆仪文》突出了十六罗汉、十大明王，详细罗列了他们的名称，而在《法界圣凡水陆胜会修斋仪轨》中只是笼统的合称。

下堂/天仙、下界、冥殿、孤魂中，两部仪轨的主要差别在于：第一，《法界圣凡水陆胜会修斋仪轨》多出贵贱男女十类人伦、阿修罗众、焰口鬼王三品九类诸饿鬼众、鳞甲羽毛十类旁生、受生中阴趣众、杭州府城隍列庙灵祠、本寺所属当境诸神、施家祖宗亡灵、本山祖宗亡灵、受荐某人神仪；第二，天仙神祇中，《天地冥阳水陆仪文》强调了十二宫神、十二元辰、二十八宿、北斗七星、北极四圣，一一罗列了他们的名称；第三，下界神祇中，《天地冥阳水陆仪文》多出后土圣母、安济龙王顺济夫人、旷野大将般支迦大将矩畔拏大将等，突出了五岳、五方龙王、主水主火主地主空等神；第四，往古人伦中，《法界圣凡水陆胜会修斋仪轨》烦琐多文，《天地冥阳水陆仪文》直接突出明君后妃、协赞臣僚、孝子列女；第五，冥殿神灵中，《法界圣凡水陆胜会修斋仪轨》颇为烦琐，《天地冥阳水陆仪文》直接突出十王；第六，孤魂中，《天地冥阳水陆仪文》颇为详细，详细罗列了各种惨死的类型。此外，《天地冥阳水陆仪文》中，天仙、下界、冥殿和孤魂前均有导引，分别为天藏王菩萨、持地菩萨、地藏王菩萨、阿难面然鬼王及观音菩萨。

总的来说，《法界圣凡水陆胜会修斋仪轨》中奉请的神灵重教理，显得繁缛多文，《天地冥阳水陆仪文》中奉请的神灵重实用，显得通俗直接。《天地冥阳水陆仪文》在神灵数量上不及《法界圣凡水陆胜会修斋仪轨》，但突出了民间流行的神灵，如十六罗汉、十大明王、二十八宿、北斗七星、北极四圣、五岳、五方龙王、孤魂等。

普林斯顿本《天地冥阳水陆仪文》后除附《杂文》两卷外，另附有《坛图式》一卷，内录有“水陆牌像”一百二十位，现抄录如下：

左六十位：无色界四空天众　色界四禅天众　大梵天王　欲界上四天主并诸天

众　忉利帝释天主并诸天众　东方持国天王　南方增长天王　西方广目天王　北方多闻天王　北极紫微大帝　太一诸神五方五帝　日光天子　月光天子　金星真君　木星真君　水星真君　火星真君　土星真君　罗睺星君　计都星君　紫炁星君　月孛星君　人马天蝎天秤双女狮子巨蟹神宫　阴阳金牛白羊双鱼宝瓶磨（摩）羯宫神　寅卯辰巳午未元辰　申酉戌亥子丑元辰　角亢氐房心尾箕星君　斗牛女虚危室壁星君　井鬼柳星张翼轸星君　北斗七元星君　普天列曜一切星君　天地水三官众　天蓬天猷翊圣玄武真君　天曹府君　天曹掌禄筭判官　天曹诸司判官　年月日时四直使者　阿修罗众　大罗刹众　罗刹女众　旷野大将众　般支迦大将众　矩畔拏众　诃利帝母众　大药叉众　往古帝王一切王子众　往古后妃后宫嫔婇女众　往古文武官僚众　往古为国亡躯一切将士众　往古比丘众　往古比丘尼众　往古优婆塞众　往古优婆夷众　往古道士众　往古女冠众　往古儒流贤士众　往古孝子顺孙众　往古贤妇烈（列）女众　往古九流百家众

右十六位：后土圣母　东岳天齐仁圣帝　南岳司天昭圣帝　西岳金天顺圣帝　北岳安天元圣帝　中岳中天崇圣帝　东海龙王　南海龙王　西海龙王　北方龙王　江河淮济四渎诸龙神众　五湖百川诸龙神众　陂池井泉诸龙神众　主风主雨主雷主电诸龙神众　主苗主稼主病主药诸龙神众　守斋护戒诸龙神众　三元水府大帝　顺济龙王　安济夫人　太岁大煞博士日游太阴神众　大将军黄幡白虎蚕官五鬼众　金神飞廉豹尾上朔日畜众　阴官奏书归忌九坎伏兵力士众　吊客丧门大耗小耗宅龙神众　护国护民城隍社庙土地神祇众　秦广大王　初江大王　宋帝大王　五官大王　阎罗大王　变成大王　泰山大王　平等大王　都市大王　转轮大王　地府六曹判官　地府三司判官　地府都司判官　地府五道将军　善恶二部牛头阿旁诸官曹众　八寒地狱　八热地狱　近边地狱　孤独地狱　起教大士面然鬼王　主病鬼王五瘟使者　大腹臭毛针咽巨口饮啖不净饥火炽然众　水陆空居依草附木幽魂滞魄无主无依众　枉滥无辜衔冤抱恨诸鬼神众　投崖赴火自刑自缢诸鬼神众　赴刑都市幽死狴牢诸鬼神众　兵戈荡灭水火漂焚诸鬼神众　饥荒殍饿病疾缠绵诸鬼神众　墙崩屋倒树折崖摧诸鬼神众　严寒大暑兽咬虫伤诸神鬼众　堕胎产亡仇冤报恨诸鬼神众　误死针医横遭毒药诸鬼神众　身殂道路客死他乡诸鬼神众　地狱饿鬼傍生道中一切有情众　六道四生中中有情众

水陆牌像应即挂轴形式的水陆画。上述牌像分左、右两班摆放，每班六十位，计一百二十位。左班为天仙和往古人伦，右班为下界、冥殿及孤魂，其中天仙和下界对应，往古人伦和冥殿、孤魂对应。从名称上看，上述神灵主要是依据《天地冥阳水陆仪文》而来，同时依据牌像摆放的特点及民众信仰的需求，进行了一定程度上的增减、修订。增加的神灵有天曹府君、天曹掌禄筭判官、天曹诸司判官、往古九流百家众、陂池井泉诸龙神众、护国护民城隍社庙土地神祇众、地府六曹判官、地府三司判官、地府都司判官、善恶二部牛头阿旁诸官曹众、八寒地狱、八热地狱、近边地狱、主病鬼王五瘟使者、大腹臭毛针咽巨口饮啖不净饥火炽然众、水陆空居依草附木幽魂滞魄无主无依众、枉滥无辜衔冤抱恨诸鬼神众、赴刑都市幽死狴牢诸鬼神众、墙崩屋倒树折崖摧诸鬼神众、误死针医横遭毒药诸鬼神众等。增加的神灵以天曹地府、地狱孤魂为主，均与民众现实需求及信仰息息相关。

第三节　稷山青龙寺佛会图与水陆画

青龙寺位于稷山县西八里的马村，坐北朝南，中轴线上南起依次为天王殿、腰殿和后殿，山门、腰殿南侧的南殿、后殿北侧的经堂皆已毁，前院（天王殿、腰殿之间）东侧有罗汉殿，西侧原有十王殿（已毁），腰殿两侧有祖师殿、门楼，后殿两侧有伽蓝殿、护法殿。其中腰殿、后殿保存有精美的元明时期的壁画。

据寺内明嘉靖二十一年（1542）《青龙寺重修记》碑、万历三年（1575）《重修青龙寺记》碑（见第50页附录），该寺系唐高宗龙朔二年（662）工部尚书王政奉敕而建。1972年翻修大殿时，工人从下水道挖出造像碑一方，正面一佛二弟子二菩萨二金刚像龛下有铭文曰："大唐龙朔三年岁次癸亥七月十五日佛弟子□□奴为□□□□父母□造石像一区（躯）……"碑阴刻"敕赐青龙之寺　工部尚书王政旨"[1]，证实了青龙寺始建于高宗龙朔二年（662）的说法。青龙寺现存主体建筑后殿、腰殿、伽蓝殿均系元代遗构，三殿脊槫下侧木板上均保存有元代墨书题记。明清时期，该寺又多次被重修。民国时期，有古董商勾结村公所欲盗卖青龙寺壁画，腰殿壁画遭分割，并剥离运走了部分，村民发现后追回一部分重拼上墙，另有部分流失。

一、后殿佛会图

青龙寺后殿面宽三间（图1-3-1），进深四架椽，单檐悬山顶，明间板门两扇，两次间装直棂窗。平面采用减柱法，仅留后檐二金柱，梁架结构简练。后殿北壁塑像、壁画已毁，东壁绘释迦佛会图，西壁绘弥勒变，南壁门两侧残存天王像。

后殿脊槫下侧木板上有元至正十一年（1351）重修时墨书题记曰：

> 旹至正十一年岁次辛卯苍天季月蓂凋七叶重葺揭瓦工毕，主持僧德隐施宝钞十定（锭）半安脊，德忍施钞十□，德亮施钞十一两半，智祥六两半，智照六两半，智瑞六两半，智点六两半，智□六两半，慧□六两半，慧□六两半，慧访六两半，慧□一两半，慧彻一两半……[2]

后殿东垛殿伽蓝殿亦保存有三则元人墨书题记，其一位于脊槫下侧木板上，曰：

> 旹大元国至元二十六稷（年？）岁次己丑甲戌月上旬五日刱建，住持僧

图 1-3-1　青龙寺后殿

1 据柴泽俊编著《山西寺观壁画》，文物出版社，1997年，第57页。

2 据柴泽俊编著《山西寺观壁画》，文物出版社，1997年，第61页；孙博《稷山青龙寺壁画研究——以腰殿水陆画为中心》附录，收于李凇主编《山西寺观壁画新证》，北京大学出版社，2011年，第169页。

道果……

另两则位于前檐拱眼壁上。伽蓝殿壁画大体无存，仅在前檐拱眼壁东、西端残存有供养人像，其中东端为智黠供养人像，西端绘二人合捧一纸状，壁面留存有两则墨书题记，分别曰：

> 霭以佛生西域，教流东土，藉若之胜境，赖伽蓝之栖止，护法安□，□旧礼念□□。
>
> 吾皇水土之恩，祝南山一人之寿，兹者智黠舍生前有限之资，种身后无穷之福。至正五年八月□日工毕。[1]

可知伽蓝殿建筑应建于元至元二十六年（1289），壁画应绘于元至正五年（1345）。伽蓝殿与后殿相连，伽蓝殿槫枋架在后殿两侧山墙上，故后殿应与垛殿同时，亦应为至元二十六年（1289）创建。后殿在至正十一年（1351）重修时，东、西山墙仍然存在。

后殿南壁东、西次间各保存有一则墨书榜题。其中东次间窗棂上方榜题曰：

> 绘画殿堂所　　榜
>
> 恭惟舍金钱于梵刹，广种良田；施珠玉于精蓝，彩饰佛像。由是戏沙童子，供慈尊而果获人王；弃瀫嫔婆，奉大觉而报招兑女。昔时感应，今乃同然。兹者有本院丘比（比丘）僧智照[2]，罄舍目前有限之资财，深种身后无穷之福报，特捐净贿，谨命良工彩画正殿东壁，前后俱全。该功价花红，独力皆办，鸠兹上善，先酬佛祖洪恩，次贺天龙厚德者矣。伏愿今生释迦教内，广种善缘；当来弥勒佚前，亲蒙受记者欤。河津县待诏刘鼎新施白米壹石。□□□□（大明洪武[3]）岁在乙丑仲□月中旬九日工毕主蠢。

西次间窗棂上方榜题曰：

> ……　　榜
>
> 详□□□名蓝，凉州福地者。昔久经废□，如今方始住持，殿堂移改而栋宇重新，佛像庄严而丹青始备。兹者本院比丘僧黠公舍己身之囊资，获当来之乐果，独备功[4]价，彩画正殿西壁一半，前后俱全。□施工价，颁行于后。该功价米麦伍拾石，名花红伍石。万泉县丹青郭思齐施米贰石。彩绘施已，故生富□于千□，□馀粮于万劫者矣。洪武[5]梅当赤旧若太吕南吕□□□协洽日重炎□□时工毕。

上述两则榜题明确提到了后殿东、西壁绘画的功德主、画工及完工年代。其中东壁功德主为本院比丘僧智照，画工为河津县待诏刘鼎新；西壁一半功德主为本院比丘僧黠公，画工为万泉县丹青郭思齐。东壁整壁及西壁一半绘画的年代应皆为洪武乙丑，即洪武十八年（1385）。

虽然有明确榜题，但是后殿壁画的年代，目前却有争议，有元、明两种说法。第一种说法依据的是直棂窗上的墨书榜题，认为东、西壁绘画主要为洪武十八年（1385）补绘，西壁南端墨色古朴，为元代手笔，如祁英涛、杜仙洲、陈明达《两年来山西新发现的古建筑》[6]，王泽庆《稷山青龙寺壁画初探》[7]，金维诺《寺观水陆法会图的形成与发展》[8]大体执此观点；第二种说法认为东、西壁绘画应绘于元代，大概是殿宇补葺期间（元至正

---

1 据柴泽俊编著《山西寺观壁画》，文物出版社，1997年，第62页。

2 柴泽俊误录为“智黠”。

3 “大明洪武”据柴泽俊录文补。

4 该榜题此处以上文字漫漶，仅个别字可辨，此处据柴泽俊录文补。

5 “洪武”据柴泽俊录文补。

6 祁英涛、杜仙洲、陈明达《两年来山西新发现的古建筑》，《文物参考资料》1954年第11期，第78页。

7 王泽庆《稷山青龙寺壁画初探》，《文物》1980年第5期，第78页。

8 见金维诺、邵军主编《中国寺观壁画全集·2·元代寺观水陆法会图》，广东教育出版社，2011年，第4—5页。

十一年，1351），柴泽俊在《山西寺观壁画》中倡此说。柴氏认为，洪武十八年（1385）只是“重抹者补绘，应为原画见新”，并提到“山墙顶部及靠近后墙边缘处曾经后人补抹过”。为反对洪武十八年（1385）补绘说，柴泽俊提出了三点理由：其一，垛殿榑坊架在后殿两侧山墙上，故后殿东、西山墙应与垛殿同时，为元至元二十六年（1289）。其二，元至正五年（1345）后殿南壁榜题中的黠公、明洪武十八年（1385）伽蓝殿前檐拱眼壁榜题中的智黠与明永乐四年（1406）腰殿南壁榜题中的黠惠庵为同一人，后殿壁画年代应与伽蓝殿相近，大概是在后殿补葺期间（元至正十一年，1351），不应晚至明洪武十八年（1385）。其三，南壁壁面泥层和东、西山墙壁面泥层不一致。东、西山墙壁面抹两层，底层为麦秸泥，厚5-7厘米，表层为棉花沙泥，厚1-1.2厘米。南壁亦为两层，但底层为麦糠泥，厚2-3厘米，表层为纸筋沙泥并掺入少许石灰，厚0.5-0.7厘米。南壁泥层晚于东、西山墙。

柴氏关于后殿东、西山墙为元代遗构，以及东、西山墙的泥层与南壁不同的说法，笔者认为言之有据，但是这并不能否定后殿南壁榜题中关于东壁整壁、西壁一半重绘于洪武十八年（1385）的说法。壁画题记既然明确提到了智照捐资“彩□（画）正殿东壁”，黠公捐资“彩画正殿西壁一半”，并且提到画工的名字，分别为“河津县待诏刘鼎新”、“万泉县丹青郭思齐”，那么不应该只是局部的补绘或者简单地翻新，应系重绘，才会有如此正式的榜题。西壁壁画榜题中说“彩画正殿西壁一半”，措辞是准确、严谨的，而不应是模糊甚至带有误导、欺骗性的。

后殿南壁榜题中提到，黠公只是捐资彩画西壁一半，之后“前后俱全”，说明当时元代的一半壁画仍然存在，明代只是补绘了残毁的另一半，下文从风格、样式的角度也论述了这一点。这样，明代重绘残存有元代壁画的墙壁时，西壁按照元代原有的方式泥层涂抹，是理所当然的，东壁与西壁相对，也会仿效其泥层涂抹的方式，而南壁壁面较少，

图 1-3-2　释迦佛会图，明，青龙寺后殿东壁

图 1-3-3 释迦座前南侧迦叶立像，明，青龙寺后殿东壁

图 1-3-4 释迦座前北侧阿难立像，明，青龙寺后殿东壁

窗棂上方的壁面还专门用来书写榜题，其用途、重要性与东、西山墙并不一样，故采用了新的涂抹方式。南壁与东、西山墙壁面泥层涂抹方式的不一致，并不能否认南壁榜题中关于壁画年代的说法。

柴氏论述中的最大错误是，将智黠、黠公和黠惠庵混为一人，并认为同一位功德主捐资绘制不同佛殿（后殿、伽蓝殿）壁画的时间应该相同。笔者认为，智黠和黠公是同一人，而黠惠庵与智黠（黠公）并非同一人。洪武十八年（1385）捐资重绘后殿西壁一半的黠公与元至正五年（1345）出资绘伽蓝殿壁画的智黠为同一人，智黠捐资重绘后殿西壁一半壁画时，距捐资绘制伽蓝殿壁画相隔四十年，故在伽蓝殿榜题中被称为智黠，而在后殿榜题中被尊称为黠公。洪武十八年（1385）后殿壁画重绘时，出资者智照、智黠均为智字辈的僧人，合乎情理。同一位僧人在不同的时间捐资修寺亦见于智照，智照的名字也出现在元至正十一年（1351）后殿脊榑下侧木板题记中，与他洪武十八年（1385）捐资重绘后殿东壁壁画相隔三十四年。至正十一年（1351）题记中，智照位列主持德隐后第五位，辈分相对较小，施银数量也仅为六两半，三十四年后他独立捐资绘制了东壁壁画，从时间上看是合理的。永乐四年（1406）腰殿北壁榜题中的黠惠庵，是明代早期的僧人，不应与至正五年（1345）伽蓝殿壁画功德主智黠（黠公）混淆。这样，柴氏认为黠惠庵是元代僧人而据此认为腰殿壁画绘于元代的说法也就不足为信了。

东壁绘一佛二菩萨等像（图1-3-2），南壁东次间窗棂上榜题说“伏愿今生释迦教内广种善缘，当来弥勒佚前亲蒙受记”，因对面西壁主尊确定为弥勒，故知该壁主尊应为释迦。图中释迦着红色披肩式袈裟，右手作说法印，结跏趺坐于莲花须弥座上，座前圆光内为芍药。释迦南、北侧菩萨分别持如意、经卷，从持物来看，应分别为文殊、普贤。释迦座前南侧脸上布满皱纹的中年比丘为迦叶（图1-3-3），双手抱拳，北侧较年轻的为阿难（图1-3-4），双手合十。释迦头光两侧为二飞天（图1-3-5），他们双手托

图 1-3-5　释迦头光南侧飞天，明，青龙寺后殿东壁

装满莲苞及鲜花的荷叶，身下的祥云如火焰般升腾。画面最外侧两端分别绘一捧笏天子装扮的神祇及二天王，天子装扮神祇身侧各有一官员相随，二天王上方各有一身披甲胄的将军举幡。从天王持物来看，南北侧四位天王合为东、西、南、北方四大天王，二位天子装扮的神祇应分别为大梵天、帝释天，与四大天王构成统属关系，但是图中二神祇均呈男相，下颔及两唇上侧有长须，一着衮冕，一戴梁冠，与常见的分别呈男相、女相不同。

相对于东壁整壁壁画系明洪武十八年（1385）完成而言，西壁壁画的情况比较复杂。南壁西次间窗棂上方榜题说黠公捐资“彩画正殿西壁一半，前后俱全”，榜题中没有提到另一半的捐资者，表明西壁的另一半壁画应已存在，黠公只是出资捐助了另一半壁画的补绘。西壁绘弥勒变（图1–3–6），与东侧窗棂上榜题中提到的“当来弥勒佚前亲蒙受记”相吻合。主尊弥勒披红色袈裟，右手扬起，掌心向下，左手置膝上，掌心向上，双足下垂善跏趺坐于须弥座上，双足踏莲花。两侧胁侍菩萨均持经卷，呈半跏趺坐。弥勒座前立二菩萨，北侧者黑发，持莲花，南侧者（图1–3–7）红发，左手托琉璃碗。主尊头光两侧各有一迦陵频伽鸟，皆呈向下俯冲之势，其中北侧者双手捧装满鲜花的荷叶，南侧者身下有装满鲜花的荷叶向外倾倒，呈散花之状。画面南侧为穰佉王妃去发（图1–3–8），北侧现已损毁，原应有穰佉王去发场景。

稷山兴化寺弥勒变（图1–3–9）长11.11米，高5.22米，于1928年被盗卖至海外，现藏于加拿大安大略博物馆。青龙寺与兴化寺均位于稷县，二寺弥勒变在样式、风格上极为相似，只是在局部、细节上略有不同。主尊弥勒的袈裟样式、手印、坐姿，胁侍菩萨的冠饰、坐姿，以及穰佉王妃去发的情节皆大体相似，尤其是穰佉王妃去发的人物组合、姿势、持物皆相似，很明显采用的是同一粉本。二寺图在细节、局部上略有不同，具体包括：兴化寺图在弥勒头光、身光两侧多出迦叶、阿难；兴化寺胁侍菩萨在天衣样式上更为复杂，且两位菩萨的手势、持物不同，青龙寺二胁侍菩萨的天衣样式、手势相似，右手皆持经卷；主尊弥勒座前两位立菩萨的位置在二图中被调换，并变换了手中的持物；二图中主尊弥勒左侧迦陵频伽鸟的姿势不同。

兴化寺后殿原存有“襄陵县绘画待诏朱好古门徒张伯渊大元国岁次戊戌（一说为庚申）[1]仲秋蓂生十四叶工毕”的题记，故知兴化寺壁画系元代朱好古及门徒张伯渊绘制。从兴化寺的图本样式比青龙寺更为复杂、精致来看，应是青龙寺借鉴了兴化寺的图本。

1　李济考察时记为“戊戌”，见Chili（李济）:Archeological Survey of the Feng River Valley,China,Smithsonian Miscellaneous Collections,vol.78,No.7,1926,p.136.Wiliam C.White（怀履光）委派的学生抄录为“庆申”，或为“庚申”误，见Wiliam C.White：Chinese Temple Frescoes:A Study of Three Wall–Paintings of the Thirteenth Century,Toronto:The University of Toronto Press,1940,p.53–54。

图 1-3-6　弥勒变，明，青龙寺后殿西壁

图 1-3-7　弥勒佛座前南侧菩萨立像，明，青龙寺后殿西壁

图 1-3-8　穰佉王妃去发，明，青龙寺后殿西壁

图 1-3-9　弥勒变，元，稷山兴化寺，加拿大安大略博物馆藏

图 1-3-10　弥勒南侧胁侍菩萨，明，青龙寺后殿西壁

图 1-3-11　弥勒北侧胁侍菩萨，明，青龙寺后殿西壁

图 1-3-12　弥勒头光南侧迦陵频伽鸟，元，青龙寺后殿西壁

图 1-3-13　弥勒头光北侧迦陵频伽鸟，元，青龙寺后殿西壁

图 1-3-14 佛两侧迦陵频伽鸟，元，兴化寺，故宫博物院藏

对照青龙寺弥勒变弥勒两侧的胁侍菩萨及立菩萨像，笔者认为二者在线条风格、颜色上略有差异。弥勒南侧胁侍菩萨（图1-3-10）衣纹线条婉转流畅，自然生动，体现的是典型的元代壁画风格；北侧胁侍菩萨（图1-3-11）衣纹线条相对率直利落，转折时略有顿挫，与东壁明初释迦佛会图接近。另北侧胁侍菩萨和座前立菩萨的肤色明显偏红。从弥勒头光两侧的迦陵频伽鸟来看，南、北侧迦陵频伽鸟均为俯冲姿势，其中南侧迦陵频伽鸟（图1-3-12）羽翼略内收，体态生动，北侧迦陵频伽鸟（图1-3-13）羽翼无内收态势。兴化寺弥勒变（加拿大安大略博物馆藏）、七佛图（故宫博物院藏）中间主尊头光两侧的迦陵频伽鸟（图1-3-14）皆为一俯冲一上升姿势，画面充满动感，相映成趣。笔者怀疑青龙寺弥勒变中北侧迦陵频伽鸟原或也应为上升姿势，明初补绘时画成了完全对称的姿势。青龙寺后殿东壁释迦佛会图中，主尊释迦两侧飞天亦皆为上升的姿势，与元代一俯冲一上升的迦陵频伽鸟相比，不仅在动态上不能相映成趣，而且在形像上也要粗陋许多。

综合来看，笔者认为青龙寺后殿西壁榜题中说黠公捐资彩绘西壁一半是准确的，现存主尊弥勒南侧壁画的应为元代原绘，时间与伽蓝殿相近，约为元至正五年（1345），主尊北侧是明洪武十八年（1385）补绘，现有一大半已经残毁。

后殿至正十一年（1351）重修时，距创建已有六十二年。后殿重修可能是因为受到地震的影响。稷山县所在的晋宁地区为地震频发地带，据明清县志记载，元大德七年（1303）平阳、太原地区发生八级的强震，八年（1304）又有五点五级的余震，“稷山、河津一带损坏尤甚”[1]。由于地震强度太大，壁画多有损毁，这或许能解释为何青龙寺伽蓝殿、腰殿建筑虽然是至元二十六年（1289）遗构，但壁画可能要晚至至正五年（1345）。因为地震的关系，大德九年（1305）改平阳路为晋宁路，但是次年又复震。此后，至正七年（1347）又有地震，导致“地裂水涌崩城陷屋”[2]。后殿东壁整壁及西壁一

1 参见［清］沈凤翔纂修《（同治）稷山县志》“祥异志”，成文出版社有限公司，1976年；山西省地方志编纂委员会编《山西通志》第五卷“地震志”，中华书局，1991年。

2 ［清］沈凤翔纂修《（同治）稷山县志》“祥异志”，第839页。

半壁画可能就是在地震中毁坏的，只有西壁南侧壁画在地震中保存了下来。

除东、西壁主体图像及南壁门两侧天王像外，南壁拱眼壁上方还保存有投崖饲虎、布发淹泥、玄奘取经、善财童子五十三参、阿输迦施土、牧女奉乳等壁画，门梁及门梁上方有童子、罗汉等像。南壁东次间窗棂上方榜题中“戏沙童子，供慈尊而果获人王”对应的是阿输迦施土故事，“弃濈嫔婆奉大觉而报招㐫女”或与牧女奉乳有关，具体情节不清，由此可以确定这两幅壁画应系洪武年间绘制，从风格上看，善财童子五十三参应与这两幅绘于同时，而投崖饲虎、布发淹泥、玄奘取经壁画或能早至元代[1]。

二、腰殿水陆画

（一）腰殿的营建与壁画的年代

因腰殿南侧原有殿庑，即南殿，与之成靠背之势，故腰殿实为坐南朝北。腰殿面阔三间（图1-3-15），进深四架椽，单檐悬山顶。与后殿同，平面亦用减柱法，只留后金柱两根。前后明间辟门，无窗。周壁布满水陆画，故又称水陆殿。

殿内脊槫下侧木板上有墨书题记曰：

旹大元国至元二十六年中秋……上大裄……谨志。

1979年修缮时又在北壁明间东平柱下发现至正十六年（1356）墨书题记[2]，故知腰殿在元至元二十六年（1289）、至正十六年（1356）经过修缮，现存建筑应建造于元代。

北壁东、西次间上方均有墨书榜题，其中东次间榜题曰：

绛阳石村丹青刘士通绘画水陆大殿壹座。长男刘存仁，次男刘存让，□仁□。大明丙戌年孟夏浙□月乙酉日工毕。

西次间榜题曰：

绘画水陆大殿壹座。黠惠庵、体自然、行道圆。师朗孤月、铭澄。助缘男善人万泉县赵普宁。

两则榜题为同时书写，东次间所书为画工名，西次间所书为功德主名。另北壁门西侧立二供养像，西侧者榜题为“功德主黠惠庵”，东侧者榜题已损毁；东侧立一供养像，榜题为“功德主体自然”。黠惠庵、体自然供养像与西次间榜题相合，可推测黠惠庵供养像侧榜题残毁的供养像应为行道圆。

图 1-3-15　青龙寺腰殿

除了黠惠庵、体自然、行道圆及师郎孤月、铭澄等僧

1 参见于硕《山西青龙寺取经壁画与榆林窟取经图像关系的初步分析》，《艺术设计研究》2010年第3期，第28—34页。

2 据柴泽俊编著《山西寺观壁画》，第59—60页。

人外，西次间榜题还提到了助缘男善人万泉县赵普宁。腰殿部分水陆壁画神灵榜题侧有小字，书施主所居地及姓名，这里概括施主所居地及姓名如下：

南阳里：□普名、周土原；

吴壁村：李㤗；

吴城里：宁仲义、李长、陈秀之；

小宁里：宁仲贤；

在城：卫文原、韩普玉；

本村：李庭玉、□士名、段文达；

东壁村：张复初。

从以上功德主榜题来看，可知腰殿水陆画是寺僧及乡里世俗信众筹资重修。青龙寺是目前所见最早在单组神灵壁画榜题中注明施主居住地、姓名的寺院，其后大约绘制于弘治十六年（1503）的繁峙公主寺水陆画亦继承了该做法。

北壁东次间上方榜题中明确说绛阳石村画师刘士通父子“绘画水陆大殿一座”，明丙戌年应为永乐四年（1406）。与后殿壁画一样，虽有明确的榜题，但目前对腰殿壁画的年代仍有争议，有元、明及元明折中三种说法。第一种持元代说者有祁英涛等、柴泽俊、孙博。祁英涛、杜仙州、陈明达在《两年来山西省新发现的古建筑》中认为南壁及东、西侧壁绘画为元代绘制，北壁颜色、笔法与侧壁明显不同，疑为明代所绘[1]。柴泽俊在《山西寺观壁画》中持和祁英涛等相同的看法，在具体论证中误以为智黠、黠公与黠惠庵是同一人，并据此认为腰殿北壁永乐丙戌题记“绝非画师当时留题，盖为刘氏后裔或明代寺僧（智黠弟子）为记先辈功德而补题”，“‘绘画水陆大殿一座’应为炫耀功德的夸张之语”[2]。孙博《稷山青龙寺壁画研究》中反对北壁与其他三壁不是同时绘制的说法，从画面布局、颜料、转折壁面云气纹连贯三个方面论证腰殿四壁系同一组工匠所为，认为只有扇面墙壁画和北壁六道壁画为明代丙戌年绘制。第二种持明代说者如王泽庆，认为北壁榜题“足证腰殿壁画系明代作品”[3]。第三种说法是元明折中说，如潘洁兹认为壁画横跨元明两个时期，北壁在明方始完成[4]。

上文已述，笔者认为智黠、黠公为同一人，与黠惠庵并非同一人。从腰殿北壁东、西次间上方榜题来看，黠惠庵、体自然等应为活跃于明初的僧人，于永乐四年（1406）出资绘制了腰殿的水陆画。与后殿南壁洪武十八年（1385）榜题一样，腰殿北壁榜题亦同样严谨、可信，所说的“绘画水陆大殿一座”应指的是全部，而非局部补绘。北壁与其他三壁在风格上不一致，笔者认为是因为画师有意识地在不同等级的神灵上运用了不同的线条风格，而不是因为不同时期采用了不同的风格，这一点在“（三）腰殿水陆画的特点、价值”中有论述。

（二）腰殿水陆画的内容

扇面墙正壁（北壁）海水岩石上绘一大型圆光，西侧残存一手捧供品的供养菩萨，前应有塑像。扇面墙背壁（南壁）中间绘千手眼观音坐像，千手眼观音两侧绘二护法神，对照法国吉美博物馆藏MG.17775《千手眼观音像》，应分别为辟毒金刚、火头金刚，须弥座两侧托灵芝者为婆叟仙，捧花者为吉祥天女。

---

1 祁英涛、杜仙州、陈明达《两年来山西省新发现的古建筑》，《文物参考资料》1954年第11期，第78—79页。

2 柴泽俊编著《山西寺观壁画》，第60—61页。

3 王泽庆《稷山青龙寺壁画初探》，《文物》1980年第5期，第79页。

4 潘洁兹《诸神来会——山西青龙寺壁画》，《中国艺术》总第2集，人民美术出版社。

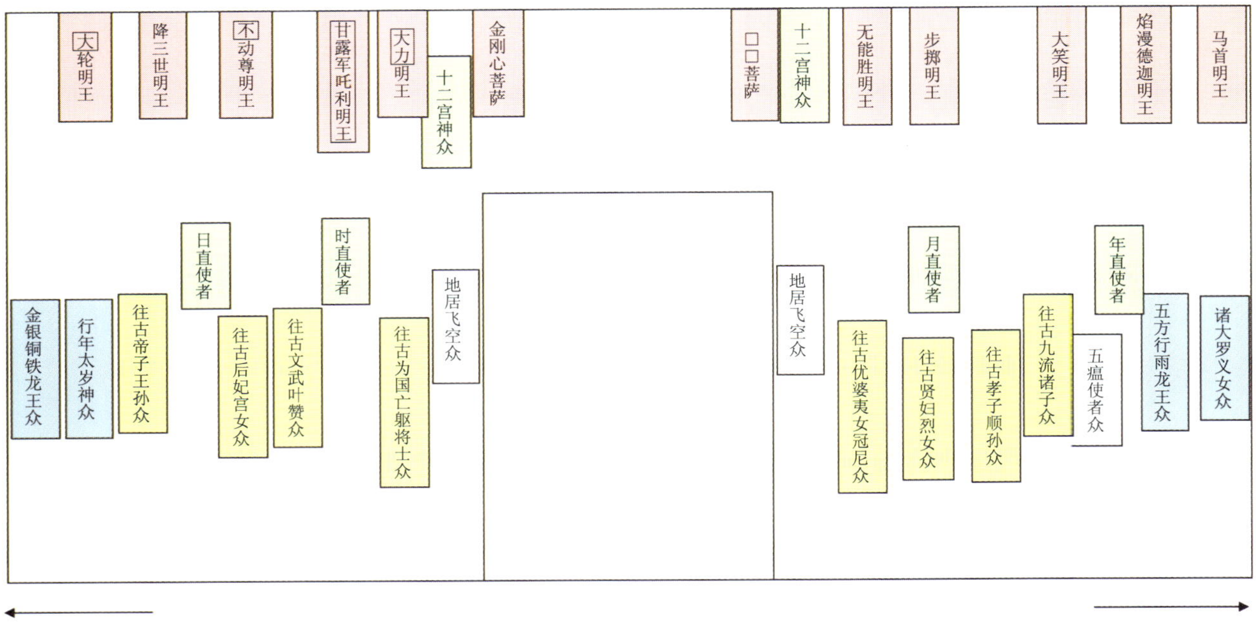

注：1. 不同颜色表示不同种类神灵，如右： 正位 天仙 下界 往古人伦 冥殿 孤魂

2. "→"箭头方向表示神灵朝向，下不另注。

图 1-3-16 青龙寺腰殿南壁神灵榜题位置示意图

南壁为后壁，两次间图像大体可分为三层（图1-3-16），上层以十大明王为主，皆为正面。现存榜题西次间西起依次为马首明王、焰漫德迦明王、大笑明王（图1-3-17）、步掷明王、无能胜明王；东次间东起前三身依次为大轮明王、降三世明王、不动尊明王，后两身榜题模糊，据《天地冥阳水陆仪文》，应分别为大力明王、甘露军吒利明王。十大明王分别系弥勒菩萨、金刚手菩萨、除盖障菩萨、阿弥陀佛、释迦佛、观世音菩萨、文殊菩萨、虚空藏菩萨、普贤菩萨、地藏菩萨所化现。十大明王上方圆光内，皆绘一小尊菩萨或佛，表示诸明王之本尊。东、西侧明王中间还有十二宫神众、金刚心菩萨等。中层绘年、月、日、时四直使者。下层东次间神灵众面向东，西次间神灵众面向西。东次间神灵东起榜题依次为（图1-3-18）：金银铜铁龙王众、行年太岁神众、往古帝子王孙众、往古后妃宫女众、往古文武叶（协）赞众、往古为国亡躯将士众、地居飞空众。西次间神灵西起榜题依次为：诸大罗义（叉）女众、五方行雨龙王众、五瘟使者众、往古九流诸子众、往古孝子顺孙众、往古贤妇烈（列）女众、往古优婆夷女冠尼众（图1-3-19）、地居飞空众。

图 1-3-17 焰漫德迦明王和大笑明王，明，青龙寺腰殿南壁西侧

西、东壁水陆神祇主要分三层，除上层诸佛及其下的背面比丘外，其余均面朝中间，沿中轴线大体呈对应关系。西壁（图1-3-20、图1-3-21）上层中间绘佛像三尊，无榜题，中间一尊

图 1-3-18　青龙寺腰殿南壁东次间中下层神灵像前部，明

图 1-3-19　青龙寺腰殿南壁西次间中下层神灵像后部，明

为菩萨装，戴冠，应为法身佛毗卢遮那佛，其余两尊应为报身卢舍那佛、化身释迦佛，合为三身佛。东壁上、中层两侧图像多被揭取，中层北侧榜题仅存弥勒菩萨、日宫天子众、□神王众；中层南侧榜题依次有帝释圣众、月宫天子众（据北侧“日宫天子众”补）、天龙八部众、四天天王众、地藏王菩萨、元君圣母众、南斗六星君。下层榜题基本完整，北侧榜题依次为护法善神左、鬼子母众、普天列曜星君、诸大罗义（叉）将众、五方五帝神众、五通仙人众；南侧榜题依次为护法善神右、诸大药义（叉）众、十二元神众、三曹等众、婆罗门仙众、四海龙王众。

东壁（图1-3-22）上、中层揭取、损毁较为严重，中间佛像无存，隐约可见二须弥座，按对应原则，原来应有四尊佛像，推测为四方佛，代表十方空间诸佛。上、中层仅残存有北极紫微大帝、极喜地菩萨、四禅九天众等榜题。下层保存基本完整，北侧榜题依

图 1-3-20　青龙寺腰殿西壁，明

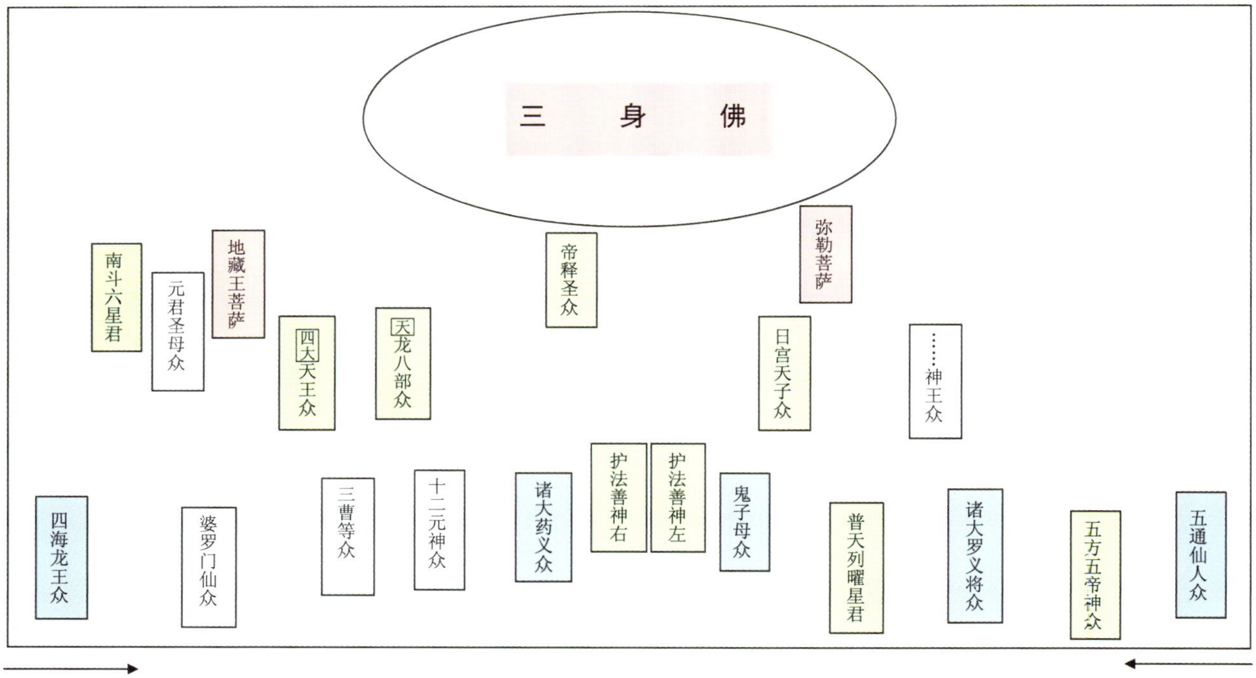

注：不同颜色表示不同种类神灵如右：正位　天仙　下界　往古人伦　冥殿　孤魂

图 1-3-21　青龙寺腰殿西壁神灵榜题榜题位置示意图（注：“三身佛”为笔者标注）

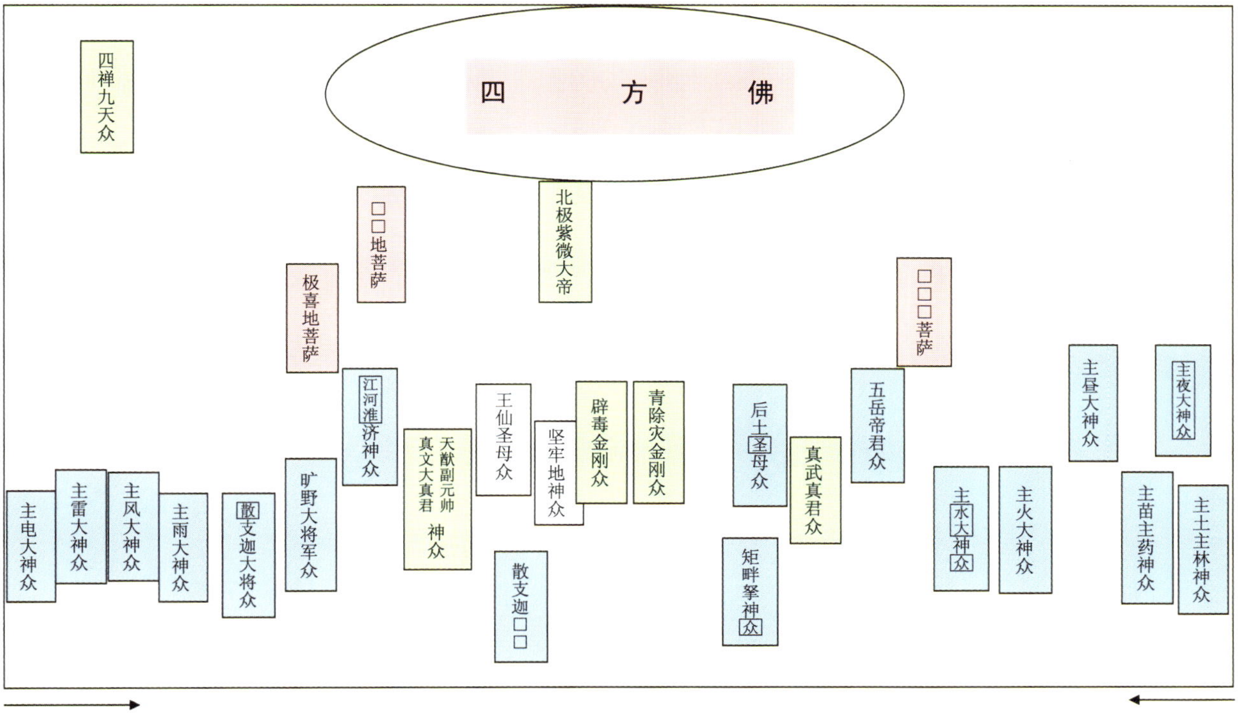

图 1-3-22　青龙寺腰殿东壁神灵榜题位置示意图

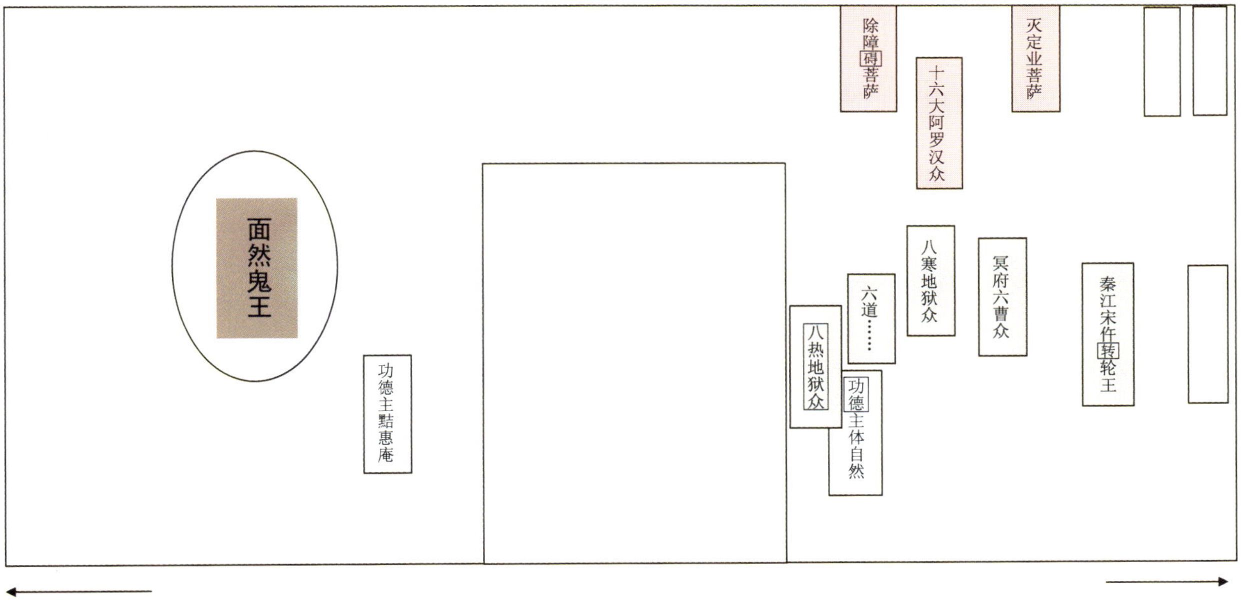

注：不同颜色表示不同种类神灵如右：正位　天仙　下界　往古人伦　冥殿　孤魂

图 1-3-23　青龙寺腰殿北壁神灵榜题位置示意图

次为青除灾金刚众、矩畔拏神众、后土圣母众、真武真君众、五岳帝君众、主水大神众、主火大神众、主昼大神众、主夜大神众、主苗主药神众、主土主林神众；南侧榜题依次为辟毒金刚众、坚牢地神众、散支迦□□、王仙圣母众、天猷副元帅真文大真君神众、江河淮济神众、旷野大将军众、散支迦大将众、主雨大神众、主风大神众、主雷大神众、主电大神众。

北壁东次间壁画分三层（图1-3-23），上层绘三菩萨，均位于圆光内，正面，东起前两身榜题漫漶，后两身榜题依次为灭定业菩萨、除障碍菩萨，其中灭定业菩萨身侧残存一龙。中下层（图1-3-24）均面朝东侧，上层榜题为十六大阿罗汉众，下层东起第一组人物榜题漫漶，根据人物服饰应为阎罗王，其后榜题依次为秦江宋仵转轮王、冥府六曹众、八寒地狱众、六道　　　　　、八热地狱众，门东侧立一功德主像，榜题曰："功德主体自然"。北壁西次间上层已残毁，按对应原则，亦应有三身菩萨或佛像。其下绘

图 1-3-24　青龙寺腰殿北壁东侧中下层神灵像，明

图 1-3-25 水陆缘起，明，青龙寺腰殿北壁西侧

水陆缘起，中间火焰纹头光的青面鬼即面然鬼王，面然鬼王左侧摇铃者为阿难，右侧为小鬼奉食，身后仓内盛满包子，左上为前来接受施食的众饿鬼，下部还绘有饿鬼母子接受施食及饿鬼扭打之情形（图1-3-25）。门西侧立二功德主像（图1-3-26），西侧者榜题曰：“功德主黠惠庵。”东侧者榜题残毁。

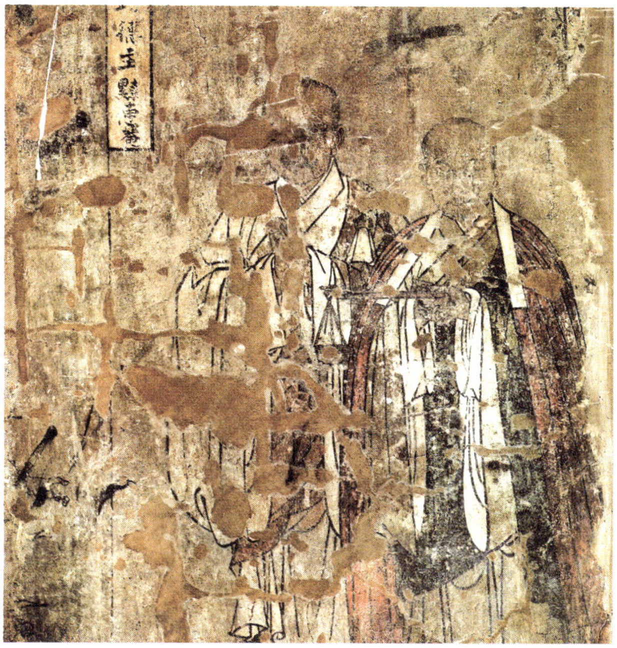

图 1-3-26　黠惠庵等功德主像，明，青龙寺腰殿北壁西侧

从榜题来看，青龙寺水陆画的绘制参照了《天地冥阳水陆仪文》或同一体系的仪轨，即智旭所谓的北水陆，下面试按照正位、天仙、下界、冥殿、往古人伦、孤魂分析神灵身份及特征。

1. 正位，可分为佛、菩萨、罗汉、明王四类，具体包括（1）佛：三身佛、四方佛；（2）菩萨：弥勒菩萨、极喜地菩萨、金刚心菩萨、除障碍菩萨、灭定业菩萨；（3）罗汉：十六大阿罗汉众；（4）明王：十大明王。以上正位神祇皆位于南上层和西、东壁中上层。

（1）佛。西壁上层中间为三身佛，无论是《法界圣凡水陆盛会修斋仪轨》中的上堂还是《天地冥阳水陆仪文》中的正位，三身佛都是最先邀请的佛。东壁上层中间可能为四方佛，《天地冥阳水陆仪文》中正位中有“十方三世一切诸佛”，这里可能用四方佛代表十方一切诸佛。

（2）菩萨。众菩萨位于三身佛、四方佛下方以及十大明王中间，所处位置与其在佛教中的地位（仅次于佛）相符。尚存榜题的菩萨中，只有金刚心菩萨的名号在《天地冥阳水陆仪文》中有出现，弥勒菩萨为弥勒下生成佛前位处兜率天之补处菩萨，在佛经中比较常见，极喜地菩萨名见于玄奘译《大般若波罗蜜多经》。

（3）罗汉。北壁东侧上层绘十六大阿罗汉众。十六罗汉在《法界圣凡水陆盛会修斋仪轨》《天地冥阳水陆仪文》中都有提及，其中后者详细罗列了每一位尊者的名称。北凉道泰译《入大乘论》中已有十六声闻的提法，唐玄奘译《大阿罗汉难提蜜多罗所说法住记》全面介绍了十六大罗汉名号、住处、功德、作用，对十六罗汉图像的流行起了重要的推动作用。现存文献中，宋时开始出现十八罗汉的说法，是在十六罗汉基础上另加两位而成，苏轼题贯休《十八罗汉颂》所加为庆友和宾头卢，宋志磐《佛祖统记》所加为迦叶和军徒钵叹。在十六罗汉向十八罗汉转变的过程中，开始出现降龙、伏虎罗汉，如故宫博物院藏传为卢楞伽的《六尊者像》册（原应为《十八尊者像》册）中就有降龙、伏虎罗汉。虽然此处绘制的是十六罗汉像，但是有降龙、伏虎罗汉，其中第一排拄杖者身侧偎依一虎，为伏虎罗汉，第四排里侧者右手上举托钵，钵上方化现一龙，为降龙罗汉。

（4）明王。南壁上层绘十大明王，十大明王在《法界圣凡水陆盛会修斋仪轨》《天地冥阳水陆仪文》中均有提到，其中后者详细罗列了每位明王的名称，以及由何种佛或菩萨变现。《天地冥阳水陆仪文·邀请正位》描述十大明王曰：

> 盖闻十大明王者，神通莫测，变化无穷，大身充满于虚空，异相威严于法界。或现三头六臂，或现跨虎乘龙，狰狞而脚踏火轮，忿怒而神威尴恶。或持宝印，或掌金轮，或擎玉杵降魔，或掌金铃护法。

图中十大明王的图像特征与仪文的描述大体相符。其中马首明王（观世音菩萨变现）为红色，三头六臂，上双手分别擎日、月，坐骑为马，右足踏一腰间挎剑、双手上举之兽头神祇；焰漫德迦明王（文殊菩萨变现）为白色，戴骷髅项圈，三头六臂，左上手顶金轮，右上手持金刚杵，左中手持锯齿刃状长剑，右中手握象鼻，坐骑为白象，右足踏一女子；大笑明王（虚空藏菩萨变现）为赭色，三头六臂，左上手持莲花，右上手持经册，左中手持一骷髅，坐骑为一神兽，左足踏一黄衣老叟，老叟头侧有一红色宝葫芦；步掷明王（普贤菩萨变现）为绿色，三头六臂，左上手执金铃，右上手握金刚杵，左中手似托一瓶，上有四道光射出，右中手顶金轮，下双手握斧钺，坐骑为蛇，左足踏一女子；无能胜明王（地藏菩萨变现）为红色，三头六臂，左上持一短棍状法器，右上手持金刚杵，右中手执矩，右下手执长剑，坐骑为龙；大力明王（释迦佛变现）为红色，像中间有裂缝，应为三头六臂，左上手托钵，左下手执弓，坐骑为龙，右足踏黄袍龙王；甘露军吒利明王（阿弥陀佛变现）为白色，三头六臂，左中手执宝印，右下拄金刚杵，坐骑为牛；不动尊明王（除盖障菩萨变现）为红色，三头六臂，左上手执斧，右上手执幡，坐骑为狮子，左足下有一双翼神兽；降三世明王（金刚手菩萨变现）为青色，三头六臂，右上手执骷髅短杖，左中手执镜，左下手握弓箭，坐骑为狮子，右足踏一赤色神祇；大轮明王（弥勒菩

图 1-3-27　大梵天，明，青龙寺腰殿西壁

图 1-3-28　帝释天，明，青龙寺腰殿西壁

萨变现）为赤色，三头六臂，左右上手持剑交叉于头顶，坐骑为虎。

2. 天仙，可分为天子、护法、星宿、时序四类，具体包括（1）天子：帝释圣众、北极紫微大帝、日宫天子众、四禅九天众、五方五帝神众；（2）护法：天龙八部众、四大天王众、左右护法善神、青除灾金刚众、辟毒金刚众、真武真君众、天猷副元帅真文大真君神众；（3）星宿：南斗六星君、普天列曜星君、十二宫神众；（4）时序：年、月、日、时四直使者。其中左右护法善神、青除灾金刚众、辟毒金刚众虽然在《天地冥阳水陆仪文》中没有提及，但从神祇身份来看，应属于天仙。天仙数量较多，分布比较分散，主要位于三壁中层及西、东壁下层中间，靠近正位。

（1）天子。天子在天仙中地位较高，水陆神灵体系中佛教以帝释梵天为代表，统领天龙八部等佛教护法神，道教以北极紫微大帝为代表，统领众星君及北极四圣。天子类神祇通常或着衮冕，或着梁冠朝服，面相俊朗、威严，少数地位略低的天子，如五方五帝，有的面部比较凶恶。

西壁三身佛下为帝释圣众，或称帝释梵天，即大梵天和帝释天。大梵天，又名大梵天王、梵天、尸弃天王等，是色界初禅天之主[1]，帝释天，又名释提桓因、因陀罗天、憍尸迦等，为欲界三十三天之主。图中帝释天、大梵天相向而立，他们身侧有两天女相扶，身后一武士举羽葆，身前一持莲童子导引。其中南侧者头戴梁冠，呈男相，颔下有长须，身着朝服，左手执长柄香炉，右手拈香，右下一昆仑奴头顶香盘，为大梵天（图1-3-27）；北侧者头戴冠，呈菩萨相，身着宽袖天衣，双手合十，为帝释天（图1-3-28）。帝释天后为日宫天子（《天地冥阳水陆仪文》作“日曜太阳天子”），手执笏板，头顶冠中饰金乌，根据对应原则，可知大梵天身后执笏板的天子应为月宫天子（《天地冥阳水陆仪文》作“月曜太阴天子”）。五方五帝神众位于西壁下层北侧，该组神祇在《天地冥阳水陆仪文》中地位很高，位于日曜、月曜天子之前，但在此处比较靠后，不太受重视。五方五帝神众共绘五位，皆头戴梁冠，身着青、白、黑等色的朝服，手执笏板，其中三位面容俊朗，两位赤脸，面相凶恶。

东壁四方佛下方中间北侧为北极紫微大帝。北极紫微大帝，道家谓之为万星帝主，综御万星，在迎请天仙前的总论中有提及，位于诸位太乙星君之前，但在具体奉请时却被漏掉。图中北极紫微大帝身着衮冕，图像比较模糊，北侧另有一类似装束的天子与之相向而立，身份不清。东壁上层北侧还绘有四禅九天众，为三位身着冕服双手捧笏的天子。

（2）护法。佛教护法神以四大天王、天龙八部为主，道教护法神以北极四圣为主。与天子之威严、气度而不失优雅不同，护法神通常是面容凶恶，身披金甲，威风凛凛，气势逼人。

西壁中层帝释圣众、月宫天子上方为天龙八部众，月宫天子众后为四大天王众。按李通玄《新华严经论》卷十二，帝释天所居山顶四埵各有八天王，加上中顶的帝释天，合为三十三天，帝释天系此三十三天之主，统领居住于山顶四埵的天王，四大天王为四埵三十二天王的代表，另天龙八部为四大天王所统领，因此形成了“帝释天—四大天王—天龙八部”统属关系明确的神祇系谱。西壁天龙八部现仅存两身，第一位戴狮头帽，面容凶恶；第二位头发上竖，三头六臂，上双手举日月，左中手举幡，右中手持剑，下双手胸前抱拳。四大天王众仅残存第一位抱琵琶者，为东方持国天。西壁下层中间绘左、右护法善神，均身披甲胄，一执剑，一握弓箭，身后各立一身形略小的护法神，分别握剑鞘、长戟。从左、右护法善神的装束来看，系从四大天王演化而来。

东壁下层中间绘青除灾金刚众和辟毒金刚众，图像漫漶。二金刚名在《法界圣凡水

1 澄观《华严经疏》卷五曰：“《智论》云，天有三种，一人天，谓帝王；二生天，谓欲、色等；三净天，谓佛菩萨第一义天。”（《大正藏》第35册，539页下栏）三十三天乃欲界诸天之一。

陆盛会修斋仪轨》《天地冥阳水陆仪文》中都没有提及，但在《金刚经》中有出现，为奉请的八大金刚中的前两位。青除灾金刚众后有真武真君众，真武真君众前应还有天蓬大元帅众，已漫漶，辟毒金刚后绘有天猷副元帅真文大真君神众，合为北极四圣，即《天地冥阳水陆仪文》中提到的“真武灵应真君、翊圣保德真君、天蓬大元帅、天猷副元帅北极四圣真君等众”。北极四圣在五代、宋时以组合的形式出现，系北极紫微大帝的四大护法神将。图中天蓬元帅图像榜题已漫漶；天猷副元帅，黄面獠牙，头发竖立，似为三头，身披盔甲，六臂，左上手上举张开，右上手执金刚杵，左中手顶金轮，右中手执长剑，下双手似结印于胸前；真文大真君，头戴籀形冠，内着盔甲，外披黑色袍服，右手执剑，跣足；真武真君，图像漫漶，仅能辨认出执剑、跣足的特征。

（3）星宿。星宿类神祇归北极紫微大帝统辖，多头戴梁冠，身着朝服，双手捧笏，面容或俊朗或凶恶。

西壁中层最南侧为南斗六星君，《晋书·天文志》曰：

> 北方。南斗六星，天庙也，丞相太宰之位，主褒贤进士，禀授爵禄。又主兵，一曰天机。南二星魁，天梁也。中央二星，天相也。北二星，天府庭也，亦为寿命之期也。[1]

另《上清经》曰：

> 南斗六司主延寿，计六宫，称为：第一天府司命星君，第二天相司禄星君，第三天梁延寿星君，第四天同益算星君，第五天枢度厄星君，第六天机上生星君，是为南斗六司星君也。[2]

图中六位星君（图1-3-29）头戴梁冠，身着各种颜色的冕服，双手捧笏。

西壁下层有普天列曜星君，图绘三星君，均头戴冠，身着交领宽袖袍服，其中一位左手托黄色小鼎。从冠和服饰的等级上看，要低于南斗六星君。

图 1-3-29　南斗六星君，明，青龙寺腰殿西壁

南壁上层绘十二宫神众，东、西侧各六位，位于十大明王中间，皆头戴梁冠身着冕服，其形象与南斗星君相似。

（4）时序。年、月、日、时四大使者位于中层，《天地冥阳水陆仪文·迎请天仙仪》述其特征曰：

> 头缠红彩，足蹑云霞，腰挂霜刀，手擎符命。

图中四位使者皆头戴幞头，缠白巾，身着官服，手执斧钺，作奔跑状，其中年直、日直使者除执斧钺外，另一手持符，年直使者腰间还挂霜刀。

3. 下界，大体可分为圣母、岳渎、主执、祠庙、星历、夜叉五类，具体包括（1）圣母：后土圣母众；（2）岳渎：五岳帝君众、江

1 ［唐］房玄龄等撰《晋书》卷一一，中华书局，1974年，第301页。
2 转引自李叔还编《道教大辞典》，浙江古籍出版社，1987年，第148页。

河淮济神众、四海龙王众、五方行雨龙王众、金银铜铁龙王众；（3）主执：主雨大神众、主风大神众、主雷大神众、主电大神众、主水大神众、主火大神众、主苗主药神众、主土主林神众、主昼大神众、主夜大神众；（4）祠神：五通仙人众；（5）星历：行年太岁神众；（6）夜叉：旷野大将军众、散支迦大将众、矩畔拏神众、鬼子母众、诸大药叉众、诸大罗叉将众、诸大罗叉女众。其中金银铜铁龙王众、五通仙人众在《天地冥阳水陆仪文》中没有具体提及，从其身份看应属下界。上述下界神祇集中位于西、东壁下层，部分也出现在南壁下层两侧。

（1）圣母。后土为创生、掌管大地万物之神，宋李昉等《太平御览》卷三十六引《物理论》曰：

> 地者，其卦曰坤，其德曰母，其神曰祇，亦曰媪。大而名之曰黄地祇，小而名之曰神州，亦名后土。[1]

宋时道教开始将其纳入神灵谱系之中，为四御之一。北宋真宗大中祥符年间加封为"后土皇地祇"，宋徽宗时赐其尊号曰"承天效法厚德广大后土皇地祇"。《天地冥阳水陆仪文·迎请天仙仪》中，后土位列下界之首，曰：

> 一心奉请，将修万汇，德化无疆，尊超于五帝之前，位列于四溟之上，覆载神功，后土圣母。

图中后土圣母众位于东壁下层中间，与王仙圣母众对应，形象模糊。

（2）岳渎。五岳帝君众位于后土圣母众之后，表示了他们之间的统属关系。据《天地冥阳水陆仪文》，五岳帝君即东岳天齐仁圣帝、南岳司天昭圣帝、西岳金天顺圣帝、北岳安天元圣帝和中岳中天崇圣帝。五岳帝君图像模糊，但可以看出五帝皆头戴幞头，身着不同颜色的圆领窄袖衫，腰束革带。江河淮济神众与五岳帝君相对应，四神皆头戴梁冠，身着不同颜色朝服，手持笏板。四海龙王位于西壁下层南侧，皆头戴冠，身着朝服，面容或凶恶或俊朗，其中三位龙王持笏，另一龙王双手整理冠，其侧一侍者代为捧笏。南壁下层两侧五方行雨龙王、金银铜铁龙王皆着朝服捧笏，其形象与四海龙王相似。

（3）主执。主执神祇直接掌管自然界，如风雨雷电、苗稼山林、水火昼夜等的神祇，地位似比五岳四渎略低。图中主执神祇位于东壁下层两侧，数量多达十二位，各具特征。东壁下层北侧主雨大神众呈男相，左手执瓶；主风大神众赤脸，面相凶恶，右手握芭蕉扇；主雷大神众面相凶恶，持连鼓；主电大神众呈女相，头戴凤冠，面相清秀。东壁下层南侧主水大神众图像漫漶，隐约可见坎卦（五行属水）；主火大神众（图1-3-30）作夜叉形，须发上竖，面容凶恶，身披盔甲，左手

图 1-3-30　主火大神众等，明，青龙寺腰殿东壁南侧下方

1 收于《文渊阁四库全书》第893册，第439页。

握弓，右手举剑，头顶有火焰纹和离卦（五行属火）；主苗、主药神众均作老者形，其中主苗神手执麦穗，主药神右胸前有一小葫芦；主土主林神众绘两人，其中主土者面相凶恶，身侧一青色夜叉手捧艮卦（五行属土），主林者作老叟形，手执羽扇；主昼大神众作夜叉形，身披盔甲，肩扛三叉戟，戟上挂幡；主昼大神众身后者亦作夜叉形，赤脸，身披盔甲，榜题漫漶，应为主夜大神众。

（4）祠神。祠神，指民间神祠供养的神祇。西壁下层北侧绘有五通仙人众（图1-3-31）。五通，又称五显、五圣，其祖庙在徽州婺源（今江西婺源），其神五人，北宋大观三年（1109）赐庙额灵顺；宣和五年（1123），五神分别封为通贻、通佑、通泽、通惠、通济侯，故称五通；南宋淳熙元年（1174），五神加封为显应、显济、显佑、显灵、显宁公，故又称五显。自南宋始，五通在南方信众甚多，成为民间信仰影响最大的祠神之一。南宋王炎《五显灵应集·序》曰：

图 1-3-31　五通仙人众，明，青龙寺腰殿西壁

> （婺源）阖境之人，旦夕必祝之，岁时必俎豆之惟谨。神之灵应不可殚纪。……地方百余里，民近数万户。水旱有祷焉而无凶饥，疾疠有祷焉而无夭折，其庇多矣。余威遗德，溢于四境之外，达于淮甸闽浙，无不信向。[1]

元吴师道《婺源州灵顺庙新建昭敬楼记》曰：

> 婺源五显之神闻于天下尚矣。……每岁夏初，四方之人以祈福会集祠下者，上穷荆越，下极扬吴，衔舟塞川，重雾翳陌。百贯列区，珍货填积。赋羡于官，施溢于庙，浃旬日乃止，尤为一邦之盛。故庙之穹堂华殿，飞楼复阁，宏侈钜丽，所以致崇极于神者，靡遗余力焉。[2]

图中五通仙人众绘三人，皆内着交领袍服，外搭披风，一抬右手作冥想状，一执麈尾作远眺状，一执卷轴似作凝听状。

（5）星历。南壁东侧行年太岁神众（图1-3-32）绘神祇四位，其中三位面容凶恶，另一位为女子。其中头戴梁冠、身着朝服、双手捧笏者应为太岁，康熙朝《御定星历考原》“太岁”条：

> 《神枢经》曰，太岁，人君之象，率领诸神，统正方位，干运时序，总成岁功。……若国家巡狩省方、出师略地、营造宫阙、开拓封疆，不可向之。黎庶修营宅舍、筑垒墙垣，

1　王炎《双溪类稿》卷二五，《文渊阁四库全书》第1155册，第720页。
2　吴师道《礼部集》卷一二，《文渊阁四库全书》第1212册，第152页。

图 1-3-32　行年太岁神众，明，青龙寺腰殿南壁

并须回避。[1]

双手举幡者可能为黄幡，《御定星历考原》“黄幡”条：

《乾坤宝典》曰，黄幡者，旌旗也，常居三合墓辰。所理之地，不可开门取土、嫁娶、纳财、市买，及有造作。犯之者主有损亡。[2]

身着黄衣、手拄长矛头部挂豹尾者应为豹尾，《御定星历考原》卷二“豹尾”条：

豹尾者，亦旌旗之象，用豹尾为之，盖取所向疾速之义也，常居黄幡对冲。其所在之方，不可嫁娶、纳奴婢、进六畜，及兴造。犯之者破财物损小口。[3]

女子披麻戴孝，身侧有一白虎，为白虎，《御定星历考原》卷二“白虎”条：

《人元秘枢经》曰，白虎者，岁中凶神也，常居岁后四辰。所居之地，犯之主有丧服之灾，切宜慎之。[4]

（6）夜叉。夜叉是住于地上、空中或以威势恼害人，或守护正法之鬼类，民间通常祠祭以求恩福，《长阿含经》等谓其受毗沙门天统领。在夜叉类图像中，除鬼子母作美貌夫人外，其他通常面部凶恶，威势逼人。

旷野为守护毗沙门天王的五夜叉之一，隋阇那崛多等译《起世经》卷六曰：

1 《文渊阁四库全书》第811册，第29页。
2 《文渊阁四库全书》第811册，第35页。
3 《文渊阁四库全书》第811册，第36页。
4 《文渊阁四库全书》第811册，第36页。

> 诸比丘！毗沙门王，有五夜叉，恒常随逐，侍卫左右，为防护故。何者为五？一名五丈、二名旷野、三名金山、四名长身、五名针毛。诸比丘！毗沙门天王，游戏去来，常为此等五夜叉神之所守护。[1]

旷野是佛教徒施食的对象，与《涅槃经·梵行品》的记载有关，说释迦游彼圹（旷）野聚落丛树，在其林下，遇一鬼神即名圹野，纯食肉血多杀众生，受教法感化圹野皈依，为圹野及眷属能存活故，释迦令弟子悉当施其饮食。东壁下层旷野大将军面部漫漶，身披盔甲，右手执剑。

散支迦大将为夜叉之一，在不空译《佛母大孔雀明王经》中与诃帝底母（鬼子母）一同出现。东壁下层散支迦大将面容凶恶，内着甲胄，外披衫，右手执剑。另外东壁下层中间矩畔拏神众、散支迦大将图像均模糊。

鬼子母即诃利帝母，因其为五百鬼子之母故称。西壁下层鬼子母（图1-3-33）作美貌少妇形，头戴凤冠，身着白色交领长裙，手执帔帛，左、右侧各有一子，此外身后跟随二夜叉，里侧者怀抱一子，子以手揉眼作哭泣状，外侧者肩负一子，子以手抱夜叉头。水陆仪轨奉请的神灵中，鬼子母比较靠后，但是因为在民间信仰中比较兴盛，所以在青龙寺壁画中受到重视，位于下界前列。鬼子母的身份属于夜叉，故对面有诸大药叉众与其对应。西壁南侧诸大罗叉将众绘三身药叉，第一位卷发，头缠白巾，其余两位均须发上竖，面目皆呈凶恶状。西壁北侧亦有诸大药叉众，绘药叉三身，均头戴冠，面目、装束呈现出异域的特征。南壁西侧诸大罗叉女众绘罗叉女四身，作老妪形，面目或白或绿，皆双手合十。

4. 冥殿，具体包括秦江宋仵转轮王、冥府六曹众、八寒地狱众、六道　　　、八热地狱众等，均位于北壁东侧。

十王是冥殿裁断亡者罪业的十位判官，据唐藏川述《预修十王生七经》，人死后第一七日过秦广王，二七日过初江王，三七日过宋帝王，四七日过五官王，五七日过阎罗王，六七日过变成王，七七日过大山王，百日过平等王，一年过都市王，三年过五道转轮王，如斯次第受十王裁断，方能免十恶罪放其生天。

北壁东侧下层北起绘十王，为首者着衮冕，双手捧笏，其后九位皆头戴冠，身着衮服，双手捧笏。冥殿十王后是冥府六曹众，冥府六曹系仿自人间的官吏而设，图中六人头戴展脚幞头，身着圆领官服，其冠饰系仿自宋代官吏，面容或呈凶神恶煞状或俊朗

图 1-3-33　鬼子母众，明，青龙寺腰殿西壁

1 《大正藏》第1册，第341页上栏。

威严，皆怀抱判簿。冥府六曹身后绘二小鬼，一白眉黄脸，袒露上身，肩披巾，双手举一棍状物，另一面容黝黑，头戴卷檐帽，身披甲胄，双手抱拳。二小鬼上方绘一城池，城池周围布有钉齿，城池上方有寒气涌出，榜题为“八寒地狱众”。《俱舍论》卷十一说地狱有八热地狱、八寒地狱、孤地狱三种。八寒地狱包括頞部陀、尼剌部陀、頞哳吒、臛臛婆、虎虎婆、嗢钵罗、钵特摩、摩诃钵特摩等八所地狱。城池下方，即冥府六朝众身后八寒地狱城墙后方绘人物、鬼、马等各种形象，榜题为“六道□□□□”。六道又称六趣，指众生各依其业而趣往之世界，包括地狱道、饿鬼道、畜生道、修罗道、人间道、天道。六道下方另绘有一城墙，榜题为“□□□□众”，应为“八热地狱众”。八热地狱包括等活、黑绳、众合、叫唤、大叫唤、焦热、大焦热、无间（阿鼻）等八所地狱。

5. 往古人伦。包括往古帝子王孙众、往古后妃宫女众、往古文武协赞众、往古为国亡躯将士众、往古九流诸子众、往古孝子顺孙众、往古贤妇列女众、往古优婆夷女冠尼众，集中出现在南壁下层。南壁东侧往古帝王后妃文武臣僚将士像依次排列，浩浩荡荡，犹如声势浩大的帝后出行图。协赞臣僚《天地冥阳水陆仪文》中提到孔子、狄仁杰、张良和屈原等，图中绘文臣四位，其中戴诸葛巾者为诸葛亮。为国亡躯力士《天地冥阳水陆仪文》中着重提到韩信，图中绘将士四位，其中着青衣者为关羽，持符节者应为苏武。孝子顺孙《天地冥阳水陆仪文》中提到王祥、孟宗、丁兰、董永、郭巨、须阇提，图中捧像者系母丧刻像奉敬如存的丁兰，头顶鹿皮右手持箭者为深山侍奉盲父母的睒子，左手执笋者乃哭竹生笋的孟宗，拖担架者是谏父不要遗弃双老的原谷。贤妇列女《天地冥阳水陆仪文》中似提到孟姜女、杨门女将等，图中绘五女，有抱石者、执剑者、握斧者、捏衣裙者，另一头戴皮帽的女子双手似捧印。

6. 孤魂。以阿难、面然鬼王为导引，包括各类饿鬼孤魂。北壁西次间绘水陆缘起，以面然鬼王为中心，前有振铃的阿难，身后、身侧跟随着形形色色的众饿鬼，身后是斛形的仓，里面装满供施舍的包子。该图不同于之后壁画中常见的排列式的构图，而是属于主题性的绘画，是现存壁画中唯一的一幅大型的水陆缘起图。《佛说救面然饿鬼陀罗尼神咒经》描述面然鬼王特征曰：

> 阿难见此面然饿鬼，身形羸瘦，枯燋极丑面上火然，其咽如针头发蓬乱，毛爪长利身如负重。[1]

图中面然鬼王面若骷髅，毛发上竖，鼻孔外翻，巨口，头部被口中吐出的火焰包围，全身瘦骨嶙峋，腹部外鼓。阿难为一年轻的弟子，右手摇铃，回首看面然鬼王。众饿鬼或男或女，或着衣或赤裸，或蓬头垢面或戴帽系巾，或恭顺而立或奋力厮打，塑造得极为生动。其中如众饿鬼中有一面容相对清秀、神色哀戚的女子，她头束白巾，体形瘦弱微露双乳，与其他饿鬼形成鲜明对比；另如阿难身侧一女鬼抱一子（图1-3-34），身后一饿鬼递上包子，其子伸手来接，女鬼身后另跟有一子，饿鬼母子

图 1-3-34 饿鬼母子，明，青龙寺腰殿北壁西侧

1 ［唐］实叉难陀译《佛说救面然饿鬼陀罗尼神咒经》卷一，《大正藏》第21册，第466页上栏。

的刻画使毛骨悚然的地狱有了一点点慈爱和温馨。这种哀悯情感的表现更能唤醒观者利济群生的情怀，与水陆法会的宗旨相契合。但是这种感染力极强的艺术表现形式在之后的水陆壁画中并没有得到进一步发扬、延续，而是一步步被模式化了。

7. 其他。指《天地冥阳水陆仪文》中没有出现并且无法准确判断其类别的神灵。

图 1-3-35 元君圣母众，明，青龙寺腰殿西壁

元君圣母众和王仙圣母众。元君圣母众位于西壁中层南侧南斗六星君之前。道教认为仙者，男为真人，女为元君，如后土夫人即为碧霞元君。《甘肃通志》卷十二提到华亭县西郊灵应祠祀元君圣母，“旱蝗瘟疫祈祷皆应”[1]。《墉城集仙录》记圣母元君乃洞阴玄和之炁，凝化成人，亦号玄妙玉女，为太上老君之母，后传授老君五符九丹。明代山西浮山县老君庙北壁绘三清及四帝二后像，其中“先天一炁圣母元君”和“承天□□（效法）后土圣母”同列二后。疑此元君圣母即圣母元君。图中元君圣母（图1-3-35）作女仙形，束髻簪发，戴皮冠，内着黄色镶黑边长袍，外搭青色披风，手执扇形麈尾，身侧两女侍一捧熏炉，一擎羽扇。王仙圣母众位于东壁下层北侧，与南侧后土圣母众相对应。图中王仙圣母头戴凤冠，身披白色镶绿边长袍，下有坤卦，身后有一女侍。王仙圣母的身份不清，宋郑樵《通志》卷六十七道家书籍中记有“《王仙圣母传》一卷”，惜书已无存。

婆罗门仙众。婆罗门仙众位于西壁下层南侧。婆罗门仙为鬼道之一，与饿鬼同为施食对象，其形象、服饰与五通仙人接近。

五瘟使者。五瘟使者名在《法界圣凡水陆盛会修斋仪轨》《天地冥阳水陆仪文》中皆没有提及，《绘图三教源流搜神大全·五瘟使者》述其来历曰：

> 昔隋文帝开皇十一年六月，内有五力士现于凌空三五丈，于身披五色袍，各执一物。一人执杓子并罐子，一人执皮带并剑，一人执扇，一人执锤，一人执火壶。帝问太史居仁曰：“此何神？主何灾福也？”张居仁奏曰：“此是五方力士。在天上为五鬼，在地上为五瘟，名曰五瘟。春瘟张元伯，夏瘟刘元达，秋瘟赵公明，冬瘟钟仕贵，总管中瘟史文业。如现之者，主国民有瘟疫之疾，此为天行时病也。[2]

图中五瘟使者（图1-3-36）位于南壁西侧，一使者兽头，面部残，右手执杓，左手提罐；一使者作武将形，双手握虎皮；一使者鸟头，右手执锤；一使者虎头，背负一壶，壶中喷出火焰；一使者鸡头，左手执芭蕉叶。五位使者所执器物与文献记载相符。

地居飞空众。南壁西次间东侧上绘一凤翱翔而下，下绘一龙飞腾而起，代表的是祥瑞旁生众；南壁东次间西侧上方绘一鹰栖息松枝上，侧有四鸟雀立莲柱上，代表的是飞

1 《文渊阁四库全书》第557册，第390页。

2 佚名《绘图三教源流搜神大全》，上海古籍出版社，2012年，第157页。

图 1-3-36 五瘟使者，明，青龙寺腰殿南壁西侧

禽众，松树下有虎、豹、象、狮、马，代表的是福德旁生众和走兽众。上述祥瑞飞禽走兽形态生动，衬以松石阔叶，宛如一幅独立的花鸟画。地居飞空众虽在《天地冥阳水陆仪文》中没有提及，但在《法界圣凡水陆盛会修斋仪轨》中却有被强调。

（三）腰殿水陆画的特点、价值

明代早期朝廷对创建寺院有严格的规定，严禁私人创寺，因此明代早期的寺院多为朝廷或地方有权势的僧人、官员创建。青龙寺大殿、腰殿等建筑在元代即已存在，洪武十八年（1385）、永乐四年（1406）只是补绘、重绘壁画，因此并不在朝廷严禁的范围之列。后殿、腰殿中都保存有榜题，尤其是腰殿水陆画单组神灵榜题中还书有施主居住地及姓名，可知壁画是由寺僧及乡里信众筹资重绘，属于私修性质。从补绘、重绘的壁画题材来看，主要系借鉴了元代的图本，在样式、风格上延续了元代的特点，腰殿部分水陆画体现出明代新的特点。

青龙寺腰殿水陆画与《天地冥阳水陆仪文》或同一体系的仪轨，即智旭所谓的“北水陆”关系密切。从神灵布局来看，青龙寺水陆壁画与传统的一百二十位水陆画体系是一脉相承的，该体系见于晚唐张南本在西蜀宝历寺绘制的一百二十余帧水陆画、宋时江淮京浙流行的一百二十位水陆神灵像，以及《天地冥阳水陆仪文·坛图式》中的一百二十位“水陆牌像”。从具体神灵的名称上比较，青龙寺水陆壁画与《天地冥阳水陆仪文·坛图式》中一百二十位水陆牌像相对接近，但是仍有一定的差异，尤其是青龙寺北壁西侧绘制的是水陆缘起，而在水陆牌像中是起教大士面然鬼王、枉滥无辜衔冤抱恨诸鬼神众等十六位饿鬼冤魂。由此可见，虽然水陆壁画总体上依据的是《天地冥阳水陆仪文》、水陆牌像或类似的仪轨、图本，但在实际绘制的过程中，寺院僧人、画师会根据实际情况及需求进行调整，由此导致了各个寺院之间水陆壁画的差异。

作为现存纪年最早且基本保存完整的一堂水陆画，青龙寺水陆画的布局有着明确的规范。正位是布局的核心，西壁的三身佛、东壁的四方佛皆位于上层中间的位置，十大明王位于南壁上层，菩萨或位于东、西侧壁中上层拱卫佛像，或位于北壁东侧上层，罗汉位于北壁东侧中层。天仙比较分散，主要位于东、西、南壁中上层，及东、西侧壁下层中间，靠近正位。下界皆位于东、西侧壁下层。往古人伦集中出现在南壁下层，冥府皆出现在北壁。青龙寺水陆壁画中出现的神灵名多出自《天地冥阳水陆仪文》，同时也吸取了部分《天地冥阳水陆仪文》中没有但在《法界圣凡水陆盛会修斋仪轨》中有出现的神灵，如五通仙人、地居飞空众等。此外，青龙寺水陆画中的部分神灵在两部仪轨中都没有出现，如元君圣母、王仙圣母、青除灾金刚、辟毒金刚、五瘟使者等，他们多为民间信仰程度较高的神灵。

根据北壁东侧上方榜题，可知腰殿壁画是由绛阳石村画师刘士通带领他的三个儿子绘制的。虽然腰殿壁画的完工年代永乐四年（1406）较后殿壁画的完工年代洪武十八年（1385）相隔仅十九年，但是腰殿壁画的风格体现出了更为复杂、多样的面貌，标志着明代壁画新风的确立。元代壁画风格以永乐宫三清殿为代表，线条挺劲连绵，圆润流畅，系唐宋以来“吴带当风”式兰叶描的延续。虽然部分神灵的衣纹用线也有方折用笔，尤其是表现衣纹褶皱的时候，但是基本上寓方于圆，不强调笔力顿挫所带来的钉头鼠尾的变化。后殿壁画由元代和明洪武年间两个时期完成，基本上延续的是元代的画风。腰殿正位神祇，以及部分天仙、下界神祇，包括天王、帝释梵天、日月宫天子、鬼子母等，以延续元代挺劲连绵的画风为主，其他天仙、地界及冥殿、往古人伦、孤魂运用了一种新的混合风格：线条长短交错，长线条挺劲绵长，短线条强调顿挫转折及钉头鼠尾的笔意。这种风格的线条在层次较低的神灵，如地界、往古人伦、孤魂上体现得尤为明显。也就是说，画师有意识地在不同等级的神灵上运用了不同的线条风格。该殿壁画主要运用了青、红、黄、白等颜料，色彩鲜丽沉着，与整殿壁画严谨沉稳的画风是相一致的。概括而言，该殿壁画布局统一，样式规范，虽然运用了多种风格的线条，但是造型严谨，整体格调和谐，体现了较高的艺术水准，在元、明水陆画风格的转型上有着标尺性的意义。

附录　明万历三年（1575）重修青龙寺记碑

1 重修青龙寺记

2 稷山□西十里许马村古有青龙寺唐龙朔二载奉敕而建也南北殿三座俱五架

3 三间东西列串廊五间东北隅伽蓝殿一间西北隅护法殿一间东南隅祖师殿一

4 间西南隅门楼二座延及二门腰殿列转角九间东罗汉殿三架三间西十王殿三

5 架三间中夹天王殿三架三间山门三架三间门改坤入由廊房五间通衢而进东

6 院通过三间僧房十数间厥古制也但年深岁久殿堂颓圮本寺僧普英等顾瞻咨

7 嗟爰于正殿南殿腰殿通过重葺之殿前创台周围八丈又砌甬道二条暨天王殿

8 十王殿罗汉殿山门类以修举焕然重新视昔迥异欲纪绩垂永征余为记余作而

9 叹曰西域神人名曰佛者西方大圣人也世号金仙氏自汉明帝遣使之天竺求其

10 道得其书及沙门以来其书大抵以慈悲智慧为教以善化人流入中国其来□（尚？）矣

11 历代尊崇而梁唐弥笃大启浮图罗刹相望迨我
12 朝沙门相传敬事不替宜其教大行于天下而建寺之不一也释典曰心即是佛殿像
13 雄伟若无用耶人惟求诸心者寡是以必假土木妆严之具以悚动之而后人必敬
14 慕愈久而不忘也兹寺之建有由明已英等知之举废坠于岁月既久之余崇佛教
15 于重熙累洽之日其亦善继梁唐之志而大有功于斯教焉耳因命工勒诸石昭后
16 知所鉴云
17 万历三年岁次乙亥孟春吉旦立邑庠生芳丽李先春书撰石匠杨□吉铁笔
18 修造僧普英门徒法缘共施银十两谷二十石师孙胜勤胜俭重孙洪智
19 助缘僧普杰法银法巧法省胜高胜铎胜大
20 施主段守用施银三两姚天理施金银四两砖七千姚守仓施牛两只

第四节 崇善寺释迦应化事迹图摹本

崇善寺位于山西省太原市迎泽区五一南路皇庙巷东端，坐北朝南，是晋恭王朱棡为母后追福而建，是当时太原地区最大的寺庙。寺内主要建筑在清代同治三年（1864）的一场大火中多化为灰烬，现在仅大悲殿等少数建筑系明代遗构，寺内因保存有释迦如来世尊应化事迹、善财童子五十三参二图的成化十九年（1483）摹本而著名。

一、寺院的创建与重修

关于崇善寺的创建年代，有洪武六年（1373）、十四年（1381）、十六年（1383）等数种说法。明成化十一年（1475）《山西通志》载："崇善寺在太原府城东南隅，洪武六年建，置僧纲司于内，并文殊、安国二寺入焉。"[1]洪武六年（1373）说对其后的影响不大，相对而言，洪武十四年（1381）的说法流传较广，明成化十六年（1480）、嘉靖四十二年（1563）重修崇善寺记碑均提到该寺创建于洪武十四年（1381）。清道光《太原县志》、光绪《山西通志》皆沿袭此说。但是，寺内保存的永乐十二年（1414）九月的一块匾额上刻文曰：

> 晋恭王殿下为母后孝慈昭宪至仁文德承天顺圣高皇后马于洪武十五年八月初十日升霞，无由补报罔极之恩，洪武十六年四月，内令差永平侯奏，准建立新寺一所，令右护卫指挥使袁弘监修，启盖完备。至洪武二十四年清理佛教事，恭王赐额"崇善禅寺"，拨施地土一十九顷，永远与寺里焚修供佛香灯。永乐十二年九月内晋定王施拨地土玖顷为报先恭王罔极之恩与崇善寺，永远供佛香灯，敬此。

其中明确提到该寺系晋恭王为母亲马皇后逝世而建，建寺得到皇帝的批准，并敕令右护卫指挥使袁弘监修。晋恭王朱棡系明太祖第三子，"修目美髯，顾盼有威，多智数"[2]，洪武三年（1370）封晋王，十一年（1378）就藩太原。就藩太原前，洪武九年（1376）朱棡命晋府丞相谢成扩建太原城，同时修建晋王府。匾额刻文中提到，马皇后逝世于洪武十五年（1382）八月初十，与《明史》的记载一致。成化十四年（1478）碑记也提到该寺是为马皇后逝世而建，那么建寺只能是在洪武十五年马皇后逝世之后，因此该

1 转引自张纪仲、安笈编著《太原崇善寺文物图录》，山西人民出版社，1987年，第7页。

2 《明史·朱棡传》，第3562页。

寺创建于洪武十六年（1383）的说法是可信的[1]。

据寺内现存成化十六年（1480）《重修崇善禅寺碑记》，兴建崇善寺时发现有“白马古刹遗基石幢存”，此外嘉靖四十二年（1563）《重修崇善寺记》碑提到“今掘地而获石偈，复云延寿寺”，说明崇善寺可能是白马寺、延寿寺的旧址。

崇善寺从洪武十六年（1383）开始修建，洪武二十四年（1391）完工，历时八年。匾额上所说的“洪武二十四年清理佛教事”，是指该年朝廷颁行《申明佛教榜册》强化佛教管理，限制僧尼参与俗务。指根据寺内现存明代的一幅寺院平面图，可知中轴线上有金刚殿、天王殿、大雄殿、毗卢殿、大悲殿和金灵殿六座大殿，左右分列着伽蓝、罗汉、团殿、轮藏等配殿，外围建有方丈、僧舍、禅室、茶寮等禅院，另有井亭、画廊、影壁等，各种殿堂楼阁的总数达千间之多。成化十九年（1483）《五十三参序》（见第70页附录二）叙其规模曰：

> 其殿堂金错，巍巍乎接影连辉；阶陛玉栽，迴迴然深环远布。绀树阴森而花飘天雨，朱扉掩映而香散德风。存味禅清节之高僧，育操业雅宜之童行。规模宣序，俨若仙宫，不惟甲于太原，诚盖晋国第一之伟观焉。

洪武二十四年（1391）寺院完工后朱棡亲自赐额“崇善禅寺”，并拨土地十九顷。永乐十二年（1414），朱棡的长子定王济熺又施地九顷。根据在徐沟县南尹村普照寺发掘出来的明万历十一年（1583）《晋府崇善寺普照院重立上刹建寺拨地缘由并启告免征地根给领帖文备数碑记》[2]，可知晋府赐田在徐沟县南尹村一带，普照寺就是为了管理这些寺田而建。

崇善寺作为朝廷批准为皇后追福而修建的寺庙，属于官寺，是洪武年间所设的僧纲司所在地。成化八年至十六年（1472—1480），崇善寺经历了一次大的重修，据成化十六年碑记[3]，“金壁丹垩，焕然一新”。此后，寺内释迦应化示迹、善财童子五十三参壁画被重妆，但是在重妆之前，上述二图被临摹成册保存了下来，从二图序落款可知，二图均完成于成化十九年（1483）。《释迦应化事迹图》册中《八十四龛序》（见第69页附录一）记曰：

> 今绘像日远，金朱烟淡。其总寺事住持金公、西白辈，共竭其诚，欲新妆彩，先裁方册，以模其仪。

其中提到妆彩、临摹是住持金公、西白辈所为。崇善寺为晋王府创建，崇善寺的重修亦与晋王府关系密切。《山西通志·寺观》提到成化十六年（1480）碑记是由晋庄王亲自撰写，《五十三参序》（见附录二）的落款宝贤堂的主人即晋庄王，此外从“晋府图书”钤印及叙述语气上看，《八十四龛序》的落款一清堂的主人也应是晋庄王。晋庄王讳钟铉，高祖皇帝的曾孙，正统六年（1441）其父晋宪王朱美圭薨后，第二年嗣位，在位六十一年，弘治十五年（1502）逝世。据明朱谋垔《书史会要续编》，晋庄王“好博古，喜法书，尝以绛帖岁久断脱，令世子奇源采旧所传名人墨迹，摹刻以传，号曰‘宝贤堂’，集古法帖，遒丽可观”[4]。将崇善寺佛传故事、善财童子五十三参壁画临摹成册页，与晋庄王博古、摹刻法帖的喜好是一致的。现在寺院壁画早已荡然无存，但是壁画却通过册页的形式保存了下来。

成化之后，正德、嘉靖年间崇善寺均有重修。清同治三年（1864）寺院发生火灾，

1 参见张纪仲、安笈编著《崇善寺文物图录》，第7—10页。

2 该碑原立于普照寺，后移入崇善寺。

3 该碑在“文革”中被砸毁，仅残留部分文字可辨。

4 收于卢辅圣主编《中国书画全书》第6册，上海书画出版社，2009年，第89—90页。

大雄宝殿等主要建筑化为灰烬，只有大悲殿等少数建筑幸免于难。大悲殿系洪武年间遗构，面阔七间，进深四间，重檐歇山式顶。殿内须弥座上立三尊泥塑贴金菩萨像，千手眼观音居中，千手钵文殊居左，普贤居右，均高8.3米，造型浑厚，形制古朴，系明初原作。除大悲殿外，大悲院的山门及寺院东南隅大钟楼也都是明代建筑。

二、释迦应化事迹图的内容

洪武年间原绘释迦应化事迹壁画已毁，幸有成化十九年（1483）摹本保存下来。该图册前有成化十九年（1483）晋庄王朱钟铉《八十四龛序》，图画共有八十四幅，后有明净伦大巍禅师和希圣堂二跋，后另附有龛外补画七幅。每幅长五十一厘米，宽三十七厘米，每图左上有榜题。《八十四龛序》提到“两掖长廊绘画释迦示迹成道之像”，故知释迦应化事迹图应是绘于某大殿前廊。现依图册顺序描述图像内容如下：

1. 护明修行

护明菩萨坐兜率天宫殿内，放出红、绿、黄三色相间的身光，座前一菩萨合十向其禀报。殿外立二天王。表示护明菩萨在兜率天宫修行，期满准备降生阎浮提净饭王家。

榜题曰：“第一护明菩萨修行辞会之处。”

《佛本行集经·上托兜率品》云，护明菩萨从迦叶佛所护持禁戒，梵行清净，命终之后生兜率陀天。护明菩萨住兜率天满四千岁，现五衰相，准备降生阎浮提。

2. 乘象入胎

摩耶夫人在净饭王宫寝殿内熟睡，四侍女坐殿外走廊上聊天，殿外两侧有女官、宫女侍立。画面右上画一日轮，其内为乘白象前来入胎的菩萨。

榜题曰：“第二菩萨驾日轮象至饭王宫托化受胎之处。”

据《过去现在因果经》卷一，护明菩萨于兜率天宫观降胎时至，即乘六牙白象，以四月八日明星出时降神母胎。摩耶夫人于眠寤之际，见菩萨乘六牙白象腾虚而来，从右胁而入。

3. 树下降生

摩耶夫人右手扶树，太子从右胁下降生，前方一侍女跪地来接，另有一侍女持毛巾侍立。摩耶夫人身侧各有一侍女，身后一侍女抱小被褥前来。摩耶夫人周围仪仗齐整，身后二侍女掌扇，前方另有二女官举幡。

榜题曰：“第三摩耶夫人毗蓝园无忧树下降生太子之处。”

据《佛本行集经·树下诞生品》，摩耶夫人怀孕菩萨将满十月，往彼父善觉长者家待产，二月八日摩耶夫人与其父游岚毗尼园，摩耶夫人至波罗叉树下，举右手攀树枝，菩萨从右胁而生。

4. 九龙吐水

太子立澡盆中，头顶有九龙吐水为其沐浴。太子身侧有二侍女相扶，一侍女举幢，一女官掌扇，另有数身侍女捧毛巾、澡瓶等。

榜题曰：“第四九龙吐水沐浴太子处。”

据《普曜经·降神胎品》，太子诞生后天帝释梵忽然来下，九龙在上而下雨香水，洗浴圣尊。

5. 步步生莲（图 1-4-1）

图 1-4-1　步步生莲，明，崇善寺

太子立二莲花上，其侧另有五朵莲花，表示太子诞生后四方各行七步，步步生莲，太子右手指天左手指地，表示太子口自唱言："天上天下，唯吾独尊！"太子身侧有侍女相扶，摩耶夫人目光慈祥地看着太子。太子及摩耶夫人周围有二侍女举宝盖，二侍女掌扇，二女官持镫杖。

榜题曰："第五太子初行七步目顾四方手指天地莲花捧足之处。"

据《佛本行集经·树下诞生品》，菩萨生已，无人扶持，即行四方面各七步，步步举足出大莲华。菩萨生已，口自唱言："我于世间，最为殊胜！"（《释氏源流》记为"天上天下，唯吾独尊！"）

6. 仙人占相

净饭王坐殿内宝座上，右侧坐阿私陀仙人，左侧侍女抱太子，净饭王、阿私陀仙人的目光均投向太子。周侧立内官、童子、武将等。

榜题曰："第六饭王宣阿斯（私）陀仙人瞻相太子行仪之处。"

据《佛本行集经·相师占看品》，阿私陀仙在忉利天闻太子诞生具三十二大丈夫相，即从天宫来下，与其侍者徒步进入迦毗罗城前往净饭王所求见太子，告知净饭王太子长大后当出家学道，并向王详解太子八十随形之好。

图 1-4-2　天人献宝盖，明，崇善寺

7. 饭王观相

净饭王、摩耶夫人坐椅上，看着前方侍女所抱的太子，周侧有掌扇、捧物的侍女，捧笏的大臣，举斧钺的武将等。

榜题曰："第七饭王观太子具足端严相好立名之处。"

8. 天人献宝盖（图 1-4-2）

太子姨母摩诃波阇波提合十，身后二侍女掌扇，前方侍女抱着绿色圆领衫的太子，前方云端天人持宝盖来献。太子出生七日后其母摩耶夫人即命终，由姨母摩诃波阇波提抚育，从太子已经身着衣服及体形上看，合十的应为太子姨母摩诃波阇波提。

榜题曰："第八太子威神力故天人献宝盖之处。"

9. 天人献宝

图中太子已经长大，能站立行走，头戴巾，身着红色圆领窄袖衫，身后摩诃波阇波提合十，摩诃波阇波提两侧各有一侍女，身后一侍女举宝盖，二侍女举幢，二侍女举幡。最前方一低矮的昆仑奴头顶托盘。空中云端天人捧宝来献。

榜题曰："第九天人献宝奉上太子之处。"

10. 天人献花

太子与姨母摩诃波阇波提在庭院玩耍，太子回头看拖在地上的绣球，前方空中有天人捧花来献。太子前方四侍女捧香炉等为前导，摩诃波阇波提两侧各有一侍女捧物，身后一侍女举宝盖，二侍女掌扇。

榜题曰："第十姨母引太子行天人献花供养之处。"

11. 天人献香

太子与姨母摩诃波阇波提在庭院中前行，摩诃波阇波提合十，前方空中有天人捧香来献。摩诃波阇波提身后一侍女举宝盖，二女官掌扇，二女官持骨朵。

榜题曰："第十一天人献香之处。"

12. 天人献衣

太子双手合十，回首与身后侍女说话，身后另有一侍女掌扇。摩诃波阇波提立太子身后，双手向空中合十，空中云端天人捧天衣来献，摩诃波阇波提身侧二侍女掌扇，身后二侍女执骨朵。根据榜题可知前来献天衣的天人是净居天人。

榜题曰："第十二净居天人献天衣之处。"

13. 体挂天衣

净饭王坐殿内，身后立三侍女，其中二女掌扇，左侧立一捧香炉的女官，右侧立一捧笏大臣。净饭王前方二侍女为太子试穿天衣，太子身后二女官掌扇，另有女官、侍女站立。

榜题曰："第十三饭王令太子体挂天衣之处。"

14. 入学从师

太子师毗奢婆密多罗端坐椅上，前方太子躬身施礼。毗奢婆密多罗左侧立五名童子或侍者，右侧一童子在整理案几上的书册。右侧走廊上另有四名侍女。

榜题曰："第十四太子入学从师之处。"

据《佛本行集经·习学技艺品》，净饭王知太子年已满八岁，在诸臣的引荐下，请毗奢婆密多罗为太子师。五百诸释童随从太子将升学堂，时太子师毗奢婆密多罗遥见太子威德力大，不能自禁屈身顶礼太子足。图中画师既没有按照佛经叙述的那样表现太子师屈身顶礼太子足，也没有像《释氏源流》、妙因寺图中那样表现太子师屈身而礼，而是按照中国传统的礼俗表现太子向老师施礼，反映了中国传统礼俗的影响。

15. 习学算术

太子师毗奢婆密多罗坐椅上与其侧童子说话，两侧另有一童子端茶一童子侍立。前方右侧案几前坐太子及伴读之释种童子，殿外立三武将及一提壶童子。

榜题曰："第十五习学算术之处。"

据《佛本行集经·习学技艺品》，太子既初就学，向师毗奢婆密多罗说出六十四种书名，毗奢婆密多罗闻太子说种种书名内心欢喜。尔时另有五百释种诸臣童子，俱共太子，齐入学堂学书唱字。

16. 现大身光

太子在姨母摩诃波阇波提面前现大身光，一侍女以手指太子回头与摩诃波阇波提交流，显然是被眼前神异之事吸引。摩诃波阇波提身后仪仗整肃，一侍女举宝盖，二侍女掌扇，二侍女举幢。该图以宫殿为背景，殿内有一把铺设华丽的座椅。

榜题曰："第十六太子于姨母宫中现身光之处。"

17. 走象奔马（图 1-4-3）

图 1-4-3　走象奔马，明，崇善寺

太子站立在一头奔跑的大象背上，回首与一站立在烈马背上的释种童子说话。两侧有七位武士分别持幡、骨朵、镫杖、立瓜，被眼前的景象所吸引。周侧的云气纹暗示大象、烈马的奔跑速度之快。

榜题曰："第十七太子走马奔象之处。"

18. 争斗武艺

太子着红衣，与一着绿衣的童子比试长枪，两侧立有侍者、武将等，走廊上亦有武将、侍女观看。

榜题曰："第十八太子共南天国斗武艺之处。"

19. 上下相扑

着红衣的太子将一释种童子摔倒在地，两侧各立四人观看。

榜题曰："第十九与南天国争上下（国）相扑之处。"

20. 箭穿九鼓

太子张弓欲射，前方树下置九重铁鼓。太子身侧有一释种童子持弓。两人周侧立众武将及一捧笏大臣。

榜题曰："第二十太子显神力射穿九重铁鼓之处。"

据《佛本行集经·捔术争婚品》，太子在比试书算中胜出，其后大臣娑呵提婆为证察，诸释种童子比试武技。太子持祖父之师子颊弓，其箭射穿十拘卢奢所置铁鼓，没于虚空。后又以箭射七多罗树、七铁猪、七铁水瓮，皆洞穿而过。该图改为太子一箭射穿九重铁鼓，《释氏源流》中改为七重铁鼓。

21. 掷象出城

城墙外太子左手握拳右手举起，上方白象被径直抛起，车匿左手牵马缰绳右手执马鞭，与众童子、武将均为太子的神力所折服。

榜题曰："第二十一太子威神广大掷象过城车匿惊恐之处。"

据《佛本行集经·捔术争婚品》，提婆达多入城在城门处遇白象，摔死白象，以白象卧于城门，塞闭道路，太子至，忧虑象身坏烂臭熏此城，左手举象，以右手承，掷置城外。

22. 东门见老（图 1-4-4）

太子骑白马从东门出游，前方一老人拄杖而立，一青衣侍者手指老人，回首与太子说话。太子身侧仪仗整肃齐备，前方二武将执骨朵，身后一武将举宝盖，另有二武将举斧钺。

榜题曰："第二十二太子游东门见老人之处。"

据《佛本行集经·出逢老人品》，太子乘宝车，从城东门出，欲往园林观看福地。是时作瓶天子化作一老弊人，伛偻低头，口齿疏缺，太子得知世间一切众生难免斯苦，即回宫中正念思惟。

图 1-4-4　东门见老，明，崇善寺

23. 南门见病

太子骑马从南门出游，回首看一卧于路边的枯瘦病人，青衣侍者上前询问病人。太子前方二武将执骨朵，身后一武将举宝盖，身后二武将举镫杖。

榜题曰："第二十三太子游南门见病人之处。"

据《佛本行集经·道见病人品》，太子乘宝车，从城南门出，欲往园林观瞩嬉戏。尔时作瓶天子化作一病患人，连骸困苦，婉转呻吟，太子得知一切世间众生难免斯苦，即回宫中端坐思惟。

24. 西门见尸

太子骑马从西门出游，前方卧一死尸，青衣侍者低头看死尸。前方二武将举镫杖，身后一武将举宝盖，二武将掌扇，二武将执骨朵。

榜题曰："第二十四太子游西门见尸悲悼之处。"

据《佛本行集经·路逢死尸品》，太子坐车从城西门出，欲前往观看园林。时作瓶天子化作一尸，卧在床上。太子睹之，心怀惨恻，得知一切世间众生不免斯苦，即回宫中端坐思惟。

25. 北门见僧

太子出北门后下马，向对面的僧人合十施礼。前方二武将举斧钺，太子身后一武将举宝盖，二武将掌扇，最后二武将亦持仪仗用具。太子身侧有青衣侍者和牵马武将。

榜题曰："第二十五太子游北门见僧弃车问讯之处。"

据《佛本行集经·耶输陀罗梦品》，太子坐车从城北门出，欲向园林内游。尔时作瓶天子化作沙门，在路而行，告知太子何故名出家人。尔时太子为敬法故，从车而下，向沙门头面顶礼三匝围绕，即回宫中，心生涅槃之念。

26. 出城观苗稼

野外太子骑马出游，前方农田边一老农荷锄而立，青衣童子上前问讯。太子身后二武将举幢，二武将举镫杖，二武将持骨朵。

榜题曰："第二十六太子出城观苗稼年得大稔之处。"

据《佛本行集经·游戏观瞩品》，太子年满十二，净饭王携太子及诸释种童子出外野游，观看田种。太子见人牛辛勤劳作，皆困乏饥渴，人牛过后，诸鸟雀竞相飞来食土中虫豸，生大忧愁，起大慈悲。《释氏源流》中该情节位于太子灌顶之后诸王掬力之前。

27. 初启出家

净饭王坐殿内，前方一大臣躬身捧笏。净饭王两侧立二女官举骨朵，身后立一侍女一童子，殿外两侧立二武将举斧钺。殿外廊上三侍女捧物穿行。

榜题曰："第二十七太子欲要修行饭王宣诸臣佐共议之处。"

据《方广庄严经·出家品》，太子于静夜中思惟，若不启父王私自出家，既违于法教，又不顺俗理。既思惟已，从其所往诣净饭王宫，见父王长跪合十，请求父王允许出家。

28. 天人省劝

太子坐椅上，身侧及身后有女官举宝盖、骨朵、斧钺等，前方四伎乐分别演奏横笛、笙、拍板和琵琶。空中云端净居天子捧书来劝。《释氏源流》中该情节名"空中警策"，位于五欲娱乐之后饭王应梦之前。

榜题曰："第二十八太子宫中欲乐净居天人捧书省劝之处。"

29. 厌恶妃御

庭院中太子及侍者回首看太子妃耶输陀罗，耶输陀罗亦以目光相对太子。耶输陀罗身侧一侍女持香炉，身侧及身后两人掌扇，两人持骨朵。该图以太子回首看耶输陀罗表示太子对妃御心生厌恶，颇有趣味。

榜题曰："第二十九太子于宫妃御深生厌恶之处。"

30. 欲向修行

太子与右侧青衣侍者问答，左侧另立一紫衣侍者，太子身侧及身后二女官举斧钺，二女官举骨朵。

榜题曰："太子欲弃荣华志慕雪山修行之处。"

31. 车匿敬问

太子与青衣侍者问答，身前二武将持斧钺，二武将持骨朵，身后二武将掌扇，二武将举镫杖。从多福寺榜题来看，该青衣侍者是车匿。

榜题曰："第三十一太子悟世无常欲求佛道之处。"

32. 诸天进僧衣

太子向空中合十，空中云端有天人捧僧衣来献。太子身后立二侍者，一武将掌扇，二武将持斧钺，二武将持骨朵。

榜题曰："第三十二诸天进上太子僧衣之处。"

33. 向父请辞（图 1-4-5）

净饭王坐殿内，前方太子躬身拱手请求出家。净饭王侧有侍者、内官、武将、大臣等，殿外有二武将持斧钺，一武将持宝盖，一武将持节。佛经仅提及太子在四门出游后向父王启请出家，即初启出家，之后真正出家之时并未再次请示父王，这里表现向父请辞反映了中国传统文化中伦理纲常观念的影响。

榜题曰："第三十三太子痛念生死轮转躬诣饭王求请出家之处。"

34. 逾城出家

寝殿内床上空无一人，殿外走廊及台阶下众侍女、内官皆熟睡，殿外空中云端太子骑白马，回头与车匿说话，四天王承托马足。

榜题曰："第三十四太子威神力故宫眷青衣尽皆浓寐四天捧马子夜逾城之处。"

据《佛本行集经·舍宫出家品》，中夜迦毗罗城内所有人民皆悉迷闷，疲乏睡眠。太子从宫中出，唤车匿牵马王犍陟前来，太子乘坐马王渐向宫门，一切阿修罗等随行，钵足等夜叉众在虚空中以手托马之四足，安徐而行。

图 1-4-5 向父请辞，明，崇善寺

35. 离宫发愿

宫墙外太子骑白马上，回首与车匿说话，前有二武将举骨朵，身后一武将持宝盖，二武将持长戟，二武将持骨朵。据佛经太子出城仅有车匿和白马犍陟相随，这里表现了大量的仪仗队列，反映了政治对佛教图像的深刻影响。

榜题曰："第三十五太子已离宫城发弘誓愿之处。"

图 1-4-6 车匿辞还，明，崇善寺

36. 樵夫指路

图中太子骑白马上，两侧有车匿和武将相随，身后一武将举宝盖，前后各有二武将持骨朵。最前方一樵夫拄扁担而立，与二武将交流。该图以雪山为背景，巨大山石充斥着画面，山石轮廓以侧笔勾勒，山石结构以墨点及小侧笔皴擦，大片面积留白以示白雪覆盖之意，笔力简劲、质朴，体现了浙派的笔意。

榜题曰："第三十六太子雪山中樵夫指路之处。"

37. 山神迎引

雪山中太子骑马前行，前方立白须皓首的山神，车匿上前与之问话。太子周围有武将举宝盖、骨朵，山神身后有捧笏的黑脸官员、面容凶恶的夜叉等。

榜题曰："第三十七太子乘马过庙感得山神迎引之处。"

38. 车匿辞还（图 1-4-6）

太子坐洞口石台上，前方车匿长跪与太子辞别，车匿身后的白马犍陟亦前腿跪地，不忍离别。该图人物较小，用大部分画面表现雪山松石之景，山石险峻，山石轮廓以侧笔勾勒，强调转折，山石结构染以点子皴、小斧劈皴，大片面积留白，用笔简洁刚劲，营造出纵深的空间感。

榜题曰："第三十八太子到雪山令车匿回马缱绻忍还之处。"

据《佛本行集经·车匿等还品》，车匿与马王犍陟返回迦毗罗城，执太子璎珞宝冠，见净饭王告知太子出家事。净饭王卧于地，举声大哭。

39. 车匿见耶输

宫殿前方车匿与白马归来，向太子妃耶输陀罗禀报太子出家之事，耶输陀罗以袖掩泪，不胜哀恸，耶输陀罗身后有侍女、女官举宝盖、掌扇、持骨朵等。

榜题曰："第三十九车匿还宫见耶输夫人悲痛之处。"

据《佛本行集经·车匿等还品》，车匿将入宫时，马王犍陟在宫外泪下如流，爬地大鸣。摩诃波阇波提、耶输陀罗等宫内婇女闻犍陟鸣，以为是太子归来，急起相迎，然唯见车匿与马，泪流满面。

40. 车匿见饭王

净饭王端坐宫殿内，前方车匿长跪禀报太子出家之事。净饭王身侧立二捧笏大臣，身后立一女官，殿外两侧立众武将持镫杖、骨朵、幢等。

榜题曰："第四十车匿见饭王说太子修行之处。"

41. 金刀落发

太子坐洞口石台上，左手握发，右手执刀，前方有天人长跪端金盘接发，山洞外路上另有二侍女提壶端盘。

榜题曰："第四十一太子青山断发天人捧金盘之处。"

据《佛本行集经·剃发染衣品》，太子从迦毗罗城出，行至跋伽婆仙人居处，途经树林，与车匿停下歇息。太子从车匿边索取七宝把刀，左手揽捉绀青优钵罗色螺髻之发，右手执利刀割取，掷置空中。尔时去太子不近不远，有一华鬘，名须曼那，下化作一净发师，为太子剃发。按《佛本行集经》，金刀断发应在车匿辞归之前，这里被放在车匿还宫之后。此外，太子以七宝把刀割取螺发之后，掷置空中，时天帝释以天妙衣承接，后净居天子化剃发师为太子剃发，天帝释亦以天妙衣一一承接，这里天人以金盘接发与佛经表述不符。

42. 天人进桃

图中菩萨（太子出家后的称呼）披发，结跏趺坐洞口石台上。洞外天人乘云而下，双手捧桃来献。从形象上看，菩萨已不着胸前有团龙纹、腰束革带的红色太子服，而是作沙门形，披发，内着青色袍服，外搭一件灰色披风。

榜题曰："第四十二太子堆坐天人进仙桃之处。"

43. 天人参礼

菩萨在洞口石台上禅定，洞外天子腾云而下，合十长跪。洞口外另有猿猴捧桃和麋鹿衔花。

榜题曰："第四十三太子修习禅定天人参礼之处。"

44. 猿鹿献花果（图 1-4-7）

太子在洞口石台上禅定，洞外猿猴捧桃、麋鹿衔花来献。从"41. 金刀落发"至

“44. 猿鹿献花果”，画师渐变式地呈现了从太子到菩萨的转变，金刀落发中尚着太子服，天人进桃中已为沙门形，而到此图中，菩萨肉髻已经长出，青色袍服也变成了披肩式袈裟。其后多福寺图中，并没有表现出人物形象、服装的渐变，忽略了崇善寺原始图本的部分细节。

榜题曰：“第四十四鹊巢于顶芦芽穿膝猿鹿献花果之处。”

图 1-4-7　猿鹿献花果，明，崇善寺

45. 泥连河沐浴

菩萨在泥连河中沐浴，衣服挂岸边树枝上，岸上有天人压低树枝，以便菩萨攀枝上岸。值得注意的是，图中菩萨头顶绀青螺髻，与成正觉后的体形已经无异。按佛经，菩萨经六年苦修，身体极为枯瘦羸弱，在喝完牧女供养的乳糜后，身体才平复如初恢复三十二相八十种好。在该套图本中，画师没有表现出菩萨枯瘦的形态，而是用朴素的服装来表明其苦修的状态，并在泥连河沐浴中让菩萨从形象上完成了从沙门向世尊的转变。

榜题曰：“第四十五入泥连河沐浴天人压树枝之处。”

据《佛本行集经·向菩提树品》，菩萨受善生村主二女食已，安庠渐至尼连河岸，将食安置一边清净之地，脱衣入彼河中澡浴。

46. 牧女献乳

菩萨结跏趺坐须弥山形的石台上，座前二女捧青色钵，其内盛满煮好的乳糜，二女身后的三头牛暗示了她们牧女的身份。图中菩萨头顶绀青螺髻，身上内着袒右僧祇支，外搭披肩式袈裟，与之后成正觉后的世尊形象已然无异。按佛经，牧女献乳应在泥连河沐浴前。

榜题曰：“第四十六洗浴而出牧牛二女献乳粥之处。”

据《佛本行集经·向菩提树品》，菩萨苦行六年既满，内心思惟美食。有一天子将菩萨的此想法告知了善生村主二女，二女速疾集聚一千牸牛，取牛乳饮五百牸牛，再取五百牸牛乳饮二百五十牛，如是再分别饮一百二十五牛、六十牛、三十牛、十五牛，最后取此十五牛乳配一分净好粳米煮乳糜。尔时菩萨至难提迦村乞食，二女即取金钵盛满乳糜供养于菩萨。

47. 吉祥献草

菩萨结跏趺坐石台上，前方立二男子，一合十一持草，其中持草者为帝释天所化的吉祥长者。

榜题曰：“第四十七吉祥长者献软草之处。”

据《方广大庄严经·诣菩提道场品》，菩萨欲往菩提道场时，思惟古昔诸佛皆坐净草而成正觉，时释桓提因（帝释天）即化为刈草人，名曰吉祥，向菩萨敬献净草。

48. 天人献座

菩萨结跏趺坐须弥山形石台上，座前立一天人，其侧二天人捧须弥宝座来献。

榜题曰："第四十八天人献宝座之处。"

49. 魔女笑佛

世尊（菩萨成佛后的称呼）结跏趺坐须弥座上，座前三位魔女身姿曼妙，皆作回首望世尊之态。

榜题曰："第四十九魔女笑佛感得形貌自陋之处。"

据《佛本行集经·魔怖菩萨品》，魔王波旬不听长子商主劝谏，敕诸魔女至菩萨边试观其心有无欲情。诸魔女去离菩萨不近不远，示现种种妇女媚惑谄曲之事，彼等魔女见菩萨身心寂定，确然不动，皆生惭愧羞耻之心。另据《普曜经·降魔品》魔王所遣为四女，分别名欲妃、悦彼、快观、见从，菩萨训斥前来炫媚的四魔女以宿有福受得天身，不念无常而作妖媚，遂将四女化作老母，不能自复。

50. 天乐自鸣

世尊结跏趺坐须弥宝座上，左侧立二天王，座前七位童子或演奏腰鼓、横笛、拍板、笙等乐器，或手舞足蹈。空中漂浮有鼓、铙、拍板等乐器，表示不奏自鸣。

榜题曰："第五十天乐空中自鸣小童欢乐供养之处。"

51. 四王奉钵

世尊结跏趺坐须弥座上，左侧立二天王，座前四天王腾云而下捧钵来献。

榜题曰："第五十一四王奉四宝钵之处。"

52. 魔军害佛

图中世尊结跏趺坐须弥座上，周侧围绕魔军众。众魔军或投巨石，或挥利斧，或持长枪，或举双剑，或砸长锤，或张弓而射，或骑龙，或跨虎。除上述面容凶恶作夜叉形的魔军众外，世尊上方还出现了滚动连鼓的雷公、手持金镜的电母，世尊左下方三位身姿曼妙的魔女亦挥剑前来。世尊周侧有一圈莲花，表示上述进攻并不能对佛有丝毫损伤。魔军众的激烈进攻与世尊的寂然淡定形成鲜明对比，强化了画面的戏剧性冲突。

榜题曰："魔军外道俱来害佛世尊寂然不动之处。"

据《佛本行集经·魔怖菩萨品》，魔女诱惑菩萨失败后，魔王波旬率魔军众前来攻击菩萨，魔军众中有的将刀掷向菩萨，而刀粘手不脱；有的将山及大石掷向菩萨，而彼山石粘手不堕；有的将斧钺戟戈掷向菩萨，而或停于空中不下，或下来自然碎末；有的一时射五百箭，彼等箭还住空不下；等等。

53. 天人献袈裟

世尊立云端，下方有天人捧袈裟来献。天人身后立二人颇为生动，一为黑脸长须、袒胸露腹的青衣官员，右手抱判簿，左手举起，正仰首望佛，另一为青面竖发、腰束围裙的夜叉，手握剑柄，躬身低头。

榜题曰："第五十三天人献袈裟之处。"

54. 利益谢佛

世尊结跏趺坐须弥座上，侧立二菩萨，座前二男子合十长跪，其中一位应为利益长者，他们身后立二人，或捧书册或托盘。世尊右前方亦立二长者。

榜题曰："第五十四利益长者求请说法作礼谢佛之处。"

55. 龙王听法

世尊结跏趺坐须弥座上，侧立二天王，座前南海龙王捧笏长跪，其身后立一捧笏的青衣官员和二捧宝的夜叉，龙王左侧另有二龙女，一捧摩尼宝珠，一捧珊瑚。

榜题曰："第五十五南海龙王归礼如来听法之处。"

56. 善多礼敬

世尊结跏趺坐须弥宝座上，侧立二长者，一合十，一捧宝，座前跪三长者，其中二人合十，一人长拜于地。

榜题曰："第五十六善多长者见佛现降魔已欢喜礼敬之处。"

57. 牧女皈依

世尊结跏趺坐须弥座上，右侧立二长者，一持香炉，一端盘，座前牧牛二女合十长跪。

榜题曰："第五十七牧牛女见世尊成正觉归（皈）依之处。"

58. 舟人追悔

世尊立祥云上，下方为碧波万顷，河上停一渡船，两位船师在船头合十长跪，一童子从船舱中探出身来。世尊头顶上方，还表现了祥云承托的宝盖。

榜题曰："第五十八舟人索渡世尊乘云而去舟人追悔之处。"

据《佛本行集经·转妙法轮品》，世尊安庠渐行至恒河岸边，乞船师渡至彼岸，船师索要渡价，世尊见五百头雁飞空而来，即以神通腾虚翱翔犹如彼雁，船师见已心生大悔，闷绝倒地。

59. 与贾说法

世尊坐须弥宝座上，座前二商贾合十长跪。

榜题曰："第五十九佛与贾客随机说法之处。"

60. 疮溃痊美

世尊立云端，全身放光，天王、童子分立左右，前方洞口坐一袒胸之男子，表示世尊以神力令其疮溃痊愈。

榜题曰："第六十世尊见一疮溃之人神力令其痊美之处。"

61. 忠荣求度

世尊结跏趺坐须弥宝座上，左侧立一天王，座前忠荣长者合十长跪求请出家，其身后立三位长者合十。

榜题曰："第六十一忠荣长者求请出家之处。"

62. 利生归礼

世尊立祥云上，前方右侧利生长者躬身合十，其身后一童子捧假山石，前方左侧另有三长者合十。

榜题曰："第六十二利生长者归礼世尊之处。"

63. 龙宫说法

世尊结跏趺坐须弥宝座上，座前一龙王捧笏长跪，其身前有身形矮小的昆仑奴头顶宝盆，身后跪三人，中间者应亦为一龙王，捧笏，两侧为官员，均托盘。

榜题曰："第六十三东海龙王请佛海藏说法之处。"

据《佛本行集经·二商奉食品》，世尊初始得成于菩提道，在摩梨支经行之处七日禅定后，迦罗龙王诣于佛所，请佛住自己宫殿。世尊即在迦罗龙王宫殿禅定七日，受解脱乐，为龙王授三皈五戒。尔时复有目真怜陀龙王向于佛所，请佛住自己宫殿，世尊往诣目真怜陀龙王宫殿七日禅定，并为龙王授三皈五戒。该图应即表现的是此情节，该情节《释氏源流》中名"龙宫入定"。

64. 降服火龙

世尊结跏趺坐须弥宝座上，座前有一合十长跪之沙门和一火龙，座两侧各立二长者，表现的应是世尊为度化迦叶三兄弟以神通力降服火龙的故事。

榜题曰："第六十四世尊覔宿南方火龙欲烧法身之处。"

据《佛本行集经·迦叶三兄弟品》，世尊前往优娄频螺聚落，在毒龙出没的草堂结跏趺坐，寂然禅定。外出觅食的毒龙回来见世尊坐堂内，口出烟炎，复放猛火，世尊身亦放烟，复出大火，以神通力降服毒龙。

65. 贫人供佛

世尊乘云从天而降，茅舍外六衣着粗朴之人被此景象吸引，议论纷纷，并合十礼敬。

榜题曰："第六十五贫人至心供佛世尊赴请之处。"

66. 憍陈如出家

世尊坐须弥座上，两侧立二菩萨二天王，座前四沙门合十长跪。按榜题表现的是世尊成正觉后在鹿野苑度憍陈如等五人成为最早的沙门，但是图像中仅表现了四位沙门。

榜题曰："第六十六鹿野苑先度憍陈如等五人出家之处。"

67. 光中现天宫

世尊立云端，指间放出一道光，光中现天宫殿，世尊身后及身侧立二弟子、二天王，前方两位天人合十礼敬，两位天人一作男形，一作女形。

榜题曰："第六十七世尊光中现天宫殿天人礼敬之处。"

68. 罗睺降生

耶输夫人端坐殿内，双手捧腹表示怀孕，两侧及身后有众侍女或捧茶碗、香炉，或拢袖而立，殿前一大臣捧笏而立，殿侧立一将军。

榜题曰："第六十八耶输夫人降生罗睺之处。"

据《佛本行集经·尸弃本生品》，罗睺罗以过业所逼恼故，在胎六年。太子出家六年，证阿耨多罗三藐三菩提，耶输陀罗在宫内闻太子苦行已彻，犹望不久必应还来受王位，欢喜踊跃。罗睺罗过六年已，尽其往业，即便自生。

69. 饭王惊问

净饭王坐宫殿内，质问立于前方的耶输夫人。净饭王身侧及身后有女官、童子和捧笏大臣，耶输夫人身后立二女官掌扇。殿外立二甲将及二着布衣的武将。

榜题曰："第六十九饭王知降生罗睺惊问之处。"

据《佛本行集经·尸弃本生品》，输头檀王（净饭王）闻耶输陀罗生子，心大嗔怒，即作是言："今我太子舍家出家已经六岁，今生此子，从何而得？"

70. 群臣谪议

净饭王坐殿内，两侧各立一女官，前方跪一捧笏大臣，另有五位捧笏大臣站立。净饭王右侧另立二女官捧物，一女官从内室探出半个身子，净饭王左侧殿外立二捧物童子，内室二女官在整理桌上的茶具器物。该图画面饱满，从内室探出半个身子的女官，及在内室整理茶具器物的二女官，不仅强化了空间的纵深感，而且使画面饶有趣味。

榜题曰："第七十饭王一怒火烧罗睺子母之处。"

据《佛本行集经·尸弃本生品》，耶输陀罗生罗睺罗，提婆达多谗言是其子，输头檀王倍增恚怒，召诸释种聚集，释种皆认为应当如辱家法而苦治罗睺母子。

71. 天人捧书

净饭王坐殿内，身后立童子和女官，左侧立一捧笏大臣，殿外天人乘云而下，双手捧书，一童子伸手去接，内室二侍女整理桌上的茶具器物，殿外立二武将。

榜题曰："第七十一上见罗睺子母得罪天人持书相劝之处。"

据《佛本行集经·尸弃本生品》，世尊见耶输陀罗母子在厄难处，遣毗沙门天送手书与输头檀王，言罗睺是其子，愿莫有疑。王见菩萨手书，于耶输陀罗生欢喜心。

72. 驾云散花

世尊二菩萨二天王腾云而行，世尊指间放出一道光，上前方有飞天散花。

榜题曰："第七十二世尊知罗睺子母有难驾云散花之处。"

73. 遥指火灭

耶输陀罗怀抱罗睺罗坐莲花上，周侧围绕火焰代表净饭王敕令烧死罗睺子母，座下的莲花代表世尊遥指火灭化为莲池，前方二男子及四武将惊诧于眼前的景象，其中一男子合十长跪。

榜题曰："第七十三敕令焚烧罗睺子母世尊遥指火灭化为莲池之处。"

74. 饭王遣使

图绘十位使者骑马在道路上飞驰。

榜题曰："第七十四饭王遣使捧书遥请如来之处。"

据《佛本行集经·尸弃本生品》，世尊六年苦修成道已，在波罗奈国转大法轮，输头檀王倍更忆念，遣国师之子优陀夷及车匿速往世尊所，请世尊来诣迦毗罗城。优陀夷及车匿受王敕命，辞别父母诸眷属等，渐行往至波罗奈国鹿野苑中。

75. 世尊入城

世尊结跏趺坐须弥宝座上，身侧及身后立七位身披甲胄的天王和一位四臂上双手持日月的阿修罗。座前耶输陀罗合十礼敬，其侧一侍女抱罗睺罗。耶输母子两侧各立一侍女捧物，身后一侍女举幢，二侍女掌扇，二侍女持幡。

榜题曰："第七十五世尊入城众见如来端严相好生大欢喜之处。"

76. 瞻礼如来

世尊结跏趺坐须弥宝座上，两侧各立一天王，座前立耶输陀罗及罗睺罗，罗睺罗身体前躬双手合十，耶输陀罗双手合十，回首看罗睺罗，耶输身后一侍女举幢一侍女掌扇。

榜题曰："第七十六罗睺子母瞻礼如来之处。"

77. 为王说法

世尊坐须弥宝座上，侧立迦叶、阿难二弟子，座前净饭王捧笏而立，后立二捧笏大臣，再后二内官持骨朵。

榜题曰："第七十七饭王见佛欲闻正教世尊说大乘法之处。"

图 1-4-8 双林入灭，明，崇善寺

78. 身出水火

世尊立祥云上显神通，头光上方出水花，脚踩莲台下出火焰，身后立二天王，前方天人驾云捧宝来献。

榜题曰："第七十八世尊头上出水足下出火天人献宝之处。"

79. 双林入灭（图 1-4-8）

世尊在棺床上头枕右胁而卧，入般涅槃，一弟子抚头，一弟子抚足，棺床里侧另有七弟子作哀恸之状，棺床前方三外道舞蹈，二金刚颓然坐地，大声哀嚎。此外还表现了两头举哀的狮子，一蹲坐于地，前腿上举，一倒地翻滚，十分生动。空中上方有弟子乘辇离去，四人抬辇，前方二天女持节引导，三外道舞蹈，或为前去忉利天宫给耶输夫人报丧的阿那律尊者。

榜题曰："第七十九世尊双林入般涅槃之处。"

据《涅槃经后分·应尽还源品》，释迦婆罗林下三返入禅定、三返示诲众已，于七宝床右胁而卧，头枕北方，足指南方，面向西方，背后东方，于其中夜入第四禅，寂然无声，便般涅槃。

80. 出棺说法

世尊坐须弥宝座上，两侧立二弟子，身后立二天王，身后为金棺，暗示佛从棺起。座前摩耶夫人合十，身侧二侍女亦合十，身后二侍女掌扇，二侍女持幢。

榜题曰："第八十世尊出金棺为母摩耶说报恩法之处。"

据《摩诃摩耶经》卷下，尊者阿那律见棺殡如来身已，即便升于忉利天上摩诃摩耶所而说偈。摩耶夫人听闻此偈，知佛已涅槃，闷绝躃地，良久乃苏，遂从空中下降佛涅槃所。世尊知母前来以大神力令棺盖自开，从棺中合十而起，身放光明，为母说偈，与母辞别。

81. 金棺自举

拘尸那城外金棺腾云自举，两侧各有二天王，下方八人见此情景，或对空中合十长跪，或议论纷纷。

榜题曰："第八十一金棺自举游拘尸罗城之处。"

据《大般涅槃经后分·机感荼毗品》，世尊大悲普覆，为令世间得福无异，于娑罗林即自举棺，升虚空中，从西门入东门出，南门入北门出，如是左右绕城经于七匝至荼毗所。

82. 佛现双足

佛双足从金棺中自然而出，足前迦叶伏地长跪，棺两侧立九弟子，均合十。

榜题曰："第八十二迦叶礼金棺佛现双足之处。"

据《菩萨从兜术天降神母胎说广普经·复本行品》，世尊双林入灭，还摄威神，在金棺里寂然无声。大迦叶将五百弟子从摩伽提国来至佛所，世尊以天耳闻迦叶来至，即从棺里现出双足，迦叶见之手捉摩扪，啼泣不能自胜。

83. 圣火自焚

下方金棺被圣火包围，世尊立金棺上方，表示世尊以大悲力，从心胸中火涌棺外，荼毗圣躯。金棺两侧各立五位合十弟子。

榜题曰："第八十三世尊自发三昧火焚金躯之处。"

据《大般涅槃经后分·机感荼毗品》，拘尸城内力士持七宝炬以投棺所，火自然殄灭。如来以大悲力，从心胸中火踊棺外，渐渐荼毗，七日乃尽。四天王、海神莎伽罗龙王等为得到舍利，以香水注火，火势不灭。

84. 建舍利塔

图绘十三级舍利塔，周侧放光，塔两侧跪王及大臣，或合十或抱舍利盒，表示人王分得舍利，塔两侧空中亦各绘一天子合十一天子抱舍利盒，表示诸天分得合理。

榜题曰："诸天及诸人王建舍利宝塔之处。"

据《菩萨处胎经·起塔品》，宝棺自燃后，优填王、顶生王、恶生王、阿阇世王等八大国王共诤舍利，僵持不下。释桓提因、阿耨达等龙王亦言应当有分。在大臣优波吉的建议下，舍利分为三分，一分与诸天，一分与龙王，一分与八王。

三、释迦应化事迹图的特点、价值

崇善寺系晋恭王朱棡为母后马皇后追福而建，建于洪武十六年至二十四年（1383—1391），历时八年。该寺的修建得到皇帝的批准，完工后晋恭王赐额"崇善禅寺"，属于官寺，不仅是当时太原最大的寺院，亦为太原府僧纲司所在寺。

晋恭王朱棡修崇善寺的直接动机是为母后追福，同时也有着更深层次的政治意涵。太祖朱元璋强势专制，且生性多疑，而朱棡最初生性骄横，与太祖关系颇为紧张。据《明史·朱棡传》，洪武十一年（1378），朱棡就藩太原途中因鞭笞了一位跟随了太祖二十三年的膳夫，被太祖驰谕训斥。朱棡就藩后，"性骄，在国多不法。或告棡有异谋。帝大怒，欲罪之，太子力救得免"[1]。直至洪武二十四年（1391），朱棡随巡陕西的太子来朝，归藩后"自是折节，待官属皆有礼，更以恭慎闻"[2]，时逢边防有事，被太祖委以军事

1 《明史》卷一一六，第3562页。

2 《明史》卷一一六，第3562页。

重任。在朱棡与太祖关系紧张的情况下，朱棡上奏修建崇善寺一方面是为了母后追福，另一方面实际上也是借机向太祖表忠孝之心。据《太原崇善寺文物图录》，寺院中轴线上最北侧的金灵殿实为皇家祖庙，在寺院设皇家祖庙的做法不见于前朝，可见明初政治对佛教的影响。

崇善寺释迦应化事迹壁画应完工于洪武二十四年（1391），寺内现存成化十九年（1483）摹本。崇善寺释迦应化事迹图是在"八相"的基础上扩展绘成，成化十九年（1483）晋庄王朱钟铉《八十四龛序》曰：

> （释迦）于一性无为之中示八相成道之迹，今八十四龛正画此也。其八相者，曰住兜率天、曰降神母胎、曰住神母胎、曰示现降生、曰示现出家、曰成等正觉、曰转妙法轮、曰大般涅槃。

崇善寺释迦应化事迹图共八十四幅情节，从"住兜率天"之护明修行开始，至"大般涅槃"之建舍利塔结束，完整地呈现了释迦一生的事迹。仔细对比崇善寺释迦应化事迹图与《释氏源流》及其他寺院佛传故事壁画（见本书附录：《〈释氏源流〉与明代寺院佛传图情节对比表》），可以发现崇善寺图着重强调了以下两类情节：第一，纲常伦理。与父王、姨母、妻、子有关，能体现纲常伦理的情节被强调。比如在逾城出家前增加了向父请辞的情节（参见第59页图1-4-5），据佛经太子是背着父亲、妻子夜半逾城的，因此该情节与佛经内容实际上是相违背的；姨母养育的画面增多，如天人献宝盖、天人献宝、天人献花、天人献香、天人献衣中皆有姨母陪伴；强调了罗睺降生的系列情节，包括罗睺降生、饭王惊问、群臣谪议、天人捧书、驾云散花、遥指火灭，其中罗睺母子遭迫害释迦相救的三个情节（天人捧书、驾云散花、遥指火灭）系后加，等等。第二，祥瑞奇异。除乘象入胎、九龙吐水、步步生莲等常见、必要的情节外，还有大量的在其他佛传故事中不见或不常见的情节，如天人献宝盖、天人献宝、天人献花、天人献香、天人献衣、现大身光、身出水火等。

此外，从图像样式、风格上看，崇善寺释迦应化事迹图体现了宫廷的影响及特点，主要体现在以下几个方面：

第一，图中很多故事是以宫廷或天宫为背景，涉及到大量殿宇、廊庑、庭苑等的表现，图中建筑样式精美、华丽，注重表现建筑装饰的细节，包括殿内山水屏风都有精细的描绘，应是以宫廷、王府建筑样式为蓝本绘制而成。

第二，注重仪仗的表现。以摩耶夫人的仪仗为例，树下降生图中，周侧仪卫包括二侍女掌扇、二女官举幡；步步生莲图中，周侧仪卫包括二侍女举幡、二侍女掌扇、二女官持镫杖。再以太子仪仗为例，走马奔象图中，一武士持幡，二武士举骨朵，二武士擎镫杖，二武士持立瓜；东门见老图中，一武士举宝盖，二武士持斧钺，二武士持骨朵；西门见尸图中，一武士举宝盖，二武士掌扇，二武士持立瓜，二武士持镫杖，二武士持骨朵。

明初仪仗之制省节尚质，据《明史·仪卫志》：

> 明初诏礼官，卤簿弥文，务从省节，以示尚质去奢之意。凡正、至、圣节、朝会，及册拜、接见蕃臣，仪銮司陈设仪仗。而中宫、东宫、亲王皆有仪仗之制。[1]

皇后丹墀仪仗五十八人，其中有"班剑四，金吾杖四，立瓜四，卧瓜四，仪刀四，镫杖四，骨朵四，斧四，响节十二，锦花盖二，……方扇八"等[2]。皇太子仪仗中"殿前设四十八人：班剑四，吾杖四，立瓜四，卧瓜四，仪刀四，镫杖四，骨朵四，斧四，响节十二，金节四，皆校尉擎执"等[3]。崇善图中摩耶夫人、太子仪仗中的宝盖、扇、立瓜、镫杖、骨

1 《明史》卷六四，第1587页。
2 《明史》卷六四，第1587页。
3 《明史》卷六四，第1593页。

朵等，均在《明史·仪卫志》关于皇后、皇太子仪仗的记载中有出现，系明初皇后、太子仪仗的简化版。

第三，背景山石林木体现了宫廷及浙派绘画的特点。图中线条简劲方折，设色精丽清雅，以绿、青、红、黄为主要色调。宫廷庭苑内的松、竹、芭蕉、槐树、山石等均用双钩，描绘精工细致，具有装饰性的特点。野外背景多为青绿山水，山石勾外轮廓线，以青、绿、淡赭石等颜色晕染，辅以皴法。上述精丽清雅的设色及青绿山水皆体现了宫廷富贵的特点。此外，樵夫指路至猿鹿献花果表现释迦雪山苦修的背景山石轮廓以侧笔勾勒，山石内部大片留白或以较淡的颜色晕染以示雪景，辅以小侧笔皴擦、点染，体现了浙派的笔意。

崇善寺绘佛传故事、善财童子五十三参壁画，以及在寺院内设皇家祖庙的做法，对明代早期寺庙影响深远，具有典范的意义。如青海乐都瞿昙寺中、后院回廊绘佛传故事壁画，瞿昙殿绘善财童子五十三参壁画，在隆国殿内设有“皇帝万万岁”的牌位；甘肃永登妙因寺万岁殿回廊保存有明代佛传故事壁画，在万岁殿内供奉有朱元璋画像和“当今皇帝万岁万万岁”的牌位。现存崇善寺《释迦应化事迹图》虽然只是成化十九年（1483）摹本，但是是以保存为目的而临摹的，从图像样式、风格来看，摹本应基本保持了原作的风貌和特点。在原壁画已经无存的情况下，摹本具有下真迹一等的意义。

附录一　明成化十九年（1483）摹崇善寺释迦应化事迹八十四龛序

1 八十四龛序
2 释迦顿悟性真妙常之理于旷大
3 劫前缘其清净宝目有不可忍见一切
4 含灵迷背本真抱贪嗔痴茫茫然流转
5 于生死海而不知返故兴大悲愿称法
6 界性极三大阿僧祇劫以来历事恒沙
7 诸佛熏修一切万行至最后身水澄月
8 满云静天圆于一性无为之中示八相
9 成道之迹今八十四龛正画此也其八
10 相者曰住兜率天曰降神母胎曰住神
11 母胎曰示现降生曰示现出家曰成等
12 正觉曰转妙法轮曰大般涅槃一一相
13 内互互圆融德用难思庄严微妙且如
14 安住圣母胎时有十佛刹微尘数菩萨
15 往昔皆与悉达太子同愿同行同解脱
16 同智慧地力神通悉皆同等如是菩萨
17 前后围绕皆乘妙宝庄严宫殿俱来供
18 养尔时太子于母腹中为现一切兜率
19 天宫一一宫中示现一切阎浮提内受
20 生影像放大光明普照世间破诸黑暗
21 灭诸苦恼然彼诸菩萨于圣母身中游
22 行自在听受正法各见自处众会道场
23 清净严饰其母身心如本安住而不广
24 大亦不迫窄此其一相也又如示降生

25 已现微笑行七步居童子地居童子地
26 中色相威光超过一切释天梵主及护
27 世王其身心清净无诸过失一切世间
28 文字算计图书印玺象马车乘弧矢剑
29 戟谈论博弈种种事业无不通达此其
30 一相也其二相中聊述如此况一一相
31 而尽言之诚为不可思议也夫大悲世
32 尊于大圆觉海清净常住良由众生迷
33 倒妄受轮转故如是种种示现盖欲令
34 一切众生同与已证而后已不有众生
35 何为之有譬之一碧澄清大海天光相
36 印本无动摇因其岚风一鼓波涛万壮
37 然虽万行沸腾元本一道清净噫非智
38 眼洞彻者畴克知佛慧权实有如此之
39 宏略也欤鸿惟我
40 先曾祖恭王洪武初间受托于我
41 太祖高皇帝圣衷藩维兹邦以仁智英武之
42 德中边宁谧之暇首卜斯地伟建斯刹
43 庸报
44 罔极之恩富哉两掖长廊绘画释迦
45 示迹成道之像以照天下万世归佛仑
46 者知有所自于戏我
47 先曾祖之作王道佛道尽善尽美惟予载
48 仰载瞻亦何以及者哉今绘像日远金
49 朱烟淡其总寺事住持金公西白辈共
50 竭其诚欲新妆彩先裁方册以模其仪
51 兹册叶（页）者玉就金成来
52 启一言题于叶（页）端予曰住持佛事者似
53 西白辈亦其人也自住持来殿堂香烛
54 炜煌门墙冰玉净洁闻见之者孰不美
55 欤又肃肃然百余僧朝诵夕禅空空乎
56 一寸心旁坚老壮今又如此一兴何
57 国恩佛恩在已者之不报焉又何性宗相
58 宗在已者之不修焉其来绳绳为住持
59 者预于此教门之重任可不难乎可不
60 鉴诸耑
61 成化癸卯岁季秋吉日书
62 一清堂

附录二　明成化十九年（1483）摹崇善寺善财童子五十三参序

1 五十三参序
2 崇善伽蓝者我
3 先高祖恭王为报

4 孝慈昭宪至仁文德承天顺圣高皇后
5 罔极之恩一新之建也其殿堂金
6 错巍巍乎接影连辉阶陛玉裁迴
7 迴然深环远布绀树阴森而花飘
8 天雨朱扉掩映而香散德风存味
9 禅清节之高僧育操业雅宜之童
10 行规模宣序俨若仙宫不惟甲于
11 太原诚盖晋国第一之伟观焉迨
12 今百有多岁香火新新宛同一日
13 斯又系吾
14 列贤相继以吾
15 契果生解曰托法进修成行曰依
16 人证入成德其五十三参乃依人
17 证入成德也故善财童子百城烟
18 水而寻友一道清净而寓神遇三
19 毒而三德圆见一人而一心妙极
20 南方之南矣善友者之友焉或现
21 依报则阿僧祇宝以庄严或现正
22 报则微妙难思之相好首契文殊
23 之妙智宛是初心终入普贤之玄
24 门曾无别体一毫端上现全身而
25 独露一微尘里包法界以无余升
26 慧日于长空扇慈风于永劫噫一
27 经大旨图在壁间惟吾
28 先祖之用心远大欲后世瞻依者悟
29 入佛乘以及至善而后已其光垂
29 千古何能穷极者哉金等请序为述
30 云耳
31 成化十九年岁次癸卯秋九月之
32 吉书于
33 宝贤堂

第五节 《释氏源流》的编纂、传播

《释氏源流》为大报恩寺宝成编纂于永乐二十二年（1424），洪熙元年（1425）喻景濂初刊，顾道珍书，王恭画，书后有宝成跋，原本藏于苏州西园寺[1]。该书主要讲述释迦的生平与佛教产生、发展及传播至中土的过程，书中广泛征引了各种相关的佛家典籍，如《佛本行集经》《过去现在因果经》《方广大庄严经》《法句经》《大般涅槃经》等，甚

1 参见李之檀撰写的《中国美术全集·绘画编20·版画》（上海人民出版社，1988年）中图版说明13页。西园寺洪熙元年（1425）刊本无图片资料发表，笔者2013年11月在苏州博物馆工作人员的陪同下前往西园寺，但是该寺善本正在清理、搬迁，无缘得见。

至还包括了《梓潼化书》《老子西升经》等道家典籍。全书采用上图下文的形式，分上、下两卷，其中上卷图文各二百零六幅，下卷图文各二百零二幅，其情节总计多达四百零八幅。

《释氏源流》在后代屡有重刊，如宣德九年（1434）王荣显刻本、正统元年（1436）聚宝门来宾楼姜家刻本、景泰年间（1450—1456）司礼监经厂刻本、成化二十二年（1486）刻本（前有宪宗序）、嘉靖三十五年（1556）北京顺天府宛平县万佛寺刻本、嘉靖至万历年间（1522—1620）经厂翻刻成化本（彩色）等。其中景泰年间刻本将上图下文改为左图右文，成化二十二年（1486）刻本将图文由各四百零八幅减少至四百幅。清代取《释氏源流》上卷佛传故事部分的内容，改名为《释迦如来世尊应化示迹》，有乾隆、嘉庆、同治、光绪等刻本[1]。

大报恩寺位于南京城南之聚宝山，系永乐初在天禧寺旧址的基础上重建而成，陈沂《报恩琉璃浮图记》曰：

> 南都城之南聚宝门之外有大佛宇，孙吴时云神僧所居，南朝始有寺，因地长干曰长干寺，赵宋改名天禧寺。国朝永乐初大建之，准宫阙规制而差小焉，名大报恩寺[2]。

大报恩寺是明代著名的皇家寺院，系《永乐南藏》经版的贮放之地。宝成在《明高僧传》《补续高僧传》中均无载，美国哈佛大学燕京图书馆藏《释氏要览》后宝成宣德八年（1433）跋称“自幼得此宝集，尝随身四十年矣”，刑莉莉据此推测宝成应出生于洪武年间，系自幼出家[3]。宝成是皇家寺院大报恩寺僧人，他编纂的《释氏源流》当时产生了很大的影响，有着广泛的市场需求，其后屡屡被翻刻。成化二十二年（1486）刻本中，宪宗亲自为该书制序，曰：

> 呜呼！大道无名，真乘难解，不有精修博炼之士，揭其轨范以昭示将来，则不惟斯人贸贸焉不知所从，而为之徒者，亦将妄意冥行无所持循，而欲以优入圣难矣。此朕于宝成《释氏源流》一书，几务暇，偶尔一观，不得不嘉其用心之勤也。兹欲重新绣梓以广其传，将俾人皆正法之依，不堕轮回之厄，其于世道，亦未必无小补。

宪宗指出该书两个层面上的意义：一是针对佛教教理而言，有“揭其轨范以昭示将来”的作用，即统一、规范佛教徒和信众对释迦生平与佛教产生、发展、传播过程的认识，有利于正统佛教在世俗社会的传播，遏制邪道的滋生；二是针对佛教的社会功用而言，对于世道“亦未必无小补”，这与明初以来统治者坚持以儒为主以佛道为辅的治国理念是一致的。

《释氏源流》编纂、传播的意义，同时也体现在对佛传故事画的影响上。《释氏源流》洪熙刻本最初采用的是上图下文的形式，景泰年间刻本出现了左图右文的形式，上述二版本均为黑白木刻，嘉靖至万历年间经厂翻刻成化本则是彩色印刷。《释氏源流》诸版本虽然形式不尽一致，但是图本样式基本一致。以成化二十二年（1486）版本为例（图1-5-1），分为四卷，从释迦垂迹开始，至膽巴国师结束，共有四百幅图。受书籍版面的限制，每幅图大小一致，图像基本以严格再现佛经内容为主，不强调艺术的想象和发挥。按照释迦的年龄及经历，释迦的形象大体分为四种：一是作婴幼形象，从树下诞生至往谒天祠，或赤身裸体，或着衣服；二是作长大后的太子形象，从园林嬉戏至夜半逾城，一般头戴东坡巾或翘脚幞头，身着圆领窄袖衫；三是作沙门形象，从金刀落发到诘问林仙，秃顶，身着交领广袖袈裟；四是作佛的形象，从劝请回宫至涅槃（图1-5-2），均为头顶肉髻，螺发，多内着僧祇支，外搭披肩式袈裟。其中以第二、四种形象居多。图

---

1 参见刑莉莉《明代佛传故事画研究》，线装书局，2010年，第32—35页。

2 收于清黄宗羲编《明文海》卷三七二，收于《文渊阁四库全书》第1457册，第328页。

3 刑莉莉《明代佛传故事画研究》，第36页。

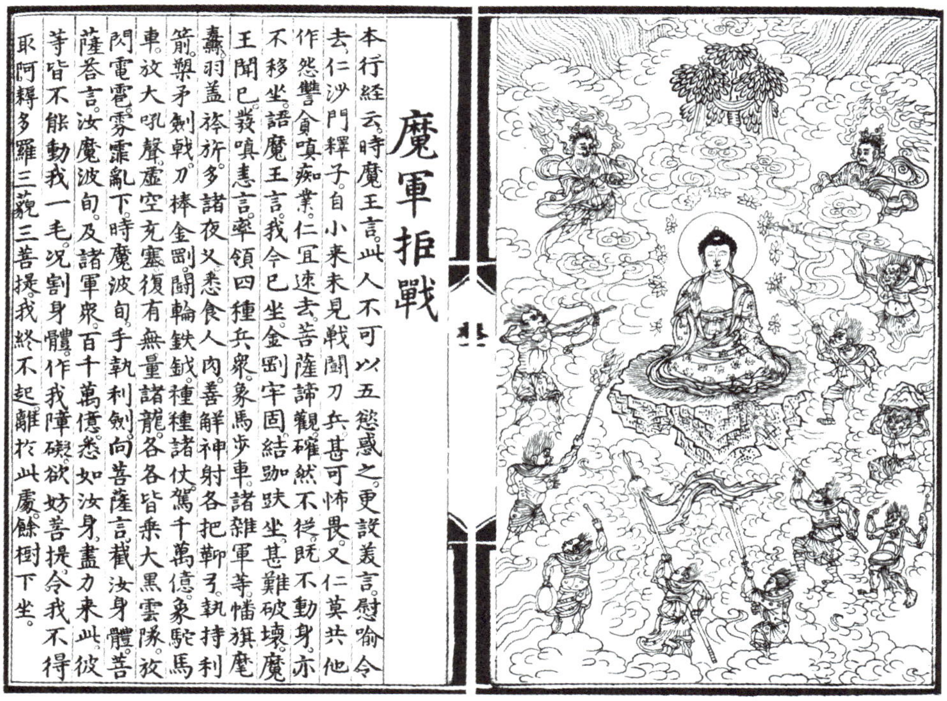

魔軍拒戰

本行經云。時魔王言。此人不可以五慾惑之。更設美言。慰喻令去。仁沙門釋子。自小來未見戰鬬刀兵。甚可怖畏。又仁莫共他作怨讐。貪嗔痴業。仁宜速去。菩薩諦觀。確然不從。旣不動身。亦不移坐。語魔王言。我今已坐金剛牢固。結跏趺坐。甚難破壞。魔王聞已。發嗔恚言。率領四種兵衆。象馬步車。諸雜軍等。幡旗魔纛。羽蓋旂旆。多諸夜叉。悉食人肉。善解神射。各把鞆弓。執持利箭。槊矛劍戟。刀棒金剛。鬬輪鈇鉞。種種諸仗。駕千萬億象駝馬車。放大吼聲。虛空充塞。復有無量諸龍。各各皆乘大黑雲隊。放閃電雹雾霏亂下。時魔波旬。手執利劍。向菩薩言。截汝身體。菩薩荅言。汝魔波旬。及諸軍衆。百千萬億。悉如汝身。盡力來此。彼等皆不能動我一毛。况割身體。作我障礙。欲妨菩提。令我不得取阿耨多羅三藐三菩提。我終不起。離於此處。餘樹下坐。

图 1-5-1　释氏源流之魔军拒战，明成化二十二年（1486）版本

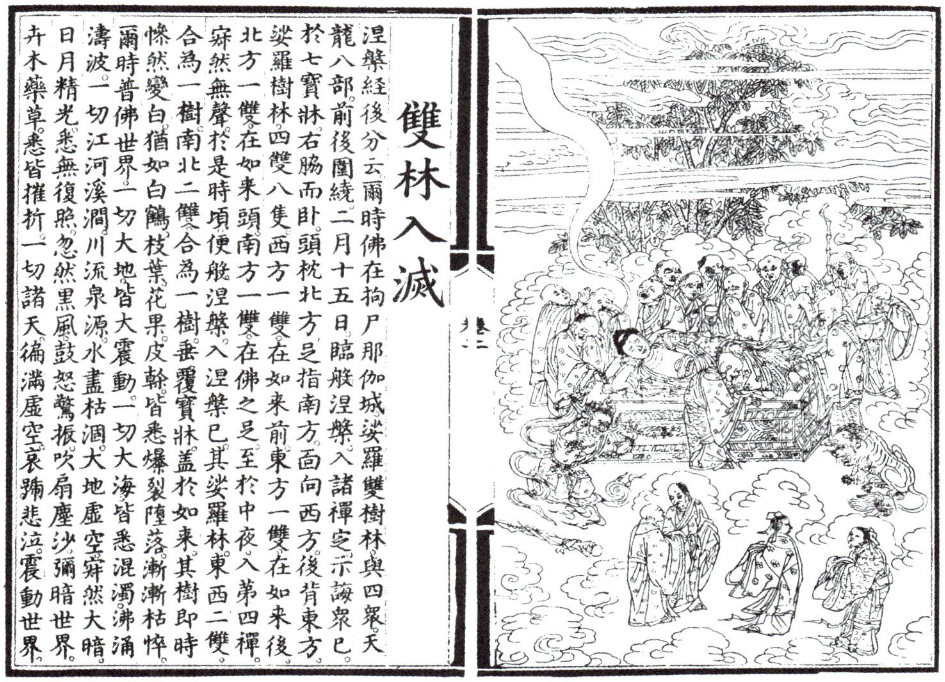

雙林入滅

涅槃經後分云。爾時佛在拘尸那伽城。娑羅雙樹林。與四衆天龍八部。前後圍繞。二月十五日。臨般涅槃。入諸禪定。示誨衆已。於七寶牀。右脇而卧。頭枕北方。足指南方。面向西方。後背東方。娑羅樹林。四雙八隻。西方一雙。在如來前。東方一雙。在如來後。北方一雙。在如來頭。南方一雙。在佛之足。至於中夜。入第四禪。寂然無聲。於是時頃。便般涅槃。入涅槃已。其娑羅林。東西二雙。合為一樹。南北二雙。合為一樹。垂覆寶牀。蓋於如來。其樹即時。慘然變白。猶如白鶴。枝葉花果。皮幹皆悉爆裂。墮落漸漸枯悴。爾時普佛世界。一切大地。皆大震動。一切大海。皆悉混濁。沸涌濤波。一切江河溪澗。川流泉源。水盡枯涸。大地虛空。寂然大暗。日月精光。悉無復照。忽然黑風。鼓怒驚振。吹扇塵沙。彌暗世界。卉木藥草。悉皆摧折。一切諸天。徧滿虛空。哀號悲泣。震動世界。

图 1-5-2　释氏源流之双林入灭，明成化二十二年（1486）版本

像以表现人物和故事为主，同时每幅图基本上都绘制有背景，其中太子出家前多以宫殿为背景，出家后多以山水为背景。宫殿多为重檐歇山顶式，刻画精细，展现了较为熟练的界画功底。山石轮廓多方折用笔，以密集的雨点式皴法，质地坚挺。嘉靖至万历年间经厂翻刻成化本中的山石摒弃了雨点式皴法，以彩色晕染为主，突出装饰性的特点。

《释氏源流》图像以严格再现佛经内容为主，其图像总体上略显呆滞，此外木刻印刷也影响了艺术表现的生动性，但是图本样式符合佛教义理规范，传播极广，对明代佛传故事画的创作有深远的影响，如觉苑寺佛传故事壁画就是以之为粉本进行绘制的。

第六节 青海、甘肃地区的佛传故事画

一、乐都瞿昙寺

瞿昙寺位于青海省乐都县城南二十公里的瞿昙乡新联村，前临瞿昙河，背倚罗汉山。瞿昙寺虽为藏传佛教寺院，但其建筑形制却是典型的汉地样式。坐北朝南，中轴线上南起依次为瓮城、山门、金刚殿、瞿昙殿、宝光殿和隆国殿，分为前、中、后三进院落。山门至金刚殿为前院，两侧各有一碑亭，分别立明洪熙元年（1425）《御制瞿昙寺碑》、明宣德二年（1427）《御制瞿昙寺后殿碑》；金刚殿至宝光殿为中院，瞿昙殿、宝光殿两侧均有配殿，中院两侧有护法殿、三世殿、小钟楼、小鼓楼、藏经殿、大黑天殿；宝光殿至隆国殿为后院，两侧有大钟楼、大鼓楼。中院、后院有围廊环绕。瞿昙寺壁画有汉式、藏式两种风格，汉式风格的主要是中、后院回廊的佛传故事画和瞿昙殿的善财童子五十三参图。

（一）寺院的营建与壁画的年代

瞿昙寺由三剌（碑记称其为“三罗”）喇嘛创建于明洪武年间，是为安置被招降的罕东诸部而建，洪武二十六年（1393）敕赐寺额“瞿昙寺”，并立西宁僧纲司，以三剌为都纲。《明太祖实录》“洪武二十六年二月壬寅”条记：

> 先是，三剌为书招降罕东诸部，又创佛刹于碾白南川，以居其众，至是始来朝，因请护持及寺额。上赐名曰“瞿昙寺”，敕曰：“自有佛以来，见佛者无不瞻仰，虽凶戾顽愚者，亦为之敬信。化恶为善，佛之愿力有如是耶！今番僧三剌生居西土，踵佛之道，广结人缘，辑金帛以创佛刹，比者来朝京师，朕嘉其向善慕义之诚，特赐敕护持。诸人不许扰害，听其自在修行，违者罪之，故敕。”[1]

又“洪武二十六年三月丙寅”条记：

> 立西宁僧纲司，以僧三剌为都纲；河州卫汉僧纲司，以故元国师魏失剌监藏为都纲；河州卫番僧纲司，以僧月监藏为都纲。盖西番崇尚浮屠，故立之，俾主其教，以绥来远人。[2]

据《安多政教史》，三剌喇嘛名海喇嘛·桑杰扎西，或称青海湖海心山人、白牛大士，出生于洛紥地区的卓窝隆，曾在青海湖海心山长期修行，被认为是骑白牛者的化身，后在贡隆扎修习毗那夜迦时看到皇宫的兆相，遂创建卓仓佛殿（即瞿昙寺）[3]。三剌喇嘛之后，其侄班丹端约藏卜被朝廷加封为灌顶净觉弘济大国师，继承其叔主持寺院，永乐六年（1408）《大明皇帝敕谕碑》曰：

1 《明太祖实录》卷二二五，第3300—3301页。

2 《明太祖实录》卷二二六，第3307页。

3 智观巴·贡却乎丹巴绕吉著，吴均、毛继祖、马世林译《安多政教史》，甘肃民族出版社，1989年，第165—169页。

令其侄班丹端约藏卜，演如来之教法，悟大乘之真诠，以慈悲导一方，以善行化众类，以嗣承其叔三罗之宗教。

瞿昙寺的营建经历了一个时间过程。现存瞿昙寺碑文都没有提及确切的始建年代，瞿昙殿维修时在正栋枋下发现有墨书题记曰："大明洪武二十四年（1391）岁在辛未末季秋乙酉朔越六日庚寅□□。"此外，瞿昙殿匾额上记为"洪武二十六年（1393）"。可知瞿昙殿修建于洪武二十四年至二十六年（1391—1393），殿内善财童子五十三参壁画可能绘制于此时。

据明永乐十六年（1418）、宣德二年（1427）敕谕碑，宝光殿建成于永乐十六年（1418），隆国殿（后殿）建成于明宣德二年（1427）。周围回廊起于金刚殿两侧，东侧连接三世殿、小鼓楼、大黑天殿、大鼓楼，西侧连接护法殿、小钟楼、藏经殿、大钟楼，东、西侧汇于北侧中间的隆国殿，其中后院翘起形成斜坡回廊。佛传故事就绘制在中、后院的回廊上，主要是在后院的斜坡回廊上。从风格上看，佛传故事壁画绘制于两个时期，其中后院前段（大鼓楼、大钟楼以南）为明代原绘，应与建筑时代接近，大约是在宣德二年（1427）。后院后段（大鼓楼、大钟楼以北）及中院西侧后段系后来补绘，其中隆国殿西抄手廊（后院北侧西段）"43. 均分舍利"中绘有六曲连屏作为背景，每曲屏风中均有墨书题记，最西侧一扇款署曰：

平番县上窑堡画像弟子孙克恭、徐润文，门徒何济汉沐手敬画。

平番县即今甘肃永登一带，孙克恭在《兰州红古区志》《乐都县志》中均有传记，内容基本一致，其中《兰州红古区志》曰：

孙克恭（？—咸丰初），上窑堡人，自幼爱好书画，青年时出家为僧。清道光十四年，经（天祝）上房寺住持僧推荐，率徒弟徐润文、何济汉到青海瞿昙寺担任画工。瞿昙寺的壁画始画于明宣德年间，但是前院金刚殿至后殿南北两廊未完成。孙克恭到瞿昙寺后进行补画，先后完成二三〇余平方米壁画，他补画的内容主要是龙君进宝、佛祖涅槃火葬、达摩访梁及佛、菩萨像。道光十七年，在孙克恭的指导下，大徒弟徐润文完成了瞿昙寺、关帝庙的塑像及壁画；次年，二徒弟何济汉完成了瞿昙寺、福神庙壁画。后，两个徒弟返回家乡，孙克恭留在瞿昙寺颂经修持，咸丰初年圆寂于瞿昙寺，火葬于狼营石碑滩对面的头道沟口。[1]

其中明确提到瞿昙寺中、后院回廊壁画原绘于明宣德年间，清道光十四年（1834）孙克恭等开始补绘明宣德年间未完成的回廊壁画，十七年至十八年（1837—1838）徐润文、何济汉在师傅孙克恭的指导下完成了瞿昙寺、关帝庙、福神庙的壁画，那么孙克恭师徒绘制瞿昙寺壁画的时间应为道光十四年至十八年（1834—1838）。从文献中记载的题材及壁画风格来看，孙克恭师徒绘制的应是隆国殿西抄手廊和西侧北段的壁画，鉴于时间较长，他们或也绘制了该寺的其他壁画。

另后院东侧北端"3.指示慈航"背景屏风中，题曰：

短短桃花临水岸，轻轻柳絮点人衣。允吾王珠画。

诗出自唐代杜甫七律《十二月一日三首》之三，允吾为今甘肃永登及青海民和下川口一带，王珠在文献中无载。从风格上看，隆国殿东抄手廊及东侧北端回廊的壁画应均为王珠绘制。《兰州红古区志》说孙克恭到瞿昙寺时，"前院金刚殿至后殿南北二廊未完成"，那么王珠补画东侧北端壁画的时间不应早于孙克恭，另王珠补绘为佛传故事的起首，故推测王珠开始补绘应与孙克恭同时，即清道光十四年（1834）。

1 《兰州红古区志》，兰州大学出版社，2001年，第87页。

（二）回廊佛传故事壁画的情节

瞿昙寺中、后院回廊佛传故事壁画现存四十六个情节，一般一图包括一至两个情节，也有的一图包含有三个情节。除敞开部分未能保存下来的部分外，现存故事情节基本连贯，其中十五个情节系明宣德初原绘，其余为清道光年间补绘。谢继胜、熊文彬、廖旸《高天厚土三水灌沐——青海乐都瞿昙寺、甘肃永登连城妙因寺、甘肃红城感恩寺佛传故事壁画》[1]（以下简称“谢文”）对瞿昙寺中、后院回廊佛传故事壁画一一作了释读，认为该壁画从东抄手廊起始，至西抄手廊结束（顺时针的顺序）。以下参照谢文，依据瞿昙寺中、后院回廊壁画位置示意图（图1-6-1），逐一辨认其情节。

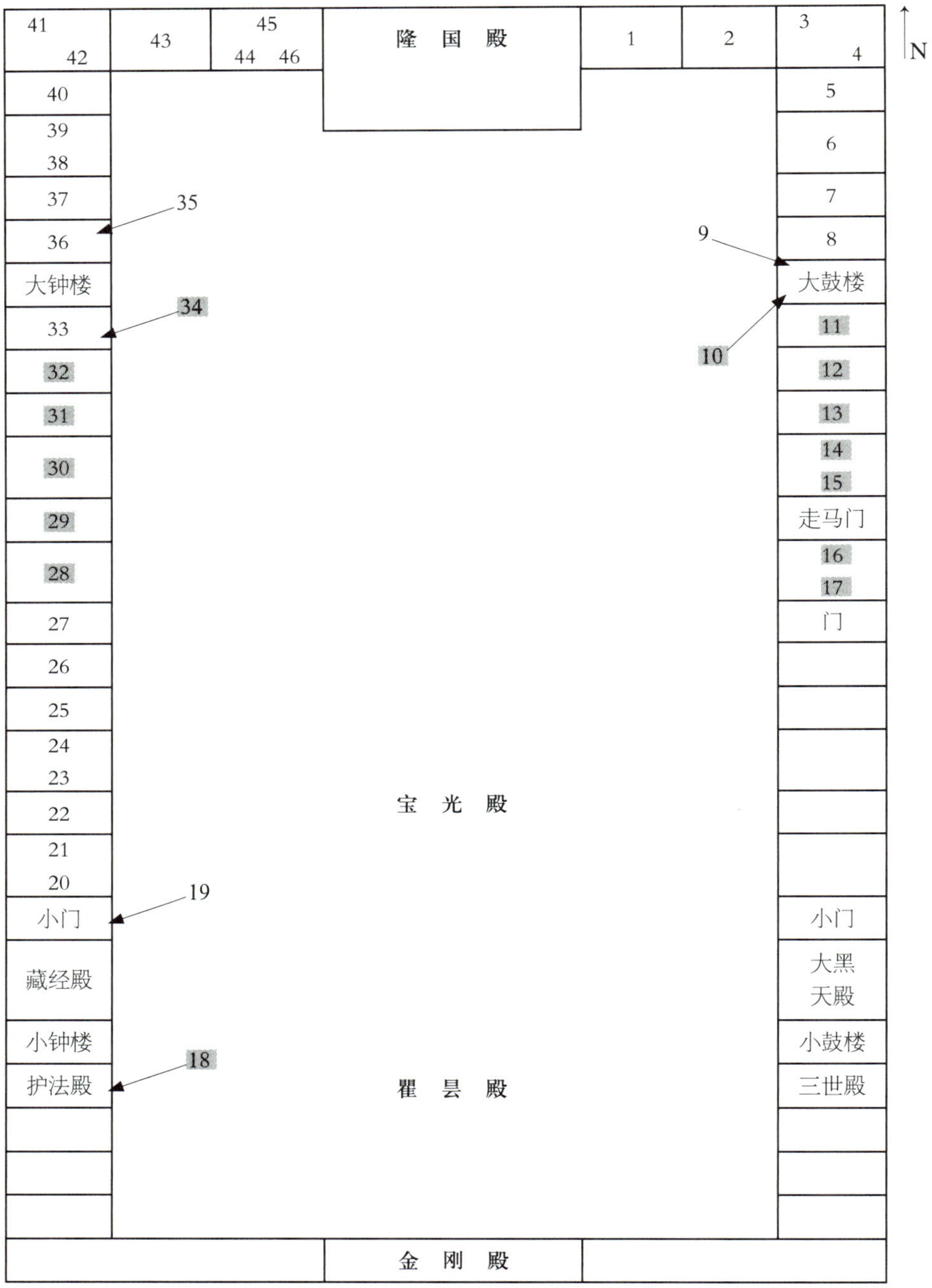

图 1-6-1 瞿昙寺中、后院回廊壁画位置示意图（注：序号灰底表示该壁画为明代原绘）

1 收于谢继胜、熊文彬主编《中国寺观壁画全集·5·明清寺院佛传图》，广东教育出版社，2009年，第1—42页。

第一，隆国殿东抄手廊至大鼓楼北侧。该部分系清代补绘，风格一致，“3. 指示慈航”图中的山水屏风上款署“允吾王珠”，故知此部分应为画师王珠所绘，时间大约与孙克恭师徒绘制对壁一致，为道光十四年（1834）。下面按顺时针的顺序叙述如下：

1. 观察世间？[1]

地面洪水滔天，众多殿宇、寺庙被淹没，仅建在大堤上的一处寺庙无恙。画面右上云端立一天子，有髭须，右手前伸，似指向大堤上无恙的寺庙。天子身后二天女掌扇，二天女举幢。画面右上山间浮云上另绘一藏式风格的白度母。谢文认为或表现的是天人观察世间。

《佛本行集经·上托兜率品》云，护明菩萨住兜率天满四千岁，以天眼遥观下界，人间众生造种种恶业，生老病死众苦所迫，欲生人间拔济一切众生种种诸苦。图中洪水滔天或表示的是人间众生的苦难，云端所立的天子从形象上看，似为之后情节中屡屡出现的净居天。

2. 谒见帝释

图右绘净居天合十向帝释天禀报，帝释天作女相，亦合十，身后二天女举幢。画面右下一重檐歇山顶宫殿放光，右上云端一红衣天子，身后跟随二侍从。具体情节不详。

3. 指示慈航（图 1-6-2）

帝释天坐庭院中的一处屏风前，双手合十，净居天躬身立帝释天前。帝释天身后屏风绘山水，左上题曰：“短短桃花临水岸，轻轻柳絮点人衣。允吾王珠。”诗文出自唐代诗人杜甫七律《十二月一日三首》之三。王珠是绘制壁画的画师，巧妙地将姓名落于画中屏风上。王珠的这一做法亦见于补绘西抄手廊的孙克恭师徒。

图 1-6-2　指示慈航，清，瞿昙寺隆国殿东抄手廊

1　“？”表示推测，下同，不再另注。

甘肃永登红城感恩寺西配殿残片左上绘帝释天坐宫殿中，榜题仅残存“□帝释□主□指示□慈航”字样，可知表现的是帝释天指示慈航的内容，该残片右下为天鼓自鸣。

图 1-6-3　天鼓自鸣，清，瞿昙寺隆国殿北廊

4. 天鼓自鸣（图 1-6-3）

红色天鼓置高台的象背上，四周放光，台下净居天合十参拜。净居天身后一人牵白马，二人持斧钺，二人掌扇，二人举幡，为等候净居天的随从。

感恩寺西配殿天鼓自鸣情节中有榜题曰：“第三净居天子　净居天子□众生，问我谁能度有情。报尔个中消息去，叩之天鼓自然鸣。”帝释天所居之忉利天置有天鼓，《华严经·贤首品》曰：“忉利天中有天鼓，从天业报而生得。知诸天众放逸时，空中自然出此音。……彼音无形不可见，犹能利益诸天众。况随心乐现色身，而不济度诸群生。”[1]因此，情节3应表现的是净居天怜悯众生，故前来向帝释天询问谁能度有情，帝释天向净居天指示慈航，情节4表现的是忉利天宫天鼓自然鸣。

图 1-6-4　迎请上师（？）局部，清，瞿昙寺隆国殿北廊

5. 勘定菩萨救世？

情节5与情节3相似，均为净居天和帝释天之间的问答。图中帝释天坐于重檐庑殿顶宫殿内，屋顶云端有结跏趺坐佛。帝释天双手合十，座椅两侧各立一合十天女，其下台阶两侧各立二捧笏官员。净居天跪台阶前，身侧有鹿车。鹿车后山间另有持节者二人、持斧钺者二人。画面右上另表现有猿猴嬉戏的情节。谢文推测表现的是净居天将拯救众生有情的人选禀告帝释天。

6. 迎请上师？（图 1-6-4）

画面左上侧，一官吏肩扛立瓜作为前导，右手前指，身后三位身披甲胄的将军骑马跟随，再后众官吏持幡、镫杖、扇等跟随。画面右上侧，一位头戴格鲁派僧帽、身着红色袈裟的上师在山洞中修行，其侧一着蓝衣的男子捧钵供养。画面右中侧，一着灰衣的男子提壶牵牛，一着蓝衣的男子背后负壶，为前来供养上师之人，他们前方一着蓝衣之男子向一

1 ［唐］实叉难陀译《大方广佛华严经》卷一五，《大正藏》第10册，第79页。

位着黄色袈裟的僧人问询上师修行之处，僧人扬起右手指明去处。从画面内容来看，可能为将军迎请在山洞修行之上师的情形，但是与佛传故事有何关联目前并不清楚。

7. 命净居天前往兜率天宫

帝释天坐重檐庑殿顶殿堂内，合十，两侧各有两身天女，捧珊瑚、象牙等宝物，右侧天女身后昆仑奴头顶装满珊瑚、宝珠、象牙等的宝盘。净居天跪殿前台阶上，合十。画面右上有过去七佛，上方有放光的喇嘛塔。联系到前后情节及过去七佛来看，可能表现的是帝释天敕命净居天前往兜率天宫请护明菩萨降世。

8. 兜率请降

菩萨坐十字脊重檐庑殿顶殿堂内，双掌合十，两侧各立一胁侍菩萨，一持如意，一捧宝。身前净居天躬身禀报。画面右中有麒麟车虚位以待，车两侧有驭手及仪仗，右上二天女云端捧宝。画面下部一昆仑奴牵白象，象背莲座上罐内置珊瑚、象牙等宝物。联系到前后情节，可能表现的是净居天前来请护明菩萨从兜率降生人间。

感恩寺一佛传故事壁画残片榜题曰：“第六净居天子往兜率天宫请护明菩萨　下界众生无善本，我于天数问来因。□言菩萨多方便，愿援昏迷出苦轮。”

9. 须弥山

须弥山矗立于汹涌大海中，山间布满宫殿，上层平地上的宫殿是帝释天居住的忉利天宫。最上方绘五方佛。须弥山，意译为妙高山，佛教主张的三千大千世界之中心，据《长阿含经·阎浮提洲品》，须弥山高出水面八万四千由旬，水面下亦深达八万四千由旬。其山直上，无所曲折，山中香木繁茂，山四面四埵突出，有四大天王之宫殿。须弥山顶有帝释天所居之三十三天宫（忉利天宫）。该图位于大鼓楼北侧外壁，与佛传故事无关联。

第二，后院大鼓楼南侧。大鼓楼南侧壁画与东抄手廊至大鼓楼北侧壁画虽然在风格上大体保持一致，但是差异仍然明显，前者颜色略显陈旧灰暗，部分白色因掺铅粉氧化泛黑，有污损剥落现象，且壁画中皆有榜题。此段壁画应为明代宣德年间原绘，下面按照从顺时针的顺序叙述如下：

图 1-6-5　挑选降处，明，瞿昙寺大鼓楼南廊拐角处

10. 挑选降处（图 1-6-5）

左上方云端绘为护明菩萨选降

图 1-6-6　摩耶临腹，明，瞿昙寺隆国殿南廊

图 1-6-7　树下降生，明，瞿昙寺大鼓楼南廊

处的净居天，前有二天女持幡引导，下方宫殿放光，表示护明菩萨将要降生的迦毗罗城。

画面右中榜题曰："净居天子为护明菩萨选降处　净居睇目视遐方，独有迦罗最吉祥。此地必当传大法，国中先自放毫光。"

11. 摩耶临腹（图 1-6-6）

宫殿中帷帐拉起，帐中摩耶夫人熟睡，殿外廊上的四位女官和麒麟像座前的四位侍女均表现出困倦之态，有的已进入梦乡，她们或斜倚朱门，或以手支颐，或相互靠背，或下颌枕膝，神态生动。画面左上有奔来的白象，点明护明菩萨乘象入胎的主题。宫苑中另绘有猫、鸟雀、鹤、鹿及骆驼，意境清幽。

画面左中榜题曰："护明菩萨降摩耶夫人临腹　高乘白象入胎中，圣母端居第九重。须信须缘元（原）有定，凝经尘劫也相逢。"

12. 树下降生（图 1-6-7）

岚毗尼园波罗叉树（无忧树）下，摩耶夫人左手扶树（按佛经太子从右胁诞生应为右手扶树），身侧有两位侍女相扶，一位侍女位于树后，另有两侍女掌扇。摩耶夫人身前，刚降生的太子左手指天，右手指地，表示太子降生后口自唱言："天上天下，唯吾独尊！"太子脚踩两朵莲花，身前另有五朵，表示降生后无人扶持，即于四方各行七步，步步生莲。太子前方绘一大澡盆，一位侍女跪盆边，两位侍女立于侧，一拿浴巾，一捧澡瓶，准备为太子沐浴。院中另有凤凰、大象、鹿、狮子等祥瑞。

画面左中榜题曰："护明菩萨于无忧树下降生　无忧树下降生日，足拥金莲朵朵存。七步周行狮子吼，人间天上独称尊。"

13. 九龙灌沐

太子立于澡盆中，继续着上图中左手指天右手指地的姿势，身体周侧放光。两位侍女跪盆边，一伸手欲扶，一递浴巾，另一位侍女捧浴巾或衣服侍立于侧。九龙聚于太子头顶，另有四大天王立于盆两侧。盆前有两只孔雀，一开屏一行走。画面右上云端绘一天子，身前有侍者举幡，身后有侍者擎华盖、掌扇，表示诸天供养。

画面左中榜题曰："护明菩萨降生九龙吐水灌沐金躯　九龙吐水沐金躯，大地山河尽发辉。穷劫至今无垢净，满堂华雨落霏霏。"

14. 从园还城（图 1-6-8）

摩耶夫人身侧有两位侍女相扶，后有女官掌扇，在众宫女的簇拥下从岚毗尼园回宫。摩耶夫人前方的侍女怀抱太子。画面上方有罗汉立于云端。

画面左中榜题曰："六宫彩女拥太子归宫　嫔妃簇簇拥金躯，迎入王宫内殿居。将相王臣背（倍）踊跃，随刑（形）妙好自如如。"

图 1-6-8　从园还城，明，瞿昙寺大钟楼南廊

据《佛本行集经·从

园还城品》，净饭王坐宝殿上治理国政，忽闻摩诃那摩所击之欢喜鼓声，急唤摩诃那摩前来。净饭王闻摩诃那摩奏报太子诞生之事，与大臣前往岚毗尼园迎接。工巧毗首羯磨化作七宝辇舆，四大天王化作婆罗门担太子宝舆而行，入迦毗罗城。

15. 履七宝衣

摩耶夫人及众宫女前行，宫殿门口有宫女迎接。净饭王坐宫殿内椅上，目视前方的太子，两侧有内官掌扇。太子坐高凳上，两侧有侍女相扶，前方一侍女捧七宝衣。

画面左中榜题曰："净饭王新成七宝衣履太子体　金绣裁成七宝衣，时来端□履吾儿。直须嗣我金轮位，永作山河万世基。"

16. 太子灌顶（图 1-6-9）

净饭王坐宫殿内，太子跪于前方，太子侧有大臣以壶水灌顶。画面右上方崎岖的道路蜿蜒至远方，路上有民众驱牛、马负水。表现的是净饭王命取四海之水为太子灌顶。

画中榜题曰："净饭王取四大海水与太子灌顶躯　四海清波灌顶躯，灵珠烁烁照迷雾。金轮统御三千界，好使众生乐太平。"

图 1-6-9　太子灌顶，明，瞿昙寺大鼓楼南廊

据《过去现在因果经》卷二，太子年至十岁，二月八日，诸余国王与仙人婆罗门皆悉云集，白净王（净饭王）以七海水灌太子顶，并宣布立其为太子。该图将太子灌顶的时间提早至太子诞生从园返城之后。

17. 仙人占相

净饭王坐宫殿中，身后两侧有内官掌扇，前方长跪者为前来占相之仙人阿私陀。净饭王侧及台阶下有众大臣。台阶两侧各立一将军。

画面右中榜题曰："净饭王请阿私陀仙占太子　小仙占得报王言，□□□堂福慧令。更问它年奇大事，功圆行满利人天。"

此处以南，经由金刚殿，折向西侧廊护法殿的壁画已损毁，应有太子比试武艺、启请出家、太子纳妃、逾城出家、山林苦修等情节。

第三，中院西侧廊及后院西侧廊前段。除护法殿南侧"18.魔女炫媚"为明代外，从小门北侧直至"27.急流分断？"均为清代道光年间所绘制。现按顺时针的顺序叙述如下：

18. 魔女炫媚（图 1-6-10）

释迦结跏趺坐须弥座上，侧立二弟子，右前方立一力士，左前方三美貌少妇合十，表现的是魔女炫媚的情节。此壁画为明代宣德年间原绘，因位于护法殿南侧外壁，故得以保存。

画面右中榜题曰："波旬佛□/　□（堪？）魔□□□□□，又令三女

□□□。转身化作□□□，愧尔空怀□□□。”

19. 调伏醉象

释迦结跏趺坐高台蒲团上，身侧立二菩萨二力士，三头小狮子从高台上跳下，前方有狂怒的醉象和逃跑的男子。此壁画位于藏经殿北侧外壁，“18.魔女炫媚”，“20.魔军拒战”故事情节连续，此处主要系补足空间而绘，故在情节上不连贯。

据《法句譬喻经·忿怒品》，调达及阿阇贳王欲毁佛及弟子，请佛及弟子至宫内进食，当佛及五百弟子入城门时，驱五百醉象欲踏杀之，众弟子飞升空中，独有阿难在佛边住。佛举手，五指应时化作五百狮子王，同声俱吼震动天地，醉象屈膝伏地不敢抬头。

图 1-6-10 魔女炫媚，明，瞿昙寺护法殿南侧廊

20. 魔军拒战

露台上释迦善跏趺坐，台上立菩萨、力士，前方魔军众腾云而至，持弓箭、长矛等武器，气势汹汹，表示魔王波旬率魔军众前来攻击释迦。

21. 献钵奉食?

释迦结跏趺坐方形台莲座上，座前两侧立迦叶、阿难二弟子及二力士，身后立四天神。释迦座前有二白狗及二狗首人身的神祇跪地，双手捧钵作献食状。二狗首人身的神祇身侧另有优婆塞、优婆夷合十。故事情节尚不清楚，谢文认为当是魔子忏悔。

22. 船师悔责

释迦肩扛锡杖，立于云端。下方河流上有一船，船头二人向云端的释迦跪拜，他们身前鱼竿表示了其渔人的身份，船尾另立一人，仰望云端的释迦兴叹。

23. 魔众拽瓶（图 1-6-11）

释迦高坐一悬崖平台上，身后立迦叶、阿难，身侧立四大天王，悬崖下十一位夜叉以绳索套净瓶上，用力拉绳，其侧有四夜叉，分别敲锣、呐喊、挥旗、击鼓。表现的是魔王波旬率八十亿众尽其神力欲动净瓶而不能。

据《杂宝藏经·佛在菩提树下魔王波旬欲来恼佛缘》，昔如来（菩萨）在菩提树下，魔王波旬将八十亿众欲来坏佛，但是竟不能动如来身边澡瓶。

24. 鬼母寻子（图 1-6-12）

鬼母寻子是整个佛传故事壁画中最精彩的画面之一。图中鬼子母最喜爱的幼子宾伽罗被覆钵中，鬼子母作美貌妇人状，以手掩口，立于钵侧。众夜叉架起支架，从四面八

图 1-6-11　魔众拽瓶，清，瞿昙寺藏经殿北侧廊

图 1-6-12　鬼母寻子，清，瞿昙寺藏经殿北侧廊

方用力拉绳索，有的夜叉因为绳索断裂而翻倒在地，狼狈不堪。一长翅膀的夜叉站在支架顶部，一边敲锣一边指挥。为了增加重量，有的绳索系上了巨石、石磙。还有的以棍撬钵，木棍由于过于用力而弯折。

据《杂宝藏经·鬼子母失子缘》，鬼子母是鬼王般阇迦之妻，有子一万，而喜食人子。释迦取其幼子宾伽罗盛钵底，鬼子母尽其神力而不能取，最后皈依于佛。

25. 布施汤药?

一体形硕大的布施者举袖而立，腰间悬一葫芦，身后有童子搬鼓形凳，周侧为接受布施的人群，从童子所抱的硕大葫芦及手持汤匙来看，布施的应为汤药。众人后方石凳上放有鼎、册页和瓶。具体内容不清，谢文怀疑表现的是金刚请食。

26. 化诸淫女

释迦结跏趺坐宝座上，身侧立二弟子、二力士，身后云端立二菩萨，前方有金毛狮子蹲坐于地及沙门跪拜，沙门身后有三男子、一位小孩及五位女子合十跪拜，女子皆面容姣好，身姿曼妙。可能表现的是化诸淫女的故事。

据《观佛三昧海经·观马王藏品》，舍卫国有长者名如闾达，有子三人游荡无度竞奔淫舍，经一月中一藏金尽，长者告至国王处。受国王之邀，释迦敕诸比丘显大神通度化诸淫女。

27. 急流分断?

绘释迦及二菩萨二弟子腾于云上，下为三孔桥，湍急的河水从桥孔下流过。谢文认为可能表现的是急流分断，《释氏源流》“急流分断”绘释迦、迦叶前方河流自然阻断，形成平地，与此该图有一定的相似性。

据《普曜经·十八变品》，尼连禅河水流激疾，佛以神通断水令住，使水分开佛行其中。迦叶见之畏佛为水所漂，与弟子乘船索佛，佛从水中贯船底入，无有穿迹。迦叶与五百弟子见佛如是十八变化，鬓发自堕皆成沙门。

第四，后院大钟楼南侧。此处壁画与对壁大鼓楼南侧壁画一致，颜色略显陈旧，部分白色氧化泛黑，有污损剥落现象，且画面中有榜题，为明宣德年间原绘。下面按顺时针的顺序叙述如下：

28. 忉利天迎佛（图 1-6-13）

忉利天主帝释天作男子形，有髭须，回首而顾，手持长柄香炉，身前有天女捧宝、举幡、持节、掌扇，身后为二菩萨引导之释迦，释迦身后跟随三弟子，释迦上前方云端有二天王。表现的是忉利天人迎请释迦前往天宫说法。谢文中误将忉利天众身后的释迦及弟子认为是“二弟皈依”，熊文彬撰写的词条中指出释迦及弟子是忉利天迎佛的一部分，笔者认可熊文彬的说法。

图 1-6-13　忉利天迎佛，清，瞿昙寺大钟楼南廊

画面中间榜题曰："忉利天宫迎佛升天宫说法　忉利天人严众驾，殷勤请佛到天宫。试看无说无闻处，花雨缤纷堕碧空。"

29. 龙宫说法

释迦结跏趺坐须弥座上，右手作说法印，两侧立二菩萨二弟子，身后云端立四大天王。右下绘龙王及眷属，龙王满脸须髯，双手捧笏，身前一童子合十，身后有一男一女合十，另有两身毛发竖起、面容凶恶之夜叉。

画面右上榜题曰："龙王迎佛入龙宫说法　龙王请佛入深宫，凤阁龙庭□莫穷。四海苍生沾雨露，大千沙界仰慈风。"

30. 授记弥勒

释迦结跏趺坐须弥座上，左手结禅定印，右手扬起，身侧立二菩萨二弟子二力士，身后云端立二菩萨及四大天王。前方一弟子长跪地毯上，双手合十，为被授记之弥勒，弥勒身后另立有二弟子。须弥座前有龙及孔雀。

画面左下榜题曰："佛授记弥勒却（劫）尽当来度生　天宫慈氏承吾记，却（劫）尽当来合度生。佛佛相传曾不别，须知往昔共修行。"

31. 授记迦叶

释迦结跏趺坐须弥座上，身侧立二弟子二菩萨二天王，身后云端另有二天王及二护法神，座前跪三弟子，中间者为迦叶。表现的是灵山会上释迦拈花示众，人天百万悉皆罔措，独迦叶破颜微笑，释迦曰吾有正法眼藏涅槃妙心，分付迦叶。

画面右上榜题曰："佛授记迦叶祖祖相[传]　灵山会上□□□，迦叶亲传向上□。续焰□芳今右（犹）在，普天匝地倍光辉。"

32. 付嘱国王

释迦结跏趺坐须弥座上，身侧立二弟子二力士，身后云端立菩萨、力士，前方一国王躬身捧笏，国王身后立二内臣掌扇，其后另有捧笏及持立瓜之大臣。

画面右上榜题曰："付嘱国王大臣护持佛法　要使尘尘转法轮，灵山会上嘱王臣。法门外护从兹始，惠泽周流大地春。"

据《仁王护国般若波罗蜜多经·嘱累品》，佛在王舍城鹫峰山为十六国王演说该经竟，付嘱诸王在佛灭度后护持佛法。

33. 佛法东流（图 1-6-14）

释迦结跏趺坐须弥座上，周侧立二菩萨二弟子，身后云端立二金刚，座前有二弟子及七世俗人，七世俗人皆着汉服，其中三人合十长跪，四人站立合十。

画面右上榜题曰："佛授记一千年后佛法东流华夏　教流华夏后千年，宗鼎千钧一缕县（悬）。大地众生成佛果，至今法海浩无边。"

图 1-6-14　佛法东流局部，清，瞿昙寺大钟楼南廊

34. 佛指移石

图绘释迦跣足立莲台上，身后立二弟子，身后云端有金刚，前方为跪拜作揖的众力士。

画面中间榜题曰："五百力士移出大石竟无能动佛掷于空外　大千界内尸罗国，块石峥嵘剧（据）道中。消得指头些子力，等闲吹散太虚空。"

据《涅槃经·迦叶菩萨品》，释迦从毗舍离国至拘尸那城娑罗林入于涅槃，途中遇拘尸那城三十万力士尽力移动巨石而不能，化为沙门以手掷大石，释迦见力士生愧心还复本形，力士见已皆发菩提之心。

第五，大钟楼北侧至西抄手廊。此段壁画颜色较新，无榜题，根据西抄手廊佛传故事背景连屏中的墨书题记及相关记载，可知是道光十四年（1834）孙克恭师徒所绘。下面按照顺时针的顺序叙述如下：

35. 嘱分舍利？

释迦坐一凸起平台上，周侧立二弟子二菩萨二力士，前方一沙门合十长跪。类似佛度沙门的故事很多，从该图位于佛指移石之后付嘱龙王之前的顺序来看，笔者认为应是嘱分舍利，《释氏源流》中嘱分舍利的画面与该图基本相似，并且紧接于佛指移石之后。谢文认为该情节或为嘱累地藏。

据《莲华面经》卷上，佛入跋提河洗浴，告阿难三个月后自己将入涅槃，嘱咐涅槃后舍利一分向诸天所，一分向龙王世界，一分向夜叉世界，彼余在阎浮提，将来有阿输迦王造八万四千塔供养。

36. 付嘱龙王

该图以海面为背景，波涛汹涌，释迦结跏趺坐于海面上枝蔓支撑起来的宝座上，两侧立二弟子二菩萨，身后云端立四大天王，释迦前方波浪中绘一龙，两侧云端各立一组龙王及眷属，每组龙王及眷属后另有一天女，分别捧假山、宝珠。表现的是释迦付嘱龙王在佛涅槃后守护佛法之情形。

据《莲华面经》卷上，释迦付嘱帝释诸天令护佛法后，从天上没即于娑伽罗龙王宫出，付嘱龙王在如来涅槃后至心守护佛法。

37. 佛现金刚

释迦坐须弥座上，两侧立二弟子二菩萨二力士，前方二弟子及一天子跪拜，天子双手捧笏。右下平台上有一红发蓝身金刚，四臂，系释迦以神通力所化之不坏金刚。再右侧平台上绘猿猴嬉戏。

据《秽迹金刚说神通大满陀罗尼法术灵要门》，佛在拘尸那伽城跋提河边娑罗双树间临入涅槃，诸天大众皆来供养，唯有蠡髻梵王（亦译为螺髻梵王）不来觐省，如来随左心化出不坏金刚，于大众之中显大神通，腾身至梵王所降服梵王。

38. 荼毗法则

释迦结跏趺坐须弥座上，两侧立二菩萨及六弟子，座前力士托舍利盘，四弟子合十跪拜，表示释迦告知阿难等涅槃后当依转轮圣王荼毗法则。

据《大般涅槃经后分·遗教品》，佛告阿难涅槃后当依转轮圣王荼毗法则，经停七日乃入铁棺，内注香油密闭，七日后出棺，以香水灌洗、沐浴如来身，以妙兜罗棉等遍体缠身，闭棺后以七宝车载至荼毗所。荼毗已讫天人四众收取舍利起七宝塔供养。

图 1-6-15 双林入灭，清，瞿昙寺大钟楼北廊

39. 造塔法式、应尽还源

图绘十三层舍利塔，塔两侧有天子、护法等合十瞻仰，表示佛告阿难造塔法式。

据《大般涅槃经后分·遗教品》，佛告阿难荼毗即讫，一切舍利收取舍利置七宝瓶，当于拘尸那伽城内四衢道中起七宝塔，一一塔高十三层，上有相轮，以众妙花幡严饰，四边栏楯七宝合成，其塔四面面开一门，安置宝瓶如来舍利，供天人四众瞻仰供养。另在塔顶侧绘一巨大光晕，表示应尽还源。

据《大般涅槃经后分·应尽还源品》，佛告大众我今时至，举身疼痛，说是语已即入初禅，经二禅、三禅等入灭尽定，又从灭尽定经非想非非想处、不用处等出入初禅，如是反复三遍，复告大众我今安住常寂灭光，名大涅槃。

40. 双林入灭（图 1-6-15）

释迦于七宝床上右胁而卧，已入涅槃，七位弟子立于床后，一位弟子立床头，两位弟子跪于床前，或以袖拭泪，或手扶床板，或颓然跪地，均神色哀戚，不胜悲恸。床前另立有一位年长的弟子，伸手劝跪于床前的两位弟子，显示了更高的修行境界，一狮子蹲于三人之间。画面左下方两位弟子合十，似正从远方赶来，右下方两天子一跪一立，均合十，画面下方绘有四金刚，或蹲坐或匍匐于地，金刚杵丢于一侧，捶足顿胸，悲恸不已。七宝床上方，有天女举幡奏乐。

41. 为母说法

画面左上释迦腾云而起，升至空中，俯视下方的宫殿。宫殿中摩耶夫人在两位侍女的相扶下，立于宫殿门口，似在企首翘盼，身后一侍女掌扇。走廊上另有两位侍女走来，庭院中松鹤画石。

该图将佛从棺起为母说法变为佛上升忉利天宫为母说法，与佛经明显不合。此外，图中摩耶夫人不像通常那样是美貌端庄的中年妇女，而是鬓发斑白身形佝偻的老妇。

42. 圣火自焚

圣火自焚一般描绘的是火焚宝棺，该图不然，绘释迦结跏趺坐亭阁中，结禅定印表示已然涅槃，火由胸生，表示自燃，火势燃及亭阁上方，炽烈迅猛。亭阁两侧云端立四大天王，画面下方众弟子、天子、护法、龙王等面向亭阁或立或跪。释迦前还有一回首反顾的狮子。

图 1-6-16 均分舍利，清，瞿昙寺大钟楼北廊

43. 均分舍利（图 1-6-16）

图中一王坐六曲屏风前，右侧一女子合十，左侧一大臣头戴展脚幞头，左手捧笏，右手前伸，为建议均分舍利的大臣优波吉。画面下部中间一昆仑奴托盘，盘上为舍利，其侧二罐内亦应装有舍利，表示舍利分为三分。左下侧立九王，或议论或沉默，右下侧三位面相凶恶怒目相争者应为龙王，左上云端的天子为帝释天，作男相，身后有二天女举幡。六曲屏风上均有墨书题记，第一曲："黄昏片月，满地碎金，洁绝。枝北枝南，疑有疑无，几度背澄，难析。"该诗出自南宋张炎的词《梅影》，曰："黄昏片月，似满地碎阴，还更清绝。枝北枝南，疑有疑无，几度灯前，难折依稀。"第二曲："桃花园。"第三曲："夏赏荷池。"第四曲："秋峰欲雨。"第五曲："梅花书屋，敬庵画。"第六曲："平番县上窑堡画像弟子孙克恭、徐润文，门徒何济汉沐手敬画。"第六曲名款下绘钤印四方。

图 1-6-17 达摩渡江局部，清，瞿昙寺大钟楼北廊

44. 迦叶付法

图绘一红衣老僧坐藤椅上，双手合十，身后立一白一黑二沙弥，老僧前方一年轻弟子合十跪拜，应表现的是迦叶涅槃前将佛法付嘱阿难。

据《付法藏因缘传》卷二，摩诃迦叶垂涅槃时，以佛法付嘱阿难，言阿难宿世有大功德，智慧渊广多闻博达，佛所咨嗟总持第一，嘱咐阿难今后若入涅槃，王舍城内有老者商那和修，可度出家，如来法藏，悉付嘱之。

45. 达摩渡江（图 1-6-17）

图中达摩作梵貌状，身披红色袈裟，静坐船头，船中搭一蓬，一童子坐蓬顶拉帆。船头岸边立三人，为梁武帝君臣。

据《传法正宗记·天竺二十八祖菩提达磨尊者传》，梁武帝普通元年（520），南天竺僧人达磨（又作达摩）尊者渡江来番禺，诏赴京师，帝问佛法，不悟其所答。达磨知机缘不契，潜渡江离梁，北趋魏境，止嵩山少林寺面壁，为禅宗初祖。

46. 藏式塔龛

释迦结跏趺坐于莲座上，背后弧形龛顶上立七座佛塔，一佛塔中坐一小佛。莲座两侧立二弟子。塔龛侧一山岩平台上立五身伎乐天，分别演奏陶埙、琵琶、竖笛、横笛等乐器。

（三）回廊佛传故事壁画的特点、价值

明太祖即位之初，就注重利用藏传佛教来维护西藏、青海地区的稳定。瞿昙寺系三剌为安置被招降的罕东诸部所建，洪武二十六年（1393）太祖敕赐寺额“瞿昙寺”，以三剌为西宁僧纲司都纲，是怀柔西藏、青海地区策略的具体体现。

瞿昙寺中、后院回廊佛传故事壁画绘制于明、清两个不同的时期，在内容上衔接紧密。其中约明代宣德二年（1427）原绘的有十五个情节，除魔女炫媚位于护法殿南侧外壁外，其余十四个情节均集中在后院大鼓楼、大钟楼南侧，主要是释迦降生及涅槃前付嘱授记的内容。清代道光年间补绘的有三十一个情节，主要位于后院大鼓楼、大钟楼北侧，后院西侧廊前段，及中院西侧廊，主要包括降生前因缘、成佛后教化众生、涅槃及佛教传播的情节。明清壁画区别明显，明代原绘的壁画颜色略旧，有污迹，部分含铅粉的颜料氧化变黑，而清代补绘的壁画颜色较新，保存较好。此外，所有明代壁画均有榜题，故事情节清楚；而清代壁画均无榜题，部分情节难以辨认，尤其是隆国殿东抄手廊释迦降生前因缘部分，其情节在《释氏源流》和中原寺院佛传故事壁画中都没有出现，也难以将其画面内容与佛经比对。《安多政教史》中记载瞿昙寺回廊壁画中“绘有皇帝敬奉瞿昙寺的情景及僧众们去内地的情况”[1]，但是上述情节在现存回廊壁画中并没有出现，该书可能是将净居天子参拜忉利天天鼓误认为是皇帝参拜瞿昙寺的象背云鼓，将迎请高僧误认为是僧众们去内地。

明、清两个时期绘制的回廊佛传故事壁画不仅在情节内容上衔接紧密，而且在样式、风格上也和谐统一。全画以青绿山水为背景，所有的故事情节均在山水中展开，部分情节的画面中人物比例较小，甚至可以看作一幅以人物故事为点景的青绿山水画。以“14.从园还城”为例，该图系明代宣德年间所绘，图中摩耶夫人及侍从位于画面下端，比例较小，画面中上段大量的空间表现的青绿山水，山峰一座接连一座突兀而起，险峻峭拔，山间云雾缭绕，有瀑布从山间倾泻而下，消失在云雾中，林木攀崖而生，山间缝隙里露出寺院殿顶。山峰主要以青绿晕染，山腹泛淡黄色，无墨笔皴擦，以墨笔勾轮廓线。整幅青绿山水意境清幽，宛若仙境。再如“11. 摩耶临腹”，图右绘一座大宫殿，摩耶夫人在宫中熟睡，宫女们殿外无聊打盹。画面中下部描绘了一个大的庭院，庭院布置考究，有屏风座椅、假山石、珊瑚、芭蕉等，一只鸟雀安静地立假山石座侧，石座后一只猫偷偷地盯着鸟雀，庭院中还有三只白鹤、两头梅花鹿、一头骆驼。画师以平远的构图让庭院向画面中上部延伸，与远方的山水交汇在一起，构成一幅闲逸华贵、富有情趣的宫廷庭院图。

清代补绘时继承了明代的这一特点，以“6.迎请上师？”为例（图1–6–18），画面上部群山耸峙，山间云雾缭绕。山石以青绿晕染，山腹染以淡黄，外勾坚硬细劲的轮廓线，其风格与明代大体相似。不同的是，清代山石结构内部又加入了一些平行的细线和少量的皴法，其表现方式更为丰富。山间有放光的宫殿、在山洞苦修的上师，画面中下部表现了一块大的平地，绘有前来迎请的仪仗、前来供养的民众等。画面下部垂柳依依，一座白石桥横跨河面，白石桥修葺工整，体现了一定的透视感，不远处三只鹿休闲地走

1 见吴均等译本，转引自谢继胜、熊文彬主编《中国寺观壁画全集·5·佛传故事图》，第40页。

来。宛若一幅恬静清幽、开阔平远的青绿山水画。此外，在青绿颜色之运用、细劲流畅线条之表现上，明清两个时期的壁画亦如出一辙，表明孙克恭、王珠等在补绘时基本延续了明代原绘的风格。

图 1-6-18 迎请上师（？），清，瞿昙寺隆国殿北廊

从题材内容及样式风格上看，瞿昙寺回廊壁画体现了中原汉式的风格。同时，画师并没有照搬现成的《释氏源流》的图本，不仅在情节上多有创见（如降生前因缘就不见于《释氏源流》或中原寺院壁画），而且在内容构图、山水庭院背景等的布置安排上体现了自己的特点。以“摩耶托梦”为例，《释氏源流》、瞿昙寺回廊壁画中均绘有该情节，二图中摩耶夫人休息的宫殿均为重檐式，且床后都有山水屏障。前者画面左下方净饭王坐屏风前，摩耶夫人告诉他所梦之事。后者图中，屏风及坐椅仍然得以保留，摩耶夫人告诉净饭王所梦之事的情节被省略，增加了侍女无聊打盹的情节，此外，画师还将大量的心思花在庭院景致的布置安排及青绿山水的表现上，营造了一个意境清幽、充满情趣的宫廷庭院，大大增强了该图像的艺术表现力。

瞿昙寺回廊壁画虽然承袭的是汉地的粉本和汉式的风格，但是在图像中融合了藏式的图像因素，体现了汉藏交融的特点。比如说在“1.观察世间？”中，画面左山云间描绘了一位白度母像；“6.迎请上师？”中，迎请的是头戴格鲁派僧帽的高僧，图中民众牵牛背水罐供养上师，反映的也是当地的风俗；在“16. 太子灌顶”中，净饭王派往取四海之水的民众也是负罐牵牛；画面的结尾处，画家绘制了一个藏式的塔龛；等等。此外，很多情节的青绿山水背景中都绘有藏式风格的白塔。

瞿昙寺的建筑与回廊佛传故事壁画、瞿坛殿善财童子五十三参壁画体现了汉式的风格，与建寺的政治背景息息相关。隆国殿殿内有汉、梵、藏文“皇帝万万岁”的木牌，其政治意图更是明显。“皇帝万万岁”木牌背款书曰：“大明宣德二年二月初九日御用太监孟继、尚义、陈亨、袁琦建立。”说明朝廷派太监孟继、尚义、陈亨、袁琦参与了寺院的营建，具体充当的应是督工的角色。上述太监中，孟继永乐时期即为宠臣，死后葬于今乐都县高店乡大峡村坟路洼；尚义在此之后正统十三年（1448）督工修建大兴隆寺，景泰三年（1452）督工修建大隆福寺；袁琦自幼跟随宣宗，后升太监管事，宣德六年（1431）被凌迟处死[1]。御用太监直接参与寺院的营建，是寺院建筑及部分壁画以汉式风格为主的重要原因。此外，清代补绘回廊壁画的画师——允吾县的王珠和平番县的孙克恭师徒，均为居住在青海本地的汉人，选用技艺精湛的汉地画师直接决定了壁画的汉式风格，同时他们在藏地居住的生活经验也使壁画充满了汉藏交融的特点。

1 参见刘科《汉藏艺术交流中的青海乐都瞿昙寺回廊佛传故事壁画》，《中国美术馆》2013年第4期，第16页。

二、永登妙因寺

妙因寺位于甘肃省永登县连城镇，东北距瞿昙寺约六十公里，位于鲁土司衙门西侧，属鲁土司家庙。坐北朝南，建筑分布相对错落。南起进入山门后，西侧为一排僧房，后有大经堂。主要建筑分布在东侧的中轴线上。东侧中轴线南起依次为照墙、雷公殿（又名鹰王殿）、天王殿（又名科拉殿）、万岁殿和多吉羌殿，万岁殿前东、西侧分别为多隆官殿（又名护法殿）、塔尔殿，多吉羌殿堂前东侧为禅僧殿。其中万岁殿回廊保存有明代佛传故事壁画。

（一）寺院的营建与壁画的年代

妙因寺是由鲁土司住宅旁的一所小佛堂扩建而成。明初噶举派传承祖师之一印度大成就者德洛娃的一尊紫金制金刚持佛像辗转流传至连城，主管该辖区的鲁土司将该像供奉于其宅旁的小佛堂，后洛登巴喇嘛将此佛堂扩建为寺院，名金刚持寺[1]。

明宣德初，在三世土司鲁失加的支持下，其弟裸古鲁坚参喇嘛主持扩建该寺，其中万岁殿即建造于此时，该殿脊檩上有墨书题记曰：

> 大明国宣德二年岁次丁未秋七月二十六日，信官昭勇将军、陕西行都司土官指挥鲁失伽同室淑人李氏□□□发心施财，命工盖造。
>
> 佛殿崇奉原祈国土清宁，人民安乐，万物阜丰，嗣续繁昌，福寿绵远，圣善咸臻，障碍消释，来世有生，俱登妙果，吉祥如意者。
>
> 提调舍人李国良立。[2]

鲁土司始祖为脱欢，元末官平章政事，洪武三年（1370）率部来降，封于连城。失伽，明史作“失加”，为三世土司，因功赐鲁姓，改名鲁贤[3]，从墨书题记来看，他当时的官职为信官昭勇将军、陕西行都司土官指挥。寺庙的扩建与鲁失加的得势有关，宣德二年（1427）完工后赐名为妙因寺，《鲁氏世谱》录皇帝敕谕曰：

> 今以庄浪地面西大通寺，赐寺名曰“妙因”，颁敕护持。所有官员军民人等，务要各起信心，尊崇其教，听从剌麻裸古鲁坚参等及僧人自在修行，并不许侮慢欺凌其常住。一应寺宇、田地、园林、财产、孳畜之类，诸人不许侵占骚扰，庶俾兴隆，法门宏振。[4]

正统七年（1442），寺院又经重修、扩建，赐名大通寺，景泰元年（1450）黄谏撰《敕赐大通寺记》碑曰：

> 庄浪大通河桥驿，乃土佥右军都督鲁公贤之故里也。公之弟剌[麻]斡罗祝思（笔者注：即裸古鲁坚参），自稚年萌善心，早成就，戒行甚谨，而人多敬慕之。比以兹土灾旱相继，遂于所居之旁建寺，以为修禳之所。……越一载完工。是以大殿、山门、堂庑、库院、垣墉、圻闼、仓涸、园湢，靡不备具。……正统壬戌年冬，始请于朝，敕赐名为“大通寺”，具命番僧那尔藏主持，领众焚修之。[5]

其中提到鲁失加弟裸古鲁坚参建造妙因寺一事，大概正统年间又重修扩建，正统七年（壬戌，1442）冬完工后请于朝，赐名为大通寺，并任命那尔藏为住持。

1 智观巴·贡却乎丹巴绕吉著，吴均、毛继祖、马世林译《安多政教史》，甘肃人民出版社，1989年，第128页。

2 赵德才编著《古镇连城》，永登县党史办资料，第73页。

3 清咸丰十年（1860）妙因寺《重修护法殿记》碑即称其为“前明佥右军都督府事三世祖贤”，碑文见附录。

4 见王继光《安多藏区土司家族谱辑录研究》卷二，民族出版社，2000年，第89—90页。

5 该碑原存放于寺内，1958年时被毁，尚有碑文抄件存于鲁土司衙门博物馆。

清康熙二十三年（1684），万岁殿重修，现大殿额内有题记曰：

> 大清康熙二十三年岁在甲子仲夏，□□信女夫人鲁门汪氏率男明耀、千佛保虔诚重建，监修弟子靳国才、支国禄。

清咸丰十年（1860），十七世指挥使鲁如皋重修护法殿完工，护法殿左、右山墙外壁分别嵌汉、藏文《重修护法殿记》（见第106页附录），起首称“妙因寺”，可见当时寺院又恢复了妙因寺的名称。

图 1-6-19　妙因寺万岁殿外景

万岁殿完工于宣德二年（1427），因殿内供奉有朱元璋画像和“当今皇帝万岁万万岁”的牌位，故称。该殿系重檐歇山顶（图1-6-19），面阔、进深均为五间，平面为方形。北壁（后壁）中间亦设门，北、西、东三壁外侧有暗廊，其中北壁西开间外壁绘药师变，东开间外壁中间为释迦及二胁侍菩萨，周匝绘佛传故事和本生故事，为藏式风格；西、东壁外壁绘佛传故事，为汉式风格。同一殿堂同时出现汉藏两种不同风格的佛传故事壁画，颇为罕见。万岁殿虽然经重修，但是只是局部的修缮，暗廊壁画没有重描、改动的痕迹，应大约是宣德二年（1427）创建万岁殿时原绘，与瞿昙寺中、后院回廊佛传故事壁画绘制的时间接近。

（二）万岁殿暗廊佛传故事壁画的情节

万岁殿暗廊西、东壁外壁佛传故事壁画基本完整，每壁有上下数层，情节交错，其顺序大体是从西壁外壁南侧起，至东壁外壁南侧结束，共绘有八十五个情节，诸情节侧皆有榜题框，但无字迹。

第一，西壁外壁（图1-6-20）。西壁外壁表现的是从太子诞生至太子出家的情节，计四十四个，画面保存相对较好。大部分情节是以宫殿为背景，长大后（自“14.园林嬉戏？”始）至出家的太子均头戴东坡巾，身着红色圆领窄袖衫，腹前饰团金纹。下面按情节顺序叙述如下[1]：

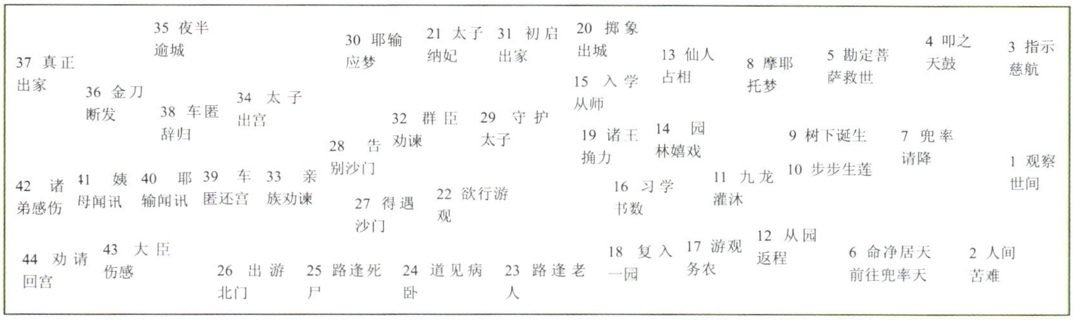

图 1-6-20　妙因寺万岁殿暗廊西壁佛传壁画情节位置示意图

1　本书妙因寺佛传故事壁画情节释读参阅了米德昉《甘肃永登妙因寺明代佛传故事壁画探究》，西北师范大学硕士学位论文，2009年；谢继胜、熊文彬主编《中国寺观壁画全集·5·明清寺院佛传图》，妙因寺壁画词条由廖旸撰写。

1. 观察世间？

画面右下绘一天子立云端，下方洪水滔天。根据瞿昙寺回廊佛传故事壁画，笔者认为此情节或为起首，表现净居天以天眼观察世间种种苦难。

2. 人间苦难？

该情节与观察世间为同一内容，因为有两个榜题框，所以这里当作是两个情节。图中人间洪水滔天的情形，洪水中可见殿宇屋舍、人物车马等。

图 1-6-21 指示慈航，明，妙因寺万岁殿暗廊西壁

3. 指示慈航（图 1-6-21）

画面右上绘帝释天端坐宝座上，作女相，雍容华贵，手持扇，扇上绘有标志帝释天身份的忉利天宫，前方净居天长跪，双手合十。画面内容及位置与感恩寺“指示慈航”相近，亦应为净居天请帝释天指示慈航的情节。

4. 天鼓自鸣

“3.指示慈航”往北，绘净居天仰头长跪，合十，头顶云端置一天鼓，两端及上面放光，表示净居天怜悯众生，问谁能度化有情，叩天鼓自然鸣的情节。

5. 勘定菩萨救世？

位于“4.天鼓自鸣”北侧。图绘帝释天坐宫殿内，净居天躬身立前方。经与瞿昙寺回廊壁画比对，疑表现的是勘定菩萨救世的情节。

6. 命净居天前往兜率天宫？

位于画面下部“2.人间苦难？”北侧。图绘帝释天坐宫殿内，前方有净居天跪拜。经与瞿昙寺回廊壁画比对，疑表现的是帝释天命净居天前往兜率天宫的情节。

7. 兜率请降

位于“4.天鼓自鸣”斜下方。图绘护明菩萨交脚坐须弥座上，右手持如意，右侧立二金刚，净居天合十跪须弥座前，表现的可能是净居天请护明菩萨降生人间的情形。

8. 摩耶托梦

“5.勘定菩萨救世”往北，宫殿中摩耶夫人熟睡，额间放出一道光，屋顶上方白光内一白象缓步行来，表现的是摩耶夫人熟睡中梦护明菩萨腾虚而来，从右胁而入。

9. 树下降生（图 1-6-22）

“5.勘定菩萨救世”下方，摩耶夫人左手举起扶树，太子自左胁下诞生，摩耶夫人左侧二侍女跪地，一举手托正在诞生的太子，一捧盆，摩耶右侧另有一侍女相扶。画面右方出现有象、白马、麒麟、龙等祥瑞。按佛经中释迦是自右胁降生，但瞿昙寺及本寺图中皆从左胁降生。

10. 步步生莲

“9.树下降生”往北，绘太子无人扶持立莲花上，左手指天右手指地，表示口自唱言：“天上天下，唯吾独尊！”太子身侧另有六朵莲花，表示太子降生后四面各行七步，步步生莲。太子身后立二侍女，一捧壶一搭巾。

11. 九龙灌沐

“10.步步生莲”往北，太子赤身立大澡盆中，继续着左手指天右手指地的姿势，头顶生出云彩及光芒，九龙聚太子头顶，太子右上云端四天王合十。澡盆两侧各有一女官跪地扶盆沿，右侧另有二女官，被此景象所吸引，其中一位手指九龙方向，回头和另一位手捧浴巾的女官交流。

图 1-6-22 树下降生，明，妙因寺万岁殿暗廊西壁

12. 从园返城

位于“11.九龙灌沐”右下侧。图绘摩耶夫人，在侍从的簇拥下从岚毗尼园返回迦毗罗城，前方有侍女怀抱太子。左下净饭王坐宝座上，前有大臣奏事。

13. 仙人占相

“8.摩耶托梦”往北，净饭王坐宫殿中，太子立身侧，身后两人掌扇，一侍者捧盘，门两侧各立一将军，前方阿私陀仙躬身作回禀状，双手抱胸前，持芭蕉扇。

14. 园林嬉戏?

位于“13.仙人占相”下方。图中太子已经长大，身着红衫，左手扶腰间革带，缓步前行，身后二女官掌扇。根据画面内容及顺序，疑为园林嬉戏的情节。

据《佛本行集经·姨母养育品》，太子出生后七日，其母摩耶夫人命终，由其姨母摩诃波阇波提代为养育，渐渐增长。一日，净饭王与太子等欲游无垢清净庄严园，是时摩诃波阇波提怀抱太子安置膝上，坐辇乘中往诣彼园。图中太子已经成人，与佛经有不相符之处。类似的情况在瞿昙寺佛传故事壁画中曾有出现，如“16.太子灌顶”的情节就不是像佛经中说的那样是在成人后，而是安排在了“14.从园还城”之后。

15. 入学从师

位于“14.园林嬉戏?”左上方。图中太子立宫殿外台阶上，殿内捧笏躬身而立之红衣官员应为太子师毗奢婆密多罗，其侧一青衣官员捧笏躬身而立。门外太子身后牵马、擎华盖者为太子随从，另有一灰衣官员捧笏躬身而立。

佛经中称太子师毗奢婆密多罗遥见太子威德力大，不能自禁屈身顶礼太子足，图中仅表现毗奢婆密多罗屈身而礼，而非顶礼太子足。

16. 习学书数（图 1-6-23）

位于“14.园林嬉戏？”左下方。图绘太子端坐桌前，右手提笔，左手抚纸，身后有山水屏障，毗奢婆密多罗坐桌侧，侧有一侍童研墨。太子桌侧另有一小桌，坐三位头梳抓鬏的孩童，或认真聆听，或交头接耳。

图 1-6-23 习学书数局部，明，妙因寺万岁殿暗廊西壁

17. 游观农务

位于“16.习学书数”右下方。绘太子及二掌扇随从，壁画漫漶，前似有耕牛。

18. 复入一园？

“17.游观农务”往北，绘太子与二侍从，身后有树，可能表现的是观田耕后太子继续游园的情形。

据《佛本行集经·游戏观瞩品》，净饭王观田作已，共诸童子还入一园，是时太子安庠瞩眄，处处经行，欲求寂静。忽见一处有阎浮树，渐至树下，跏趺而坐，谛心思维，即得初禅。

图 1-6-24 悉达纳妃，明，妙因寺万岁殿暗廊西壁

19. 箭穿铁鼓

位于“15.入学从师”下方。图中太子张弓射箭，神情专注，对面树上挂铁鼓，太子身后立四位释种童子，皆手持弓箭，或凝神观看，或回头议论。

20. 掷象出城

“13.仙人占相”往北，图绘太子右手举象，身后立四释种童子。

21. 悉达纳妃（图 1-6-24）

“31.初启出家”往北，图绘太子与耶输陀罗坐宫殿内交谈，两人身后各立一侍者掌扇。两人身后有一山水屏障。

据《佛本行集经·捔术争婚品》，太子年至十九，净饭王担心太子如阿私陀仙所言出家，为太子迎娶耶输陀罗为妻。关于悉达纳妃的顺序，诸经记载略有出入，如《佛本行集经》《普曜经》《释氏源流》等皆记在出游四门之前；《太子瑞应本起经》记在出游东、西、南门之后，北门之前；《异出菩萨本起经》记在出游四门之后。

22. 欲行游观？

“16.习学书数”往北，绘净饭王身着冠冕坐宫殿内，身后二内官掌扇。太子躬身立殿外，身后有大臣、随从及白马犍陟，可能表现的是太子向父王禀明欲出行游观园林。

据《佛本行集经·出逢老人品》，作瓶天子欲令太子出向园林，观看好恶发厌心故，渐教舍离于彼宫中。是时诸婇女歌唱赞叹园林功德，太子闻已，发出游心。

23. 路逢老人

“18.复入一园”往北，依次绘太子出四门的情形。该图残毁严重，可见一城门，按顺序应为太子出东门路逢老人。

24. 道见病卧

该图残毁严重，可见一城门，按顺序应为太子出南门道见病卧。

25. 路睹死尸

图绘一城门，太子一行从门口而出，按顺序应为太子出西门路逢死尸。

26. 出游北门

图绘一城门，太子一行从门口而出，按顺序应为太子出北门得遇沙门。

27. 得遇沙门

位于“24.道见病卧”上方。图中沙门端坐松树下，左手抚膝，右手扬起，作说话状，太子向沙门躬身合十，太子身后有捧笏大臣、随从及白马犍陟。图中表现的应是作瓶天子向太子讲述何为出家人。

28. 告别沙门

“27.得遇沙门”往北，图绘沙门腾云而起，沙门右手拄锡杖，回首而望，下方太子、大臣躬身，与沙门作别，太子身后有随从及白马犍陟。

29. 守护太子

“15.入学从师”往北，图绘太子坐宫殿内，侧有四释种童子守护。

据《佛本行集经·耶输陀罗梦品》，净饭王为防范太子舍欲出家，遣聪明智慧、众论辩巧的优陀夷等释种童子聚集，共同守护太子。

30. 耶输应梦?

“21.悉达纳妃”往北，绘耶输陀罗坐宫殿内，侧有女官掌扇，太子于前双手合十，可能表现的是耶输陀罗梦十二种可畏之事，太子好言安慰。

据《佛本行集经·耶输陀罗梦品》，耶输陀罗夜梦十二种可畏之事，恐怖不安，忽然而寤，为太子说梦中之事。太子闻已，自心思惟不久当舍世出家。

31. 初启出家

“20.掷象出城”往北，绘净饭王坐宫殿内，太子跪前方合十，应为太子向父王初请出家。

32. 群臣劝谏?

“29.守护太子”往北，绘太子坐山水屏障前，身侧及身后有内官掌扇、捧壶，其前七位大臣捧笏长跪，可能表现的是劝谏太子请勿出家。

33. 亲族劝谏?

“32.群臣劝谏”斜下方，构图与群臣劝谏相似，太子坐山水屏障前，侧有内官合十，前方八人抱拳长跪，或表现的是亲族劝谏太子请勿出家。

34. 太子出宫

“30.耶输应梦”往北，绘宫殿内太子妃耶输陀罗熟睡，门外走廊及台阶边宫人们亦疲倦至极，或抱膝而睡，或倚栏而眠，台阶下一宫人身侧倚有琵琶，暗示其乐人的身份。殿门外太子与牵马王犍陟的车匿交谈。

35. 夜半逾城

“34.太子出宫”斜上方，绘高山峻岭，山顶云端太子乘犍陟马王，四大天王承托马足，车匿跟随。

36. 金刀落发（图 1-6-25）

“35.夜半逾城”往北，绘太子坐台阶上，左手执发，右手以刀割取，车匿及马王犍陟跪于前。

37. 真正出家?

“36.金刀落发”往北，绘菩萨结跏趺坐岩石上，可能表现的是菩萨已真正出家。

据《佛本行集经·剃发染衣品》，菩萨（太子出家后名）剃发已，又从猎师处得袈裟衣，穿着身上，形容改变，既严整讫，口发如是大弘誓言：“我今始名真出家也。”

图 1-6-25 金刀落发，明，妙因寺万岁殿暗廊西壁

38. 车匿辞还

“36.金刀落发”斜下方，马王犍陟背负包袱前行，其后车匿左手扬起，右手执鞭，表现的是车匿辞别菩萨返宫途中的情形。

据《佛本行集经·剃发染衣品》，菩萨剃发着袈裟已，遣车匿还宫，泪流满面以送。车匿将诸璎珞及衣裳，并牵马王犍陟返宫。

39. 车匿还宫（图 1-6-26）

“38.车匿辞还”斜下方，图绘车匿手捧衣服，长跪于地，向净饭王禀明太子出家事。马王犍陟立车匿身旁。净饭王坐宫殿中，神色哀戚，以袖掩泪，侧有二大臣，

图 1-6-26 车匿还宫局部，明，妙因寺万岁殿暗廊西壁

一以手拭泪，一双手捧笏，身后二内臣掌扇。

40. 耶输闻讯

“39.车匿还宫”往北，绘太子妃耶输陀罗忧愁哀怨，身侧两女官相扶，另有两女官掌扇。卷帘外，一女官捧盒欲进室内。

41. 姨母闻讯

“40.耶输闻讯”往北，绘太子姨母摩诃波阇波提坐宫内，闻太子出家讯息后以袖拭泪，不胜悲恸，身后二女侍掌扇。

42. 诸弟感伤

“41.姨母闻讯”往北，绘四释种童子坐宫殿内，闻太子出家讯息后或以袖拭泪，或以手抚胸，不胜伤感。

43. 大臣感伤

“41.姨母闻讯”下方，绘三位大臣坐宫殿中，其中一位以袖拭泪，表现的是众大臣得知太子出家后感伤的情节。

44. 劝请回宫

“43.大臣感伤”往北，图绘菩萨结跏趺坐，身前二大臣施礼，劝请太子回宫。

据《佛本行集经·王使往还品》，国师大婆罗门及一大臣在阿罗逻仙人所找到菩萨，苦心相劝，但是菩萨心意已决。

第二，东壁外壁（图1-6-27）。东壁外壁主要描绘的是太子出家后至世尊涅槃的情形。计有四十一个情节，画面有斑驳漫漶。其中出家后的世尊均为头顶肉髻，身着红色袒右式袈裟，袈裟上饰有团金纹样，多结跏趺坐须弥座上。下面按顺序叙述其情节如下：

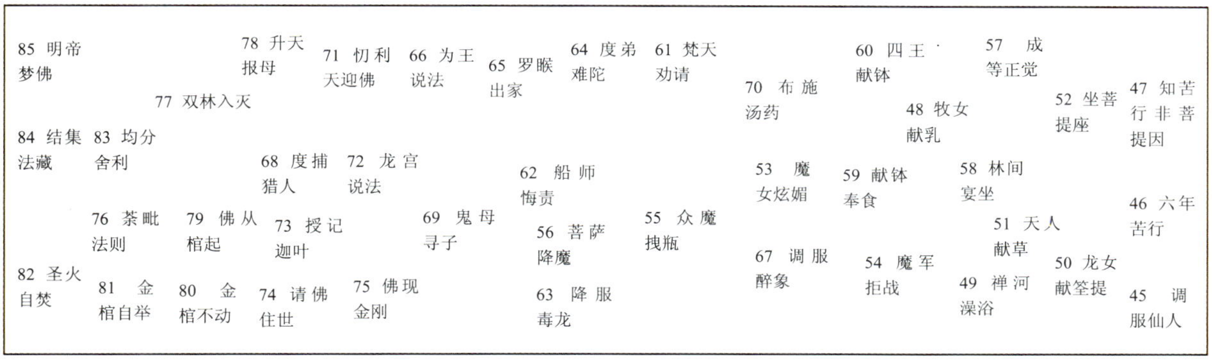

图 1-6-27　妙因寺万岁殿暗廊东壁佛传壁画情节位置示意图

45. 调服仙人

位于北侧下部。图绘菩萨与仙人问答，应表现的是菩萨向仙人阿罗逻或优陀罗请教沙门法时的情形。

据《佛本行集经·问阿罗逻品、答罗摩子品》，菩萨先后问阿罗逻仙人、优陀罗仙人如何度脱生老病死，认为他们所述之法不能令人得至涅槃，不能灭除诸恶烦恼。

46. 六年苦行

“45.调服仙人”往上，绘菩萨合十结跏趺坐于林间，其右侧上方一天子向其拱手作揖。

据《佛本行集经·精进苦行品》，菩萨在优娄频螺聚落清净处禅定苦修，日止食一粒乌麻、粳米或豆，如是六年，羸瘦困弊，唯有骨皮裹身。彼处地居诸天见菩萨如是情形，谓言菩萨身命将终。

47. 知苦行非菩提因

“46.六年苦行”往上，绘菩萨抱左膝，伏膝上作思惟状。菩萨一般端坐思惟，如此表现菩萨思惟的图像比较少见，形象生动。

据《方广大庄严经·往尼连河品》，菩萨经六年苦行，如是思惟：“我今行此最极之苦，而不能证出世胜智，即知苦行非菩提因，亦非知苦断集证灭修道，必有余法当得断除生老病死。”

48. 牧女献乳（图 1-6-28）

“47.知苦行非菩提因”斜下方绘乳牛三头，一牧女跪地挤乳，上方牧女双手捧钵，欲供养菩萨，菩萨结跏趺坐，双手合十，接受彼供养。

图 1-6-28　牧女献乳局部，明，妙因寺万岁殿暗廊东壁

49. 禅河澡浴?

“45.调服仙人”往南，绘一人躬身前探，其上放光，侧有二比丘，其中一位拿着白螺，情节不清。米德昉《甘肃永登妙因寺明代佛传故事壁画探究》认为可能表现的是菩萨禅河澡浴的情节。

50. 龙女献筌提?

“49.禅河澡浴”斜上方，绘菩萨身着袈裟，双手合十，善跏趺坐，其头顶斜上方云端依稀可见一拱手的女子，疑为龙女献筌提的场景。

据《佛本行集经·向菩提树品》，尼连河龙女尼连荼耶从地涌出，手持庄严天妙筌提，奉献菩萨。菩萨坐此筌提上，取善生村主之女所献乳糜，如意饱食。

51. 天人献草

“50.龙女献筌提”斜上方，绘菩萨树下善跏趺坐，双手合十，前方立二童子，一合十，一捧草，应表现的帝释天所化之吉祥童子向菩萨献草的情形。

52. 坐菩提座

“51.天人献草”上方，绘菩萨端身结跏趺坐菩提树下，表现的是菩萨坐菩提座的情形。

据《方广大庄严经·诣菩提道场品》，菩萨从吉祥童子处求得净草已，往诣菩提道场，于净草上面东结跏趺坐，端身正念发大誓言："我今若不证，无上大菩提；宁可碎是身，终不起此座。"

53. 魔女炫媚（图 1-6-29）

位于东壁靠中间位置。菩萨坐须弥座上，左手结禅定印，右手作说法印，右侧一曼妙女子合十，前方另有三老妇头发花白，满脸皱纹，表示前来炫媚的魔女。

图 1-6-29　魔女炫媚，明，妙因寺万岁殿暗廊东壁

54. 魔军拒战

图像有漫漶。"49.禅河澡浴"往南，绘菩萨结跏趺坐，左右立二弟子和一力士，下方为魔王波旬率领的魔军众，手持剑戟、刀棒等攻向菩萨。

55. 魔众拽瓶

图像有漫漶。"53.魔女炫媚"斜下方，绘菩萨结跏趺坐金刚座上，左右侧立二弟子及一力士，前方魔军众以绳拉菩萨座前澡瓶。

56. 菩萨降魔

"55.魔众拽瓶"往南，绘菩萨坐须弥座上，侧立二弟子，座前魔军众持各种兵器。

据《佛本行集经·菩萨降魔品》，尔时魔军夜叉等尽其威力，不能惊动菩萨一毛。菩萨为断魔王波旬一切诸恶法行，为其说法，地神涌出证菩萨所言不虚，波旬及魔军众悉皆退散。

57. 成等正觉?

位于"52.坐菩提座"斜上方。图绘菩萨立于云端，疑表现的是菩萨成等正觉的情形。

据《佛本行集经·成无上道品》，菩萨降服一切魔怨，坐金刚座，内外调伏，心得清净，初证四禅，复证身通、宿命神通、天耳通、天眼通、如意通、漏尽神通，思惟舍离生老病死，成就阿耨三罗三邈三菩提。

58. 林间宴坐?

位于"57.成等正觉"下方。世尊结跏趺坐，侧有二天人，前方一天子模样的神祇合十长跪，或表现的是牧羊子命终生为天子后请世尊坐尼拘陀树下的情节。

据《佛本行集经·二商奉食品》，世尊为菩萨六年苦修时，有牧羊子静心供养，将乳汁以奉世尊，并折尼拘陀枝，为作荫凉。时彼树枝，即成大树。牧羊子因是因缘命终后得生三十三天而为大德威力天子。

59. 献钵奉食?

位于"58.林间宴坐?"南侧。世尊坐须弥座上，左手抚膝，右手举胸前，身侧立二弟子及韦驮天，前方立二老者，面容虔诚，双手合十。另有一童子长跪座前，双手捧钵，侧有二犬。廖旸[1]、米德昉文认为表现的可能是二商奉食的情形。此情节与瞿昙寺回廊壁画“21.献钵奉食”有相似之处，但是瞿昙寺回廊壁画明显并非二商奉食，这里暂且存疑。

据《佛本行集经·二商奉食品》，世尊从彼羊子种树林前行至差梨尼迦树林，结跏趺坐七日。彼处有帝梨富娑、跋梨迦二商主，从中天竺运五百车货物往北天竺，途经此林，以清净麦酪蜜搏供养世尊。二商主共受皈依，最初而得三皈无戒优婆塞名。

60. 四王献钵

“57.成等正觉”往南，绘世尊结跏趺坐须弥座上，右手结禅定印，左手前伸作拒绝状，身侧立二弟子，四大天王身着金甲长跪捧钵。

据《佛本行集经·二商受食品》，二商主向世尊供养麨酪蜜搏，世尊思惟以何容器受此食物。四天王取石钵前来供奉，世尊为避免未受钵天王心恨故，总受此四钵以神通力化作一钵。

61. 梵天劝请

位于中间上部。世尊结跏趺坐须弥座上，侧立二弟子，座前大梵天双手捧笏而立，身后众护法神合十长跪。众护法神或黑面须髯，或红面竖发，各具特征。

据《佛本行集经·梵天劝请品》，世尊念所证法过于深奥，不欲宣说。尔时娑婆世界之主大梵天王遥见世尊发如是心，即至世尊前顶礼佛足，劝请世尊悲悯众生宣说佛法。

62. 船师悔责（图 1-6-30）

“56.菩萨降魔”往上，绘恒河上空世尊腾云而起，回首而望，左手执锡杖，身后下方船上二船师长跪，一伏地，一合十。表现的是船师向世尊索要渡价世尊腾空过河船师悔责不已的情节。

图 1-6-30　船师悔责，明，妙因寺万岁殿暗廊东壁

63. 降服火龙?

“62.船师悔责”下方，绘世尊结跏趺坐，侧立二弟子，另一侧有火焰升起，画面下部漫漶，应为降服火龙的情形。

64. 度弟难陀?

“61.梵天劝请”往南，绘世尊结跏趺坐须弥座上，两侧立二弟子二天王，座前长跪之沙弥可能为难陀，该沙弥身后另有释种诸眷属长跪。

据《佛本行集经·难陀出家因缘品》，世尊劝难陀出家，难陀内心不愿出家，为敬佛故，勉强出家。世尊先带难陀至三十三天看帝释天与五百宫人婇女共相娱乐，后又带难陀至地狱。难陀见已，惭愧恐怖，后证罗汉果。

1 参见谢继胜、熊文彬主编《中国寺观壁画全集·5·明清寺院佛传图》廖旸撰写词条，本节中廖旸关于妙因寺壁画情节的看法均采自上书中廖旸撰写词条。

65. 罗睺出家?

“64.度弟难陀”往南，绘世尊结跏趺坐须弥座上，侧立二弟子，座前合十长跪之沙弥或为罗睺罗。

据《未曾有因缘经》卷上，世尊遣弟子目犍连前往迦毗罗城，劝父王、姨母、妻子割爱放罗睺罗出家，耶输陀罗决意不肯，世尊即遣化人告其宿业因缘，耶输陀罗幡然醒悟，净饭王召集国内豪族子五十人随罗睺罗往诣佛所，度为沙弥。

66. 为王说法

“65.罗睺出家”往南，绘世尊结跏趺坐须弥座上，净饭王及大臣在座前施礼。

67. 调服醉象

位于“54.魔军拒战”和“55.魔众拽瓶”中间，世尊结跏趺坐须弥座上，左手结禅定印，右手化出一狮子，两侧立六位弟子或天人，画面下部残毁，座前左下方尚可见两排大象，可知表现的世尊调服阿阇贳王所放五百醉象的情形。在《释氏源流》中，此情节距魔军拒战、魔众拽瓶较远。三图在图像样式上比较相似，皆为释迦及弟子在上，将要被降伏的魔军、醉象在下，因此在瞿昙寺回廊壁画和妙因寺暗廊壁画中，三图均被安排在相邻的位置。

68. 度捕猎人

位于“72.龙宫说法”南侧。图绘世尊站立，侧有弟子随侍，前方有四位持木棒、绳索、刀斧之类的人跪拜，可能表现的度捕猎人。

据《法句譬喻经·慈仁品》，罗阅祇国深山中有人家，百二十二人，生长山薮杀猎为业。世尊往诣为妇女说杀生之罪、行慈之福。男子猎归，见诸妇皆坐佛前叉手听经，嗔恚声张欲图毁佛。世尊为说不杀之福、残害之罪，男女百二十二人欢欣信受皆奉持五戒。

69. 鬼母寻子

“56.菩萨降魔”往南，世尊结跏趺坐须弥座上，身侧立二弟子、二力士，前方鬼子母的幼子宾伽罗被覆钵底，众夜叉或搭架子使劲拉绳，或以棍撬钵，钵纹丝不动，鬼子母在一侧掩袖抽泣。画面下部拉绳的众夜叉图像多已漫漶。

70. 布施汤药?

位于“59.四王献钵”南侧。图绘一体形较大的男子双手伸开作布施状，两侧各有一人长跪捧碗接受布施。前方众人有的快速拨动筷子大口食用，有的仰面往嘴里倒，有的一边端碗一边盯着别人的碗，有的将捧碗的手伸出请求添食，富有生活情趣。瞿昙寺回廊壁画中绘有该情节，瞿昙寺图中布施的男子腰间悬有葫芦，另有人从葫芦中倒出东西到碗里，可以看出布施的应为汤药，但是该图中没有出现葫芦。该图具体情节不清，根据瞿昙寺壁画的顺序将其放在“鬼母寻子”之后。

71. 忉利天迎佛

“66.为王说法”往南，绘忉利天主帝释天迎请世尊前往忉利天宫说法，前方有天人举幡、捧宝，空中有二飞天相随。

72. 龙宫说法

位于“71.忉利天迎佛”下方。释迦坐须弥座上，侧立二弟子，座前跪三人，一为身着红袍的童子，双手合十，一着绿袍红裳，面容模糊，双手捧笏，一为女子，捧赤色宝珠，另有一乌龟捧海螺，一夜叉持锦，应为世尊为龙王、龙妃、龙子等说法的情形。

73. 授记迦叶？

“72.龙宫说法”斜下方，绘世尊结跏趺坐须弥座上，座前一弟子长跪，座侧另立有一老一少二弟子，双手合十，疑表现的是授记迦叶或者是弥勒的情节。瞿昙寺回廊壁画中龙宫说法后即为授记弥勒和迦叶。

74. 请佛住世？

位于“73.授记迦叶”斜下方，绘世尊结跏趺坐须弥座上，侧立弟子，前有数人合十，图像下部漫漶，从图像内容及情节顺序来看，疑表现的是请佛住世的内容。

据《大般涅槃经·寿命品》，世尊在拘尸那国娑罗双树间临涅槃前，以神力出大音声，大觉世尊将欲涅槃，一切众生若有疑问，今悉可问。是诸众生见闻是已，心大忧愁，疾往如来所头面顶礼，劝请如来莫般涅槃。

75. 佛现金刚

“69.鬼母寻子”往南，绘世尊结跏趺坐须弥座上，侧立一金刚，全身冒火焰，可能系释迦化现之不坏金刚。

76. 荼毗法则

位于南侧中层。世尊结跏趺坐须弥座上，侧立二弟子，下有数人合十，世尊右侧云端有二天人似捧盘，可能表示释迦告知阿难等涅槃后当以转轮圣王荼毗法则。

77. 双林入灭

“76.荼毗法则”斜上方，绘世尊于七宝床右胁而卧，面相安详，七宝床周侧围绕举哀的众弟子、天人，床前另有金刚捶胸顿足、闷绝僻地，上方有娑罗双树及鹤、凤凰、鹿等祥瑞，再上部还有前来举哀的诸天。

78. 升天报母

“77.双林入灭”上方，绘一比丘腾云而上，双手合十，系前往忉利天宫向摩耶夫人报告世尊涅槃讯息的阿那律尊者。

79. 佛从棺起（图 1-6-31）

“77.双林入灭”下方，绘世尊从棺中坐起，结跏趺坐，身放大光明，摩耶夫人双手合十，立于棺侧，听佛说法，摩耶夫人身后跟随二天女，双手捧盘。

80. 金棺不动

“79.佛从棺起”下方，绘金棺两侧装上长杠，每侧立四人，共八人，他们或双手上举，或相互议论，或扶杠喘息，表现的是拘尸那城八

图 1-6-31　佛从棺起，明，妙因寺万岁殿暗廊东壁

大力士尽其神力不能抬起圣棺。

据《大般涅槃经后分·机感荼毗品》，世尊涅槃后，拘尸那城四壮大无双之力士共举如来圣棺，尽其神力都不能胜。后分别复遣八、十六大力士，亦不能胜。

81. 金棺自举

“80.金棺不动”往南，绘金棺无人抬举腾云而起，表现的是金棺自举的情节。

82. 圣火自焚

“81.金棺自举”往南，绘金棺侧燃起熊熊大火，周侧立诸天、弟子，大火中一天人抱出一婴儿。

83. 均分舍利

“76.荼毗法则”往上，绘谏言诸王均分舍利的大臣优波吉安稳而坐，前方摆放有七满瓮的舍利，一僧人正在以斗量舍利。

84. 结集法藏

“83.均分舍利”往南，绘四僧侣正在整理经册，表示世尊涅槃后迦叶主持初次结集法藏的情形。

据《菩萨处胎经·出经品》，佛取灭度已经七日七夜，大迦叶遣五百罗汉诣十方诸佛世界，请得阿罗汉六通清澈者集双树间，随侍佛的阿难于众前成阿罗汉，升七宝高座，唱言佛涅槃前所说法，结集成经。

85. 明帝感梦

“84.结集法藏”上方，绘一人睡宫殿内，睡梦之人头端化出一道云气，云端立一佛，表现的是汉明帝梦金人的情节。

据《后汉书·西域传》，东汉明帝夜梦金人，顶有光明，以问群臣，有人称是佛。于是明帝遣使至天竺求法，此为汉地有佛法之始。

（三）万岁殿暗廊佛传故事壁画的特点、价值

妙因寺系明宣德初在三世土司鲁失加的支持下，其弟裸古鲁坚参喇嘛主持扩建而成，宣德二年（1427）赐额，壁画大约亦绘于此时。瞿昙寺中、后院回廊佛传故事壁画亦绘于宣德初，与妙因寺万岁殿暗廊佛传故事壁画大约同时。从壁画的情节、内容来看，妙因寺与瞿昙寺有一定的联系，尤其是瞿昙寺清道光年间补绘的情节，与妙因寺明代宣德初的壁画有一定的相似性，比如说它们都重点表现了《释氏源流》中所没有的太子诞生前以净居天和帝释天为主角的“观察世间”、“指示慈航”、“天鼓自鸣”、“勘定菩萨救世”、“兜率请降”，以及《释氏源流》中没有出现、尚无法确定其具体内容的“献钵奉食”、“布施汤药”等情节。

从绘画风格上来看，妙因寺暗廊佛传故事壁画与瞿昙寺回廊佛传故事壁画是有很大区别的。不像瞿昙寺壁画那样强调青绿山水背景，妙因寺壁画中人物是绝对的主角，山水楼阁仅仅是作为故事发生的场景而出现，并起到区分故事情节的作用。妙因寺佛传故事壁画中神祇、人物的面部、手足，多以红线勾勒，衣纹线条简洁疏朗，带有钉头鼠尾的笔意。大面积地运用了红色，辅以颜色偏深的绿色、褐色等，颜色相对单调，偏灰暗，但是在衣服纹样、头冠首饰上大量使用了堆金沥粉的表现手法，金光灿灿。妙因寺佛传故事壁画深沉的色调，与瞿昙寺佛传故事壁画青绿明亮的色调截然不同，却与瞿昙寺瞿

昙殿善财童子五十三参壁画的色调相似，其后剑阁觉苑寺佛传故事壁画也采用的是这种色调。

不像瞿昙寺那样拥有足够大的空间，能以连环画的形式从容地呈现释迦诞生、出家至涅槃的一系列事迹，妙因寺万岁殿暗廊的空间相对狭小，其故事大体分为三层，交错呈现。从笔者绘制的情节位置示意图来看，大体是按照西壁外侧从南至北、东壁外侧从北到南的顺序绘制，绕万岁殿暗廊一周，与佛教徒右旋的仪式相符。同时，情节安排还考虑了空间的因素，构图相近的画面往往并列，如路逢老人、道见病卧、路逢死尸、出游北门皆以城门为背景，连续位于西壁外侧下端中间，再如魔军拒战、调伏醉象、魔众拽瓶、鬼母寻子皆与降服主题有关，也连续位于东壁外侧下端中间，从视觉上起到了稳定画面的作用。

妙因寺万岁殿暗廊东、西壁外侧佛传故事壁画体现的是汉式的风格，同时万岁殿内北壁绘制了藏式风格的佛传故事、本生故事和说法图。藏式风格的佛传故事、本生故事和说法图构图简单，情节远不及汉式佛传故事复杂，说明了汉式佛教艺术的相对成熟。妙因寺万岁殿暗廊佛传故事壁画采用汉式风格，除汉式佛教艺术风格的成熟外，亦体现了政治的因素。妙因寺作为鲁土司的家庙，其扩建与鲁氏家族的得势息息相关。在此背景下，建筑、壁画采用何种风格、样式，不仅是艺术形式的考量，而且也是一种政治的象征。鲁失加家族采用汉式的建筑、壁画风格，在一定程度上体现了他们对汉族文化、政权的认同。

附录　清咸丰十年（1860）妙因寺重修护法殿记碑[1]

1 重修护法殿记
2 妙因寺者前明佥右军都督府事三世祖贤所创也
3 □□□□□□西域，距
4 京畿远□□王化渐讫有佛教更可以大宣其化正统壬戌□上请□
5 □额书大通寺暨建立之碑勒在焉寺东隅建有
6 护法神之殿供奉
7 古隆官佛法力森严其摄授之大功化之极实有难以明言者维
8 尽忠孝佛灵无感而不通默护善良人心有愿而即遂
9 且也镇抚我边疆丰亨我稼穑辑安我人民锡赐我福祉
10 使鲁氏世世克昌令群生家家蒙福者虽曰人事讵非
11 佛力哉自前明以来供奉我
12 朝建极迄今五百余岁无论远近僧俗无不竭诚顶礼即我
13 祖澹人公髦年犹皈依佛法无懈心今余荣膺先职接前
14 业以功崇事为部落先期与同心向善共享我
15 朝廷太平之福每于瞻礼之下自觉心诚求之则有感而无不验
16 实有征诸己及喻诸众者益信
17 佛法之含宏广大且赖
18 护法之显应通灵洵不诬也但殿宇窄狭兼形剥落若不重新建
19 修非特无以壮观瞻崇法界将前人创造之精意亦隐而
20 弗彰是以余虔诚捐修暨默尔根额德呢堪布等董率僧

1 嵌护法殿南山墙外壁。转录自米德昉《妙因寺碑刻〈重修护法殿记〉与鲁土司家族兴衰》，《青海民族大学学报（社会科学版）》2012年第38卷第3期，第44—45页。

21 俗首事经营其好善乐施者听其量力输助以昭完善同
22 归之意焉于咸丰己未经始至庚申夏五月壬午十七日
23 庚戌辛巳时竖柱上梁克期落成重明丽正
24 法像之金真与殿宇之巍峨焕然一新昭诚敬也伏愿
25 宏开慈宇风雨调而年谷丰登
26 善济群生灾厉除而休征洊至共沐
27 佛恩永被保我子孙黎民于世世也云尔是为记
28 时
29 大清咸丰十年岁次庚申夏五月十七日敬刊
30 钦加副将衔并赐花翎十七世指挥使官鲁如皋谨识
31 室人和硕特氏虔诚
32 管理十旗各寺院默尔根德呢堪布
33 绰尔只妙因显教宣化寺长老何一喜额自铁恩占养丹片包思且巴督工

第二章
明代中期（正统至正德）

第一节 明代中期的佛教政策与寺院营建

明代中期包括正统、景泰、天顺、成化、弘治、正德六朝，前后历经八十六年。

宣宗逝世后，太后张氏扶持年仅九岁的太子朱祁镇继位，改元正统，在位十四年，是为英宗。正统年间的佛教政策大体以正统七年（1442）为界，可分为前、后两期。正统前期，张太后信用大学士杨士奇、杨荣、杨溥（合称三杨）。正统七年（1442）张太后过世后，三杨或卒或老，太监王振"遂跋扈不可制"[1]。正统十四年（1449）七月王振挟英宗亲征瓦剌，在土木堡（今河北怀来东）全军覆没，酿成王振被杀、英宗被俘的"土木之变"。

三杨辅政的正统前期，基本延续仁、宣以来的政风，对佛道以整顿、限制为主。宣宗在北京封授、供养的大量番僧供费浩繁，英宗继位之初即从礼部尚书胡濙之议，对在京番僧"减去六百九十一人，相继回还本处"[2]。正统元年（1436）十月，针对私度盛行，重新为给度牒的僧道造册，颁行天下寺观。正统五年（1440）三月，监察御史史丘俊进言"寺、废者观，毋得重修"，英宗从之。正统六年（1441）重申洪武年间禁例，"新创寺观曾有赐额者听其居住，今后再不许私自创建"[3]。

正统后期王振专权，王振崇信佛教，大肆度僧及营建寺庙，呈现出几不可控的态势。永宣年间度僧实行五年一度的政策，正统后期王振佞佛奏请"岁一度僧"[4]。由于度僧人数过多，有人批评说"近年以来，释教盛行，满于京师，络于道路，横于郡县，遍于乡村"，"此前之掌邦礼者，屈于王振之势，今年曰度僧，明年曰度僧，百千万亿，日炽月盛"[5]。

正统年间一个值得注意的现象是，宦官开始大肆地在北京修建寺院，王振为其中典型代表。尤其是正统十三年（1448）王振进言大兴隆寺朽敝，奏请英宗下令修缮该寺，"日役万人，糜帑数十万，闳丽冠京都。英宗为赐号'第一丛林'"[6]，"上幸寺中，亲传法，称弟子。公侯以下，趋走如行童焉"[7]。

---

1 《明史·王振传》，第7772页。

2 《明英宗实录》第13册卷一七，第333—334页。

3 《明英宗实录》第15册卷七八，第1534页。

4 《明史·单宇传》，第4457页。

5 《明英宗实录》第19册卷二四八，第5371页。

6 《明史·单宇传》，第4457页。

7 ［清］夏燮编著《明通鉴》卷二四，上海古籍出版社，1990年，第195页。

除大兴隆寺外，王振修建的寺庙还有：正统四年（1439）建静德寺，正统九年（1444）舍宅建智化寺，正统十二年（1447）重建栖隐寺等。在王振的带动下，正统年间宦官修建寺院蔚然成风，如法海寺就是正统四年至八年间（1439—1443）由宦官李童捐资营建，英宗赐额。

英宗土木堡被俘后，其弟祁珏继位，改元景泰，在位八年，是为代宗。代宗继位后对要求纠正正统以来佞佛的呼声充耳不闻，大肆度僧道，如景泰二年（1451）皇后传懿旨“度僧三万”[1]，至十一月实际上度三万二千八百人。由于僧道数量过多，以至于景泰五年（1454）六科给事中林聪等奏“景泰二年已度僧三万有奇，若今岁复度，恐天下之民将半为僧道矣”[2]。同时由于财政紧张，朝廷开始鬻卖度牒，景泰二年（1451）刑部左侍郎奉命于四川督粮往贵州饷军差十万石，奏请“僧道赴彼纳米五石者，给与度牒”，代宗从之[3]；景泰四年（1453）户部郎中徐敬因剿除播州叛乱急需粮饷，奏请“僧道欲给度牒者五石”[4]，共卖出二百四十张。代宗宠信宦官兴安等，兴安“自金英废后，益专用事，佞佛甚于王振”[5]。在兴安的奏请下，景泰三年（1452）代宗役军夫数万人造大隆福寺，次年“工成，费用数十万，壮丽甲于在京诸寺”[6]。兴安在北京修建的寺庵有海子佛庵、万宁寺、广济庵等。

除佞佛外，代宗还比较频繁地亲自或遣官代替祭祀各路神灵，尤其是祭祀朝宗、顺正、惠通、灵显、广济河伯之神比较频繁，如景泰三年（1452），济、宁州以南至淮河北有水患，遣太子太保兼监察院左都御史王文祇祭祀；景泰四年（1453），漕河故道屡见颓决，遣刑部尚书薛希琏祭祀，并加封其为大河之神；景泰五年（1454），因于旱遣都察院左佥都御史徐有贞祭祀。除上述五位河伯之神外，代宗祭祀的还有先农、司灶、司门、司工、旗纛、五祀之神等。

景泰八年（1457）正月，被瓦剌放归的英宗趁代宗病重复辟，改元天顺，在位七年。天顺年间英宗吸取了之前的教训，对佛教以整顿、限制为主。在复辟改元诏书中英宗宣布“各处连年灾伤，人民饥窘，……即今内外修寺造塔一应不急之务悉皆停罢，以苏民力”，“景泰年间有差内官内使斋送金银等物，往西宁瞿昙寺赏赐及修理殿宇寺院者，诏书到日，悉皆罢免”[7]。天顺元年（1457），太祖敕建的江西庐山天池万寿禅寺住持慧究奏称该寺“近颓于疾风久雪之所震压，乞遣官督工修之”，英宗不许，“第令本僧募缘修理之”[8]。天顺二年（1458），鉴于天下僧徒复来京师求度，榜谕“今后每十年一度”[9]。天顺年间，英宗在北京敕建的寺庙只有崇兴寺、兴善寺两所，重修的只有真空寺。

天顺八年（1464）正月英宗薨后，太子朱见深继位，以明年为成化元年，在位二十三年，是为明宪宗。宪宗以极度崇信佛、道著名，成化年间的佛教政策，大体以成化十四年（1478）为界，分为前、后两期。

成化前期朝多耆彦，大臣多忠直敢言，因此宪宗虽然崇信佛道，但尚能克制。天顺八年（1464）三月，太监陶荣乞寺额，宪宗敕礼部臣曰：“京城内外寺院已多，而内外有

1 《明英宗实录》第18册卷二〇〇，第4264页。
2 《明英宗实录》第19册卷二三九，第5213页。
3 《明英宗实录》第18册卷二〇六，第4422页。
4 《明英宗实录》第19册卷二三〇，第5020页。
5 ［清］夏燮编著《明通鉴》卷二六，第212页。
6 《明英宗实录》第19册卷二二七，第4970页。
7 《明英宗实录》第20册卷二七四，第5801页。
8 《明英宗实录》第20册卷二八二，第6049—6050页。
9 ［明］李贤《古穰集》卷二五，《文渊阁四库全书》第1244册，第752页。

势力之人，往往效尤，增修不已，或豪夺民居，或诡称古额。假名为国祈福，而实自欲徼福；假名为民禳灾，而实因以生灾。今后更不得妄自增修，辄求赐额。”[1]遵守十年一度僧制度，重申禁绝妇女出家，禁止僧人游方化缘。

成化后期，万安等佞臣把持内阁，对宪宗崇奉佛教，尤其是藏传佛教，极力迎合。继成化前期封授了两位在京藏僧为法王外，成化后期又封授了十一位在京僧人为法王，在京封授、供养的藏僧竟多达一千二百二十六人。继成化二年（1466）、十二年（1476）共度僧、道十四万五千余人后，成化二十一年（1485）又宣布度僧五万、道两万，僧道人数达到新高。与此同时，寺院数量激增，礼部尚书周洪谟等统计京城寺院曰：“成化十七年（1481）以前，京城内外敕寺观至六百三十九所，后复增建，以至西山等处相望不绝。自古佛寺之多，未有过于此时者。”[2]

同时，宪宗沉溺方术、追求长生，因此对能适应其需求的道士加以拔擢，如天顺八年（1464）升孙道玉为真人，给诰命，实录称“道士乞恩膺封、赍缘受赏自此始”[3]。

宪宗逝世后，皇太子朱祐樘继位，改元弘治，在位十八年，是为明孝宗。弘治早期孝宗勤于政事，任用贤能，有“弘治中兴”的美誉。该时期对成化年间寺院泛滥的现象有所整顿，如下诏拆毁各地私创佛教寺院，敕礼部清查天下及两京寺观僧道额数；停止十年一度之例；革去法王、佛子、国师、真人等封号，裁减两京僧录司官员；等等。

弘治中期以后，孝宗开始沉迷于佛道方术。弘治十一年（1498），孝宗不顾礼部等官员僧道泛滥的奏疏，要求礼部讨论给度事宜，其后下令“在京准度八千名，南京五千名”[4]。弘治十四年（1501），孝宗应内官监太监李兴之请，允许其建寺并赐寺额隆禧，并且不再对私创的寺院加以禁止、拆毁，导致私建寺院大量涌现，以至弘治十六年（1503）吏部左给事中吴世忠言“近年西山冈陇坳突之间，或避土以建寺观，或穴地以取土石”[5]。

孝宗逝世后，皇太子朱厚照继位，改元正德，是为明武宗。武宗在位十六年，先是太监刘瑾专权，后宠信武臣江彬。正德年间，武帝及后妃在北京修建、助建的寺院道观达到十所之多，亦不再禁止、拆毁私创寺院。考试度僧、十年一度等试经度僧之制破坏殆尽，朝廷因财政短绌而随时鬻牒，全国僧人的数量达到新高。

明初诸帝，都着眼于佛道阴翊王度、暗助王纲的功用，对佛道既鼓励、扶持，又加以管理、控制，努力将佛道纳入到为世俗政权服务的体制中来。明代中期以来，诸帝多宠信、佞奉佛道，迷恋佛教尤其是藏传佛教中所谓的神通和方术（特别是房中术），这一趋势至武宗达到极致。正德二年（1507）在西华门别建禁苑，聚番僧、藏美女，名之曰“豹房”。正德五年（1510）自封为大庆法王，以藏传佛教领袖自居，命铸“大庆法王西天觉道圆明自在大定慧佛”金印。正德九年（1514）在西华门内豹房创建护国禅寺，“延住番僧，日与亲处”[6]。武宗“常被服如番僧，演法内厂”[7]。正德十年（1515）派太监刘允往西藏迎取活佛弥觉多吉，劳民伤财，如正德十二年（1517）总督漕运使右都御使史从

1 《明宪宗实录》第22册卷三，第87页。

2 《明宪宗实录》第27册卷二六〇，第4392页。另据明俞汝辑《礼部志稿》卷四七，周洪谟等统计的数字为六百七十三所。

3 《明宪宗实录》第22册卷一二，第6页。

4 《明孝宗实录》第30册卷一一四，第2065页。

5 《明孝宗实录》第32册卷二〇三，第3777页。

6 《明武宗实录》第36册卷一一七，第2364页。

7 《明武宗实录》第36册卷一二一，第2435页。

兰言："所需船五百余艘，夫役万余人，供亿不赀，所过骚扰。"[1]

按本书考证的年代顺序，列明代中期代表性寺院壁画如下：

正统八年（1443），北京法海寺大雄宝殿梵释诸天壁画；

正统十一年（1446），平武报恩寺大雄宝殿圆觉诸天、万佛阁梵释诸天壁画；

天顺元年至弘治五年（1457—1492），剑阁觉苑寺大雄宝殿佛传故事壁画；

天顺二年（1458），太原多福寺大雄宝殿佛传故事壁画；

成化四年（1468），新津观音寺圆觉诸天壁画；

成化二十二年（1486），隆兴寺摩尼殿梵释诸天壁画；

约弘治十六年（1503），繁峙公主寺大雄殿水陆壁画；

正德二年（1507），新绛稷益庙神祠壁画。

明代早期佛教政策比较严格，寺院多为官修，明代中期完整保存有壁画的佛教寺院中，只有北京法海寺、平武报恩寺属于官寺，且时间都是在明代中期偏早的正统年间。本章所论述的其他六例寺院均为民间修建，表明明代中期对营建佛寺的管控变得宽松，民间修建寺院的风气开始流行。从留存下来寺院壁画的数量上看，明代中期圆觉诸天题材的壁画最为流行，尤其是梵释诸天壁画，如北京法海寺、平武报恩寺、新津观音寺和正定隆兴寺，其中北京法海寺、平武报恩寺为官寺，其他两例是民间修建。继承明代早期的传统，佛传故事题材在明代中期继续流行，有太原多福寺、剑阁觉苑寺，与明代早期绘制佛传故事壁画的寺院多为官寺不同，这两例寺院均为民间修建。与民间信仰关系密切的水陆画、祠神壁画在明代中期后段的弘治、正德年间有出现，如繁峙公主寺的水陆画、新绛稷益庙的祠神壁画，水陆画、神祠壁画在明代晚期成为主流。

第二节　北京、河北、四川地区的圆觉诸天壁画

一、北京法海寺

法海寺位于北京西郊石景山区翠微山南麓半山腰，坐北朝南，主要建筑位于中轴线上，南起依次为护法金刚殿、天王殿、大雄宝殿、药师殿和藏经楼。护法金刚殿两侧附钟鼓二楼，天王殿、大雄宝殿之间两侧环绕廊庑，廊庑中间分别有祖师殿、伽蓝殿，药师殿前方两侧有方丈房和选石场，藏经楼前方有东、西配殿。上述建筑中现仅大雄宝殿为明代遗构，殿内周壁保存有精美的明代梵释诸天壁画。

（一）功德主、工匠与画士

法海寺系正统四年（1439）闰二月至八年（1443）十月间太监李童等捐资营建，历时四年零七个月，正统八年（1443）礼部尚书王直撰《法海禅寺记》[2]碑（见第122页附录）叙营建过程曰：

> 御用监太监李公童，自以遭遇盛时，致身荣显，朝夕在侍，近被宠光，圣德之隆，譬诸天地。思崇建精蓝，归诚诸佛，以图报万一而未得。……乃辟土壤，理榛棘，考方

---

1 《明武宗实录》第36册卷一四六，第2854页。

2 立于天王殿前台阶西侧，东侧立礼部尚书胡濙撰《敕赐法海禅寺记》碑，二碑均立于正统八年。

位之正，审面势之宜，尽捐己资，市众材，聚诸良工，并手偕作。好善之士，愿以财力来者，亦受而不辞。求可以任开创之事者，得福寿师，相与协心同力，课役程功。先作正殿、药师殿、天王殿，次之翼以钟、鼓二楼，伽蓝、祖师二堂，又次之方丈、僧房，廊庑、厨库诸屋，次第皆成，环以修垣，高厚式称，前启三门，开广途以通来者。经始于正统四年闰二月廿二日，而以正统八年十月十五日讫工。刻雕藻绘，像设有严，香华器物，凡寺之所宜有者，靡不毕具。事闻，敕赐名法海禅寺。

李童《明史》无载，法海寺西南方有他的墓碑，完整地保留了下来，名《御用监太监朴庵李君碑》。据碑记，李童（1389—1453），字先贞，号朴庵，江西人。永乐年间年幼时入宫，成祖目其“仪度端详，置诸左右”。仁宗时“特加宠异，令参侍帷幄”。宣德时“升授太监，赐第园”。正统丁巳（二年，据建寺碑文应为四年）李童“将所赐缎绢银钞，并罄尽己囊，易买木植颜料砖瓦，于都城之西翠微山，创建梵刹一所。太上皇帝赐额为法海禅寺”。并在旁另建有龙泉寺。法海寺大雄宝殿西侧佛坛最南端原有李童像，李童像并非是以虔诚谦卑的供养人的姿态出现，而是与罗汉像并列，体现了明代早期政治权势对佛教的深刻影响。此外李童墓建在法海寺西南，可见李童崇信佛教、捐资建寺，并不仅仅是源于其自身的佛教信仰，应主要是为了死后的福报。

王直《法海禅寺记》提到“好善之士，愿以财力来者，亦受而不辞”，可见李童是主要的功德主，还有其他信众提供了财物等的支持，胡濙《敕赐法海禅寺记》碑阴刻助缘信官人名，其中王振、阮安、金英、范弘、阮浪、曹吉祥、喜宁等均为宦官。此外《法海禅寺记》碑阴刻助缘法王、上师、国师、禅师、僧官、喇嘛、僧众、官员人等，其中释迦也失、哑蒙葛、班丹扎释、锁南释剌、舍敕巴、索南藏卜、班卓儿等均为藏传佛教高僧。也就是说，法海寺实际上是由以李童为主，众宦官及西藏高僧共同参与营建的。皇帝、宦官的藏传佛教信仰与藏僧的资助，使大雄宝殿壁画中部分神祇造型及装饰上体现了藏传佛教艺术的影响[1]。

至于修建法海寺的工匠，王直《法海禅寺记》说得比较概略，仅提到“尽捐己资，市众材，聚诸良工，并手偕作”，并未说明工匠的具体来源。鉴于李童及其他助缘功德主的身份，以及该寺建成后皇帝赐额，法海寺应是由宫廷的工匠建造的。王直《法海禅寺记》署“将仕佐郎鸿胪寺序班钱塘吴谦书修职郎工部营膳所副京口陈敬篆”，胡濙《敕赐法海禅寺记》署“修职郎工部营缮所副吴郡杨春”，故推测法海寺是由宫廷工部营缮所具体负责营建的。按《明史·职官志》：

> （工部）尚书掌天下百官、山泽之政令。侍郎佐之。
>
> 营缮典经营兴作之事。凡宫殿、陵寝、城郭、坛场、祠庙、仓库、廨宇、营房、王府邸第之役，鸠工会材，以时程督之。凡卤簿、仪仗、乐器，移内府及所司，各以其职治之。[2]

下设营缮所，所正一人，正七品，所副二人，正八品。陈敬、杨春均为营膳所所副。明代工匠有轮班、坐住之分，轮班者隶工部，住坐者隶内府内官监。京师供工匠役，多系外地调拨，如《明会典·工部》记：“凡轮班人匠，洪武十九年，令籍诸工匠，验其丁力，定以三年为班，更番赴京输作三月，如期交代，名曰轮班匠。”[3]营建法海寺工匠的具体来源并不清楚，如果三月一轮换的话，该寺前后历经四年零七个月，其成分可能比较复杂。

原立于山门右前方的《楞严经幢》记载了绘制该寺的画师，其中画士官二人，即宛

1 参见郭丽平《北京法海寺壁画及其相关的几个问题研究》，首都师范大学硕士论文，2009年。

2 《明史》卷七二，第1760页。

3 《明会典》卷一八九，江苏广陵古籍刻印社影印，1989年，第2567页。

福清、王恕；画士十五人，有张平、王义、顾行、李原、潘福、徐福林等。画士是对职业画师的一种称谓，明初设仁智殿聚集画士，宫廷中一时善画者颇多，明何良俊《四友斋从说·画》曰：

我朝设仁智殿以处画士，一时在院者，人物则蒋子成，翎毛则陇西之边景昭，山水则商喜、石锐、练川、马轼、李在、倪端、陈暹季昭苏州人、钟钦礼会稽人、王谔廷直奉化人、朱端北京人。[1]

负责法海寺绘画的画士官宛福清、王恕，以及画士张平、王义等不见于画史记载，但是他们创作的法海寺大雄宝殿的梵释诸天壁画保存了下来。壁画不见重绘、补绘痕迹，应是正统八年（1443）原绘。

（二）大雄宝殿梵释诸天等壁画的内容

法海寺现存建筑中只有大雄宝殿是明代原构，其他建筑都是在原址的基础上重建而成。大雄宝殿为庑殿顶（图2-2-1），面阔三间，进深两间。殿内中间佛坛上供三佛坐像，三佛之间立二胁侍菩萨像，佛坛背屏绘水月观音和文殊、普贤三大士像；东、西侧佛坛上原各塑八尊罗汉像，最南端另分别有大黑天、李童像与罗汉像并列。殿内天顶藻井内绘三幅藏密坛城画，北壁绘梵释诸天，东、西壁绘十二圆觉菩萨、十方佛及八大菩萨。其中以梵释诸天壁画最为精彩。

图 2-2-1　法海寺大雄宝殿外景

大雄宝殿北壁东、西侧各高3.2米，长7米，分别绘大梵天、帝释天引导诸天朝中间行进，呈对称式的布局。梵释诸天是佛教的护法神，在佛教神祇体系中具有重要的地位。梵释诸天以成组的形式在绘画中出现，与佛教礼忏法事关系密切。生活于南朝梁陈至隋的天台智者大师智𫖮创金光明忏法，其文已佚，但是在《国清百录·金光明忏法》中有简要的叙述，其中奉请的诸天包括“大梵尊天、三十三天、护世四王、金刚密迹、散脂、大辩、功德、诃利帝南鬼子母等五百徒党”[2]。智𫖮确定的诸天位次对其后有很大的影响，如北宋天台大师遵世《金光明忏法补助仪》中奉请的诸天就无变化。南宋神焕因诸天位次不正，遂考寻藏典，撰《诸天列传》，其文已佚，南宋志磐《佛祖统纪·光显志》卷三十三记曰：

焕法师以天位失序，尝述《天传》。谓梵、释、四王皆有君主号令之权，功德则寄于北天，大辩则寄于山泽，此为有主客义也。功德、大辩为女，梵、释、四天为男，此为男女义也。密迹眷属皆大菩萨，是为本；现居神像，是为迹，此有本迹义也。功德、大辩处客天示女质，而能对扬佛化，则谓之显；余虽影响而言行不扬，则谓之晦，此有显晦义也。知此四端，可与言天矣。[3]

1 收于黄宾虹、邓实编《美术丛书》第23册，第43页。
2 ［隋］灌顶纂《国清百录》卷一，《大正藏》第46册，第796页中栏。
3 ［宋］志磐撰，释道法校注《佛祖统纪校注》卷三四，第754页。

志磐按神焕义述《供天礼文》，定十六诸天，曰：

先梵、释，次北天。……次东、南、西天，次功德、大辩。若摩利支、韦驮二天，是明智住南湖日加入之。事见本传。次密迹、散脂、树神、地神、鬼母、二十八部，共十六位，以此为定。[1]

志磐稍前的行霆《重编诸天传》在神焕的基础上，加上日、月、娑竭罗龙王、阎摩罗王四位，形成二十诸天，其位次图如下：

佛

大辩天（女）　功德天（女）　　熏修道场

帝释（男）	梵王（男）
东方（男）	北方（男）
西方（男）	南方（男）
月宫	日宫
摩醯	金刚
韦天（男）	散脂（男）
树神（女）	地神（女）
摩利	鬼子（女）
阎摩	龙王

散洒处

虽然志磐排斥行霆的二十诸天说而力主十六诸天，但是二十诸天逐渐在民间流行开来，如法海寺梵释诸天壁画即主要依据的是二十诸天。

北壁东侧绘大梵天并诸天像（图2–2–3）。最前方为大梵天，呈男相，帝王装扮，头戴梁冠，颌下有须，身着冕服，右手执莲花形香炉，左手在天女所捧香盘中拈香。大梵天两侧各有一天女，左侧天女捧香盘，右侧天女捧珊瑚（图2–2–3）。身后另有一天女举宝盖。大梵天，又名大梵天王、梵天、尸弃天王等，是色界初禅天之主，是色界诸天的代

图 2–2–2　大梵天并诸天像，明，法海寺大雄宝殿北壁东侧

1　[宋]志磐撰，释道法校注《佛祖统纪校注》卷三四，第754页。

表，唐李通玄《新华严经论》卷十二提到他“颜如童子，身如白银色，长半由旬，衣如金色，无男女形，禅悦为食”[1]。大梵天身后，立东方持国天和南方增长天。东方持国天面为青色，怀抱琵琶；南方增长天面为蓝色，右手持剑。

图 2-2-3　大梵天侧侍女像，明，法海寺大雄宝殿北壁东侧

二天王身后，是魔醯首罗天和功德天。魔醯首罗天，又名大自在，以三目八臂为特征，《重编诸天传·魔醯首罗天传》曰：

> 今古画像作两种不同。一作菩萨相，但三目八臂，执拂持铃杵并尺结印合掌；一作药叉之形，赤发鬈起，三目八臂，执弓箭等。至今二像不同，今既曰大自在及威灵帝，定非药叉矣。[2]

图中魔醯首罗天作密教菩萨形，面相端严，三目八臂，左上手持拂，右上手摇铃，左中上手握尺，右中上手持杵，胸前双手合十，下双手下垂。身后有天女举宝盖。

图 2-2-4　功德天、咒师、梵摩天及日天像，明，法海寺大雄宝殿北壁东侧

功德天，又云吉祥大天，《陀罗尼集经·功德天像法》云：

> 其功德天像，身端正赤白色二臂，画作种种缨络环钏耳珰天衣宝冠。天女左手持如意珠，右手施咒无畏，宣台上坐。左边画梵摩天，手执宝镜；右边画帝释天，如散华供养天女。背后各画一七宝山，于天像上作五色云，云上安六牙白象，象鼻绞马脑（玛瑙）瓶，瓶中倾出种种宝物，罐于功德天顶上。……其像底下右边，复画作咒师形，着鲜白衣，手把香炉，胡跪供养，于白素紬上坐。[3]

图中功德天（图2-2-4）作天女形，面相端严，左、右手皆拇指食指相扣，左手举于胸前，右手下垂手掌向外，左手指间升起一团祥云，一六牙白象立云端，象鼻卷宝瓶，瓶中倒出宝珠等。左侧怀抱宝镜的天女为梵摩天，右侧头束白巾右手持莲花香炉的老者为咒师。

再后为日宫天子、摩利支天。日宫天子简称日天，图中作天子形，头戴梁冠，冠中间饰象征其身份的红日，身着冕服，双手捧笏。

摩利支即阳光的意思，据称摩利支天有大神通自在之法，常行日前，能隐身形，避灾患，《大摩里支菩萨经》叙其形象云：

---

1 《大正藏》第36册，第794页下栏。

2 ［宋］行霆述《重编诸天传》卷上，《卍续藏经》第88册，第428页上栏。

3 ［唐］阿地瞿多译《陀罗尼集经》卷十，《大正藏》第18册，第876页上栏。

（摩利支天）顶戴宝塔着红天衣，耳环腕钏宝带璎珞种种庄严，八臂三面三目，……戴无忧华鬘，左手持羂索、弓、无忧树花枝及线，右手持金刚杵、针、钩、箭。正面善相微笑，深黄色或檀金色，眼相修长唇如朱色作大勇猛相；左面猪容忿怒丑恶，利牙外现出舌颦眉令人怕怖；右面深红如莲华宝色，出最上光明慈颜和悦如童女相。手作毗卢印乘彼猪车，立如舞蹈势。[1]

图 2-2-5 摩利支天，明，法海寺大雄宝殿北壁东侧

图中摩利支天（图2-2-5）作菩萨形，三面六臂，正面呈端严相，左侧面为猪面，右侧面为深红色。胸前双手合十，此外左三手分别持针、弓、绢索，右三手分别持钩、箭、树枝，赤足，身后卧一猪。

再后为坚牢地神和韦驮天。坚牢地神有男女二相，《坚牢地天仪轨》曰：

男天肉色，左手持钵盛华，右手掌向外；女天白肉色，右手抱当心，左亦抱当股。[2]

另坚牢地神亦为掌管大地丰收的女神，《金光明经照解》曰：

此天乃天女之相，华卉林木一时竞秀，地天合掌欢喜，诸仙采持华果供养。[3]

图中坚牢地神（图2-2-6）作女相，清秀端庄，双手胸前抱稻谷，象征五谷丰登。身后有天女举宝盖。韦驮天为南方增长天下八将军之一，四天王下三十二将军之首。图中韦驮天作将军形，头戴金盔，身披甲胄，合十，前臂上横金刚杵。

图 2-2-6 坚牢地神、韦驮天及娑竭罗龙王

1 ［宋］天息灾译《大摩里支菩萨经》卷七，《大正藏》第21册，第284页下栏。
2 ［唐］善无畏译《坚牢地天仪轨》，《大正藏》第21册，第355页中栏。
3 ［宋］宗晓述《金光明经照解》卷下，《卍续藏经》第20册，第509页下栏。

图 2-2-7　帝释天并诸天像，明，法海寺大雄宝殿北壁西侧

队列最后应为龙王，作天子形，双手捧笏。身后立二蟹兵虾将，一捧贝壳一捧珊瑚。

北壁西侧绘帝释天并诸天像（图2-2-7）。起首为帝释天，呈女相，天妃装扮，双手合十。两侧各立一天女，左侧者捧花，右侧者捧假山石（图2-2-8），身后一天女举宝盖。帝释天，又名释提桓因、因陀罗天、憍尸迦等，为欲界三十三天之主。据李通玄《新华严经论》，帝释天所居山顶四埵各有八天王，加上中顶的帝释天，为三十三天，帝释天不仅是此三十三天之主，也统领居住于山顶四埵的天王。帝释天之后为北方多闻天和西方广目天。北方多闻天面呈白色，手持伞盖；西方广目天面呈赤色，左手捏宝珠，右手握蛇。

图 2-2-8　侍女，明，法海寺大雄宝殿北壁西侧

二天王身后是菩提树神、大辩才天（图2-2-9）。梵语菩提就是道的意思，释迦在菩提树下成佛，守护此菩提树之神即为菩提树神。图中菩提树神作天女相，双手捧象征其身份的菩提树枝。大辩才天为智慧之神，能增益说法者辩才，令其句义无忘失错乱。唐义净译《金光明最胜王经·大辩才天女品》谓该天女“常着青色野蚕衣”，好丑容仪皆具，常居山岩坎窟丛林等处，“师子虎狼恒围绕，牛羊鸡等亦相依”，“常以八臂自庄严，各持弓箭刀矟斧，长杵铁轮并羂索”[1]。图中大辩才天女作菩萨端严相，八臂，胸前双臂合十，此外左三臂执铁轮、弓、羂索，右三臂执刀、长杵、斧，身侧围绕狮子、狼、豹。

再后为月宫天子、鬼子母。月宫天子简称月天，图中作天子形，面部呈女相，头戴梁冠，双手捧笏，冠中饰月轮。鬼子母，音译为诃利帝母，有一千子皆为鬼王（或云五百子）。图中鬼子母（图2-2-10）作美貌妇女形，发髻高耸，容貌端庄，身披天衣，左手抚

1 《大正藏》第16册，第437页。

幼子头，右手执扇。鬼子母幼子着红衣，双手合十。

再后为散脂大将、密迹金刚。散脂大将系鬼子母次子，为北方天王下属，一说四大天王手下有二十八部鬼神，散脂为首。图中散脂大将作夜叉形，竖发黑面，身披甲胄，左手执斧。

密迹金刚，或称金刚密迹，常执金刚杵守护佛法，故又称金刚神、金刚手、执金刚。宋行霆述《重编诸天传·金刚密迹传》叙其形象云："其像也，露袒其身，怒目开口，遍体赤色，头上有髻，手中执杵，以跣双足，威楞勇使。"[1]图中密迹金刚怒目虬髯，遍体赤色，扛金刚杵。

最后为阎摩罗王，俗称阎罗王，系地狱之主。图中阎摩罗王作天子形，着冕旒，黑面长须，双手捧笏，左侧一青面鬼卒持幡，右侧一黄面鬼卒扛长锯。

大雄宝殿东、西壁均高3.2米，长11米，以青绿山水为背景，每壁北起各绘六菩萨、五方佛、四菩萨，合为十二圆觉菩萨、十方佛、八大菩萨。

圆觉即圆满之觉性，谓如来所证之理性具足万德，圆满周备，灵命朗然。终日圆觉而未尝圆觉者为凡夫，欲证圆觉而未极圆觉者为菩萨，具足圆觉而住持圆觉者为如来。十二圆觉菩萨依据的是唐佛陀多罗翻译的《大方广圆觉修多罗了义经》，在世尊宣说的圆觉会上，十二上首菩萨依次为：文殊师利、普贤、普眼、金刚藏、弥勒、清净慧、威德自在、辩音、净诸业障、普觉、圆觉、贤善首，合称十二圆觉菩萨。十二圆觉菩萨依次向佛提问，佛一一作答。

图 2-2-9 菩提树神、大辩才天及月宫天子，明，法海寺大雄宝殿北壁西侧

图 2-2-10 鬼子母、散脂大将、密迹金刚及阎摩罗王，明，法海寺大雄宝殿北壁西侧

1 《卍续藏经》第88册，第427页上栏。

十方为四方、四维、上下之总称，佛教认为十方有无数世界及净土，一一净土中又有诸佛及众生，十方净土诸佛即十方佛。唐玄奘译《称赞净土佛摄受经》记十方净土中的首位佛名分别为：东方不动如来、南方日月光如来、西方无量寿如来、北方无量光严通达觉慧如来、下方一切妙法正理常放火王胜德光明如来、上方梵音如来、东南方最上广大云雷音王如来、西南方最上日光名称功德如来、西北方无量功德火王光明如来、东北方无数百千俱胝广慧如来。

八大菩萨有多种说法，一般是指唐不空译《八大菩萨曼荼罗经》中所提到的八大菩萨，分别是：观世音、弥勒、虚空藏、普贤、金刚手、妙吉祥、除盖障和地藏。密教修行的信徒以此八大菩萨建立八曼荼罗。不空译经对每位菩萨的持物结印、冠都有详细的规定。

图 2-2-11　八大菩萨之四，明，法海寺大雄宝殿东壁

十二圆觉菩萨、十方佛、八大菩萨像侧均无榜题，皆结跏趺坐云端莲座上，十方佛结禅定、说法、合十等各种印契，十二圆觉菩萨、八大菩萨（图2-2-11）或结禅定、说法、合十等各种印契，或持经卷、莲花、方形扇等。十二圆觉菩萨、十方佛、八大菩萨下方以青绿法绘山石背景，山石间杂有芭蕉树、菩提树、灵芝、芍药、瀑布、莲池、竹林等，其间斑竹做成的栏杆时隐时现，下方有流水和祥云，宛若人间净土。这些山石背景原被十六罗汉像座遮挡，后来塑像及底座撤下后，壁画颜色尚鲜丽如新，真实地反映了明代壁画原来的颜色特征，十分难得。图中山石造型平稳，多为方折用笔，勾勒精工细劲，以颜色晕染区分明暗体积，少用皴法，花木皆勾勒精细，晕染清雅。

图 2-2-12　于阗王与狮子，明，法海寺大雄宝殿背屏北侧

北壁佛坛主尊背屏北侧绘水月观音、文殊、普贤三大士像。水月观音位于三大士中间，游戏坐蒲团上，被一大大的圆轮所包围，该图以山石为背景，下方有水流，身后岩石间有竹林。观音右侧有净瓶，左下方有善财童子合十，右下方为狮子，左上方有鹦鹉，

右上方为韦陀。观音左侧为文殊菩萨，手持如意，身后有凭几，亦为游戏坐，左下为其坐骑狮子与于阗王（图2-2-12），右下为文殊化现老人。于阗王呈胡貌梵像，满脸虬髯，身披甲胄，双手抱拳，腰饰鱼刀。文殊、于阗王、大圣老人、狮子的组合源于五代两宋时期流行的“新样文殊”[1]。观音右侧为普贤菩萨，右手持红莲，莲花上置经册，为与文殊相对应，左右两侧分别绘有中年信士、番王和六牙白象（图2-2-13）。

图 2-2-13　番王与六牙白象，明，法海寺大雄宝殿背屏北侧

（三）大雄宝殿梵释诸天等壁画的特点

法海寺系正统四年至八年（1439—1443）太监李童等捐资营建，寺院的功德主还有其他宦官、藏传佛教高僧，大雄宝殿塑像、壁画应完成于正统八年（1443），以汉传佛教为主，同时部分塑像、壁画亦受到了藏传佛教艺术的影响。大雄宝殿正壁坛上塑三佛，两侧壁坛上塑十六罗汉、大黑天及功德主李童像。东西侧壁十方佛、十二圆觉菩萨壁画与正侧壁坛上的三佛、十六罗汉塑像相呼应。北壁坛背屏北壁绘水月观音、文殊、普贤三大士组合，与北壁的梵释二十诸天像对应。在敦煌吐蕃、归义军时期的西壁开龛殿堂窟中，西壁龛两侧多绘文殊、普贤并侍从图，其中大梵天、帝释天就以侍从的身份分别站立在文殊、普贤下方。背屏北壁文殊、普贤与北壁梵天、帝释对应，实际上也表明了他们之间的主从关系。大雄宝殿塑像、壁画中神祇之间的主从关系可以用下图表示：

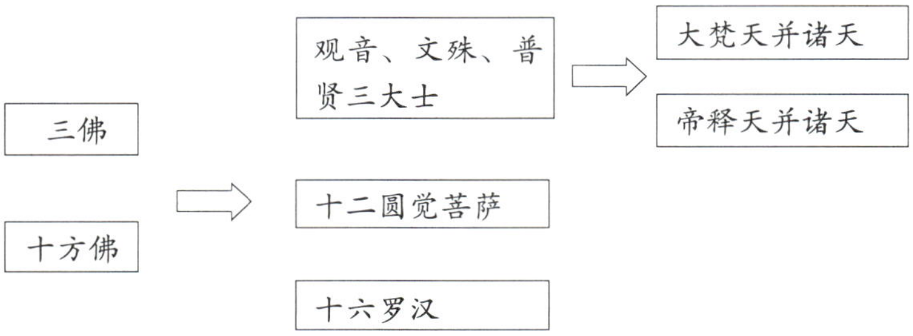

1　新样文殊的研究可参见荣新江《归义军史研究——唐宋时代敦煌历史考索》第八章第二节“‘新样文殊’像的来历”，上海古籍出版社，1996年，第252—256页。

梵释诸天的排布顺序如下：

三 佛

（右班）	（左班）
帝释天	大梵天
北方多闻天	东方持国天
西方广目天	南方增长天
菩提树神	魔醯首罗天
大辩才天	功德天
月宫天子	日宫天子
鬼子母	摩利支天
散脂大将	坚牢地神
密迹金刚	韦驮天
阎摩罗王	龙王

大雄宝殿壁画中，十方佛、十二圆觉菩萨、八大菩萨、三大士皆以正面尊像的形式出现，梵释诸天则采用了赴会式的构图：大梵天、帝释天各带领诸天眷属朝中间行进，中间的门在视觉上起了缓冲、隔离的作用，使画面显得疏密有致。对应是梵释诸天壁画在构图上最大的特点，对应的神祇在身份、职能上相近，在视觉形象上则尽量避免雷同，或分别呈男女相，或在表现手法上加以变化。比如说大梵天和帝释天，一为色界天主的代表，一为欲界天主的代表，分别统领着色界、欲界诸天，大梵天作天子装扮，面部呈男相，有胡须，帝释天则作天妃装扮，面部呈女相。四大天王是护法神的代表，居住在三十三天山腰四面，归帝释天统领，为对应的需要，东方、南方天王被安排在了大梵天身后，西方、北方天王则被安排在了帝释天身后。他们虽然皆身披甲胄，面容凶恶，但面部颜色、法器均不相同。日、月宫天子分掌日、月，均作双手捧笏的天子形，一呈男相，一作女相，遥相呼应。韦驮天、密迹金刚皆为护法神，持金刚杵，一为身披甲胄、英俊威武的将军，一为袒露身体、怒目须髯的金刚。龙王、阎王位于二队队列最后，一为大海之主，一为地狱之王，皆着衮服，双手捧笏，但是前者面相英武，戴梁冠，后者面相凶恶，戴冕旒。

梵释诸天涉及的神祇众多，有天子、护法神、密教天女、普通天女等不同类型，画师不仅突出了不同类型神祇之间形象、性格的差异，而且也注重对同一类型的神祇加以区分。大梵天、帝释天分别为欲界三十三天、色界初禅天的天主，掌管诸天，不仅面相端严，有王者气度，而且排场较大，身后有天女举宝盖，两侧有天女相随。日、月宫天子虽然亦为天子，但是身份较大梵天、帝释天要低，手捧笏板，略显谦恭。龙王、阎罗王身份更低，位处队列最后，手捧笏板，阎王的凶恶相也与其地狱之王的身份相符。此外龙王身后表现了两位捧贝壳、珊瑚的虾兵蟹将，阎王身后表现了持幡、长锯的鬼卒，阎王、龙王身后鬼卒的形象有效地凸显了他们的身份。另如护法神，有四大天王、韦驮天、散脂大将和密迹金刚，面相有凶恶和英武两种类型，或身披甲胄，或袒露肌肉，所执武器、动物也多能代表各自的身份，如东方持国天之琵琶，南方增长天之长剑，西方广目天之蛇，北方多闻天之伞，韦驮天、密迹金刚之金刚杵，散脂大将之长斧等。作多臂菩萨形的密教天女有魔醯首罗天、摩利支天和大辩才天，皆面相端严，同时三者之间的差异也很明显，比如说摩利支天有三头，其中一面为猪头，身后也绘有一猪，大辩才天身边围绕有狮、狼、豹，而且三位天女的持物也各不相同。功德天、坚牢地神、菩提树神都被表现为面相清秀温婉的天女，鬼子母也被描绘成美貌的妇女，但也各有区别，功德天身边有捧镜梵摩天、咒师，头顶有六牙白象，坚牢地神捧谷穗，菩提树神捧菩提树枝，鬼子母以手摸幼子头。

相对而言，东、西壁的十方佛、十二圆觉菩萨、八大菩萨、三大士在形象上都比较单调，如佛均表现为威严慈祥，菩萨皆描绘为端庄秀美，因此在艺术性上不如梵释诸天。

画师根据对象身份及服饰质地的不同，运用了不同的线条类型。比如说天子、天女、咒师的宽袍大袖，菩萨、护法神的飘带衣袖，均采用了连绵不断、婉转流畅的长线条，突出“吴带当风”的气势，同时在衣服的转折纹路上，少量运用了方折劲利、带有钉头鼠尾笔意的短线条。另如魔醯首罗天、于阗王、番王的衣裙则采用了盘曲扭转的流云纹。在具体神祇的描绘上，神祇面部、手足用细腻、柔淡一点的线条勾勒，行笔速度略慢，头冠、璎珞、项圈、臂钏、手镯、甲胄，以及香炉、瓶、盆、弓斧、刀剑等器具，则都采用了沥粉堆金的表现手法，形成凹凸的立体感以及金碧辉煌的艺术效果。在颜色上，运用了石绿、石青、朱砂、藤黄、白垩等矿物质和天然植物颜料，形成以绿、红、黄、白为主的色调，鲜丽而不失清雅。

法海寺主要系李童等皇帝宠信的宦官出资营建，寺院的建造、壁画的绘制应都是由宫廷工匠、画士来完成的。从艺术风格及表现技法上来看，大雄宝殿壁画体现出了精工严谨的宫廷格调和华丽富贵的皇家气象。明代宣德年间，宫廷画家人才辈出，画艺精湛，人物、山水、花鸟均有突出的成就。其中商喜的人物画从壁画中吸取了较多的营养，其卷轴画具有壁画的效果，典型的如故宫博物院收藏的《关羽擒将图》。关羽是壁画中较多表现的题材，该图系绢本设色，表现的是三国时期关羽水淹七军擒获曹操大将庞德的故事，图中衣纹线条婉转精工，体现了钉头鼠尾的笔意，衣袖有风动感，颜色以绿、红、黄为主，甲胄沥金粉，法海寺壁画在艺术风格上与该图具有一定的相似性，正统年间的画士可能从前代宫廷画家商喜身上得到启发。由此，可以看到寺观壁画与宫廷画家之间的互动：宣德年间的宫廷画家商喜受到寺观壁画的影响形成自己的风格，正统年间绘制法海寺壁画的画士可能又受到了商喜绘画风格的启发。

附录 明正统八年（1443）法海禅寺记碑[1]

1 法海禅寺记

2 资善大夫吏部尚书兼

3 经筵官前

4 国史总裁泰和王直撰

5 将仕佐郎鸿胪寺序班钱塘吴谦书

6 修职郎工部营缮所副京口陈敬篆

7 西山自太行恒岳而来皆危峦叠嶂雄拔秀整盖天造地设以开北京会同之都由都城望之若负扆然山之中多平冈曲阜沃壤奥区真

8 学佛者所宜处盖天下胜处也御用监太监李公童自以遭遇盛时致身荣显朝夕在侍近被

9 宠光圣德之隆譬诸天地思崇建精蓝归诚诸佛以图报万一而未得奇胜心切念之一夕梦游山中岩壑深邃林木茂美有白衣老人指示曰此精蓝

10 地也他无以过此者觉而异之乃图厥状俾善相者往求焉至玉河乡水峪徘徊顾瞻适与图似问之其人盖龙泉古刹旧址也归而告于公

11 公喜曰吾营佛寺用其法以报

1 该碑记在王直《抑庵文集》卷三有收录。

12 上恩而神人能辅吾志吉莫大焉乃辟土壤理榛棘考方位之正审面势之宜尽捐已资市众材聚诸良工并手偕作好善之士愿以财力来助者亦受而不辞求可以任开创之事者得福寿师相与协心同力课役程功先作正殿药师殿天王殿次之翼以钟鼓二楼伽蓝祖师二堂又次

13 之方丈僧房廊庑厨库诸屋次第皆成环以修垣高厚式称前启三门开广途以通来者经始于正统四年闰二月廿二日而以正统八年十

14 月十五日讫工刻雕藻绘像设有严香华器物凡寺之所宜有者靡不毕具事闻

15 敕赐名法海禅寺公既以诚告诸佛而俾师日率其徒阐扬教典祝

16 圣寿于亿万年有生诸物咸享太平之福于悠久师号南山僧录司右善世雪峰渊公法嗣也守道励行精勤不懈既克如公之志而四方学徒之

17 来游者日益众蔚然京师名刹也师既喜寺之成又欲其永远而不坏乃具兴作之由来求文为记予谓天下之物有成必有坏惟善足以阴

18 佑斯人而人信向之然后能不坏而以永长存佛氏之教然也李公之为此以祝厘于19 上而徽惠于下其志甚笃而其心甚诚是以一念之感而神灵为发其秘又得师之专确以相成之故为此不难也后之居此者体今日之心相继

20 出力以维持之其久而不坏可必矣故为之记以示后之人而使刻之石

21 正统八年岁在癸亥冬十月望日记　　　　古并贾英镌

二、平武报恩寺

报恩寺位于四川省平武县城内，背倚老团山，左、右分别有箭楼山、镇南山，面临涪江。与我国寺庙通常坐北朝南不同，报恩寺坐西朝东，这一方面可能是因为平武界内氐、羌等少数民族以东为尊，有崇日而东拜的习俗，另一方面或也是因为皇城位于平武之东。寺院的主要建筑都位于中轴线上（图2-2-14），东起依次为山门、天王殿、大雄宝殿和万佛阁。天王殿前方左侧有钟楼，大雄宝殿前方两侧分别有大悲殿、华严殿。报恩寺因地处偏僻，建筑群保存完好，多为明代原构，其中大雄宝殿、万佛阁内保存有精美的明代壁画。

图2-2-14　报恩寺鸟瞰图，摘自四川省文物考古研究院等编著《平武报恩寺》（文物出版社，2008年）

（一）功德主与寺院的营建

平武历史上曾称龙州、隆安府，系氐、羌、藏、回、汉等民族杂居地，为蜀北重镇。宋代以来，薛、李、王三氏赐封为龙州世袭土官。报恩寺系土官佥事王玺创建，始建于明正统五年（1440，庚申），完工于正统十一年（1446，丙寅），前后历时七年。明正统十一年翰林院检讨李本撰《敕修大报恩寺碑铭》（见附录）记曰：

> 土官佥事王玺思无补报，欲大创寺宇，保障遐方。乃与土僧正知叶同开山，遂请于朝，皇上允之。纶音既下，卜其美地，水环以流，山拱而秀；抡材鸠工，伐石陶甓。经始于正统庚申，龙人之趍，事赴功者，罔敢或后，越七祀而告成。殿宇深峻，阶墀轩敞。殿之前则有天王殿、三桥、山门、二狮、二幢、钟楼，而极其华美；殿之后则有七佛楼、二亭、戒台、龙神、祖师之堂，而极其壮丽；殿之东西峙以大悲殿、轮藏殿，而翼以廊庑；楼之后则环以方丈、僧寮、斋厨、库舍。悉完整清洁。其妆塑点染，雕琢藻绘，黝垩丹漆，金碧琉璃，争光照耀，炳焕夺目，盖巍巍乎其不可及也。于以祝延圣寿，于以护国保民，非特为美观而已。

该碑详细地记载了寺内建筑的布局情况，与现存寺院布局相对照，可知除龙神、祖师二堂现在不见外，其余建筑大体保存了下来。该碑还特别提及了王玺创建寺院祝延圣寿、护国保民的目的，大雄宝殿佛坛毗卢舍那佛塑像前尚保存有“当今皇帝万万岁”九龙牌位，说明建寺已经成为地方长官为向皇帝表达忠心的一种手段。

王玺逝世后，其子王鉴袭荫授龙州宣抚司土官佥事，报恩寺总体已基本完工，但尚有未完备者，王鉴继续修葺。天顺四年（1460）奉议大夫礼部郎中孙茂撰《敕修大报恩寺》碑记曰：

> （王玺）既奉敕旨，爰竭赀产，鸠工积材，出心修造。正知及普恩、海祥赞襄其事。始创于正统庚申，落成于丙寅之岁。正殿绘十二圆觉，殿后塑观音大士，两庑绘释氏源流并圣僧罗汉。左右二殿有大悲千手观音圣像、华严十会、转轮宝藏。……功德仅完，公遽即世。今景昭既袭其荫，即以继述为事，工之未备者，咸为修葺。其七佛圣像、藏经函具、钟鼓法磬、器用之类，悉造塑铸饰。思其先人之功德，遂肖其遗像于后堂，榜其楣曰檀越，以著终身之慕。

根据以上论述，可知大雄宝殿十二圆觉，两庑释氏源流并圣僧罗汉，大悲殿千手眼观音像，轮藏殿华严十会、转轮宝藏皆系正统十一年原绘，王鉴（字景昭）天顺四年（1460）铸造置办的有七佛像、藏经函具、钟鼓法磬等。另据天顺四年（1460）奉议大夫刑部郎中李宽撰《敕修大报恩寺功德之记》碑，与王鉴、王瀚父子一同修建的还有龙州宣抚司宣抚薛公辅荫嗣薛永隆，副使李爵荫嗣李胤实。

1974年在平武县古城乡发现了王玺家族合葬墓五座[1]。王玺，字延璋，根据买地券可知他生于永乐三年（1405，乙酉），卒于景泰三年（1452，壬申），享年四十八岁[2]。王玺高祖王坤厚即在龙州任职，为长官司长官，其祖父王祥在洪武四年（1371）朝廷伐蜀时率众归附，七年（1374）授从仕郎判官。关于王玺家族世系的情况，《龙阳郡节判王氏宗亲墓志》载：

---

1 见四川省文管会、绵阳市文化局、平武县文保所《四川平武王玺家族墓》，《文物》1989年第7期，第1—42页。

2 王玺买地券石刻背面：维大明天顺八年岁次甲申四月癸未朔初三日乙酉四川龙州宣抚司殁故大明诰封昭信校尉佥事王玺，存系乙酉相二月初八日卯时生，原系本贯生长人氏，丧于壬申年十月二十八日未时，寿终化年四十八岁。未卜坟茔，遂令日者择此高原，来去朝迎，地占袭吉，地属本司古城，坐子向午之原，堪为宅兆。出备钱綵，买到墓地一方，左至青龙，右至白虎，前至朱雀，后至玄武，四方勾陈，分掌四丘，承墓伯封□界畔，道路将军齐整阡陌，致使千年百载，永无殃咎。若有干犯，并令将军亭长缚付河伯。今备牲牢酒脯，百味香新，共为信契，财地交相，各已分付，工匠备营安厝已后，永保清吉。知见人，岁月主，代保人，今日直符。故气邪精不得干扰，先有居者，永避万里，若违此约，地府主吏自当其祸，助葬主里外存亡，悉皆安吉。

> （王玺）高祖父王坤厚任龙州长官司长官，坤厚传于曾祖父王文质，文质传于祖父王祥，升龙州元帅府副使，至正二十三年既龙州宣抚司使。洪惟圣朝洪武四年大军伐蜀，率众归附。洪武七年改龙州衙门，授从仕郎判官职。洪武十四年传于父王思民，永乐三年传于兄王真，永乐二十一年传于侄王忠政，宣德三年玺乃荣奉□兄袭父职。[1]

其中提到王玺并非在父亲死后直接承袭父职，而是在其兄王真、侄王忠政之后，于宣德三年方承袭父职。宣德八年（1433），王玺因征剿番猓有功授宣抚司佥事，《龙安府志》记曰："宣德八年，松、茂、叠溪等处番猓作犯，（王玺）率兵征剿，升授宣抚司佥事。"[2]

另联系到天顺四年（1460）孙茂撰《敕修大报恩寺继葺碑铭》款署："叔王壁弟王钥男王瀚"，列王玺家族世系如下：

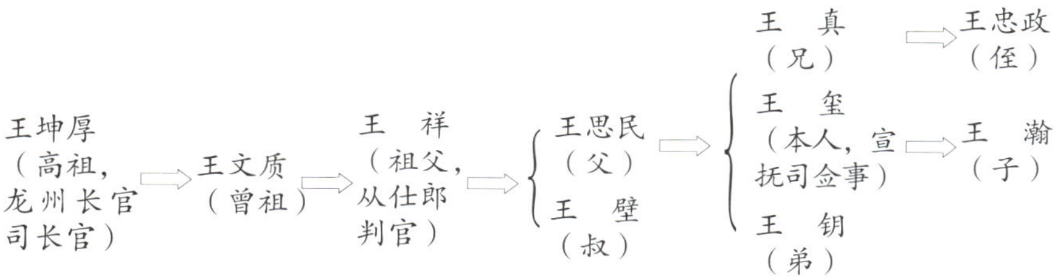

王玺夫妇合葬墓棺室北壁上部中间刻王玺像（图2-2-15），头戴梁冠，身着朝服，双手捧笏，端坐太师椅上，两侧各立一男子捧物。

图 2-2-15　王玺像，明，王玺夫妇合葬墓棺室北壁上部

报恩寺现存寺院中保存有明代壁画的有大雄宝殿、万佛阁。如前所述大雄宝殿十二圆觉，两庑释氏源流并圣僧罗汉都应是正统十一年（1446）原绘。大雄宝殿后槽佛坛上置三佛像，背屏背面悬塑观音、文殊、普贤三大士像，其中观音像旁有景泰二年（1451）塑装题记。这说明殿内现存十二圆觉菩萨等壁画系正统十一年（1446）绘，观音、文殊、普贤三大士像直到景泰二年（1451）方完工。万佛阁壁画风格与大雄宝殿十二圆觉像相近，应是同一时期的作品。

图 2-2-16　报恩寺大雄宝殿外景

1 转引自四川省文管会、绵阳市文化局、平武县文保所《四川平武王玺家族墓》，《文物》1989年第7期，第40页。
2 转引自同上，第40页。

（二）大雄宝殿圆觉菩萨等壁画的内容

大雄宝殿为重檐歇山顶（图2-2-16），面宽五间，进深四间。殿内后槽佛坛上塑三身佛像，中间头戴冠者为法身佛毗卢遮那佛，两侧应分别为报身佛卢舍那佛、应身佛释迦佛。三身佛背屏后悬塑观音、文殊、普贤三大士像。

西壁（后壁）与南、北壁绘十二圆觉菩萨像，位置示意图如下：

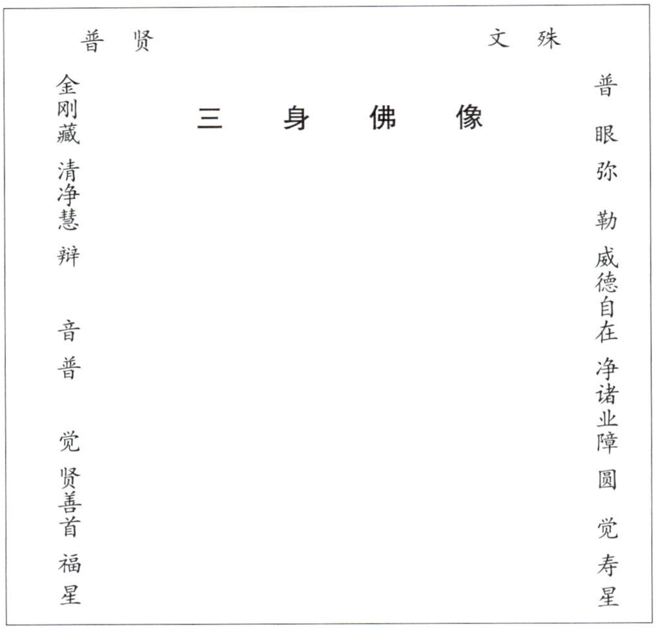

西壁北侧持如意者为文殊菩萨（图2-2-17），内着黑衣，外罩红衫，红衫在颈部束拢，交脚坐。西壁南侧持贝叶经者为普贤菩萨（图2-2-18），内着僧祇支，外披深色衫，跏趺坐于三面围屏的罗汉床上。该菩萨项光外侧放出一周红色的光，光中间用金线勾勒。

北壁共有四铺。西起第一铺绘菩萨一身，为普眼菩萨，身微右倾，内着僧祇支，外披黑衫，持佛经卷轴，游戏坐。其右侧立一黑衣老叟，戴东坡巾，长须；项光左上侧绘一折枝桃花，枝头上立两只鸟。第二铺绘菩萨二身，其中持方形扇者为弥勒菩萨（图2-2-19），扇上绘矗立在大海中的须弥山，须弥山上的宫殿为弥勒菩萨居住的兜率陀天，菩萨内着僧祇支，外披黑色田格袈裟，游戏坐；左手支宝座上右手搭右膝上者为威德自在菩萨，内着僧祇支，外披饰金色纹样的红衫，游戏坐。此铺两侧下方各绘一天王，其中抱琵琶者为东方持国天，另一位持物不清；两侧上方分别有供养童子、天女。两身菩萨中间立一托钵菩萨，该菩萨项光上方绘牡丹花。第三铺亦绘菩萨两身（图2-2-20），其中左手持摩尼宝珠者为净诸业障菩萨，宝珠上方有火焰纹，该菩萨内着僧祇支，外披黑色天衣，游戏坐；双手结禅定印者为圆觉菩萨，内着僧祇支，外披红色田相袈裟，结跏趺坐。圆觉菩萨左下立大梵天（图2-2-21），作男相，头戴梁冠，有长须，身后立三天女，其中一天女举幡。第四铺绘神祇五位（图2-2-22），中间为一老者，额头突出，长脸大耳，长须，着镶金蓝灰色交领长袍，左手握卷轴，右手作拉系卷轴的绦带，长爪，其长脸大耳、长爪的形象与故宫博物院藏明宣德三年（1428）朱瞻基《寿星图》相似，应为寿星。寿星周侧三头六臂、手顶日月者应为阿修罗，另有一位面容凶恶、手握剑柄的护法神，一位面容英武、双手合十的将军，以及一位圆目赤脸、双手捧笏的神祇。

图 2-2-17　文殊，明，报恩寺大雄宝殿西壁北侧

图 2-2-18　普贤，明，报恩寺大雄宝殿西壁南侧

图 2-2-19　弥勒和威德自在，明，报恩寺大雄宝殿北壁

图 2-2-20　净诸业障和圆觉，明，报恩寺大雄宝殿北壁

南壁亦为四铺。西起第一铺绘菩萨一身，从双手捧长剑的特征来看，应为金刚藏菩萨（图2-2-23）。该菩萨身微左倾，内着红衣，外罩白衫，白衫在颈部束拢，衣衫样式与西壁北侧文殊菩萨相似。该菩萨左下残毁，应绘有人物，右上绘折枝花，枝上立二鸟。第二铺绘菩萨二身，其中右手持植物枝茎者应为清净慧菩萨，内着僧祇支，外披深青色的衫，衫上布满金色的法轮图案，游戏坐，项光外祥云漫漫，部分勾勒祥云轮廓的金线犹存；右手捧圆屏小坐佛者应为辩音菩萨，内着僧祇支，外披红衫。该铺两侧下方各立一天王，其中左手托塔，右手拄伞者为北方多闻天，另一位持物不清。第三铺绘菩萨两身，双手捧小金佛者为普觉菩萨，内着僧祇支，外着深色衫；右手握佛经册页者为贤善守菩萨，头顶宝冠火焰纹宝珠放出两道白色的光，内着僧祇支，外披深色田相袈裟。贤善守菩萨右下侧绘帝释天，作女相，身侧及身后有天女数身，其中一位举幡。第四铺绘五位神祇（图2-2-24），下排前方者作中年男子形，头束巾，着深绿色镶边长袍，双手捧如意，他身后即上排前方者为一蝙蝠形夜叉，“蝠”谐音“福”，故判断持如意者应为福星。福星周侧有一狮面人身、手握卷轴的护法神，一头披狮帽、双手捧物的护法神，以及一位面色深青的夜叉。

图 2-2-21　大梵天，明，报恩寺大雄宝殿北壁

（三）万佛阁菩萨、梵释诸天等壁画的内容

万佛阁为三重檐（图2-2-25），分上、下两层，面阔五间，进深三间。下层西壁（后壁）中间坛上为释迦塑像，两侧立十大弟子塑像（图2-2-26）。释迦像前两侧，立王玺、王鉴父子像（图2-2-27），他们均头

图 2-2-22　寿星与护法神，明，报恩寺大雄宝殿北壁

图 2-2-23　金刚藏，明，报恩寺大雄宝殿南壁

图 2-2-24　福星与护法神，明，报恩寺大雄宝殿南壁

图 2-2-25　万佛阁外景

图 2-2-26　万佛阁下层内景，明

戴梁冠，身着官服，双手抱拳，作听经状。孙茂撰《敕修大报恩寺》："思其先人之功德，遂肖其遗像于后堂。"指的就是万佛阁内释迦两侧的王玺、王鉴父子像。报恩寺在释迦像侧塑功王玺、王鉴像的做法，可能是受到了法海寺大雄宝殿在罗汉像侧塑李童像的影响。西壁塑像背后为成团的云气纹，云气纹上方（即塑像头顶上方）绘有四菩萨、八护法神像。南、北侧壁西铺各绘菩萨十身，分上下两排，下排菩萨胸部以下被白灰覆盖，菩萨手持伞、盾牌、弓箭、方形扇、棍、树枝、幡、碗等各种法器，法器体形都较小。两侧壁东铺亦被白灰覆盖。

图 2-2-27　王玺像，明，报恩寺万佛阁下层

万佛阁上层西壁（后壁）塑七佛像，木雕，残损严重，现修补复原。此七佛应即天顺四年（1460）孙茂撰《敕修大报恩寺》碑记中提到的王鉴塑造的七佛圣像。七佛像两侧及南、北侧壁绘梵释诸天像（图2-2-28、图2-2-29）。现绘制神祇位置示意图如下：

帝释天	大辩才天	功德天	大梵天
增长天			多闻天
散脂大将	七　佛　像		密迹金刚
东岳大帝			韦驮天
鬼子母			菩提树神
摩醯首罗天			坚牢地神
日天			摩利支天
紫微大帝			月天
广目天			持国天
阎摩天			雷神
龙王			夜叉

七佛像左侧，即西壁北侧南起依次绘功德天、大梵天像（图2-2-30），皆面朝七佛像。功德天作天女形，双手持佛经卷轴，其侧一天女手捧装满珠宝的金钵。法海寺功德天身侧有手持宝镜的梵摩天、手持香炉的咒师，头顶有雨宝的白象，与行霆《重编诸天传》中记载的功德天的形象相符，而万佛阁功德天像侧没有能体现其身份特征的人物或动物，根据其天女形及所处的位置判断应为功德天。大梵天作天子形，有髭须，头戴梁冠，身着龙纹冕服，手捧莲花香炉，身后立一头顶梳双髻的青衣童子捧金色圆盒。

西壁七佛像右侧，即西壁南侧依次绘大辩才天、帝释天。大辩才天作密教菩萨形，三面八臂，三面皆呈端严相，左上手托黑色山石状物，右上手持短的降魔杵，胸前左手执弓，右手握箭，左中手执盾，右中手执长剑，左下手执长戟，右下手捏羂索。帝释天作后妃相，有菩萨式的髭须，着红色鎏金凤纹红袍，左手托金佛，右手拇指中指相扣，身后一天女执扇。

北壁分为西、东两铺，众神祇、人物主要面朝西，有的为正面。北壁西铺西起依次绘：北方多闻天，身着盔甲，双手托塔，身后一将军拄伞而立。密迹金刚，作凶恶相，怒目

图 2-2-28 大梵天并诸天像，明，报恩寺万佛阁上层西壁北侧及北壁

图 2-2-29 帝释天并诸天像，明，报恩寺万佛阁上层西壁南侧及南壁

赤面，袒露上身，左手握胸前飘带，右手执杵。韦驮天，作将军形，面容英武，合十，前臂上横降魔杵。菩提树神，作圣母形，凤冠霞帔，手持菩提树枝，两侧各立一侍女，菩提树神及侍女壁画头部以下残毁。坚牢地神作菩萨形，双手合十，没有描绘象征其身份的谷穗。摩利支天（图2-2-31），三面八臂，三面皆呈端严相，上双手分别擎举日、月，胸前双手合十，另外四臂分别执盾牌、宝剑、绢索、长戟。图中摩利支天虽无猪面的特征，但手擎日、月与其名称（“摩利支”是阳光的意思）相符。月天作圣母形，凤冠霞帔，冠中饰月轮，双手捧笏。

北壁东铺分前、后两组（图2-2-32）。前组最前方为天王，头戴盔帽，身披金甲，腰间悬剑，双手捧杵，应为东方持国天（图2-2-33）。北方多闻天、南方增长天分别位于北、南壁西铺最前方，南壁东铺最前方为西方广目天，该天王与之相对应，故判断应为东

图 2-2-30 功德天、大梵天，明，报恩寺万佛阁上层西壁北侧

图 2-2-31 摩利支天，明，报恩寺万佛阁上层北壁

图 2-2-32 报恩寺万佛阁上层北壁东铺诸天，明

方持国天。东方持国天身后立一举旌旗的将军。其后为雷神，头戴道冠，赤发上竖，黑脸鹰嘴，双手握锥，左手腕悬鼓槌。雷神身侧立一夜叉，秃顶，头束金箍，赤面獠牙，身披甲胄，外罩白衫，左臂夹斧，右手抚斧刃，其身后另有一夜叉捧物。后组绘供养人，前为七位手捧笏板的红衣官员，红衣官员身后立一中年男子，头戴笼纱冠，身着褐色长袍，双手合十，其侧一青衣男子头束巾，亦合十。两人身后立一异域长者，头顶冠上饰象牙，胡貌梵像，络腮胡，身披红衫，身后一侍者捧象牙，身侧一侍者捧舍利瓶。后组供养人上方云端露出身披甲胄的二天王，一持剑，一抱拳，抱拳者前臂上横杵。

南壁分西、东两铺，众神祇、人物主要面朝西，有的为正面。南壁西铺西起依次绘：南方增长天，面容英武，头戴盔帽，身披金甲，右手执剑。散脂大将，作天王形，面容英武，身披甲胄，双手执斧钺。法海寺散脂大将作夜叉形。其后神祇作帝王装扮，头戴梁冠，有髭须，身着朝服，手执如意，可能为东岳大帝。鬼子母，作圣母形，凤冠霞帔，双手执红布包裹着的长棍状物，身后夜叉头部损毁，但在夜叉胸部可见两只小红鞋，故知表现的是婴孩骑在夜叉肩头。摩醯首罗天（图2-2-34），作夜叉相，三面六臂，头戴金梁冠，赤发上竖，三目，肤色尽白，面容凶恶，左上手托金轮，右上手执斧钺，胸前左手握弓，右手执箭，左下手执盾，右下手握长剑。《重编诸天传·摩醯首罗天传》曰："今古画像作两种不同。一作菩萨相，但三目八臂，执拂持铃杵并尺结印合掌；一作药叉之形，赤发鬈起，三目八臂，执弓箭等。"[1]法海寺摩醯首罗天作菩萨相，报恩寺作药叉相，分别反映了摩醯首罗天今古两种不同的形象。摩醯首罗天身后立一拄旗而立的将军。日天，作天子形，头戴梁冠，冠中间饰代表日的红色圆轮，身着衮服，双手捧笏。紫微大帝，亦作天子形，头戴梁冠，冠上饰绘有星宿图的圆轮，身着衮服，双手捧笏。紫微大帝身后立一童子。

南壁东铺分前、后两组（图2-2-35）。前组绘三神主神。最前方为头戴金盔、身披金甲的天王，从手持弓箭的特征来看为西方广目天；中间者为阎摩天，头戴梁冠，赤脸黑须，身着黑色衮服，双手捧笏，其身后立一捧判簿的官员。阎摩天身侧亦立一天子装扮的官员，头戴梁冠，赤脸，身着黄色冕服，双手捧笏，身后立一头顶双角、手捧珊瑚的夜叉，从夜叉手捧珊瑚的特点来看，该天子扮相的神祇应为龙王。后组绘僧俗供养人。前方为七位僧人，其中五人合十，

图 2-2-33　东方持国天、雷神，明，报恩寺万佛阁上层北壁

图 2-2-34　摩醯首罗天，明，报恩寺万佛阁上层南壁

1 ［宋］行霆述《重编诸天传》，《卍续藏经》第88册，第428页上栏。

图 2-2-35　报恩寺万佛阁上层西壁东铺诸天，明

另外二僧一捧香炉一捧碗。后方绘合十的优婆塞、优婆夷，年纪略大，二人身后一青年男子手捧净瓶，瓶中插花。僧俗供养人上方云端现二天王，一抱拳一合十，抱拳者右手腕悬剑，合十者前臂上横金刚杵。

（四）报恩寺圆觉诸天壁画的特点

平武地处蜀北重镇，该地有氐、羌、藏、回、汉等多民族杂居，为防御外族入侵的一道屏障。报恩寺的创建者王玺就是因为宣德八年（1433）征剿松、茂、叠溪等番猓有功而升授宣抚司佥事的。正统五年（1440），即王玺升授宣抚司佥事后七年，王玺时年三十六岁，在皇帝的批准下，开始建造报恩寺，前后历时七年。王玺建造报恩寺的政治动机是很明显的，正如李本撰《敕修大报恩寺碑铭》中所说的那样："于以祝延圣寿，于以护国保民，非特为美观而已。"仿效洪武十六年（1383）创建之太原崇善寺、洪武二十六年（1393）完工之青海瞿昙寺，报恩寺在大雄宝殿设有"当今皇帝万万岁"的九龙牌位。此外，与法海寺中李童的像与罗汉像并列相似，报恩寺万佛阁中也塑有王玺、王鉴父子听法像。功德主以供养人像的形式出现在寺庙、石窟壁画中颇为常见，但是将功德主以塑像的形式与菩萨、弟子、罗汉等塑像并列，却是十分罕见的。从中可以看到明代早、中期，佛教向世俗政治、权力的屈服。

大雄宝殿西壁（后壁）后槽佛坛上塑毗卢遮那、卢舍那和释迦三身佛像，三身佛像背屏后塑水月观音、文殊、普贤三大士像。殿内西、北、南三壁绘十二圆觉菩萨像和福寿二星像。唐佛陀多罗翻译的《大方广圆觉修多罗了义经》中，十二上首菩萨依次为：文殊师利、普贤、普眼、金刚藏、弥勒、清净慧、威德自在、辩音、净诸业障、普觉、圆觉和贤善首。报恩寺大雄宝殿在十二圆觉像无榜题，从菩萨形象上看，报恩寺十二圆觉应是依据《大方广圆觉修多罗了义经》绘制而成的，其出现的位置与《大方广圆觉修多罗了义经》中十二圆觉菩萨问法的顺序相符，以左右对应的形式出现。其后的新津观音寺十二圆觉菩萨像侧多有榜题，可以清晰地看出亦是遵照此顺序。值得注意的是，在北、南壁圆觉菩萨的最东端分别表现了寿星、福星，体现了明代中期民间福寿文化向寺院壁画的渗透。

万佛阁分上、下两层，下层塑释迦及十大弟子像，王玺、王鉴父子以听法像的形式位于释迦像前两侧。上层以七佛塑像为主尊，塑像两侧及侧壁绘梵释诸天壁画。与行霆二十诸天相比，报恩寺增加了东岳大帝、紫微大帝、雷神、夜叉，为二十四诸天。清初弘赞集《供诸天科仪·序》曰："古师列十六诸天，后增日、月、龙王、阎罗为二十，今人增至二十四。"[1]由此可知明代已增至二十四诸天。北京拈花寺二十四诸天前皆列有神位，可知是在二十诸天外增紫微大帝、东岳大帝、雷神和紧那罗王。其神祇体系与报恩寺基本相似。

报恩寺二十四诸天像中，对应、类型化仍是其主要特点，比如说功德天与大辩才天对应，一作汉传菩萨形，一作密教菩萨形；大梵天和帝释天呈对应关系，分别作天子、后妃形；四大天王皆作天王形，分别两两对应，等等。当然也有应对应而实际上未对应的情况，比如日天和月天，他们分别作天子、后妃形，在壁画中前后错开了一位。与法海寺二十诸天相比，报恩寺二十四诸天中部分神祇的身份特征消失，如坚牢地神没有持象征其身份的谷穗、摩利支天无猪面的特征等。此外，报恩寺摩醯首罗天没有选择法海寺的菩萨相，而是作药叉相，两种相实际上反映的是摩醯首罗天今、古两种不同的形象，均符合佛经的仪轨。

附录　明正统十一年（1446）敕修大报恩寺碑铭

1 敕修大报恩寺碑铭

2 物之大者莫过于天地惟圣人之心方能包括焉是故日月星辰天之文章也春夏秋冬天之刑赏也风雨霜露之交相寒暑草木鸟兽之荣瘁生育举不能出于方寸之表自吾宣圣参乎两间其道甚尊其教易行所以集群圣之大成无有儗伦

3 之者厥后西方有大圣人者名曰佛其道尚清净寂灭以明心见性为宗旨以谈空入定为阃奥说三百五十会之妙法运八万四千座之浮图而西乾诸国推为世尊其名号之大概可知矣及乎东汉明帝梦金人长丈余其教遂骎□遍于中国中

4 国沙弥于名山胜地建立寺宇以奉供之若精舍招提宝坊金刹丛林梵宫庵院之类名虽不一而所以事之者同一诚也故后世称颂佛者谓天地之至大不足以等佛之法身谓日月之至明不足以儗佛之毫相谓尘沙之至广不足以数

5 佛之功德噫诚若斯言刚佛之方寸包括天地而无外矣其信也欤其勿信也欤龙阳旧治青川洪武中徙今乐平古有观音院在今寺之南规制湫隘无以容众土官佥事王玺思无补报欲大创寺宇保障遐方乃与土僧正知叶同开山遂请于

6 朝皇上允之

7 纶音既下卜其美地水环以流山拱而秀抡材鸠工伐石陶甓经始于正统庚申龙人之趍事赴功者罔敢或后越七祀而告成殿宇深峻阶墀轩敞殿之前则有天王殿三桥山门二狮二幢钟楼而极其华美殿之后则有七佛楼二亭戒台龙神祖

8 师之堂而极其壮丽殿之东西峙以大悲殿轮藏殿而翼以廊庑楼之后则环以方丈僧寮斋厨库舍悉完整清洁其妆塑点染雕琢藻绘黝垩丹漆金碧琉璃争光照耀炳焕夺目盖巍巍乎其不可及也于以祝延

9 圣寿于以护国保民非特为美观而已乃走书京师谒余为铭将勒诸石以传示永久夫有绝伦之才气斯能成莫大之事业有莫大之事业斯能获无量之功德故作之于昭昭之际而报之于冥冥之中矧佛圣之心以慈悲为本人有纤芥之

10 善颠罔不俾之如意初不计其此其智愚贤不肖而咸囿于化化之天今王公才器如此其高事业如此大功德如此其广佛圣之心当何如哉其报施之效必显于后裔而垂裕于无穷

1 《卍续藏经》第74册，第637页上栏。

也铭曰

11 龙城之内地平以丰一水萦带四山穹窿开基创寺坐西面东伊谁檀越佥抚王公奏于

12 帝延

13 帝曰准从敕赐寺额永示褒崇危楼大殿法门有容祝

14 延圣寿普化愚蒙祥云绚采慧日当空资费无筹福德在躬有僧正知赞襄同功阐明三学振扬宗风我铭贞石传之无穷

15 大明正统十一年岁次丙寅三月上澣

16 赐进士出身翰林院检讨斧川李本撰

17 儒士吉水黎延书丹并篆盖是岁冬十一月吉旦立石

三、新津观音寺

观音寺位于四川省成都市新津县城南约七点五公里的永商镇宝桥村，背倚九莲山，前临邛水。九莲山因山有九峰拱卫状若莲花故名，原名平盖治，系道家二十四治之一。观音寺坐北朝南，现存主要建筑有山门、弥勒殿、毗卢殿、观音殿等，其中毗卢殿内保存有精美的明代十二圆觉菩萨壁画，观音殿内保存有明代观音、文殊、普贤三大士塑像和四十六尊罗汉像。

该寺创始于南宋淳熙八年（1181），元代毁于兵燹，明宣德年间（1426—1435）重修，弘治三年（1490）竣工，共有殿宇十二重。明末清初该寺遭损毁，仅存观音、毗卢、天王三殿。清康熙、乾隆、道光年间均有修缮。

（一）毗卢殿圆觉诸天壁画的内容

毗卢殿为单檐歇山顶式（图2-2-36），面阔三间。据香炉题记，该殿建于明天顺六年（1462），殿内设中心佛坛，佛坛上塑毗卢遮那、卢舍那和释迦三身佛像。

中心佛坛塑像后有扇面墙，扇面墙北侧中间塑佛坐像，墙两侧还有体形较小的童子像。扇面墙北壁绘满壁画，中间为十一面千手眼观音像，观音胸前双手合十，腹前双手捧碗，头顶双手捧佛像，其余手密集地分布在身体周侧，围成一圈，各手心皆长有一眼，执各种法器，结跏趺坐莲座上。莲座下侧有四金刚抬莲座。莲座西侧立一天子、天妃装扮的神祇，皆合十，身后二女官各举一描金龙纹团扇；东侧里二天妃装扮的神祇，皆合十，身后二侍女各举一描金双凤纹团扇。千手眼观音西侧，绘男性官员或坐庑殿内，或坐露台屏风前，另有女性神祇在官员扈从下出游。千手眼观音莲座东侧两位女性神祇身后跟随一老年女供养人（图2-2-37），双手合十。此女供养人身后下方有成化四年（1468）榜题，漫漶处较大，其中提到“……嘉定州邛县……佛喜舍□□绘壁，信女□（杨？）氏……伏愿今生广种福田，来世转□成男□。成化四年吉旦志。”此女供养人应即榜题中提到的“信女□（杨？）氏”，有趣的是，愿文提到愿来世转成男身。此女供养人上方，描绘有老妪挑柴的情形，身后上方绘斋僧尼

图 2-2-36 观音寺毗卢殿外景

的情形，身后下方绘一红衣官员端坐，观看监督众夜叉劳作。东侧两位女性神祇下方，另有乾隆二十一年（1756）重修榜题曰：

图 2-2-37　女性神祇及供养人像，清重绘，观音寺毗卢殿扇面墙北壁

新津县具义乡头□□家林居□□……佛，喜舍资财，重装古佛金像一尊、九重灯壹架、香山全堂、金童贰。尊信士罗友鳌，同缘管氏，下同。男万全、傅氏、郑氏，万□、李氏，万镒、吕氏，万钟、吴□（氏），合家人眷等发心，装彩光华，焕然复新，更祈佛佑子孙绵延，嗣续繁昌。庶佛德无垠……引进山僧寂明徒照□照□绘师陈朝□敬造，乾隆贰拾壹年拾月初六日穀旦。

整幅壁画颜色鲜艳，故知是乾隆二十一年（1756）在成化四年（1468）的基础上重新勾线、上色的，不仅保留了原来的图本样式，甚至还保留了原来的榜题。

东、西壁均分为三铺，绘十二圆觉菩萨及诸天壁画，众圆觉菩萨均头戴宝冠，面相端严，颈饰璎珞，臂腕佩钏、镯，诸天及供养天女、供养人分布在菩萨宝座、宝盖两侧。十二圆觉菩萨圆觉及诸天分布位置示意图如下：

天女　摩醯首罗天	**三身佛像**	于阗王　？
普　贤		**文　殊**
天女　帝释天　番王		供养人　大梵天
供养人　金刚		供养人　持国天
金刚藏		**普　眼**
多闻天　金刚		密迹金刚　广目天
清净慧		**弥　勒**
摩醯首罗天　增长天		韦驮天　菩提树神
辩　音		**威德自在**
天女　鬼子母		诃利天
天女　日天		供养人　？
普　觉		**净诸业障**
星宫　阎罗王		紧那罗　摩利支天
贤善首		**圆　觉**
天女　雷神		娑迦天

东壁北铺绘文殊菩萨像（图2-2-38）。文殊菩萨手捧如意，游戏坐，座南侧有四供养人像，二男二女，最南侧一身被木框遮挡，北侧有狮子和于阗王。头光南侧为大梵天，作天子相，手捧香炉，北侧不详，大部分被木框遮挡。四身供养人上方有榜题曰：

1 信士叶永寿同缘……

2 上洎

3 父母团栾（?）下祈子孙保守者

东壁中铺绘三身菩萨像，北起依次为普眼、弥勒和威德自在菩萨（图2-2-39）。普眼菩萨左手抚膝，作触地印，右手执宝镜，结跏趺坐。座下北侧绘供养人像。宝盖北、南侧各立一天王，北侧天王所执武器被木框所挡，仅可见长杆，从榜题看应为东方持国天，南侧天王横长剑，从榜题看应为西方广目天，但持物并非西方广目天标志性的武器——弓箭。普眼菩萨南侧榜题曰：

1 四川新津县太平乡居奉

2 佛信士彭觉寿同缘李氏五男彭

3 彭纪郑氏六女彭妙真孙彭万禄

4 洎家眷等喜舍资财本境

5 观音寺绘画佛普眼菩萨持国广目尊

6 天祈布见世福田预种当来福者

图 2-2-38 文殊局部，明，观音寺毗卢殿东壁

弥勒菩萨手执团扇，扇上绘庑殿式建筑表示兜率天宫，结跏趺坐。宝座北侧立密迹金刚，赤面竖发，火焰纹头光，左手按金刚杵；宝座南侧为韦驮天，头戴盔帽，身披金甲，双手合十。弥勒菩萨南侧榜题曰：

1 四川新津县太平乡捐资绘妆

2 弥勒菩萨密迹韦驮尊天信士彭文……

3 田本信女李妙灵蓝氏二男……

4 彭绍新彭绍宽田彦宗田彦……

5 各祈寿年绵远子嗣繁昌者

6 成化四年吉旦志

威德自在菩萨结禅定印，结跏趺坐。宝盖两侧绘菩提树神、诃利帝天。威德自在菩

图 2-2-39 普眼、弥勒和威德自在，明，观音寺毗卢殿东壁

图 2-2-40　净诸业障，明，观音寺毗卢殿东壁

图 2-2-41　紧那罗局部，明，观音寺毗卢殿东壁

萨南侧榜题曰：

（前缺）

1　　富彭万澄六十

2　　洎家眷等喜舍资财本境

3 观音寺绘画威德自在佛菩萨菩提诃利

4 尊天愿今生来世福慧臻荣者

东壁南铺绘两身圆觉菩萨，北起依次为净诸业障、圆觉菩萨。净诸业障菩萨（图2-2-40）肩搭红色帔帛，衣袖翻飞作火焰状，左手抚左膝上，右手持长剑，剑身绕火焰，游戏坐。宝座北侧绘供养人像。宝盖北侧神祇身份不清。净诸业障菩萨北侧榜题部分被木框遮挡，存留下来的榜题曰：

1 四川新津县太平乡绘壁信士李哲

2　　同缘周氏四　男李伯初

3 ……等捐赀绘妆

（下缺）

圆觉菩萨左手执经卷，经卷中间系有长绦带，右手捏下垂的绦带，结跏趺坐。宝盖南侧神祇面部及左臂被木框遮挡。宝座北侧有一夜叉，青面兽首，冠中间饰骷髅，身披金甲，外罩衫，右手握顶端包金箔的红棍，根据榜题应为紧那罗（图2-2-41）。紧那罗为天龙八部之一，系音乐神，唐慧琳《一切经音义》卷十一记："男则马首人身能歌，女则端正能舞。"[1]图中紧那罗为兽首，但并非马首，而是融合了人、兽的特征混合而成。宝盖北侧立六臂菩萨，面相端严，胸前双手合十，上双手持物被木框遮挡，左下手握长剑，剑身绕火焰，右下手执长戟，无明确身份特征。二十诸天中只有大辩才天、摩利支天为多臂菩萨，东壁北铺普贤菩萨像侧出现有大辩才天，故推测此多臂菩萨像应为摩利支天。宝

1 《大正藏》第54册，第374页下栏。

盖南侧绘一神祇，双手捧笏，应为榜题中提到的娑迦尊天。圆觉菩萨北侧榜题曰：

1 四川新津县太平乡绘壁信士郑宏

2 同缘郑氏五男郑希仁

3 郑希道洎家眷等捐赀绘画

4 圆觉菩萨紧那娑迦尊天一壁

5 伏愿夫妇修因有素善业洪深者

6 成化四年吉旦题

西壁北铺绘普贤菩萨。普贤肩搭红色帔帛，右手执莲花，左手捏斜披胸前然后下垂的飘带，结跏趺坐。座下北侧立大辩才天，面相端严，六臂，胸前双手合十，左上手执金锤，锤侧有红色日轮，右上手顶白色月轮，右下手握长戟，左下手被木框遮挡，执物不详。座南侧为帝释天（图2-2-42），作女相，手执方形扇，扇面上绘庑殿式宫殿，光芒四射，象征帝释天居住之忉利天宫。此外，座下可见有番王像。普贤头顶宝盖两侧各立一天女，手捧宝瓶，宝瓶中分别插有鲜花、珊瑚。普贤菩萨南侧榜题曰：

1 四川嘉定州……

2 佛捐资绘壁众信……

图 2-2-42 帝释天局部，明，观音寺毗卢殿西壁

图 2-2-43 金刚藏、清净慧和辩音，明，观音寺毗卢殿西壁

3　　陈希太　彭太伦……

4　　刘崇玉洎众等　绘……

5 普贤法王大菩萨大辨（辩）帝释尊天一壁伏愿

6 今世作大福果因永证金刚不坏

西壁中铺绘三身菩萨，北起依次为金刚藏、清净慧和辩音菩萨（图2-2-43）。金刚藏菩萨手捧金刚杵，半跏趺坐。座两侧各绘一身披甲胄的金刚。宝盖南侧为北方多闻天，左手持胜伞，右手托塔。宝盖北侧有胡跪天女。金刚藏菩萨南侧榜题曰：

1 四川嘉定邛县曲泽下乡绘壁信士

2　　袁□□陈□缘同信女袁氏妙

3　　钟□妙□洎众信等捐赀财□

4 金刚藏菩萨增长多闻尊天一壁

5　　伏愿□今生福果作来世津梁

6 成化四年吉旦志

金刚藏南侧菩萨左手胸前捧碗，右手下垂膝上握轻纱，结跏趺坐。座南侧一天王手握长剑，应为金刚藏菩萨南侧榜题中提到的南方增长天。该菩萨南侧有榜题，提到辩音菩萨、鬼子母及摩醯首罗天，实为其南侧菩萨的榜题。按照唐佛陀多罗译《大方广圆觉修多罗了义经》中十二圆觉菩萨的顺序，该菩萨应为清净慧菩萨。

图 2-2-44　鬼子母局部，明，观音寺毗卢殿西壁

辩音菩萨左手抚左膝上，右手胸前握宝珠，结跏趺坐。座南侧绘鬼子母（图2-44），作美貌少妇状，回首顾盼下方的一婴孩，合十。宝盖北侧为摩醯首罗天，三头六臂，面目凶恶，胸前双手合十，前臂上横金刚杵，左上手托山峦，右上手持羂索，左下手执戟，右下手握剑。宝盖南侧绘天女捧花胡跪。辩音菩萨北侧榜题曰：

1 四川嘉定州邛县曲泽下乡奉

2 佛信士袁嗣哲袁执道袁执中

3　　袁执真揭纲信女罗氏八

4　　李氏七徐氏三郭氏九袁氏

小姐

5　　洎众信等捐赀绘画

6 辩音菩萨鬼子母摩醯首[罗]尊天一壁

7　　伏愿共结见世之因同享当来之福

西壁南铺绘两身菩萨，北起依次为普觉、贤善首菩萨。普觉菩萨左手腹前结禅定印，右手拇指食指相扣，指间升起祥云，祥云上方托经册，游戏坐。宝座北侧绘日天，作天子形，梁冠中间饰红色日轮象征其身份，双手捧笏。宝座南侧为阎罗王，作天子装扮，赤面圆目，面容凶恶，亦双手捧笏。宝盖北侧立一天女，左手托果盘，右手拈果枝，回首下望。普觉菩萨北侧榜题曰：

1 四川新津县太平乡居奉

2 佛信士黄文达同缘张氏三男黄彦禧黄彦

3　　齐黄彦碧孙长寿女黄氏大洎家等
4　　发心本境
5 观音寺绘画普觉佛菩萨日宫尊天阁
6 魔罗王一壁伏愿布见世善因种当
7 来福果者

贤善首菩萨右手执念珠，结跏趺坐。座南侧立雷神，长脸獠牙，面目凶恶，身披甲胄，外罩衫，双手持环。宝盖北侧立一官员捧笏，应为榜题中提到的星宫（图2-2-45）。宝盖南侧为天女，右手托花篮。贤善首菩萨北侧榜题曰：

1 四川新津县顺和乡居奉
2 佛信士罗源同缘舒氏三婿徐伯缘女
3　　罗氏五
4　　洎一家等喜舍资财发心本境
5 观音寺绘画佛贤善首菩萨星宫
6 雷神尊天一壁祈
7 福慧子孙嗣联芳者

图 2-2-45　星宫，明，观音寺毗卢殿西壁

（二）毗卢殿圆觉诸天壁画的特点

除清净慧菩萨外，毗卢殿圆觉菩萨侧原均有发愿文榜题，记录了功德主、神祇名称、发愿内容及时间，现在大部分都清晰可辨，为神祇身份的辨认、功德主出资形式提供了难得的资料。毗卢殿壁画现存榜题中有四处提到系“成化四年吉旦志（或题）”（包括扇面墙北侧壁画榜题），可知该殿壁画整体完工于明成化四年（1468）。二十二年后，也就是弘治三年（1490），整个观音寺的重修工程才全部竣工。

从榜题中提到的功德主来看，两侧壁十二圆觉菩萨及诸天壁画是由新津县太平乡、顺和乡和邛县曲泽下乡等的民众共同捐资营造的，多以家庭为单位，捐资的家庭涉及彭、李、郑、袁、黄、罗等不同的姓氏。由此可知，新津寺既不是皇家、权贵出资兴建的官方佛寺，也不是家族寺庙，而是由乡间普通民众合资营建的。这种民间合资的性质体现了之后寺观新的发展方向，推动了明代中后期寺观壁画的繁荣。

除文殊菩萨（前有于阗王及狮子）、弥勒菩萨（手执绘有宫殿的团扇）外，其余圆觉菩萨多没有能表明其身份的侍从、法器。根据菩萨侧的榜题，可知是根据唐佛陀多罗译《大方广圆觉修多罗了义经》中十二上首菩萨的顺序排列的，东、西壁对应排列，先东壁再西壁，每壁六尊，东壁以文殊为首，西壁以普贤为首。值得注意的是，在圆觉菩萨宝座、宝盖两侧还绘有诸天，依靠榜题及形象特征能辨认出来的有大梵天、帝释天、四大天王、密迹金刚、韦驮天、摩醯首罗天、菩提树天、诃利天、鬼子母、日天、摩利支天、紧那罗、阎罗王、星宫、娑迦天、雷神等。从星宫、紧那罗、雷神来看，其依据已不再是行霆的二十诸天，而是其后流行的二十四诸天。从诸天神祇样式上来看，能表明其身份的面貌特征或执物趋于消失或淡化，比如说西方广目天没有握弓箭而是握长剑，摩利支天无猪面特征，摩醯首罗天身侧没有围绕狮子、虎、狼等，雷神身侧没有连鼓亦未握锤，阎罗王身后无鬼卒，娑迦天身后亦无虾兵蟹将等。

十二圆觉菩萨皆坐于三面围屏的木质宝座上，围屏上可见山水、云气纹或田格的装饰，相似的宝座在视觉上将菩萨联系起来。十二圆觉菩萨及梵释诸天用笔精细，菩萨及善神的面部、手足、肌肤皆用红色的线条勾勒，少数面目凶恶的护法神面部、手足皆用黑线勾勒，衣纹线简洁、劲健，起笔较粗，略带有钉头鼠尾的笔意。不同神祇因身份不同，所用线条也不尽相同，比如说菩萨衣纹线条都较为精细，而诸天的衣纹线条则相对略显粗犷。圆觉菩萨、诸天的宝冠、璎珞、钏镯、袈裟田格及执物等多堆粉沥金，衣服也多用红、黄、绿等鲜艳的颜色，整体上显得金碧辉煌、灿烂艳丽。总的来说，新津寺壁画虽然是由民间集资绘制的，但是仍然具有官寺壁画金碧辉煌、富贵雅致的特点，体现了官寺壁画风格的影响。

四、正定隆兴寺

隆兴寺位于河北省正定县城东隅，坐北朝南，主要建筑均位于中轴线上，北起依次为天王殿、大觉六师殿（遗址）、摩尼殿、戒坛、大悲阁、弥陀殿及毗卢殿（1959年从正定城内崇因寺迁建而来），戒坛后两侧有慈氏阁、转轮藏殿，大悲阁前方两侧有伽蓝殿、祖师殿，伽蓝殿及大悲阁东侧有关帝庙前、中、后三殿。摩尼殿及抱厦内绘有佛传故事、梵释诸天、西方净土等壁画，尤其是抱厦内的明代梵释诸天壁画颇为精美。

（一）寺院的营建与壁画的年代

据寺内现存隋《鄂国公为国劝造龙藏寺碑》，该寺始建于隋开皇六年（586），原名龙藏寺。唐改额为龙兴寺，北宋开宝二年（969）太祖赵匡胤敕令重铸大悲菩萨，而后建大悲阁，并以此为基础进行扩建。此后，元、明时期寺院都有重修、扩建，清康熙、乾隆帝多次驾临该寺，敕令重修。

摩尼殿，俗名五花大殿，是现存寺院建筑中最古老的一座。1977—1980年对该殿进行落架重修时在木梁上发现北宋皇祐四年（1052）墨书题记四处，其中内槽西次间阑额上题曰：“大宋皇祐四年二月廿六日立柱记常寺僧守义故题。”故知该殿系北宋皇祐四年（1502）原建。

摩尼殿经明成化二十二年（1486）重修，现发现有该年题记多处，其中屋梁墨书题记两处，板瓦底面线刻题记一处，望砖六处，檐墙砖刻题记一处，梁钉一处。其中檐墙砖题记曰：“闰盘砖二个。成化二十二年五月十四日。”这些砖上的题记说明墙体垒砌于成化二十二年（1486）。结合壁画风格来看，殿内佛传故事、抱厦梵释诸天、内槽东西扇墙外壁净土变，颜色沉着，应都是成化二十二年（1486）重修时绘制，东西扇墙内壁十二圆觉菩萨、八大菩萨像颜色较新，应是清代重修[1]。

（二）摩尼殿梵释诸天等壁画的内容

摩尼殿面阔七间，进深七间，重檐歇山顶，四面各出一山面向前的歇山顶抱厦，宋代称“龟头屋”（图2-2-46、图2-2-47）。殿内设坛，坛上塑一佛二弟子二菩萨像，三面砌墙，东、西扇面墙内壁绘十二圆觉菩萨、八大菩萨，外壁绘西方净土变、东方净土变，北扇面墙外壁塑水月观音像。殿内四壁绘佛传故事，四抱厦两侧壁绘梵释诸天。上述壁画中，以梵释诸天像最为精彩。

绘制梵释诸天的抱厦诸壁中，北抱厦东壁，南抱厦东、西壁已残毁，现存每壁绘三位天神，总共应表现了二十四诸天。二十四诸天是在二十诸天的基础上加上紧那罗、东

1 参见刘友恒、郭玲娣、樊瑞平《隆兴寺摩尼殿壁画初探（下）》，《文物春秋》2010年第1期，第46页。

岳大帝、紫微大帝和雷神[1]。

图 2-2-46　隆兴寺摩尼殿外景

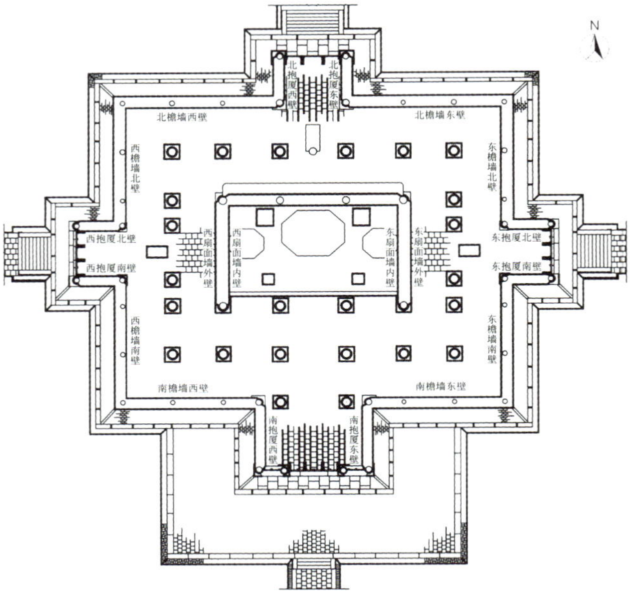

图 2-2-47　隆兴寺摩尼殿平面图，摘自河北省正定县文物保管所编著《正定隆兴寺壁画》（文物出版社，2013 年）第 3 页图 2

北抱厦东壁。图像毁，从西壁第一身为大梵天来看，第一身应为帝释天。

北抱厦西壁。宽三点七米，高二点二米，图像微模糊。第一身作天子形，呈男相，有胡须，着衮冕，双手捧笏，身后跟随一青面夜叉举宝盖，榜题模糊，从其呈男相的特征来看，应为大梵天。第二身作武将形，头戴盔帽，怒目须髯，身披甲胄，榜题“□□尊天”。第三身罗睺天，作武将形，黑面须髯，身披甲胄，榜题“罗睺尊天”。罗睺罗为佛之子，其母怀胎六年，于释迦成道之夜降生。罗睺秦言覆障，因出生时罗睺罗阿修罗王障蚀日月故名，也有的说是因为在母胎六年所覆障故名。十五岁出家，得阿罗汉果，十大弟子中密行第一。

南抱厦东、西壁。图像皆毁，应绘四大天王等。

东抱厦北壁。宽三点六米，高二点四米，图像保存较好。第一身作天子形，呈男相，有胡须，头戴梁冠，冠中间饰日轮（周侧有火焰纹），身着衮服，双手捧笏，身后一男侍举宝盖。榜题已毁，该像与西抱厦北壁第一位月宫天子相对应，应为日宫天子（图2-2-48）。第二身榜题为“兜率陀天”，作天女形，手捧谷穗。兜率陀天，简称兜率天，是欲界六天之第四天，也是弥勒菩萨未成佛前居住的天宫。兜率陀天虽然属于诸天，但其名号在十六、二十、二十四等诸天的论述中都没有提及，从该天手拿谷穗来看，应为掌管大地丰收的坚牢地神（图2-2-49）。第三身大力天，作力士形，头戴金箍，怒目阔鼻，黑面浓髯，身披甲胄，双手合十，小臂上横金刚杵，榜题“大力尊天”。

东抱厦南壁。宽三点六米，高二点四米，图像保存完好（图2-2-50）。第一身榜题为“大悲尊天”，作密教菩萨形，三头六臂，正面及右边皆呈端严相，左边为猪面，左右上手皆拇指食指相扣，左中手执直角尺，右中手握长斧，胸前双手合十，身后一天女举幢。从左面为猪面的特征来看，应为摩利支天。第二身鬼子母（图2-2-51），作美貌少妇形，左手持莲花，弯身以右手抚摸幼子的头，幼子骑一蝙蝠翼、鹰嘴的夜叉肩上，身后一夜叉举蝙蝠伞，榜题“鬼子母天”。第三身金刚天，作力士形，黑面，怒目阔嘴，袒露上身，腰系白色裤，扛金刚杵，身后一武士持节，榜题“金刚尊天”。

1 参见周叔迦《二十四诸天考》，收于周叔迦《周叔迦佛学论著集》（下册），中华书局，1991 年。

图 2-2-48　日宫天子，明，隆兴寺摩尼殿东抱厦北壁

图 2-2-49　坚牢地神局部（榜题“兜率陀天”），明，隆兴寺摩尼殿东抱厦北壁

图 2-2-50　隆兴寺摩尼殿东抱厦南壁诸天，明

图 2-2-51 鬼子母天，明，隆兴寺摩尼殿东抱厦南壁

图 2-2-52 月宫天子，明，隆兴寺摩尼殿西抱厦北壁

西抱厦北壁。宽三点七米，高二点三六米，除第一身保存较好以外，其他两身残损严重。第一身月宫天子（图2-2-52），作天子形，面容清秀，头戴梁冠，冠中间饰圆轮（应为月轮），身着冕服，双手捧笏，身后有天女举宝盖，榜题“月宫尊天”。第二身榜题“菩提尊天”，作菩萨形，多臂，胸前双臂合十，左上手似摇铃，面部及胸部以下残毁，身后一武士似举宝盖。法海寺菩提树神作天女形，双手抱象征其身份的菩提树枝，此身作多臂菩萨形，榜题可能有误。第三身作菩萨形，面部及肩部以下残毁，身后有侍从举宝盖，榜题亦毁。

图 2-2-53 大辩才天，明，隆兴寺摩尼殿西抱厦南壁

西抱厦南壁。宽三点七米，高二点三六米，图像保存较好。第一身大辩才天（图2-2-53），作密教菩萨形，三头六臂，三面部皆作端严相，左、右上手分擎日、月，左中手持弓，右中手握箭，胸前双手合十，身后一天女举宝盖，榜题“辩才尊天”。第二身功德天，作天妃形，手捧经卷，身后一天女举宝盖，榜题“功德尊天”。第三身韦陀天，作将军形，面容英武，着盔甲，合十，上臂横金刚杵，榜题“韦陀尊天”。

摩尼殿四壁绘佛传画，以青绿山水为背景，每壁分为两段，每段约有八至九列，每列表现一至三个情节，从北墙东段起顺时针依次表现，每幅故事侧皆有榜题。现依照顺序略加叙述如下：

北壁东段。图像已残毁。

东壁北段。自北往南榜题依次为太子睹农、诸王挣（掩）力、九层铁鼓、隔城擦胜、悉达纳妃、五彩娱乐、梵（饭）王得梦、路逢老人、道见病卧、路睹死尸、得遇沙门。

东壁南段。自北往南榜题依次为夜伴（半）出城、母□金冠、金刀落发、送回金冠、□水□□、禀匿还宫（似为劝请还宫）、为人□回、远饷资粮、六年苦行。

南壁东段。自北往南榜题依次为禅河沐浴、请菩提场、天人献花、成等正觉、魔众移瓶、诸天朝贺、华严大法、龙王赞叹、龙宫入定、四王献钵、林间宴坐、梵天劝请、弃除祭器、他（仙）人求度、船师悔责、降服火龙等。

图 2-2-54 西方变之共命鸟、迦陵频伽鸟、白鹤，明，隆兴寺摩尼殿内槽东扇面墙外壁

南壁西段。已毁。

西壁南段。部分损毁，现保存下来的榜题有佛旨（指）移石、降服毒龙、宫主礼佛等。

西壁北段。下半部已损毁，上半部保存下来的情节有依□□□、目连救母、文殊问疾、佛现金刚、依救龙王、双林入藏（灭）等。

北墙西段。残毁严重，保存下来的榜题有佛母得梦、升天报母、佛从棺起、金棺自举、凡火不燃、圣火自焚、集结法藏、育王起塔、菩提树下、迦叶入定。

坛上东扇面墙外壁绘西方变，高六点六米，宽八点六七米。中间绘西方三圣，即主尊阿弥陀佛并观世音、大势至菩萨，主尊头顶幻化出十道云气，云气内现无数小佛。一佛二菩萨两侧及下方围绕有弟子、菩萨、伎乐天等，下方台榭上还有人首鹰身的迦陵频伽鸟、双头鹰身的共命鸟、白鹤、孔雀等（图2-2-54）。上部云气纹两侧绘十方诸佛，西方三圣两侧绘小型的说法图，或为弟子说或为菩萨说，主尊或结跏趺坐或行走，其中左下角绘世尊在船上为世俗弟子说法颇有创意。画面左下角绘生、老、病、死、被人捶辱、耕种等情景。

坛上西扇面墙外壁绘药师变，高六点四六米，宽八点六八米。画中心绘主尊药师佛并日光遍照、月光遍照菩萨，日光遍照、月光遍照菩萨指间升腾而起的云气上分别出现日、月。药师佛左、右侧分别立迦叶、阿难，身后两侧围绕四大天王等八位神将，头顶化出一道云气，云气两侧化出七佛。日光遍照、月光遍照菩萨两侧立八大菩萨，下方两侧为十二夜叉神将，左、右侧上方还有小型的说法图及相关情节。

（三）摩尼殿梵释诸天等壁画的特点

摩尼殿四面各出一山面向前的歇山顶抱厦，宋代称龟头屋，该形制在金代山西繁峙岩山寺、西夏敦煌榆林窟第3窟等壁画中有过出现，摩尼殿为现存的唯一建筑实例，弥足珍贵。因为建筑形制独特，所以建筑内壁画布局与其他大殿也有所不同，壁画题材十分丰富，既有十二圆觉菩萨、梵释诸天，也有佛传故事、东西方净土变。根据壁画内容，推测主尊佛应为释迦。

抱厦四壁的梵释诸天壁画虽然部分残毁，但是依据现存的图像依然可以大致弄清楚其排序，下面按照诸天身份排列如下：

	北抱厦东壁			南抱厦东壁			东抱厦北壁			东抱厦南壁		
左班	帝释天						日宫天子	坚牢地神（榜题为兜率尊天）	大力尊天	摩利支天（榜题为大悲尊天）	鬼子母	金刚天
	北抱厦西壁			南抱厦西壁			西抱厦北壁			西抱厦南壁		
右班	大梵天	□□尊天	罗睺天				月宫天子	菩提树神？		大辩才天	功德天	韦陀天

与法海寺二十诸天相比，隆兴寺为二十四诸天。二十四诸天一般是在二十诸天的基础上加上紧那罗、东岳大帝、紫微大帝和雷神而成，但是隆兴寺并非如此。在现存榜题中，除兜率陀天为坚牢地神误、大悲尊天为摩利支天误外，另罗睺天、大力天在法海寺壁画及行霆二十诸天名目中也没有出现。此外，隆兴寺二十四诸天的布局并不像法海寺那样严谨，如大梵天、帝释天应分别位于左、右班第一位，而不是相反；功德天、大辩才天应呈对应关系，而不是前后关系；等等。

在艺术风格上，隆兴寺体现出了与法海寺的相似之处，比如说婉转流畅的衣纹线条、精细柔和的面部刻画、绿红相间的雅丽色调等，部分神祇的样式也大体一致。同时，隆兴寺诸天壁画在风格样式上也体现出了与法海寺不同的特点，如法海寺壁画中堆金沥粉的手法消失，没有了宫廷皇家的格调；神祇样式不像法海寺那样与文献记载保持较高程度的一致，身份特征开始弱化；整体气氛不像法海寺那样严肃，部分神祇在样式上更为活泼，如鬼子母回首抚摸骑在夜叉肩上的幼子的头，使画面更具生活化的情趣。无论是诸王名称、布局，还是风格样式，与法海寺相比，隆兴寺诸天壁画都趋于民间性、世俗化，与寺庙民间出资私修的性质是一致的。

隆兴寺摩尼殿佛传故事壁画受到了《释氏源流》的影响，部分榜题名称与《释氏源流》一致。但是，隆兴寺在壁画情节安排上并没有严格地遵照《释氏源流》，而是进行了大幅度的取舍、调整。在图像样式上，隆兴寺佛传故事壁画与《释氏源流》也基本上不雷同。该壁画以青绿山水为背景，巍峨的巨型山石、葱郁的林木贯穿整幅壁画始终，表示山石结构的雨点皴或浓或简，或为小侧笔，或为圆点，粗放而富于变化。人物、山水均线条粗犷，设色艳丽，体现出强烈的民间特点。从时代风格上看，隆兴寺佛传故事壁画与青海瞿昙寺有相似之处，比如说以青绿山水为背景，在样式上较少受到《释氏源流》的影响等，它们之间最大的不同之处在于，瞿昙寺体现了宫廷绘画的特点，隆兴寺则民间趣味浓厚。

第三节 山西、四川地区的佛传故事画

一、太原多福寺

多福寺位于山西省太原市西北郊汾河西岸崛嵎山巅平凹处，其山嵯峨高耸，盘曲而上，每逢深秋季节，遍山红叶，明代被誉为晋阳八景之一。寺院坐北朝南，主体建筑位于中轴线上（图2-3-1），南起依次为山门、大雄宝殿、观音阁、千佛殿，山门两侧有钟楼、鼓楼，观音阁两侧有文殊殿、黑龙殿，观音阁、千佛殿之间两侧有东西厢房。大雄宝殿周壁留存有绘制精美的佛传故事画。

（一）寺院的营建与壁画的年代

关于多福寺的兴建史，清乾隆年间编纂的《太原府志》卷四十八“寺观”条下记曰：

> 崛嵎寺在城西北三十里崛嵎山下呼延村，唐贞元二年建，额曰三教堂。山上有多福寺，即古崛嵎教寺，明宏（弘）治间更今名，而山下遂专崛嵎名矣。嘉靖间重修，万历二十七年立石。

其中提到山下崛嵎寺始建于唐贞元二年（786），山上为古崛嵎教寺，那么山上古崛嵎教寺的创建年间应早于是年。山上古崛嵎教寺曾保存有晋王李克用及其子李存勖焚香题名的石刻[1]，亦表明其创建年代不晚于唐。李克用系出自西土厥，其后号曰沙陀，其父在贞元（785—805）中归唐，黄巢逼京师，克用率沙陀兵破之，以功封晋王。唐亡，晋王独守臣节，子存勖继位，立国号为后唐。金代山上古崛嵎教寺已更名为多福寺，金大定十年（1170，庚寅）《重修宝塔志》曰：“崛嵎山去晋三十里，古胜迹也。其上有多福寺焉。”元代太原及周边地区发生了数次大的地震，太原及周边佛寺多有损毁[2]，多福寺大概也未能幸免。

明初晋恭王朱棡重修庙宇，名为崛嵎寺，明成化二年（1466）《崛嵎寺兴复

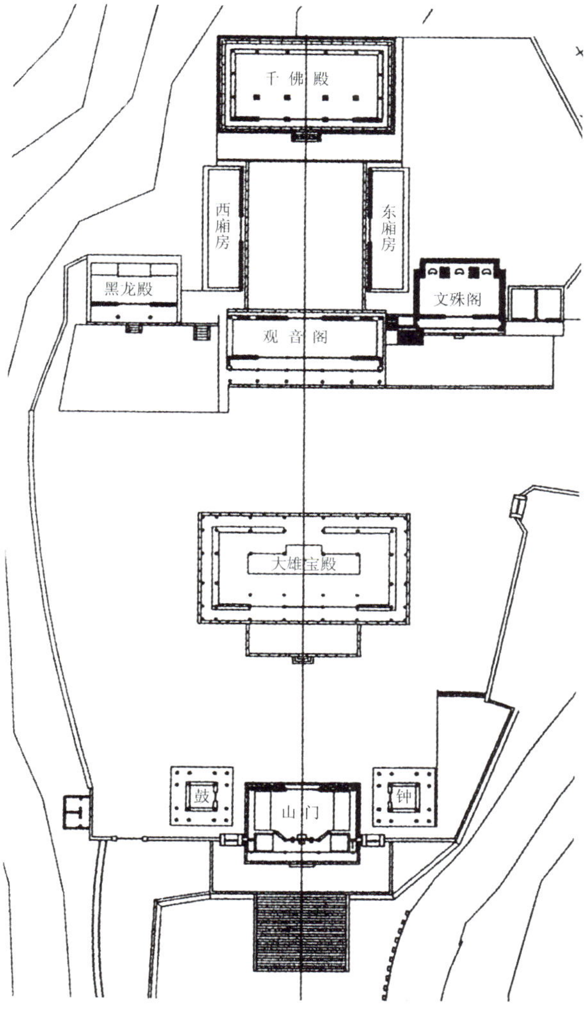

图 2-3-1 多福寺平面图，摘自太原市崛嵎山文物保管所编《太原崛嵎山多福寺》（文物出版社，2006年）实测图一

1 清乾隆年间编纂道光年间重刊的《阳曲县志》“寺观”条记：“《旧志》载晋王李克用与其子焚香题名，刻石于此，即山上寺也。”

2 可参见本书第一章第三节。

记》碑记（见第166页附录一）曰：

厥巅旧有精兰，自晋恭王有国，奉为梵修坛宇，增葺完美。迨薨逝后，以其地幽绝辽夐，檀越罕至，淄流惮居，殿宇设像，日入于坏，鞠为草莽之区久矣。

朱棡系明太祖第三子，洪武三年（1370）封晋王，十一年（1378）就藩太原，十六年（1383）为母后马皇后追福创建崇善寺，三十一年（1398）薨，谥号晋恭王。因为太祖对寺院创建、重修的管控甚为严格，崇善寺系为马皇后追福创建的大寺，另洪武二十四年（1391）之后朱棡和太祖的关系才得到缓和，故推测朱棡重修崛㠑寺应在洪武十六年（1383）创建崇善寺之后，三十一年（1398）逝世之前。朱棡薨后，寺院因偏僻幽远，逐渐凋敝。明代宗景泰二年（1451），该寺由智果住持重修，焕然一新，《崛㠑寺兴复记》碑记曰：

景泰辛未，榆次瞽沙弥智果往栖其地，发大愿力，究心殚虑，昼夜经营，感动善庶输财效艺，若水注云集。不数年间，崇门大殿，神天仪卫，焕然一新。加于旧观，下至斋庾庖湢，次第毕具。于是祝延有场，结习有所，朝钟暮鼓，响应岩谷。皈依瞻仰者，远近趋赴，岿然成一大招提也。

寺内现存主体建筑大雄宝殿完工于景泰七年（1456），大雄宝殿脊槫下木板题记曰：

旹大明景泰柒年岁次丙子四月癸丑庚子朔初四□□乙卯时重修谨志。助中梁晋府内官安□□□只岁卜施。

此外，从建筑样式上看，山门、钟鼓二楼可能亦为明景泰年间的遗构。弘治年间（1488—1505），山上崛㠑寺再次更名为多福寺，崛㠑寺为山下寺专名[1]。其后多福寺屡有重修，如嘉靖三十七年（1558）舍利塔顶遭损坏，隆庆元年（1567）呼延村乡耆王昶华与寺僧惠义、顺道等重修，“接顶二丈许”[2]；万历二十四年（1596）住持性贤募捐重建文殊阁黎阁，在高台上“构楼阁三楹”[3]；万历四十三年（1615）住持惠觉“巡城乞化，因时完葺”[4]；清顺治元年（1644）寺院遭兵焚，康熙十年至十五年（1671—1676）再次重修，“功成告竣，营敞如故”[5]；等等。

1988年维修大雄宝殿壁画时发现墨书题记一方，曰：“大明天顺二年三月十三日住持□心明。”前述脊槫下木板上有景泰七年（1456）题记，天顺二年（1458）距景泰七年（1456）只有两年时间，那么基本可以判定天顺二年应为壁画完工时间。

图 2-3-2　多福寺大雄宝殿

（二）佛传故事壁画的情节

大雄宝殿建在高约五十厘米的台基上，单檐歇山顶式屋顶，殿身面阔五间，进深三间，四向增设围廊一周，廊深半间（图2-3-2）。殿内后槽明次三间设佛坛，佛坛上塑三身佛像，两

1 清乾隆年间《太原府志》卷四十八“寺观”条。
2 《崛㠑山多福寺重修宝塔碑志》。
3 《重建文殊阁黎阁碑记》。
4 《晋省西山崛㠑多福寺碑》（见第166页附录二）。
5 《崛㠑山重修多福寺记》。

图 2-3-3　多福寺大雄宝殿东壁佛传故事，明

侧立四胁侍菩萨。台下两侧塑二天王像。佛背屏后方塑水月观音像，观音头顶浮雕悬崖山石，两侧原有二护法像，现仅存一。此外，三身佛前还放有从文殊阁移置过来的观音、文殊和普贤像。殿内北、东、西壁绘佛传故事画八十四幅，分上、下两层，故事情节从东壁南端上层开始，先上后下，横向逆时针依次排列，井然有序，规矩的壁画构图犹如徐徐展开的册页。因多福寺佛传故事壁画与崇善寺图相似，现对照崇善寺图按照故事情节顺序叙述如下：

东壁（图2-3-3）。从太子降生前的因缘“护名修行”开始，至太子出家前出游四门之“东门见老”结束。

1. 护明修行

护明菩萨坐单檐式宫殿内，前方一菩萨禀报。

榜题曰：“第一护明菩萨□□□□之处。”据崇善寺榜题，应为“第一护明菩萨修行辞会之处”。

2. 乘象入胎

摩耶夫人在宫内熟睡，殿外走廊上有侍女打盹，宫殿斜上方红色圆光内有乘象之护明菩萨，表示护明菩萨乘象入胎。崇善寺图中殿外走廊上的侍女正在聊天，这里改为打吨，更为形象。

榜题曰：“菩萨驾日轮象至梵（饭）王宫托化受胎之处。”

3. 树下降生（图 2-3-4）

摩耶夫人右手扶树，太子从右胁下诞生，前方一侍女伸手来接，该侍女后立一侍女捧毛巾。摩耶夫人身后一侍女相扶，一侍女举扇，一侍女举斧钺。图中摩耶夫人的仪仗及侍从人数较崇善寺图有所简化。

榜题曰：“第三摩耶夫人口昆（毗）蓝兰（园）无忧树下降生太子之处。”

图 2-3-4　树下降生，明，多福寺大雄宝殿东壁

4. 九龙吐水

太子立澡盆中，侧有侍女相扶，另有二侍女站立，九龙汇聚头顶吐水，为太子沐浴。图中太子身侧侍女仅四人，崇善寺图中侍女、女官的人数达十三人。

榜题曰：“第四九龙吐水太子沐浴之处。”

5. 仙人占相

净饭王坐宫殿内，其侧一侍女抱太子，身后一侍女掌扇，一童子抱香炉，前方是为太子占相的阿私陀仙。

榜题曰：“梵（饭）王观太子请阿斯（私）陀仙人占相之处。”

6. 饭王观相

净饭王端坐太师椅上，仔细端详前方侍女所抱之太子，其侧立一捧笏官员及三侍女。

榜题曰：“梵（饭）王观太子攄端严相好之处。”

7. 步步生莲

太子右手指天左手指地，表示太子降生后口自唱言：“天上天下，唯吾独尊！”四周均有莲花数朵，表示周行七步步步生莲，前方摩耶夫人伸手欲扶，摩耶夫人身后一侍女举华盖，一侍女持上端系鹿尾的长竿。

榜题曰：“第七太子周行七步脂（指）天脂（指）地步金莲之处。”

8. 天人献宝盖

太子姨母摩诃波阇波提合十，身侧两侍女掌扇，前方一侍女抱身着褐色圆领衫的太子，空中一天人持宝盖来献。

榜题曰：“第八感得天人献宝盖之处。”

9. 天人献宝（图 2-3-5）

摩诃波阇波提双手拢袖中，身后二官员擎幡，前方太子向空中合十，空中天人捧宝具来献，太子前方另有二侍女掌扇。图中太子双手向空中前来献宝的天人合十，强化了画面中人物间的交流。

榜题曰：“第九感得天人献宝贝之处。”

图 2-3-5 天人献宝、天人献花、天人献香、天人赐衣，明，多福寺大雄宝殿东壁

10. 天人献花

摩诃波阇波提向空中合十，空中云端天人持花来献。摩诃波阇波提身后有侍女举宝盖，太子在前方玩耍，再前方一侍女回头。图中摩诃波阇波提向空中合十，与献花的天人形成交流，回首看绣球的太子又与摩诃波阇波提形成视觉上的呼应。

榜题曰：“第十姨母引太子感得天人献花之处。”

11. 天人献香

摩诃波阇波提紧随太子身后，左手执香炉，右手拈香，身后有侍女举宝盖，空中云端一天人持香来献。为了配合天人献香的主题，这里将崇善寺图中摩诃波阇波提的合十换成了左手执香炉右手拈香。

榜题曰：“第十一感得天人献香之处。”

12. 天人赐衣

摩诃波阇波提双手合十，两侧有侍女举扇，前方太子亦合十，空中云端有天人捧天衣来献。

榜题曰：“第十二净居天人与太子赐天衣之处。”

13. 体挂天衣

净饭王坐宫殿内，前方一侍女正帮助太子穿天衣，其侧一侍女手端盘，盘上置东坡巾。净饭王身侧一童子捧物，一女官持斧钺，殿侧一侍女捧茶盏。

榜题曰：“第十三梵（饭）王令太子体卦（挂）天衣之处。”

14. 入学从师（图 2-3-6）

太子师毗奢婆密多罗坐椅子上，左手拢袖中，右手前伸作训导状，侧有书童捧书。太子在老师前躬身施礼，其侧有侍女捧书。殿外有官员持斧钺站立。该图将崇善寺图中太子师毗舍婆密多罗双手拢袖中改为伸出右手作训导状，太子抬头望老师，强化了人物间的交流。

图 2-3-6 入学从师，明，多福寺大雄宝殿东壁

图 2-3-7 习学算法，明，多福寺大雄宝殿东壁

榜题曰：“第十四入学从师听吾指教日加精进之处。”

15. 习学算法（图 2-3-7）

太子坐山水屏风前，桌上置算盘，太子与左侧的一释种童子交流，太子师毗奢婆密多罗坐对侧山水屏风前，右手伸出二指表示正在讲授，其侧一童子持羽扇，一童子持书册。有侍者提壶、端茶从内室进出，强化了画面的纵深感。

榜题曰：“第十五太子明师学算法之处。”

16. 现大身光

太子姨母摩诃波阇波提拢袖而立，其侧一侍女掌扇，一侍女似右手托宝珠，前方太子身上放大光明。

榜题曰：“第十六姨母宫中太子现大身光之处。”

17. 走象奔马（图 2-3-8）

太子站立在奔跑的白象背上，与另一站立在奔跑烈马背上的释种童子交流。白象、烈马脚下有云气纹，象征其速度之快。白象头部微微向下，长鼻紧缩，烈马引颈昂首，马尾甩成一条波浪线，它们奔跑的动态被表现得十分生动。

榜题曰：“第十七太子威神走象奔马之处。”

18. 争斗武艺

太子与另一释种童子比试武艺，其侧立五位手持武器的武将。

榜题曰：“第十八太子共南天国斗武艺之处。”

19. 上下相扑

图像左侧模糊，图右一释种童子仰面倒地，其侧一武将来扶，其身后另有二武将议论。表现的是太子与释种童子比试相扑。

榜题曰：“第十九太子与南天国争上下相扑之处。”

20. 箭穿九鼓

太子张弓欲射，前方立九重鼓，其侧有释种童子持剑，身后有武将持骨朵。

榜题曰：“第二十太子显神力射九重铁鼓之处。”

图 2-3-8　走象奔马，明，多福寺大雄宝殿东壁

21. 掷象出城

图像模糊。

榜题曰：“第二十一太子神力广大掷象过城车匿惊恐之处。”

22. 东门见老

图像模糊。

榜题曰：“第二十二太子出东门见老人年迈之处。”

北壁（图2-3-9）。从太子四门出游之“南门见病”开始，至菩萨成佛后“利生归礼”结束。

23. 南门见病

图像比较模糊，隐约可见出行的队伍以及坐于路边的枯瘦病人。

图 2-3-9　多福寺大雄宝殿北壁东侧佛传故事，明

榜题曰："太子出南门见病人伤情之处。"

24. 西门见尸

图像略有模糊，图绘太子与一人交谈，此人应为驭者，在回答太子的提问，太子身后有侍从举宝盖，侧有两武将举斧钺。

榜题曰："第二十四太子游西门见死尸之处。"

25. 北门遇僧

图像模糊。

榜题曰："太子出北门见僧行礼问讯之处。"

26. 出城观苗稼

图像模糊。

榜题曰："太子出城观苗稼穑□贫民播种之处。"

27. 初启出家

图像模糊，仅左侧残存殿外举斧钺之武将。

榜题曰："太子欲要修行梵（饭）王宣诸臣佐共议之处。"

28. 天人省劝

右侧图像模糊，左侧殿顶云端立净居天子，捧书作省劝状。

榜题曰："第二十八太子宫中欲乐净居天人捧书省劝之处。"

29. 辞别耶输（图 2–3–10）

宫殿外欲出家之太子与妻子耶输陀罗拱手辞别。该图将崇善寺图中太子回首看耶输陀罗改为太子向耶输陀罗施礼辞别，图像的改动虽与经文相悖，却与中国传统礼俗相符。

榜题曰："第二十九太子弃情割俗辞别耶轮（输）夫人之处。"

30. 欲向修行

宫殿外太子欲弃荣华出家修行，身后二内官掌扇，前方有人跪地劝阻。

榜题曰："第三十太子不顾荣华相（向）修行之处。"崇善寺此处榜题曰："太子于欲弃荣华志慕雪山修行之处。"

图 2–3–10 辞别耶输，明，多福寺大雄宝殿北壁

31. 车匿敬问

宫殿外太子与车匿问答，太子身后有侍女举宝盖，前方有内官举斧钺。

榜题曰：“第三十一太子厌见浮华欲求佛道车匿敬问之处。”

32. 天人进僧衣

太子向双手合十，空中云端天人双手捧僧衣来献。太子身后二内官掌扇。

榜题曰：“第三十二天人与太子来进僧衣之处。”

33. 向父请辞

图绘净饭王坐宫殿中，侧立内官和侍女，太子躬身立前方，双手作揖，向父求请出家。太子两侧各立一捧笏大臣，殿下立二武将。

榜题曰：“第三十三太子相信生死轮回来向梵（饭）王求请出家之处。”

34. 逾城出家（图 2–3–11）

殿中床上已无人，床边数位侍女在打盹，殿顶云端太子骑白马上，四天王捧白马足，车匿位于马首右侧，太子、车匿及众天王皆回首而望。崇善寺图中太子回首与车匿说话，这里表现为太子、车匿皆回首而望，更符合伦理人情的世俗观念。

榜题曰：“第三十四令美人皆睡四天王捧马足之处。”

35. 离宫发愿（图 2–3–12）

深山中太子骑白马上，手持树枝，回首与车匿交谈，白马在溪边饮水。这里没有表现与佛经相悖的仪仗队列，将白马伸长脖子在溪边喝水的动态描绘得颇为生动。

榜题曰：“第三十五离城囗（发）弘誓大愿之处。”

36. 樵夫指路

图像略有模糊，山石耸峙，苍松挺劲，山间云雾缭绕，隐约可见太子骑马前行。崇善

图 2–3–11　逾城出家，明，多福寺大雄宝殿北壁

图 2–3–12　离宫发愿，明，多福寺大雄宝殿北壁

寺图中以雪山为背景，与榜题相符，这里将雪山改为青绿山水，与榜题不符。

榜题曰：“第三十六太子至雪山问樵夫指路之处。”

37. 山神迎引

太子骑白马上，与车匿同行，前方山神捧笏相迎。

榜题曰：“太子乘马过庙感得山神迎引之处。”

38. 车匿辞还

画面上部巨石林立，云雾弥漫，下部图像漫漶。

榜题曰：“第三十八太子到雪山令车匿回马不肯独归之处。”

39. 车匿见耶输

携白马孤独而归的车匿见耶输夫人，向夫人禀报太子出家事，耶输夫人以袖拭泪，不胜哀戚。耶输身后一侍女举宝盖，二侍女掌扇。

榜题曰：“第三十九太子入山苦行车匿回马归见耶输夫人悲痛之处。”

40. 车匿见饭王

图像下部模糊，仅可见净饭王坐殿内，侧有内官。

榜题曰：“第四十车匿回宫见梵（饭）王说太子志为修行之处。”

41. 金刀落发

深山中太子以金刀断发，其前一天人跪捧金盘来接。

榜题曰：“太子自落发感得天人捧金盘之处。”

42. 天人进桃

图中菩萨（太子出家后的称呼）作沙门形，坐山洞蒲团上禅定修行，下部模糊。

榜题曰：“第四十二感得天人来进仙桃之处。”

43. 雪山入定

图像略有模糊，隐约可见菩萨在深山中行走。画师大概是嫌崇善寺天人参礼图中猿猴捧桃、麋鹿衔花的场景与其后麋鹿献花重复，这里表现菩萨在山中行走，但是与榜题却不相符。

榜题曰：“第四十三口禅雪山入定之处。”

44. 麋鹿献花

图像略有模糊，隐约可见太子作沙门形，在松树下禅定苦修。

榜题曰：“太子顶雀垒巢窝芦芽穿膝后麋鹿献花之处。”崇善寺此处榜题曰：“第四十四鹊巢于顶芦芽穿膝猿鹿献花果之处。”

45. 泥连河沐浴

图像略有模糊，菩萨头顶螺髻，着袒右式红色袈裟，坐在泥连河岸边，右足伸入河中。图中菩萨已是成道后的形象。

榜题漫漶，崇善寺此处榜题曰：“第四十五入泥连河沐浴天人压树枝之处。”

图 2-3-13 魔女笑佛，明，多福寺大雄宝殿北壁

图 2-3-14 魔军害佛，明，多福寺大雄宝殿北壁

46. 牧女献乳

菩萨坐岩石上，前方二牧女捧乳糜来献。

榜题曰：“第四十六牧牛二女献乳糜之处。”

47. 吉祥献草

菩萨结跏趺坐岩石上，前方帝释天所化的吉祥老者捧草来献。

图中榜题漫漶不清，崇善寺此处榜题曰：“第四十七吉祥长者献软草之处。”

48. 四王献座

菩萨结跏趺坐岩石上，前方四大天王献宝座。

榜题曰：“第四十八感得四天王献宝座之处。”

49. 魔女笑佛（图 2-3-13）

图绘菩萨结跏趺坐莲花宝座上，座前立三身姿绰约的魔女，对菩萨炫媚。

榜题模糊，崇善寺此处榜题曰：“第四十九魔女笑佛感得形貌自陋之处。”

50. 天乐自鸣

菩萨结跏趺坐须弥座上，头顶有不奏自鸣的乐器，菩萨前有两棵宝树，下方似有童子供养。

榜题曰：“第五十天乐自鸣感得小童贡（供）养之处。”

51. 四王奉钵

世尊结跏趺坐须弥座上，座前四大天王捧四石钵来献。据《佛本行集经》，四王献钵应是在菩萨成佛之后，这里被放在成佛之前。

榜题漫漶不清，崇善寺榜题曰："第五十一四王奉四宝钵之处。"

52. 魔军害佛（图 2-3-14）

世尊（菩萨成佛之后的称呼）结跏趺坐须弥座上，左手结禅定印，右手举起拇指、无名指相扣。世尊头顶有夜叉投巨石、雷公击鼓、电母闪电，两侧众魔军手执各种武器进攻。与崇善寺图相比，此图中的魔军明显减少。

榜题曰："第五十二魔军外道俱来害佛世尊寂然不动之处。"

53. 天人进袈裟

图像略有模糊，左侧有天人捧袈裟来献。

榜题曰："第五十三感□（得）天人进袈裟之处。"

54. 利益谢佛

世尊结跏趺坐，右下画面漫漶。

榜题曰："第五十四利益长者求教法谢佛之处。"

55. 龙王听法

世尊结跏趺坐须弥座上，双手结转法轮印，座前南海龙王合十礼佛，南海龙王身后立一赤脸绿衣官员及虾将。

榜题漫漶，崇善寺此处榜题曰："第五十五南海龙王归礼如来听法之处。"

56. 善多礼佛

图绘世尊结跏趺坐殿内须弥座上，周侧放光，下部漫漶。

榜题曰："第五十六善多长者降魔礼佛之处。"

57. 牧女皈依

图像、榜题皆漫漶，崇善寺此处榜题曰："第五十七牧牛女见世尊成正觉归（皈）依之处。"

58. 舟人追悔

图像模糊，可见世尊立像。

榜题曰："第五十八世尊见舟度（渡）脱二人之处。"崇善寺此处榜题曰："第五十八舟人索渡世尊乘云而去舟人追悔之处。"

59. 与贾说法

图像、榜题皆漫漶。崇善寺此处榜题曰："第五十九佛与贾客随机说法之处。"

60. 疮溃痊美

图像、榜题皆漫漶。崇善寺此处榜题曰："第六十世尊见一疮溃之人神力令其痊美之处。"

61. 忠荣求度

世尊结跏趺坐须弥座上，左手抚左膝上作降魔印，右手作说法印。座前二长者合十

图 2-3-15 多福寺大雄宝殿西壁佛传故事，明

长跪，求请出家。二长者身后绘一簇竹林。

榜题漫漶。崇善寺此处榜题曰：“第六十一忠荣长者求请出家之处。”

62. 利生归礼

图像略有模糊，可见世尊及一长者，长者合十作礼敬状，周侧有树叶整体外形呈团簇状的宝树数棵。

榜题漫漶，崇善寺此处榜题曰：“第六十二利生长者归礼世尊之处。”

西壁（图2-3-15）。从菩萨成佛后的“龙宫说法”开始，至佛涅槃后的“建舍利塔”结束。

63. 龙宫说法

世尊坐须弥座上，座前跪二龙王，一着红衣一着绿衣，应为请佛到龙宫说法的迦罗龙王和目真怜陀龙王，身侧另有一位肩披绿色帔帛、腰系虎皮裙的夜叉扛宝盖。

榜题曰：“第六十三东海龙王请佛海藏说法之处。”

64. 降服火龙

世尊坐须弥座上，周侧放光，座前有火龙喷火。

榜题曰：“第六十四世尊觅宿南方火龙魔难烧佛之处。”

65. 贫人供佛（图 2-3-16）

茅屋内供奉有斋饭，四位衣着粗朴之人在屋外合十，世尊足踩莲花从空中腾云而降。与崇善寺图未表现茅舍内情景相比，该图描绘了茅舍内的桌椅及供奉的斋饭，既符合榜题原意，也强化了画面的空间感。

榜题曰：“第六十五贫人参佛赴□（斋？）之处。”

图 2-3-16　贫人供佛，明，多福寺大雄宝殿西壁

66. 猎师问法

世尊坐宝座莲花上，座前四位僧人合十。该图在图像样式上与崇善寺“憍陈如出家”相似，但是将榜题改换。

榜题曰：“第六十六世尊见猎师□修行问佛说法之处。”

67. 光中现天宫

画左云端两位天子合十，身后一天女擎宝盖，一天女捧宝。画右上方世尊立云端，右手指间放出一道光芒，光芒中现宫殿。该图将崇善寺图中一作男子形一作女子形的两位天人改为两位皆作男子形的天人，并在两位天人后增加了两位侍女。

榜题曰：“第六十七世尊放天宫天人视佛之处。”

68. 罗睺降生（图 2-3-17）

耶输陀罗坐宫殿内床上，双手捧腹表示已经怀孕，床前一侍女伺候，殿外众侍女、女官或提壶或端茶碗。该图没有像崇善寺图中那样绘耶输夫人正面坐像，而是着重表现了殿外忙碌的侍女，从窗户中可以看到耶输夫人的侧面，在表现技巧上更加高超。

榜题曰：“第六十八世尊昔指耶输夫人生罗睺太子之处。”

图 2-3-17　罗睺降生，明，多福寺大雄宝殿西壁

69. 饭王惊问（图 2-3-18）

净饭王坐宫殿内，身侧一男侍持斧钺，一女侍捧物似为绿色笏板，左前方立一大臣

捧笏。耶输陀罗立殿前，双手拱袖内，身微前倾，作回禀状。耶输陀罗身后一侍女举宝盖，一侍女立于侧。

榜题曰："第六十九梵（饭）王知降生得罗侯（睺）太子惊问之处。"

70. 群臣谪议

图绘净饭王坐宫殿内，其侧一童子掌扇，一童子似捧香炉，前方三大臣捧笏，中间着红衣者正向净饭王进言。殿外立持斧钺的武将。

榜题曰："第七十梵（饭）王怒诏群臣谪议烧罗侯（睺）子母之处。"

71. 天人捧书

图绘净饭王坐宫殿内，其侧立二捧笏大臣，座后所立可能是怀抱罗睺罗的耶输陀罗，殿外天人持书来献，一侍者双手前伸欲接是书。

榜题曰："第七十一因见罗侯（睺）子母得罪遣天人捧书。"

图 2-3-18 饭王惊问、群臣谪议、天人捧书、驾云散花，明，多福寺大雄宝殿西壁

72. 驾云散花

图绘世尊立站云端，作散花状。

榜题曰："第七十二世尊知罗侯（睺）子母有难驾云散花之处。"

73. 遥指火灭（图 2-3-19）

耶输陀罗怀抱罗睺罗坐莲池莲花上，周侧有火焰暗示净饭王敕令烧死耶输母子，莲池系世尊为救她们所化，外侧两位手持骨朵的武将相互议论，另一武将骨朵弃于一旁，向耶输母子合十，另一侧三位女子合十长跪。

榜题曰："第七十三梵（饭）王敕令火烧罗侯（睺）子母世尊遥指火灭化为莲池之处。"

74. 饭王遣使

云端四使者手捧笏板骑马疾驰。

榜题曰："梵王遣使命宣唤如来之处。"

75. 世尊入城

世尊坐须弥座上，周侧放光，座前耶输陀罗合十礼敬，身后一侍女抱罗睺罗，一侍女擎宝盖。

榜题曰：“第七十五喜见世尊仪相端[严]生大欢喜布设威仪处。”

76. 瞻礼如来

世尊坐须弥座上，两侧有宝树放光，座前罗睺罗及耶输陀罗合十礼敬，耶输身侧有侍女掌扇，身后有侍女举宝盖。

榜题模糊，崇善寺此处榜题曰：“第七十六罗睺子母瞻礼如来之处。”

图 2-3-19　遥指火灭，明，多福寺大雄宝殿西壁

77. 为王说法

世尊坐须弥座上，座前饭王双手捧笏，身后一侍女擎宝盖，身侧一侍女捧盘。

榜题曰：“梵（饭）王见欲问正教世尊说大乘佛法之处。”

78. 身出水火

世尊显现神通全身放光，头顶一侧生出水流，脚下似有火焰，下方有三位天人长跪献宝。

榜题曰：“第七十八世尊见神通天人献宝之处。”崇善寺此处榜题曰：“第七十八世尊头上出水足下出火天人献宝之处。”

79. 双林入灭

世尊枕右胁卧棺床上，棺床周侧围绕不胜哀恸的众弟子，前方有金刚哀恋、外道舞蹈，空中上方云端立从忉利天赶来的摩耶夫人。该图将崇善寺图中的阿那律尊者前去报丧改为摩耶夫人闻讯赶来，画面形象更加生动。

榜题曰：“第七十九世尊双林涅槃之处。”

80. 出棺说法

世尊从棺而起，全身放光，作说法状，两侧各立一弟子，前方摩耶夫人合十，摩耶夫人两侧各立一侍女，身后有侍女举宝盖。崇善寺图中世尊坐须弥宝座上，金棺位于身后，该图中世尊直接坐金棺上，与佛经原意相合。

榜题曰：“第八十世尊出棺与摩耶夫人说法之处。”

81. 金棺自举

金棺在拘尸那城城门上方腾云而起，云底指向城门，应暗示金棺将从此门进入拘尸那城。

榜题曰：“第八十一金棺自举游拘尸罗城之处。”

82. 佛现双足

众弟子立金棺两侧，佛双足从金棺现出，前方迦叶伏地长跪。与崇善寺图相比，该图还增绘了重檐式宫殿，殿内有须弥宝座，宝座上无世尊，暗示世尊已经涅槃，意味深长。

榜题曰：“第八十二迦叶礼佛金棺见双足处。”

83. 圣火自焚

金棺被熊熊烈火包围，世尊立金棺上，前方两侧立众弟子。

榜题曰：“第八十三世尊自发三昧火焚金躯之处。”

84. 建舍利塔

图绘十三级舍利宝塔，巍峨高耸，塔两侧诸天、诸人王等长跪。

榜题曰：“第八十四建舍利宝塔之处。”

（三）佛传故事壁画的特点

崇善寺、崛𡼖寺均为洪武年间晋恭王朱㭎出资建造，现存崛𡼖寺系景泰二年（1451）智果住持重修，大雄宝殿应完工于景泰七年（1456），壁画完工于天顺二年（1458）。弘治年间（1488—1505）崛𡼖寺再次更名为多福寺。

崇善寺、崛𡼖寺均以绘制佛传故事壁画著名，对照崇善寺、多福寺图，可以发现除第四十三幅不同外（崇善寺为“天人参礼”，多福寺为“雪山入定”），其余均大体相似，笔者推测多福寺洪武年间原绘时就参照了崇善寺的图本，天顺二年（1458）重绘时参照了洪武年间的原绘。多福寺佛传故事壁画参照崇善寺的图本，除因为二寺均位于太原，地理位置邻近外，更重要的是因为二寺的修建均与晋恭王朱㭎有关。

多福寺佛传故事壁画虽然以崇善寺图为图本，但是在具体图像上作了一定的调整，具体表现在：

第一，摩耶夫人、摩诃波阇波提、太子等出行的仪仗减少。在崇善寺图中，出行的仪仗较多，包括宝盖、扇、幢、幡、立瓜、镫杖、骨朵等，人数相对较多，多福寺图中仪仗的种类、人数都有所减少。在姨母摩诃波阇波提抚育太子的系列情节中（从“8. 天人献宝盖”至“12. 天人赐衣”），崇善寺图中除“8. 天人献宝盖”中姨母摩诃波阇波提及太子身侧的仪仗只有两人外（不含抱太子之侍女），其余均为五至九人，而多福寺图中，姨母摩诃波阇波提和太子身侧的仪仗除“9. 天人献宝”中有四人，其他只有两人。另以太子四门出游为例，崇善寺图中太子仪仗最少五人，多则九人，而在多福寺能看清楚的“24. 西门见尸”中，仪仗只有三人。

第二，部分情节调整后更合乎礼俗、情理。如“14. 入学从师”将崇善寺图中太子师毗舍婆罗密多双手拢袖中改为伸出右手作训导状，太子抬头望老师，强化了人物间的交流；“29. 辞别耶输”将崇善寺图中太子回首看耶输陀罗改为太子向耶输陀罗施礼辞别，图像的改动虽与经文相悖，却与中国传统的礼俗观点相符；“34. 逾城出家”将崇善寺图中太子回首与车匿说话改为太子、车匿皆回首而望，更符合伦理人情的世俗观念；“79. 双林入灭”将崇善寺图中的阿那律尊者前去报丧改为摩耶夫人闻讯赶来，与佛经相符；等等。

第三，部分画面调整后更具有艺术表现力。如“15. 习学算法”有侍者提壶、端茶从内室进出，强化了画面的纵深感；“17. 走象奔马”图中白象头部微微向下，长鼻紧缩，烈马引颈昂首，马尾甩成一条波浪线，它们奔跑的动态被表现得十分生动；“35. 离宫发愿”去除了崇善寺图中与佛经相悖的仪仗队列，将白马伸长脖子在溪边喝水的动态描绘得颇为生动；“65. 贫人供佛”图描绘了茅舍内的桌椅及供奉的斋饭，既符合榜题原意，也强化了画面的空间感；“68. 罗睺降生”没有像崇善寺图中那样绘耶输夫人正面坐像，而是着重表现了殿外忙碌的侍女，从窗户中可以看到耶输夫人的侧面，在表现技巧上更加高超；等等。

第四，也有部分情节、画面改动后，显得不合理或艺术表现力减弱。如崇善寺“36. 樵夫指路”至“38. 车匿辞还”皆以雪山为背景，表现的是菩萨寻至雪山和在雪山苦修的情节，多福寺上述情节中皆改为青绿山水，不及崇善寺图合理；另如从崇善寺“41. 金刀落发”至“44. 猿鹿献花果”，画师渐变式地呈现了从太子到菩萨的转变，“41. 金刀落发”中尚着太子服，“42. 天人献桃”中已为沙门形，而到“44. 猿鹿献花果”中，菩萨肉髻已经长出，青色袍服也变成了披肩式袈裟，但是在多福寺图中，并没有表现出人物形象、服装的渐变，忽略了崇善寺原始图本的部分细节。

附录一　明成化二年（1466）崛㟧寺兴复记碑

1 崛㟧寺兴复记

2 大中大夫山西布政司右参政姑苏祝颢撰文

3 奉议大夫山西按察司佥事东吴刘珏篆额

4 承德郎山西都指挥使司断事云间何瑞书丹

5 崛㟧去太原郡城一舍许在汾水之右其山嵯峨高耸盘旋屈曲而上故以是名

6 好事者标为晋阳八景之一见于赋咏者多者矣厥巅旧有精兰自

7 晋恭王有国奉为焚修坛宇增葺完美迨薨逝后以其地幽绝辽敻檀越罕至淄流惮居殿

8 宇像设日入于坏鞠为草莽之区久矣景泰辛未榆次瞽沙弥智果往栖其地发大愿力

9 究心殚虑昼夜经营感动善庶输财效艺若水注云集不数年间崇门大殿神天仪卫焕

10 然一新加于旧观下至斋庾疱湢次第毕具于是祝延有场结习有所朝钟暮鼓响应岩

11 谷皈依瞻仰者远近趋赴岿然成一大招提也智果以为寺之兴复固繇其愿力而事之

12 纪载非托诸名言不足以垂远于是述其始末介郡之名士踵予求之恳恳不已尝观天

13 下之事废兴成坏固囿于数而未必不系于人也有其人则虽事之难为者处之亦易无

14 其人虽事之易为者成之亦难视崛㟧之事可见已夫以智果一方外流耳且废于盲由

15 其愿力坚固而能成此宏业则夫耳聪目明号称丈夫者有可为之事而不为岂非自失

16 哉于乎若智果可谓难得者也非直贤于其徒而已宜为书之以示来者

17 大明成化二年岁次丙戌秋七月二十四日功德主中贵官王表住持智果立石

18 晋府承奉正张泰典服正王聚典服副安兴内宫王庆潘璐助缘

附录二　明万历四十三年（1615）晋省西山崛㟧多福寺碑

1 晋省西山崛㟧多福寺碑

2 晋省郭外无奇山当登阅武台见西山颇有黛色公余偕僚友往游焉涉汾梯石盘旋峭愕

3 行数里山头露寺名曰崛㟧多福禅林山屏叠翠松柏交青白云飞空晴日献丽萧然清凉

4 界也苾蒭拈香迎入山门佛殿廊无蓝堂经阁禅房香积焕然从新庄严夺目仰观面山有

5 九龙朝拱之势龙池藏瑞宝塔凌霄真无上菩提之境第碑残偈断文不可考询之僧云寺

6 古刹也人传栋宇远迈汉唐山环水绕红叶盈山名花织锦妆点青林称为崛嵋红叶载在

7 省志为晋阳八景中之一景焉古有阇黎二僧乃文殊大士弟子严戒栖山苦渴无水谒文

8 殊得木匣命之曰持匣到处匣响开视金鳞跃出龙泉滔涌一镜清流至今称为圣水是山

9 从此有龙则灵矣历代增修宋遭虏火宗风几坠时遇名僧整敝扶颓自

10 晋恭王有国奉为焚修坛宇则金像重辉规模大备二百余年积衰已甚赖有住持觉智秉韦

11 陀愿发菩提心巡城乞化因时完葺庶无明荒草重开功德之门久废名蓝再睹奢摩之迹

12 亦中兴之佳会也予因而叹曰朝市频移沧桑屡变云台麟阁空留竹简清芳故国旧宫久

13 泣禾龜风禾黍而此寺一兴一废岿然相好非缘佛力恶有来今山僧佩服乞言为记余幼遵

14 鲁训略涉竺文触景留词永怡后彦凡诸檀越备载碑阴

15 大明万历肆拾叁年岁次乙卯中元之吉

16 赐进士第中宪大夫山西等处承宣布政使司总理粮储屯田道右参政前河南按察司按察

17 使广西布政使司右布政使昆明朱思明撰文

18 太原府府学庠生亢鲤书红叶住持绝智立石

二、剑阁觉苑寺

觉苑寺位于四川省剑阁县武连镇西，距老县城普安镇四十三公里。坐北朝南，背倚武侯坡，前临小西河，寺东有剑门古蜀道蜿蜒而过。主要建筑均位于中轴线上，前为天王殿（又名藏经楼），中为大雄宝殿，后为观音殿，中轴线两侧对称建有配殿。其中大雄宝殿周壁保存有绘制精美的明代佛传故事壁画。

（一）寺院的营建与壁画的年代

有关觉苑寺的兴建史，清徐芝铭《重修觉苑寺记》曰：

> 寺肇始于唐贞观，至宋元丰，始赐名觉苑，有敕牒可稽。南宋绍定时，僧发昌创修大藏经阁，梯桥阶级，皆筑石为之。元末寺毁坏。明天顺初，僧静智及徒道芳住锡于此，重新殿宇，奉佛祖像，并绘释迦年谱于壁。阅今数百年，犹须眉可指数，若有神灵呵护焉。[1]

周成认为，觉苑寺肇始于唐贞观是妄图附会唐初魏徵出生于剑阁武连所致，并不可信[2]。1958年寺内出土石灯台，上刻有元和十三年（818）前梓州铜山县令李义方所述的《弘济寺新制石灯台铭并序》，曰：

> 圣拯群生，若张罗于野；灯明破暗，即正法除疑。信建玆台，为功德者曷能侔欤？唐元和十载，有录事魏公政，邑之大族，折节为吏，盖恩安人。每荷先祖之遗芳，复感

1 收于［民国］张政等纂修《剑阁县续志》卷九，台湾学生书局，1967年，第411页。

2 周成《对剑阁觉苑寺大雄宝殿建筑、雕塑和壁画的再认识》，《四川文物》1993年第4期，第24页。

浮生之若寄。毋希冥佑，贻厥后来。词曰：华灯照耀，高殿峥嵘；俾□作画，破暗为明。爰有邑□，克□□□；既福祖宗，又光后嗣。远求琅玉，厚施金钱；□□不□，结此良缘。唐元和十三年六月十日。

故知该灯台系唐元和十年（815）本邑大族魏政捐资而建，当时寺院名弘济寺。从“华灯照耀，高殿峥嵘”的表述可以看出，当时寺院已经创建。

徐芝铭《重修觉苑寺记》提到觉苑寺元末毁坏，明天顺年间（1457—1464）僧净智、道芳师徒住锡于此，重修寺庙，雕塑佛像，绘制壁画，此事大雄宝殿内佛前明弘治五年（1492）石香炉铭文可资为证，曰：

伏闻佛法广大，偏照十界三方；誓愿宏深，普济四恩三交。在在处处，三教兴扬。古代梵刹，万载留存。殿宇虽颓，基址依然。有师净智，天顺年间，云越蜀川，睹礼峨山，复回至此。蒙彼檀那，各舍资粮，请师焚修。竖立宝殿，妆严圣像。功欲将完，师辞归逝，贻徒道芳主持。弘治二年，谨同合山僧侣，化诱檀那，舍财镌炉一鼎，供养三宝如来。专祈国土清太，帝岁遐长，文武高迁，修行有庆，雨顺风调，万民乐业，愿在光中，吉祥如意。弘治壬子岁二月初四日竖。主持道芳，师兄道聪、道准、道澄、善庆，徒德洪、得意、得全、得文、张进、古志荣、陈能。

其中净智即《重修觉苑寺记》中的静智，天顺年间（1457—1464）净智、道芳在元代殿宇基址的基础上重修，庄严圣像，在工程将完的时候净智圆寂，由徒弟道芳主持，弘治五年（1492）道芳师兄弟及徒弟又共同捐资造石香炉。

大雄宝殿塑像阿难右侧袈裟上残留有“正德五□□□□”的题记，可知二弟子像系明正德五年（1510）塑。联系到殿内弘治五年（1492）石香炉上“竖立宝殿，妆严圣像，功欲将完，师辞归逝”的铭文，推测大雄宝殿佛传故事壁画应绘于天顺元年至弘治五年间（1457—1492）。

虽然壁画上没有留下题记，但是可能是出自梓匠的手笔。大雄宝殿前有明正德十年（1515）《重建龙洞庵造香炉碑记》，其中提到剑州剑门乡信士“投佛镌炉”，“奉答梓香炉一座”，铸造香炉的是当地的梓匠。梓匠即梓潼县的工匠，觉苑寺所在的武连镇距梓潼县仅三十五公里，明代与剑门府同属梓潼县。类似的香炉亦见于平武报恩寺，应也是梓匠的作品。故推测，在梓潼县一带可能活跃着一批当地的梓匠，除香炉外，觉苑寺等的雕塑、壁画或也是他们的杰作。

与稷山青龙寺、繁峙公主寺相似，觉苑寺部分单幅情节侧榜题除书有情节名称外，有的还书有功德主姓名及施银或施物数量。如“1. 释迦垂迹”侧榜题曰：“最初因地。佛信士□□同缘何氏男屹达施银一两。”其中佛信士□□、同缘何氏、男屹达应是一家人。另如“3. 上托兜率”侧榜题曰：“上托兜率。佛信士杨熙□□□□□施银五分。”等等。从榜题来看，觉苑寺功德主分属不同的姓氏，施银数量多为一两或五分。此外还有施物者，如“177. 造塔法式”侧榜题曰：“造塔法式。肖继怀施牛一只。”明确提到功德主所施为牛。综合来看，现存觉苑寺大雄宝殿是主持僧募集民间资金建成，觉苑寺是属于民间修建的私寺。此外，在单幅情节或神像侧榜题内书写功德主姓名，是明代早中期民间性质寺院的做法，在壁面书写功德主姓名，使功德主姓名与壁画共存亡，对寺院募集民间资金有积极的推动作用。

（二）佛传故事壁画的情节

大雄宝殿建在高约1.5米的台基上，单檐歇山式顶，大殿面阔五间，进深三间，南北皆设门，墙壁间共置有十八根直立于石刻抱鼓式柱础上的木制檐柱，南北壁各六根，东西侧壁各三根（图2-3-20）。殿内前槽横梁上保留有“四川都司利州卫”的墨书题记，利州路为宋代行政建置，治所在今广元市，元以后撤销，此外殿内梁枋结构亦与宋代《营造法式》及现存宋代建筑相符，故周成认为现存大雄宝殿主体建筑应为宋代遗构[1]。

图 2-3-20　觉苑寺大雄宝殿外景

大雄宝殿内正面供奉三佛，泥金，面相方圆，身躯雄浑，为明代风格。两侧立正德五年（1510）迦叶、阿难二弟子像。殿内周壁布满佛传故事壁画，共十四铺，二百零五个情节，其情节顺序从南壁东侧开始，至南壁西侧结束。因为觉苑寺佛传故事壁画的二百零五个情节中，有二百个情节都是以《释氏源流》为图本进行绘制的，所以下文将在与《释氏源流》比较的基础上进行叙述，着重阐述与《释氏源流》不一致的，以及画面构图在《释氏源流》基础上进行了调整的情节。

南壁东侧上部共四个情节（图2-3-21），左右两列，上下两层，其情节按照从下层至上层，每层自右向左的顺序依次为：

1. 释迦垂迹；2. 最初因地；3. 上托兜率；4. 瞿昙贵姓。

上述情节表现的是释迦降生前的因缘。相对于瞿昙寺、妙因寺佛传故事画对释迦降生前因缘的强调，《释氏源流》和觉苑寺图相对简略。

《释氏源流》和觉苑寺佛传故事图以“释迦垂迹”为起始，解释何为释迦垂迹以及垂迹之缘由，表达了佛“由法身以垂八相，由八相以显法身”的道理。《释氏源流》图中为标准的一佛二弟子四天王像，觉苑寺图中佛周侧有四弟子、四菩萨、帝释梵天及二天王，前方还多了合十长跪的天子。瞿昙寺、妙因寺中起首皆表现了净居天子观察世间、谒见帝释、叩之天鼓、兜率请降、挑选降处等一系列情节，这些情节不见于《释氏源流》和《佛本行集经》等，疑觉苑寺图中合十长跪之天子即净居天，画师将释迦垂迹和净居天子融合在了一起。“2. 最初因地”的榜题误题在“1. 释迦垂迹”侧。

“瞿昙贵姓”讲述的是释迦姓氏之因缘，《释氏源流》图中菩萨（小瞿昙）被贯甘蔗从中的木桩上，其侧一人张弓欲射，与佛经原意相合。觉苑寺图中菩萨被贯在木桩上的血腥场面被摒弃，弓箭手对空中而射，与佛经原意偏离。

东壁分为四铺，共七十个情节，表现的是太子诞生前的因缘至成佛后请佛还国的内容。其中“10. 大赦修福”在成化版《释氏源流》中没有出现。

东壁南起第一铺共十五个情节（图2-3-22），左右三列，上下五层，其情节按照从下层至上层，每层自右向左的顺序依次为：

5. 净饭圣王；6. 摩耶托梦；7. 树下诞生；8. 从园还城；9. 仙人占相；10. 大赦修福；11. 姨母养育；12. 往谒天祠；13. 园林嬉戏；14. 习学书数；15. 讲演武艺；16. 太子灌顶；17. 游观农务；18. 诸王捔力；19. 悉达纳妃。

其中“5. 净饭圣王”、“6. 摩耶托梦”属于太子诞生前的因缘；从“7. 树下诞生”至“13. 园林嬉戏”表现的是太子为婴幼儿时的情形，太子体形较小，或赤身裸体，或着红衫，或上着红衣下着白裤；从“14. 习学书术”至“19. 悉达纳妃”表现的是太子长大至成年娶妻的内容，从图像上看，太子体形已经成年，身着红色窄袖衫，胸前有鎏金团花，

1 周成《对剑阁觉苑寺大雄宝殿建筑、雕塑和壁画的再认识》，《四川文物》1993年第4期，第25—26页。

图 2-3-21　觉苑寺大雄宝殿南壁东侧，明

图 2-3-22　觉苑寺大雄宝殿东壁南起第一铺，明

并在肩部、衣袖、裤腿上饰有鎏金纹样，多头戴东坡巾。

“6. 摩耶托梦”表现的是摩耶夫人熟睡菩萨乘白象入胎的情形。《释氏源流》图中摩耶夫人卧寝殿中，殿外空中菩萨乘象而来，寝殿庭院内置一山水屏风，净饭王坐屏风前，摩耶夫人向他说梦中之事，乘象入胎和摩耶夫人说梦的情节融为一体。觉苑寺图中，变成了二小图并列，画右绘摩耶夫人在寝殿内熟睡，寝殿上方菩萨乘象入胎，画左绘净饭王坐在与寝殿相邻的宫殿内，并在说梦的摩耶夫人前方增加了婆罗门，表示婆罗门占梦（图2-3-23）。类似二小图并列的还有耶输应梦，表现的是耶输梦十二种可畏之事，梦醒后向太子说梦的故事。《释氏源流》图中耶输在寝殿熟睡，庭院屏风前耶输向太子说梦；觉苑寺图中耶输向太子说梦的地点改为宫殿，耶输应梦和耶输说梦两个情节并列。

与成化版《释氏源流》相比，觉苑寺该壁情节多出“10. 大赦修福”，绘净饭王坐宫殿内，侧立四捧笏大臣，下立十二位婆罗门，表示净饭王命国师婆罗门布施修福，画中榜题曰：“大赦修福”（图2-3-24）。据《佛本行集经·私陀问瑞品》，阿私陀仙为太子占相后，净饭王告诸臣等言，国内所有禁系囚徒，皆悉放赦，乃至一切诸禽兽等，亦并放赦。复告国师婆罗门言，所有婆罗门聚集之处，随意所需，悉皆布施。

“11. 姨母养育”表现的是摩耶夫人生太子七日后命终，净饭王将太子托付给姨母养育的情节。《释氏源流》、觉苑寺图的构图大体相似，但觉苑寺图在细节上处理得更

图 2-3-23　摩耶托梦，明，觉苑寺大雄宝殿东壁

图 2-3-24　大赦修福，明，觉苑寺大雄宝殿东壁

精致，《释氏源流》图中太子在净饭王怀中身微后倾，觉苑寺图中改为太子双手伸向姨母摩诃波阇波提，姨母亦伸手相迎，强化了两人之间的交流。

“15. 讲演武艺”表现的是净饭王请释种子羼提提婆（忍天）教太子武艺的情形。《释氏源流》图中，无二童子比试的内容，太子师毗奢婆密多罗立释种童子中间作讲授状。觉苑寺图加入了二童子比试，在图像上更显生动、活泼。

东壁南起第二铺共二十个情节，左右四列，上下五层，按从下层至上层，每层自右向左的顺序依次为：

20. 五欲娱乐；21. 空声警策；22. 饭王应梦；23. 路逢老人；24. 道见病卧；25. 路睹死尸；26. 得遇沙门；27. 耶输应梦；28. 初启出家；29. 夜半逾城；30. 金刀落发；31. 车匿辞还；32. 车匿还宫；33. 诘问林仙；34. 劝请回宫；35. 调服二仙；36. 六年苦行；37. 远饷资粮；38. 牧女乳糜；39. 禅河澡浴。

上述情节表现的是太子纳妃后意欲出家至六年苦行后禅河澡浴的内容。自“30. 金刀落发”起释迦开始身披袈裟，作沙门形，表示释迦完成了从太子向菩萨身份的转变。“35. 调服二仙”至“38. 牧女乳糜”菩萨下颌及双唇上侧有髭须，有的脑侧还有披发，表示菩萨处于苦修期间。自“39. 禅河澡浴”始，释迦头顶开始有螺髻（成化版《释氏源流》自“劝请回宫”始释迦开始有螺髻），面相饱满，身躯浑厚，表示完成了由菩萨向佛（或称世尊）身份的转变。

“20. 五欲娱乐”、“21. 空声警策”皆绘太子、摩耶夫人坐宫殿内。《释氏源流》“五欲娱乐”中，太子和摩耶夫人体形较小，画面以深锁太子的城墙为主，觉苑寺图中太子、摩耶夫人被放大为画面主体，城墙被以俯视的形式来表现，远大近小，为强化视觉的逼真感，并在城墙上方描绘了宫殿和台阶（图2-3-25）。《释氏源流》“空声警策”画面上方太子、摩耶夫人坐宫殿内，下方为太子出行，觉苑寺图中太子、摩耶夫人坐宫殿内被放大，占据画面主体，太子出行被安排至一侧。

“23. 路逢老人”、“24. 道见病卧”、“25. 路睹死尸”、“26. 得遇沙门”表现的是太子四门出游的情节，觉苑寺四图的构图与《释氏源流》大体相似，但是觉苑寺图中增加了太子的仪仗。如“路逢老人”中，除《释氏源流》中的二人持节、二人掌扇外，觉苑寺图还增加了二人持立瓜；“道见病卧”中，除《释氏源流》中的二人掌扇、二人持立瓜外，觉苑寺图还增加了二人持节、二人持立瓜、一人挑灯笼；“路睹死尸”中，除《释氏源流》中的二人掌扇外，觉苑寺图还增加了一人挑灯笼、二人持幡、二人持立瓜；“得遇沙门”中，除《释氏源流》中的一人擎宝盖，二人掌扇外，觉苑寺图还增加了二人持立瓜。此外，觉苑寺上述四图中的仪仗描绘得更为精美。比如说方扇，有白底红底两种，三图中的方扇皆绘有描金双龙纹，还有一图中的方扇绘描金日月祥云纹；再如立瓜，除瓜本身鎏金外，部分红棍顶端亦以描金法绘制，金光灿灿；等等。

“29. 夜半逾城”表现的是太子半夜出家四天王托白马足逾越宫墙时的情形。与《释氏源流》相比，觉苑寺图中增加了太子对宫殿内座椅告别的场景（图2–3–26），殿外车匿和白车等候，殿前的侍女、侍从皆昏睡。

图 2–3–25　五欲娱乐，明，觉苑寺大雄宝殿东壁

图 2–3–26　夜半逾城，明，觉苑寺大雄宝殿东壁

东壁南起第三铺共有二十个情节，左右四列，上下五层，按从下层至上层，每层自右向左的顺序依次为：

40. 帝释献衣；41. 诣菩提场；42. 天人献草；43. 龙王赞叹；44. 坐菩提座；45. 魔王得梦；46. 魔子谏父；47. 魔女炫媚；48. 魔军拒战；49. 魔众拽瓶；50. 地神作证；51. 魔子忏悔；52. 菩萨降魔；53. 成等正觉；54. 诸天赞贺；55. 华严大法；56. 观菩提树；57. 龙宫入定；58. 林间宴坐；59. 四王献钵。

主要表现的是菩萨禅河澡浴后降魔成佛的内容，尤其是“47. 魔女炫媚”、“48. 魔军拒战”、“49. 魔众拽瓶”的情节比较精彩。上述图中佛头顶螺髻，身披红色团金纹袈裟，跣足，主要有结跏趺坐、立姿两种动态，由于尚未度化弟子，故佛身侧均无弟子随侍。

“47. 魔女炫媚”表现的是魔女诱惑菩萨阻止其成佛的故事。《释氏源流》、觉苑寺图中皆绘三身姿曼妙之女子在释迦前或合十或捧物，另有三女照镜表示菩萨以神通力变美貌魔女为老妪。《释氏源流》图中照镜之女子年轻貌美，与佛经原意不合，觉苑寺图三女面容改为老妪状，与佛经原意相合（图2–3–27）。

东壁南起第四铺共有十五个情节，左右三列，上下五行，按从下层至上层，每层自右向左的顺序依次为：

60. 二商奉食；61. 梵天劝请；62. 转妙法轮；63. 度富楼那；64. 仙人求度；65. 船师悔责；66. 耶舍得度；67. 降服火龙；68. 急流分断；69. 弃除祭器；70. 竹园精舍；71. 领

徒投佛；72. 迦叶求度；73. 假孕谤佛；74. 请佛还国。

主要表现的是菩萨成佛后初转法轮，度憍陈如等五人、富楼那、那罗陀仙、耶舍、迦叶三兄弟、大迦叶等的内容。因为已经开始度化弟子，所以上述图中佛身侧皆有随侍的弟子。

“67. 降服火龙”表现的是佛在草堂内降服火龙迦叶三兄弟皈依的故事。《释氏源流》图中，佛结跏趺坐岩洞内石座上的蒲团上，周侧有火焰纹，觉苑寺图中改为佛结跏趺坐龙背上，表示降服火龙。

图 2-3-27 魔女炫媚，明，觉苑寺大雄宝殿东壁

北壁分为四铺，共五十八个情节，表现的是释迦成佛后回净饭王宫殿认子释疑至小儿施土的内容。

北壁东起第一铺共十五个情节，左右三列，上下五层，按从下层至上层，每层自右向左的顺序依次为：

75. 认子释疑；76. 度弟难陀；77. 罗睺出家；78. 须达见佛；79. 布金买地；80. 玉耶受训；81. 渔人求度；82. 月光谏父；83. 申日毒饭；84. 佛化无恼；85. 降服六师；86. 持剑害佛；87. 佛救尼犍；88. 初建戒坛；89. 敷宣戒法。

图 2-3-28 丑女改容，明，觉苑寺大雄宝殿北壁

主要表现的是佛度弟难陀、子罗睺、渔人、无恼、六师等，以及初建戒坛的内容。其中“敷宣戒法”的主尊不是释迦而是卢舍那佛，《释氏源流》和觉苑寺图中卢舍那佛均头戴宝冠，作菩萨相。觉苑寺该铺图像在画面构图上与《释氏源流》均大体相似。

北壁东起第二铺共十五个情节，左右三列，上下五层，按从下层至上层，每层自右向左的顺序依次为：

90. 姨母求度；91. 度跋陀女；92. 再还本国；93. 为王说法；94. 佛留影像；95. 度诸释种；96. 降服毒龙；97. 化诸淫女；98. 阿难索乳；99. 调服醉象；100. 张弓害佛；101. 佛化卢志；102. 贫公见佛；103. 老人出家；104. 丑女改容。

主要表现的是佛度姨母、跋陀罗女（大迦叶妻子）、五百释子、毒龙、淫女、卢志、百岁贫公、百岁老人等，以及调达、提婆达多等害佛的故事，其中部分情节显现了佛的神通。

“104. 丑女改容”绘院墙内一女子向云端世尊合十长跪，表示丑女遥礼世尊心生敬信自然而得美貌。《释氏源流》图中，前侧院墙呈弧形，左侧院墙挺直，大体符合透视法；觉苑寺图中左侧院墙为弧形，呈外翻状，这样虽然在透视的处理上不得当，但是院墙环绕屋舍的感觉比较到位（图2-3-28）。觉苑寺在透视上进行大胆处理的做法亦见于

图 2-3-29　白狗吠佛，明，觉苑寺大雄宝殿北壁

"20. 五欲娱乐"。

北壁东起第三铺共十五个情节，左右三列，上下五层，按从下层至上层，每层自右向左的顺序依次为：

105. 夫人满愿；106. 鹦鹉请佛；107. 恶牛蒙度；108. 白狗吠佛；109. 火中取子；110. 见佛生信；111. 因妇得度；112. 盲儿见佛；113. 老婢得度；114. 劝亲请佛；115. 嘱儿饭佛；116. 贷钱办食；117. 老乞遇佛；118. 说苦佛来；119. 谈乐佛生。

主要表现的是西方净土缘起，恶牛、白狗、盲儿前世因缘，以及布施福报等的故事。

"108. 白狗吠佛"表现的是佛告知都提白狗原是其父因缘，都提皈依的故事。因觉苑寺图空间较大，故将世尊身侧的一弟子增加为二弟子，并在都提侧增加了其夫人（图2-3-29）。因为空间而减少或增加随侍人员的还有"113. 老婢得度"、"114. 劝亲请佛"。

"119. 谈乐佛生"表现的是比丘合十议论世间万事何者可乐，佛前来为其说法。据《法句譬喻品》卷四，讨论的应该是四位比丘，《释氏源流》绘制的是四位，觉苑寺图中改为五位，与佛经原意不合。

北壁东起第四铺共十三个情节，左右二至三列，上下五层，按从下层至上层，每层自右向左的顺序依次为：

120. 祀天遇佛；121. 佛度屠儿；122. 度网鱼人；123. 度捕猎人；124. 佛化丑儿；125. 救度贼人；126. 度除粪人；127. 施食缘起；128. 目连救母；129. 佛救婴儿；130. 金刚请食；131. 鬼母寻子；132. 小儿施土。

主要表现的是佛度屠儿、网鱼人、捕猎人、丑儿、贼人、除粪人、鬼子母，以及施食福报等的故事。至此，佛度化的弟子包括了各类普通人，体现了普度众生的理念。

"124. 佛化丑儿"表现的是佛度化被遗弃山林的丑儿的故事，佛经中称为度化丑儿故，佛亦化为丑儿。《释氏源流》图中，佛所化的丑儿及被度化的丑儿皆作普通人样貌，觉苑寺图中二人皆面容丑陋，形态粗鄙，与佛经原意相符。

"128. 目连救母"表现的是目连以道眼见亡母生饿鬼中，佛为说七月十五日为七世父母及现在父母施食盂兰盆的故事，由佛为目连说法和目连见亡母两个画面组成。《释氏源流》图中，亡母立于地狱门口，口吐火焰，表示食未入口即化成火炭，与佛经原意相符，但此场景在佛为目连说法的庭院中出现，视觉上显得比较突兀。觉苑寺图中没有表现地狱，且亡母双手合十，未作口吐火焰状，表明画师更注重整体环境的和谐。

"131. 鬼母寻子"表现的是佛将鬼子母幼子宾伽罗覆钵底，众鬼卒撬钵救鬼子母幼子的故事。《释氏源流》图中，鬼子母离覆钵较远，五鬼卒用力拉绳，一鬼卒敲锣，一鬼卒持乐器敲打，一鬼卒撬钵，一鬼卒持剑；觉苑寺图中鬼子母立于覆钵侧，目光看着爱子，由于鬼子母靠近，空间变小，因此改为四鬼卒用劲拉绳，二鬼卒撬钵（图2-3-30）。相对而言，觉苑寺图画面的整体感更强。此外，《释氏源流》图中，鬼卒或赤或青或绿，其中两身青色的鬼卒有红色的蝙蝠翼，与金元时期鬼子母像中的鬼卒形象相符；觉苑寺图中鬼卒只有赤、绿二色，且没有鬼卒有蝙蝠翼。

西壁分为四铺，共有六十九个情节，表现的是从请观世音的杨枝净水至佛涅槃后

图 2-3-30　鬼母寻子，明，觉苑寺大雄宝殿北壁

译经传法的内容。

西壁北起第一铺共十四个情节，左右二至三列，上下五层，按从下层至上层，每层自右向左的顺序依次为：

133. 杨枝净水；134. 采花献佛；135. 燃灯不灭；136. 造幡供佛；137. 施衣得记；138. 衣救龙难；139. 说咒消灾；140. 证明说咒；141. 龙宫说法；142. 天龙云集；143. 佛赞地藏；144. 胜光问法；145. 维摩示疾；146. 文殊问疾。

主要表现的是布施供养的福报，为龙王、胜光王说法，及宣扬观音、地藏、文殊、维摩等的内容。上述图中故事的主角不再仅仅是释迦，而是扩展到大乘佛教宣扬的其他菩萨、居士身上。

“138. 衣救龙难”表现的是佛赐袈裟给四龙王，以保护诸龙不被金翅鸟所食的故事。《释氏源流》图中四龙王皆赤脸须髯，面容凶恶，头戴梁冠，身着衮服，与壁画中常见的龙王的形象相符。觉苑寺图中，四龙王除一位赤脸外，其余均为白面，面目俊朗，身着交领长袍，犹如长者，从图像上看，龙王的身份特征有所淡化。

“145. 维摩示疾”、“146. 文殊问疾”表现的是毗耶离城的长者维摩装病，佛派菩萨中智慧第一的文殊前往探病与之论辩的故事。《释氏源流》图中，二图是分开表现的，觉苑寺图中虽然有两个榜题，但文殊、维摩相对而坐，形成“二元对立”式的构图，形成一幅小型的《维摩变》。《释氏源流》“文殊问疾”图中，文殊右侧立一佛，左侧及身后立九弟子一菩萨，觉苑寺图中文殊右侧佛改为弟子，与其他九弟子合为十弟子，改动后更为合理。

西壁北起第二铺共二十个情节，左右四列，上下五层，按从下层至上层，每层自右向左的顺序依次为：

147. 金鼓忏悔；148. 楞伽说经；149. 圆觉三观；150. 楞严大定；151. 般若真空；152. 付嘱国王；153. 法华妙典；154. 饭王得病；155. 佛还觐父；156. 殡送父王；157. 释救释种；158. 为母说法；159. 最初造像；160. 浴佛形象；161. 姨母涅槃；162. 请佛入灭；163. 佛指移石；164. 嘱分舍利；165. 付嘱诸天；166. 付嘱龙王。

主要表现的是佛在涅槃前的种种事迹，一方面是与父王、母亲、姨母等亲友有关，另一方面是向僧众、诸天、龙王等嘱咐后事。

“150. 楞严大定”表现的是阿难被摩登伽女用幻术咒语蛊惑，世尊顶放光明，以化佛说咒解救阿难归来为说《楞严经》的故事。《释氏源流》、觉苑寺图皆由佛为阿难说法及摩登伽女蛊惑阿难两个情节组成。《释氏源流》图中，摩登伽女被描绘为一长胡须的长者，与佛经原意不合；觉苑寺图中摩登伽女被改为一妙龄女子（图2-3-31）。

图 2-3-31 楞严大定，明，觉苑寺大雄宝殿西壁

“154. 饭王得病”表现的是净饭王忽染重病欲见佛及罗睺罗的情形。《释氏源流》图中，净饭王寝殿侧屋有一侍女正在煎药，觉苑寺图中的空间较大，另在煎药侍女侧增加了两身侍女，画面更加充实。

西壁北起第三铺共二十个情节（图2-3-32），左右四列，上下五层，其情节按从下层至上层，每层自右向左的顺序依次为：

167. 请佛住世；168. 天龙悲泣；169. 魔王说咒；170. 纯陀后供；171. 度须跋陀；172. 佛现金刚；173. 如来悬记；174. 最后垂训；175. 临终遗教；176. 荼毗法则；177. 造塔法式；178. 应尽还源；179. 双林入灭；180. 金刚哀恋；181. 佛母得梦；182. 升天报母；183. 佛母散花；184. 佛从棺起；185. 金棺不动；186. 金棺自举。

图 2-3-32 觉苑寺大雄宝殿西壁北起第三铺，明

主要表现的是佛涅槃的相关情节，包括涅槃前的最后说法、涅槃的过程、涅槃后的神通等，尤其是突出了与佛母相关的情节，体现了对儒家伦理的重视。

“167. 请佛住世”表现的是二月十五日佛涅槃前六趣众生劝佛莫要涅槃的情形。《释氏源流》图中佛骑牛背上，身侧有一弟子，前方一天子捧笏三人合十，皆长跪。觉苑寺图中佛结跏趺坐石座上，侧立九弟子，前方一弟子长跪，弟子身后二男子合十长跪。觉苑寺图中的表现更为合理。

“178. 应尽还源”表现的是佛涅槃前以眼遍观三界，向大众说三界之根本在于寂灭的情形。《释氏源流》图中绘白色巨大圆轮，周围围绕祥云，无山石林木背景。觉苑寺图中圆轮改为黑色，金边，周侧云彩相对疏朗，右侧有隔开上一情节的槐树，下方有山石，山石林木背景的加入使画面不再显得单调（图2-3-33）。

图 2-3-33　应尽还源，明，觉苑寺大雄宝殿西壁

“179. 双林入灭”表现的是佛在拘尸那城娑罗双树林涅槃，弟子、金刚等哀悼的情形。与《释氏源流》相比，觉苑寺图中将十七位弟子减为十位，将坐地恸哭的金刚由一位增至为两位。

“180. 金刚哀恋”表现的是佛涅槃后金刚力士丢弃金刚杵恸哭哀悼的情形。与《释氏源流》相比，觉苑寺图将十一位弟子减少为十位，并在佛足侧多出两位长者。觉苑寺图中“179. 双林入灭”、“180. 金刚哀恋”中出现的人物完全一致，强化了故事的连续感。

“182. 升天报母”表现的是佛弟子阿那律尊者升天见佛母摩耶夫人，告知佛涅槃的情形。《释氏源流》图中，摩耶夫人身侧只有三位侍者，二掌扇，一捧宝；觉苑寺图中摩耶夫人身侧的侍女人数增加为六位，二掌扇，二扶摩耶夫人，二捧物。

“183. 佛母散花”表现的是摩耶夫人以天曼陀罗等花散金棺上的情形。与《释氏源流》相比，觉苑寺图中摩耶夫人的侍女及金棺侧的弟子均由一位增加为两位。增加侍从及弟子人数的情形还见于“佛从棺起”、“金棺自举”，其中“佛从棺起”图中摩耶夫人身侧的侍女由《释氏源流》中的三位增加为四位，“金棺自起”图中合十长跪的弟子人数由《释氏源流》中的一位增加为三位。

西壁北起第四铺共十五个情节，左右三列，上下五层，按从下层至上层，每层自右向左的顺序依次为：

187. 佛现双足；188. 凡火不燃；189. 圣火自焚；190. 均分舍利；191. 结集法藏；192. 育王起塔；193. 育王得珠；194. 迦叶付法；195. 迦叶入定；196. 商那受法；197. 鞠多筹算；198. 蜜多持幡；199. 马鸣辞屈；200. 龙树造论；201. 不清。

主要表现的是佛涅槃后自焚、分舍利、起塔及传法的情节。最下面一层“187. 佛现双足”、“188. 凡火不燃”、“189. 圣火自焚”下部损毁，其中“佛现双足”损毁尤甚，仅存云端合十的弟子数身，另外两幅主体画面尚存。

“190. 均分舍利”表现的是在大臣优波吉的建议下，诸天、龙王及八大国王均分舍利的故事。《释氏源流》图中只表现了六位国王，觉苑寺图中增加至八位，与佛经原意相合，但省略了《释氏源流》图中的两位龙王。

“191. 结集法藏”表现的是佛灭度七日后众罗汉聚集一处，阿难凭记忆口述佛法的情形。《释氏源流》图中，殿内二僧坐桌前，一背诵佛法一记录，桌子侧面与门相对，符合透视法；觉苑寺图中为了让桌前演说、记录佛法的僧人能面对观者，桌子斜放于殿内，虽然与透视法不合，但是形象更加生动（图2-3-34）。此外，背诵佛法的阿难也由合十变为左手举起、右手抚纸上。

“192. 育王起塔”表现的是阿育王造八万四千塔的故事。《释氏源流》图中阿育王前僧人为鸡头摩寺的上座耶舍，耶舍右手发出五道光，每道光内有一夜叉和一宝塔，表示以手障日时国界内尽起宝塔，前方有侍者捧舍利。觉苑寺图中改为耶舍手中执舍利，舍利发出五道光，前方二身侍者捧容器准备接受舍利。

“194. 迦叶付法”表现的是迦叶涅槃前将佛法托付给阿难的情形。《释氏源流》图中画面比较开阔，只有迦叶、阿难二人，觉苑寺图中迦叶身侧多出一位随侍的弟子，并且扩大了山石的面积，使画面变得饱满。为饱满画面，增加弟子的情形亦见于“商那受法”、“鞠多筹算”。

第201个情节未在《释氏源流》中出现，图中榜题残毁，内容不明。该图分两个画面，图左绘一僧人拢袖而坐，座前一人合十长跪，僧人右侧一甲士合十。图右一位三头六臂的神骑牛背上，前方一人合十长跪，其侧地上摆放有二碗。

南壁西侧上部共四个情节（图2-3-35），上下两层，每层两列，该铺情节未遵循《释氏源流》的顺序，按从左上至右下的顺序其情节依次为：

202. 神僧应供；203. 师子传法；204. 达摩悉来；205. 译经传法。

主要表现的是佛涅槃后付法、传法及佛法东来的情形。

“202. 神僧应供”表现的是佛涅槃时以无上法付嘱十六大阿罗汉的情形。图中释迦结跏趺坐须弥座上，右手前伸作说法状，两侧围绕众罗汉。侧有榜题曰：“神僧应供。”据《法住记》，佛涅槃后八百年中，庆友尊者告比丘比丘尼，佛涅槃时以无上法付嘱十六大阿罗汉并眷属，令他们护持使不灭没。该情节未在《释氏源流》中出现。

“204. 达摩悉来”表现的是南

图 2-3-34 结集法藏，明，觉苑寺大雄宝殿西壁

图 2-3-35 觉苑寺大雄宝殿南壁西侧，明

天竺菩提达摩（磨）东渡南朝梁的故事，图中达摩身披红色袈裟，立船头，前置一鼓，岸上有三位官员合十迎接。侧有榜题曰：“达摩悉来。”《释氏源流》“达磨渡江”表现的是达摩乘芦苇离开南朝梁北趋魏境的故事。一般表现达摩有达摩渡江、达摩面壁两个主题，觉苑寺表现达摩乘舟渡江，颇为少见。

“205. 译经传法”表现的是殿内一高僧手执毛笔在纸上书经的情形。佛经自东汉传入中国后，东晋、南北朝、隋唐时期译经的高僧大德辈出，对佛法在中国的传播起了重要的作用，著名的译经僧有道安、鸠摩罗什、玄奘等。图侧无榜题，因此不知具体表现的是哪位高僧。

（三）佛传故事壁画的特点

天顺年间（1457—1464），净智、道芳在元代殿宇基址的基础上重修觉苑寺，庄严圣像，在工程将完的时候净智圆寂，由徒弟道芳主持。殿内佛传故事壁画绘于天顺至弘治二年间（1457—1489），从单幅壁画情节侧的功德主榜题来看，觉苑寺佛传故事壁画是主持僧募集民间资金建成的，觉苑寺是属于民间修建的私寺。

觉苑寺是现存佛传故事壁画情节最多的寺院，情节多达二百零五个，完整地再现了释迦降生前因缘至涅槃后师子传法的情节。其情节依据的是大报恩寺宝成永乐二十二年（1422）编纂的《释氏源流》。除多出“10. 大赦修福”外，觉苑寺佛传故事壁画的前两百个情节与《释氏源流》完全一致，另最后五个情节中只有“202. 神僧应供”系多出，表现的是中国颇为流行的释迦涅槃前将佛法托付给十六罗汉的故事。觉苑寺佛传故事最后以“204. 达摩悉来”、“205. 译经传法”结束，相当于整个佛传故事壁画的结语，旨在向信众阐明中国佛法渊源有自。

在单幅情节图像的表现上，觉苑寺佛传故事壁画亦多与《释氏源流》相似，表明是以《释氏源流》为底本进行绘制的。同时，也有部分情节图像与《释氏源流》不完全一致，主要体现在以下几个方面：

第一，增加太子、摩耶夫人等的仪仗及侍从人数，如“23. 路逢老人”、“24. 道见病卧”、“25. 路睹死尸”、“26. 得遇沙门”、“182. 升天报母”等。第二，从儒家尊卑的角度，提高净饭王、太子的地位，使次要情节得以与主要情节并列，如“6. 耶输托梦”中乘象入胎和婆罗门占梦并列；“27. 耶输应梦”中耶输应梦和耶输说梦并列。第三，改变或增加细节，使整体画面更趋合理、生动，如“11. 姨母养育”图中太子双手伸向姨母摩诃波阇波提；“15. 讲演武艺”图增加了二童子比试；“20. 五欲娱乐”中太子、摩耶夫人被放大，城墙以俯视的形式来表现；“29. 夜半逾城”中增加了太子对宫殿内座椅告别的场景，殿外有车匿和白马等候，殿前有昏睡的侍女、侍从；“131. 鬼母寻子”中鬼子母靠近覆钵，鬼卒撬钵的空间被压缩，人数由九位改为六位；“178. 应尽还源”圆轮改为黑色，金边，周侧云彩相对疏朗，加入了山石林木作为背景。第四，改变人物形象，使之与佛经原意相合，如“47. 魔女炫媚”图中三女面容由年轻女子改为老妪状；“124. 佛化丑儿”图中佛所化的丑儿及被度化的丑儿由普通人样貌改为面容丑陋、形态粗鄙的夜叉状；“150. 楞严大定”图中摩登伽女由长须长者改为一妙龄女子。

从人物造型上看，觉苑寺佛传故事壁画中脸型长圆，双肩削瘦，身材修长，人物线条简洁，时有方折，既不突出线条粗细的变化和钉头鼠尾的笔意，也不注重立体感和空间的表现，相对质朴，有民间版画的特点。因此，《释氏源流》对觉苑寺壁画的影响，不仅仅是体现在题材上，也体现在人物造型及线条风格的影响上，为明代早期壁画和版画的互动提供了实例。

觉苑寺壁画注重设色，有红、黑、绿、白、黄等色，其中较多地使用黑色。在衣饰、袈裟、屋顶、法器、武器等上大量地使用了堆金沥粉的手法，整铺壁画的颜色虽然已偏暗，但是仍显得金光灿灿。目前所见寺院壁画中，堆金沥粉使用最多、效果最好的莫过于觉苑寺。释迦出家前为迦毗罗卫国的太子，身份尊贵，出家后为创立佛教的世尊，为信众膜拜、敬仰，使用堆金沥粉的手法表现释迦一生事迹，与其尊贵的身份、故事出现的环境（很多故事是以王宫、大型寺院为背景）及信众膜拜的心理是相契合的。

图 2-3-36　游观农务，明，觉苑寺大雄宝殿东壁

觉苑寺壁画以山石林木、殿宇云气等为背景，将二百零五个情节连成整体的画面。壁画中的山石造型奇峭，多呈尖角及块状，山石轮廓以侧笔勾勒，辅以侧笔皴擦，笔端水分较少。壁画山石的画法显示了浙派的特点，表明浙派对民间壁画的影响远远大于吴门画派。此外，壁画背景中出现了大量的菩提树、松树、杉树、杨柳、竹、芭蕉、枯枝等树木，它们不仅表示了故事发生的场景，也是分割画面的重要凭借。这些树木往往在画面中反复出现，画师在表现这些树木时，并非千篇一律地重复，而是注重表现形态间的差异。以“17. 游观农务”为例（图2-3-36），图左、右皆绘有松树，突出了松树的不同形态：左边松树为两棵，交叉而生，挺拔坚挺，松针呈团状，由中心向四周散开；右边松树旁倚斜出，斜向下生出两枝，松针呈马尾状，由中间向两边散开。

觉苑寺壁画以其丰富、完整的故事情节，精谨的造型，绚丽的设色，尤其是堆粉沥金的艺术手法，不仅使其成为剑阁古道上的一颗明珠，亦使之在中国古代寺观壁画史上具有重要的意义。

附录　清重修觉苑寺记

重修觉苑寺记

徐芝铭

予守四川保宁之明年岁在丙午道出武连访觉苑寺僧静修与语明慧雅擅文翰通禅理神貌质讷知为能持戒律有行诣者询之住持斯寺二十有六年矣按寺肇始于唐贞观至宋元丰始赐名觉苑有敕牒可稽南宋绍定时僧发昌创修大藏经阁梯桥阶级皆筑石为之元末寺毁坏明天顺初僧净智及其徒道芳住锡于此重新殿宇奉佛祖像并绘释迦年谱于壁阅今数百年犹须眉可指数若有神灵呵护焉国朝住持斯寺者先后渊源泐之贞石皆可考至嘉庆三年以后渐就颓废寺僧长慧延其师三台万寿寺僧住持斯寺事积二十余年之苦诣孤行殿阁之朽坏者振之神像之剥落者戢之碑偈之倾扑者植之徒众之皈依者律之往来游脚之挂单者赡之更出寺中历来苦积资就前法轮僧所创观音殿而宏大之开罗汉田修石成堰凿西崖养生池皆能灌溉陇亩以利赖于人静修一僧耳无尺寸之柄极其志力之所至且足以兴废举坠丕昌前烈以扬仁风于弗替然则士大夫剖符绾绶为天子命吏若能程功积事孜孜旦夕日计月计岁计必有丝毫裨益于生民而事迹可指数者迺问其时则曰历数考矣问其职则曰且数迁矣问其从事于官者则曰吾欲为之而力所未逮也夫待其力之能逮几时哉噫观于僧且如是观于世之为民牧者乃如是此余所惶惧而无以自解也兹予重游斯寺寒暑又三稔矣喜静修老健如昨流光击石聚散搏沙鸿爪因缘悤悤茶话因濡笔而志其始末如左寺藏郭景纯

种松碑传为苏轼书颜平原逍遥楼三大字书于大历三年元日明卢雍书陆放翁诗并其和韵石刻又明杨瞻石碣已就剥蚀俗传寺为魏徵故里无可考静修三台人僧腊已七十二谨记

（摘自[民国]张政等纂修《剑阁县续志》卷九）

第四节　山西繁峙公主寺的水陆画

公主寺位于山西省繁峙县城东南十五公里的杏园乡公主村，位于五台山北台外围。坐北朝南，沿中轴线上南起依次为山门、毗卢殿（又称过殿）、大雄殿（又称大佛殿）。前院两侧分别为关帝庙、圣母庙（俗称娘娘庙）。大雄殿现保存有精美的明代水陆壁画。

一、寺院的营建与壁画的年代

公主寺创始于北魏，系五台山北台古八寺之一，宋延一编《广清凉传》卷上曰："北台之西，繁峙县东南，有一寺，名公主寺，后魏文帝第四女信诚公主所置。"唐武周时此寺已破损不堪，"尼众都绝，房廊院宇，佛殿讲堂，九级浮图，瓦甓犹在"。[1]宋金时代，该寺历经兵火战乱，寺宇焚毁殆尽。据元至正二十七年（1367）《大元五台坚州隐峰山古公主禅寺开山第一代秋月德公和尚道行碑铭》（见第202页附录），元至正八年（1348，戊子）德公和尚（唯德）"施工募缘，择选工匠，创建佛殿、方丈、南北行廊、三门，郡邑官僚士庶捐财助力，乐趋其事，其年院宇灿然可睹"。明代，公主寺搬迁至同县空如村（今名公主村）文殊寺内，寺内存明正德二年（1507）铁磬，其上铭文曰：

> 繁峙县华堰（岩）都空如村文书（殊）寺僧人文秀、广全、常定、普原、张瓒、赵敬，清源县梁玺、梁瓒、米钱、王真。金火匠孙旺。正德二年正月初三日。

寺内另存明嘉靖三年（1524）铁磬，其上铭文称"五台山公主文殊寺"，故知公主寺搬迁至文殊寺后，合称公主文殊寺。大雄殿脊槫下侧木板上有"旹起大明国弘治十六年五月初九日吉时上梁"的墨书题记，故推测现存大雄殿应完工于弘治十六年（1503）。

大雄殿塑像、壁画保存完整，从塑像、壁画的布局和风格上看，雕绘的时间应与建筑的时间大体一致，即大约为弘治十六年（1503）。该殿东壁南侧上方有塑、画匠榜题曰：

> 真定府
> 塑匠　任林　孟祥　赵士孝
> 　　　李钦　张夆　敬开
> 　　　李珠　陈义
> 画匠　戎钊　张鸾
> 　　　高升　冯秉相
> 　　　高进　赵喜

1 《大正藏》第51册，第1107页中栏。

真定府，为今河北正定县，宋金置真定府，清雍正元年（1723）改名正定。笔者注意到，元至正二十七年（1367）《大元五台坚州隐峰山古公主禅寺开山第一代秋月德公和尚道行碑铭》中提到修建公主寺的开山祖师德公和尚即"祖居真定"，明弘治、正德年间修建公主寺请的又是开山祖师祖籍地的塑匠、画匠，应非偶然，同时也说明了公主寺水陆画与河北水陆画之间有着密切的联系。

正德二年（1507）铁磬铭文中提到铸铁磬的功德主是寺内的僧人及繁峙县、清源县的信士。公主寺大雄殿水陆壁画神灵榜题中，多以小字署功德主的姓名，如东壁卢舍那佛侧署功德主名曰："信士武镇，男武林、武凤，室人李氏。"很显然是一家四口。西壁弥勒佛侧署功德主名曰："信士女善人韩氏，长男孙文和；信士女善人王氏，长男李钊。"其中仅提到女善人及长男，应是男主人已经逝世的缘故。李钊的名字又单独出现在东壁文殊菩萨的榜题中。寺观壁画中水陆神灵榜题侧署功德主的做法最早见于青龙寺，与青龙寺相比，公主寺功德主榜题更为简洁，省略了功德主居住地名，署名最后也不见有"施"字。可以肯定，弘治年间修建大雄殿及绘制壁画的功德主并非官方，而应是寺院的僧人及周边的信众。

二、大雄殿水陆壁画的内容

图 2-4-1　公主寺大雄殿外景

大雄殿为硬山顶式（图2-4-1），面阔三间，现存屋顶系新修。殿内佛坛塑三身坐佛像，中间主尊两侧有迦叶、阿难立像，三身坐佛没有明确的身份特征，柴泽俊认为是释迦、药师和弥陀[1]。北壁中间绘六子戏弥勒，两侧各绘五身明王，其中东侧中间者榜题为甘露军吒利明王阿弥陀佛，该明王左上榜题为不动尊明王除业障菩萨，左下榜题为马首明王观世音菩萨，右上、右下明王榜题残毁；西侧中间者榜题残毁，应为大力明王释迦牟尼佛，左上、左下榜题残毁，右上榜题为无能胜明王地藏菩萨，右下榜题为步掷明王普贤菩萨。

东、西壁水陆神祇分四层，中间主尊佛及其下背面比丘外，其余均面朝中间，大体沿中轴线对应（图2-4-2、图2-4-3）。东壁中间绘卢舍那佛，结跏趺坐须弥座上，双手作转法轮印，其下一弟子长跪，背面，作启奏状，可能是宾头卢尊者。最上层南侧（图2-4-4）榜题依次为天龙八部、十八罗汉、十地菩萨、天藏菩萨、天仙神众；北侧榜题依次为天龙八部、十八罗汉、十地菩萨、持地菩萨、天仙神众。中上层南侧榜题依次为观音菩萨、文殊菩萨、斗牛女虚危室壁、大药刹神众、五瘟使者；北侧榜题依次为势至菩萨、普贤菩萨、奎娄胃昴毕觜参、上元水[府]马当道（宁）江王、四直使者。中下层南侧榜题依次为金刚座神、日光天子、角亢氐房心尾期（箕）、旷野大将军、主苗主林主病主药、三灵侯圣众；北侧榜题依次为金刚座神、月宫天子、井鬼柳星张翼轸、护斋护戒护法之神、安济夫人陵（灵）肃山镇江王顺济龙王众、雷电风伯众。最下层南侧榜题依次为大梵天主、四大天王众、东岳南岳中岳并从眷等、西岳北岳一切神祇众、四海龙王众；北侧榜

1 柴泽俊编著《山西寺观壁画》，文物出版社，1997年，第109页。

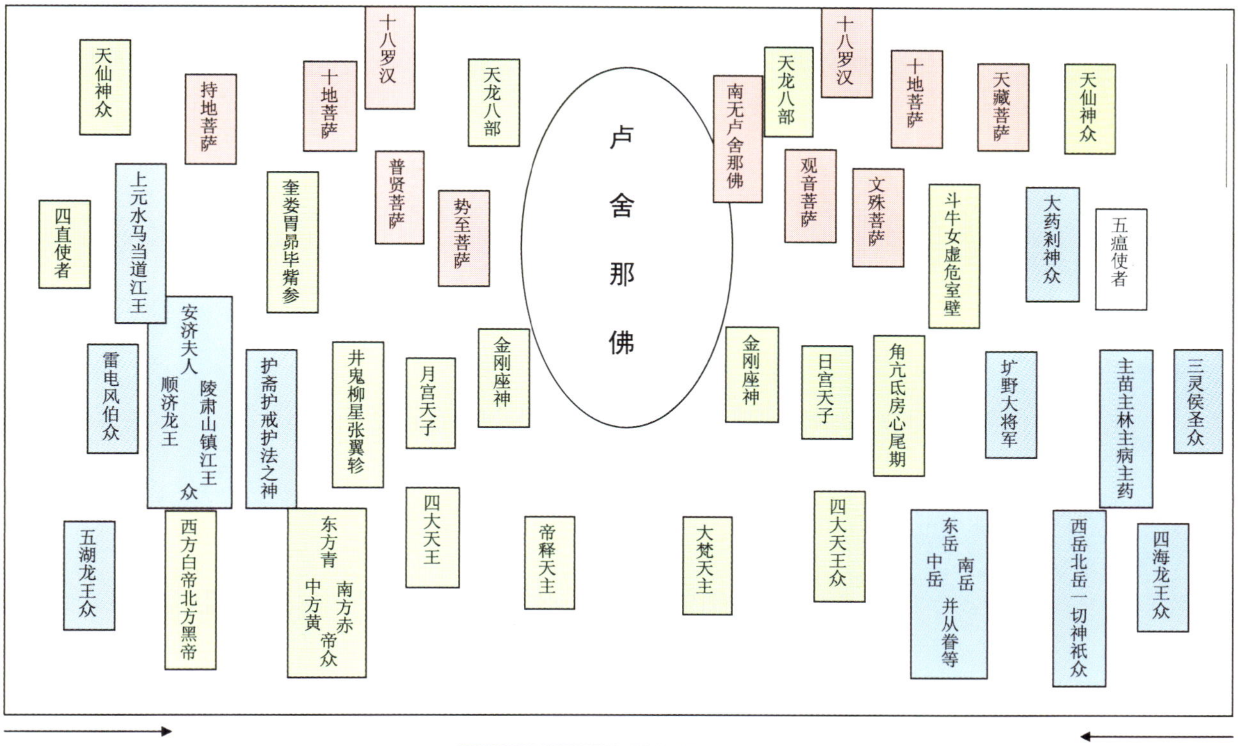

注：不同颜色表示不同种类神灵如右：正位 天仙 下界 往古人伦 冥殿 孤魂

图 2-4-2 公主寺大雄殿东壁神灵榜题位置示意图

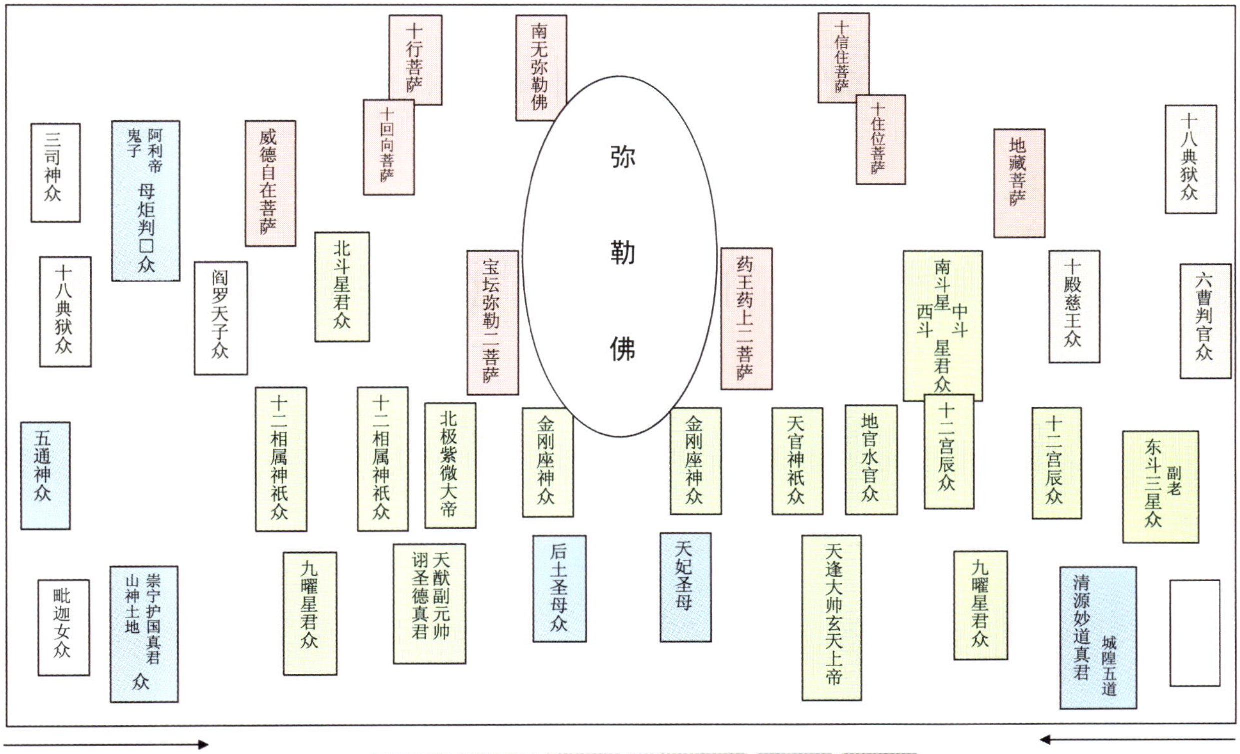

注：不同颜色表示不同种类神灵如右：正位 天仙 下界 往古人伦 冥殿 孤魂

图 2-4-3 公主寺大雄殿西壁神灵榜题位置示意图

图 2-4-4　公主寺大雄殿东壁南侧，明

图 2-4-5　公主寺大雄殿西壁南侧，明

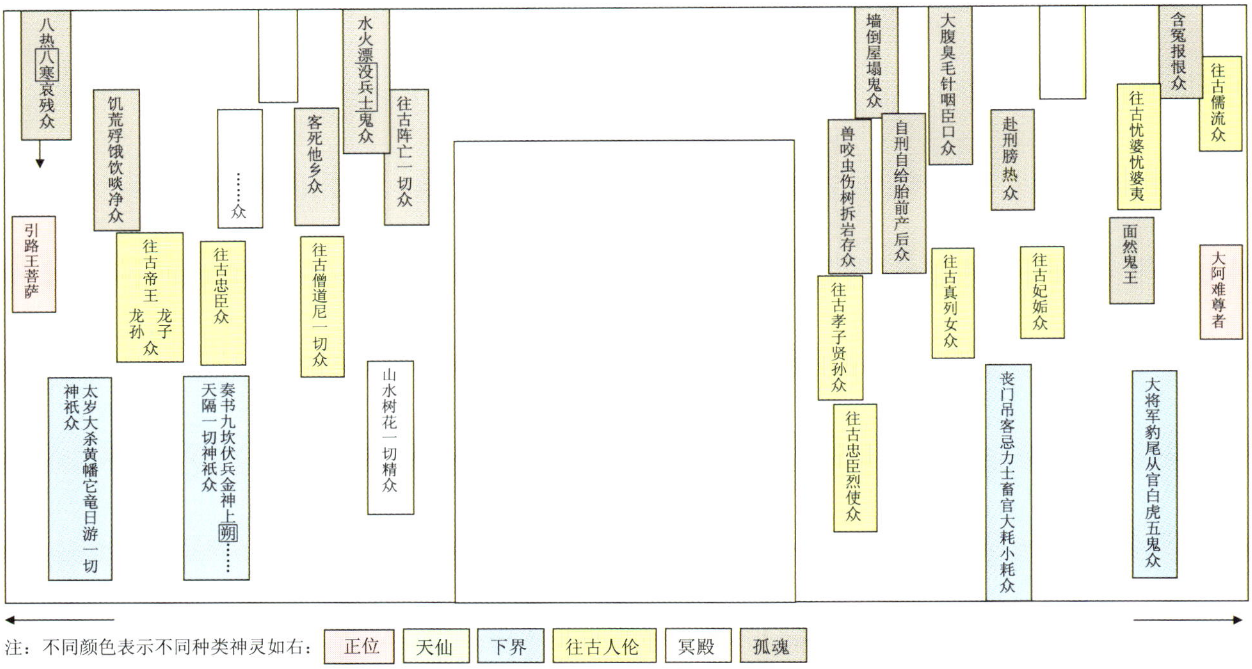

图 2-4-6　公主寺大雄殿南壁神灵榜题位置示意图

题依次为帝释天主、四大天王、东方青南方赤中方黄帝众、西方白帝北方黑帝、五湖龙王众。

西壁中间绘弥勒佛，结跏趺坐须弥座上，右手拇指、中指相扣，左手作降魔印，下方绘一背面比丘长跪，作奏事状，亦应为宾头卢尊者。最上层北侧榜题依次为十信住菩萨、十住位菩萨、地藏菩萨、十八典狱众；南侧（图2-4-5）榜题依次为十行菩萨、十回向菩萨、威德自在菩萨、阿利帝鬼子母炬判□众、三司神众。中上层北侧榜题依次为药王药上二菩萨、南斗星中斗西斗星君众、十殿慈王众、六曹判官众，南侧榜题依次为宝坛弥勒二菩萨、北斗星君众、阎罗天子众、十八典狱众。中下层北侧榜题依次为金刚座神众、天官神祇众、地官水官众、十二宫辰众、十二宫辰众、东斗副老三君众，南侧依次为金刚座神众、北极紫微大帝、十二相属神祇众、十二相属神祇众、五通神众。最下层北侧神祇依次为天妃圣母、天逢（蓬）大帅玄天上帝、九曜星君众、清源妙道真君城隍五道、□□□□，南侧神祇依次为后土圣母众、天猷副元帅翊圣[保]德真君、九曜星君众、崇宁护国真君山神土地众、毗迦女众。

图 2-4-7　公主寺大雄殿南壁东侧，明

图 2-4-8　公主寺大雄殿南壁西侧，明

南壁门东、西侧（图2-4-6）图像亦分为四层，分别面向东、西两侧，榜题基本保存完整。上层东侧（图2-4-7）榜题依次为□□□□、水火漂没兵土鬼众，西侧（图2-4-8）榜题依次为含冤报（抱）恨众、□□□□、大腹臭毛针咽臣（巨）口众、墙倒屋塌鬼众。中上层东侧榜题依次为八热八寒哀残众（榜题位置在上层，但图像在中上层）、饥荒殍饿饮啖净众、□□□□众、客死他乡众、往古阵亡一切众，西侧榜题依次为兽咬虫伤树拆岩存众、自刑自给（缢）胎前产后众、赴刑膀热众、往古忧（优）婆[塞]忧（优）婆夷、往古儒流众。中下层东侧榜题依次为引路王菩萨、往古帝王龙子龙孙众、往古忠臣众、往古僧尼一切道众，西侧榜题依次为大阿难尊者、面然鬼王、往古妃姤众、往古真列女众、往古孝子贤孙众。最下层东侧榜题依次为太岁大杀黄幡它竜日游一切神祇众、奏书九坎伏兵金神上阴□□□□天隔一切神祇众、山水树花一切精众，西侧榜题依次为大将军豹尾从官白虎五鬼众、丧门吊客忌力士畜官大耗小耗众、往古忠臣烈使众。

从水陆神灵的名称来看，公主寺水陆画也主要是依据《天地冥阳水陆仪文》或同一体系的仪轨绘制的，下面按照正位、天仙、下界、冥殿、往古人伦、孤魂分类叙述神灵身份及特征如下：

1. 正位，可分为佛、菩萨、罗汉、明王四类。具体包括：（1）佛：南无卢舍那佛、南无弥勒佛；（2）菩萨：观音菩萨、势至菩萨、文殊菩萨、普贤菩萨、药王药上二菩萨、宝坛弥勒二菩萨、十地菩萨、十信住菩萨、十行菩萨、十回向菩萨、十住位菩萨、天藏菩萨、持地菩萨、地藏菩萨、威德自在菩萨；（3）罗汉：十八罗汉；（4）明王：十大明王。上述正位神祇集中分布在东、西侧壁的中上层及北壁，其中药王药上二菩萨、宝坛弥勒二菩萨在《天地冥阳水陆仪文》中没有提及。

(1)佛。与青龙寺相似,公主寺东西侧壁中间亦绘佛像,两侧水陆神灵均面朝佛像,形成以佛像为中心的图像布局。不同的是,公主寺东西侧壁仅各绘一身佛像,其中东壁绘卢舍那佛,代表《天地冥阳水陆仪文》中提到的三身佛毗卢遮那佛、卢舍那佛和释迦佛;西壁中间绘弥勒佛,大概代表过去、现在、未来三世佛,《天地冥阳水陆仪文》中弥勒佛位于三身佛后。此外,北壁中间绘六子戏弥勒像(图2-4-9),弥勒为常见的大肚、开怀大笑的形象,面部漫漶,诸子在弥勒身侧嬉闹,或爬于背上,或骑于肩头,或手抓念珠,或双手抱足,或钻于腋下,天真活泼。

图 2-4-9 六子戏弥勒,公主寺大雄殿北壁,明

图 2-4-10 马首明王,明,公主寺大雄殿北壁

(2)菩萨。卢舍那佛两侧拱卫的菩萨有观音、势至、文殊、普贤、十地、天藏、持地,其中观音右手执柳枝,左手捧碗,文殊执如意,普贤握经卷,持物体现了各自的身份。另天藏菩萨是天仙的导引,持地菩萨是下界的导引。

弥勒佛两侧拱卫的菩萨有药王药上二菩萨、宝坛弥勒二菩萨、十信住菩萨、十行菩萨、十住位菩萨、十回向菩萨、地藏菩萨、威德自在菩萨。上述菩萨中药王药上二菩萨、宝坛弥勒二菩萨在《天地冥阳水陆仪文》中没有提及。药王药上菩萨在《法界圣凡水陆盛会修斋仪轨》中有提到,东晋帛尸梨蜜多译《佛说灌顶拔除过罪生死得度经》卷十二提到闻药师琉璃光佛本愿功德,命终后来迎的八大菩萨为文殊师利菩萨、观世音菩萨、得大势菩萨、无尽意菩萨、宝坛华菩萨、药王菩萨、药上菩萨、弥勒菩萨,图中药王药上、宝坛弥勒菩萨的对应当是源于此。地藏菩萨是冥殿的导引。威德自在菩萨和持地菩萨同为下界的导引,其中威德自在引导的是阿修罗王、旷野鬼王、鬼子母等夜叉鬼王类神祇。

(3)罗汉。青龙寺所绘为十六罗汉,公主寺东壁上起第一层所绘则为十八罗汉,与《天地冥阳水陆仪文》相符。图中十八罗汉分为南、北两组,仅露出胸像,且人物间距缩小,罗汉身侧没有龙、虎等能表示其身份的动物或持物,身份特征被淡化。

(4)明王。北壁东、西侧绘十大明王像。东侧中间甘露军吒明王(阿弥陀佛变现)为肉红色,二头六臂,右上手执铃,左中手执长戟,右中手所握似为剑柄,下双手合十,座下为一龙;左上不动尊明王(除盖障菩萨变现)为红色,三头六臂,上双手执斧,左中手执刀,右中手举剑,下双手合十;左下马首明王(观世音菩萨变现,图2-4-10)为蓝色,头顶马头，六臂，上左手执宝镜，上右手握绢索，中左手抚膝上，中右手举剑，左下手执净瓶，右下手拈柳枝，座下有一狮；右上榜题漫漶，右半身漫漶，红色，左上手拈放出火焰纹之宝珠，左中手执绢索，左下手手掌伸开；左下榜题漫漶，绿色，三头六臂，左上手执金刚杵，右上手举剑，左中手执弓，右中手握箭，下双手合十，左足踏一小鬼。

西侧中间大力明王（释迦牟尼佛变现）为肉红色，现部分已氧化变黑，左上手执戟，右上手举剑，左中手执宝镜，右中手握绢索，左下手执弓，右下手执箭；右上无能胜明王（地藏菩萨变现）为红色，图像多漫漶；右下步掷明王（普贤菩萨变现）为绿色，左上手顶金轮，右上手捏发出火焰纹的宝珠，右中手握剑，下双手合十，座下卧一白象。上述明王的特征、法器、坐骑与青龙寺十大明王的基本不合，但是公主寺明王像的特征似乎规范一些，如马首明王头顶马头，且所执法器中有净瓶和柳枝，与本尊观世音的身份相合；步掷明王座下的白象亦与本尊普贤的身份相合等。

2. 天仙，以天藏菩萨为导引，大体可分为天子、护法、星宿、时序及其他五类。具体榜题包括（1）天子：帝释天王、大梵天王、北极紫微大帝、日宫天子、月宫天子、天官神祇众、地官水官众、东方青南方赤中方黄帝众、西方白帝北方黑帝；（2）护法：四大天王、天龙八部、金刚座神众、天逢（蓬）大帅玄天上帝、天猷副元帅、翊圣[保]德真君；（3）星宿：北斗星君众、南斗中斗西斗星君众、东斗副老三星众、九曜星君众、角亢氐房心尾箕、井鬼柳星张翼轸、斗牛女虚危室壁、奎娄胃昴毕觜参、十二宫辰众；（4）时序：十二相属神祇众、四直使者；（5）其他：天仙神众。其中金刚座神众、东斗副老三星众、天仙神众虽然在《天地冥阳水陆仪文》中没有提及，但是从其身份上看应属天仙。上述天仙主要位于东西侧壁下三层，与中上层的菩萨、罗汉等正位对主尊卢舍那佛、弥勒佛形成拱卫之势。

（1）天子。大梵天（榜题称大梵天主）、帝释天（榜题称帝释天主）位于东壁下层中间，即东壁卢舍那佛座之下，相向而立。其中大梵天（图2-4-11）头戴梁冠，男相，有须髯，身着朝服，右手执长柄香炉，右手拈香，身后有官员举华盖，侍女托香盘；帝释天（图2-4-12）头顶束髻戴冠，女相，无髭须，着天衣，左手托碗，碗中装牡丹花，身后一侍女举华盖，一侍女托花盘。公主寺大梵天、帝释天的姿势较青龙寺更为优雅，尤其是帝释天具备女相的特征，而不是像青龙寺那样有菩萨的髭须。日、月宫天子位于东壁佛座两侧，皆戴梁冠，双手捧笏，但与青龙寺皆呈男相不同，公主寺日、月宫天子相貌有男女之别，其中日宫天子为男相，赤面，身后有捧红日的武将；月宫天子为女相，白面，身后有捧圆月的女官。帝梵释天、日月宫天子性别的区分，反映了佛教图像的世俗化。

北极紫微大帝（图2-4-13）位于西壁弥勒佛座南侧，身着衮冕，双手捧笏。佛座北侧与之对应的是天、地、水三官，或称三官大帝、三元大帝，即上元天官紫微大帝、中元地官清虚大帝、下元水官洞阴大帝，考校天人之功过，司众生之祸福，分别主赐福、赦罪、解厄。《绘图三教源流搜神大全·三元大帝》曰：

> 每至三元日，三官考籍大千世界之内，十方国土之中，上至诸天神仙升临之籍，星宿照临国土分野之簿，中至人品考限之期，下至鱼龙变化、飞走万类、养动生化之期，并俟三官集圣之日录奏，分别随业改形，随福受报，随劫转轮，随业生死，善恶随缘，无复差别，宜悉知之。[1]

图中天官着衮冕，捧笏，地官、水官戴梁冠，捧笏。北极紫微大帝与三官大帝相对应，大约是北极紫微大帝与天官的身份重合的缘故。

五方五帝在《天地冥阳水陆仪文》中地位较高，位列北极紫微大帝之后，日月星宿

1 佚名《绘图三教源流大全》，第43—44页。

图 2-4-12　帝释天，明，公主寺大雄殿东壁

图 2-4-11　大梵天，明，公主寺大雄殿东壁

之前，但在水陆画图像中，地位相对略低。图中五方五帝位于东壁最下层北侧，分别为东方青帝、南方赤帝、中方黄帝、西方白帝、北方黑帝，皆着衮冕，双手捧笏，其中除中方黄帝着绿色衮服外，另外四帝衮服的颜色均与其名称相符。图中五方五帝与五岳相对应。

（2）护法。东壁大梵天、帝释天后为四大天王，皆头戴盔帽，身披甲胄，面容凶恶，威风凛凛。他们手中所执法器分别代表了其各自的身份，其中东方持国天为青面，手弹琵琶；南方增长天为蓝面，手持宝剑；西方广目天为赤面，手握赤蛇；北方多闻天为肉赤面，左手托塔，右手拄伞。天

图 2-4-13　北极紫微大帝，明，公主寺大雄殿西壁

图 2-4-14　天猷副元帅和翊圣真君，明，公主寺大雄殿西壁

龙八部一般包括天、龙、夜叉、乾闼婆、阿修罗、迦楼罗、紧那罗和摩睺罗迦，敦煌莫高窟吐蕃时期（相当于中唐）第158窟主室西壁《涅槃变》中的天龙八部像较具代表性，其特征多与佛经的记载一致，如龙头顶一龙，摩睺罗迦头上盘踞一蛇，紧那罗头顶一鹿头，迦楼罗头顶一金翅鸟，手托日月者为阿修罗，面目狰狞怀抱小孩者为夜叉等。图中天龙八部位于东壁卢舍那佛头光两侧，其中三头多臂、手托日月者为阿修罗，面容姣好、双手合十之女子应为代表夜叉之鬼子母，头戴梁冠、身披红色朝服者可能代表的是天，头戴狮帽者可能是乾闼婆，其余身份不清。卢舍那佛、弥勒佛须弥座两侧皆有金刚座神众。金刚座原意是指释迦在摩揭陀国佛陀伽耶菩提树下初成正觉时之座处，这里代指卢舍那佛、弥勒佛所坐之须弥座，金刚座神即守护在须弥座两侧的护法神。图中四金刚座神皆作力士形，束髻戴冠，须发劲健，怒目阔嘴，面容凶恶，袒露上身，臂绕帔帛，或双手合十，胸前抱金刚杵，或左手伸胸前，右手托金刚杵。

北极四圣位于西壁最下层天妃圣母、后土圣母之后，其中天猷副元帅、翊圣保德真君（图2-4-14）正好是在北极紫微大帝下方。北极四圣均为一头二臂，其中天蓬、天猷均头戴道冠，两侧头发上竖，赤脸，身披金色甲胄，腕系剑或刀；玄天上帝、翊圣真君均束发，白脸，长须，内着金色甲胄，外披黑色袍服，跣足，右手执剑。图中北极四圣像的个性化特征被削弱，与道经中的记载不太相符。

（3）星宿。北斗七星，包括天枢、天璇、天玑、天权、玉衡、开阳、摇光（或瑶光）。《晋书·天文志》：

> 北斗七星在太微北，七政之枢机，阴阳之元本也。故运乎天中，而临制四方，以建四时，而均五行也。[1]

道家称北斗七星为七元解厄星君，据《太清玉册》，包括贪狼、巨门、禄存、文曲、廉贞、武曲、破军。

公主寺北斗星君众位于西壁南侧，共七人，皆头顶莲冠，面容清秀似女子，身着青色袍服，双手捧笏。西壁北侧与北斗星君众相对应的是南斗、中斗、西斗星君众，共九人，皆头戴莲冠，面容俊朗，须髯齐整，身着朝服，双手捧笏。西壁北侧另有东斗副老三星君，从形象上看，应为福、禄、寿三星，其中寿星额头较大，容易辨识。西壁最下层北极四圣后为九曜，曜是日、月、星的总称，九曜包括：一、日曜为太阳，二、月曜为太阴，三、火曜为荧惑星，四、水曜为辰星，五、木曜为岁星，六、金曜为太白星，七、土曜为镇

1 《晋书》卷一一，第290页。

星，八、罗睺为黄幡星，九、计都为豹尾星。九曜星君虽然为九位，但本图中两侧各五位（图2-4-15），共画了十位。唐金俱吒撰《七曜攘灾诀》记载了金木水火土五星的面目、冠饰及所执器物的特征，图中只有怀抱琵琶（被布裹）之金星、手持纸笔之水星与之大体相符。

东壁角亢氐房心尾箕、斗牛女虚危室壁、奎娄胃昴毕觜参、井鬼柳星张翼轸合为二十八宿，他们皆头戴梁冠等，身着朝服，双手捧笏，面容或赤或白，或凶恶或俊朗。西壁北侧十二宫辰亦属星君，为二十八宿之主，与十二生肖相对应[1]。图中十二宫辰头戴梁冠等，冠上顶一白色圆圈，圆圈内未见能表明其身份的生肖，面容或凶恶或俊朗，皆身着朝服，双手捧笏。

图 2-4-15　九曜星君众之五，明，公主寺大雄殿西壁

（4）时序。十二相属神祇众与十二宫辰众对应。十二相属神祇众即十二生肖，皆身着朝服，双手捧笏，其中龙、猪、猴、羊的面部比较容易辨认。四直使者位于东壁中上层北侧，绘四人，皆头戴幞头，缠红巾，身着官服，手捧红色牌符。

（5）其他。西壁南侧最上层两侧绘天仙神众，每侧各绘六身，皆作菩萨形，双手合十。从其形象及所处的位置来看，与菩萨无异，但是从其名称来看，仍以归为天仙一类较为合适。

3. 下界，以持地菩萨和威德自在菩萨为导引，可分为圣母、岳渎、主执、祠庙、星历、夜叉五类。具体榜题包括（1）圣母：后土圣母、天妃圣母；（2）岳渎：东岳南岳中岳并从眷属等、西岳北岳一切神祇众、五湖龙王众、四海龙王众、安济夫人陵（灵）肃镇江王顺济龙王众、上元水[府]马当道（宁）江王；（3）主执：主苗主林主病主药、雷电风伯众；（4）祠庙：清源妙道真君城隍五道、崇宁护国真君山神土地众、三灵侯圣众；（5）星历：太岁大杀黄幡它竜日游一切神祇众、奏书九坎伏兵金神上朔□天隔一切神祇众、大将军豹尾从官白虎五鬼众、丧门吊客[归]忌力士畜官大耗小耗众；（6）夜叉：阿（诃）帝利鬼子母炬畔□众、大药刹神众、圹野大将军；（7）其他：护法护斋护戒之神。其中天妃圣母、清源妙道真君城隍五道、崇宁护国真君山神土地众、三灵侯圣众、护法护斋护戒之神虽然在《天地冥阳水陆仪文》中没有提及，但是从身份上看亦应属下界。

1　明传灯疏《楞严经圆通疏》曰："二十八宿又以十二宫神为之主，故辰宫角亢二星亢金龙为之主，卯宫氐房心三星房日兔为之主，寅宫尾箕二星尾火虎为之主，丑宫斗牛二星牛金牛为之主，子宫女虚危三星虚日鼠为之主，亥宫室壁二星室火猪为之主，戌宫奎娄二星娄金狗为之主，酉宫胃昴毕三星昴日鸡为之主，申宫觜参二星觜火猴为之主，未宫井鬼柳三星鬼金羊为之主，午宫星张二星星日马为之主，巳宫翼轸二星翼火蛇为之主。而日月二政乃并居于子午卯酉四正之位，是则二十八宿以十二宫辰为之主。十二宫辰又以日月而为之主焉。"《卍续藏经》第12册，第869页。

上述下界主要位于东、西壁中下层外侧及南壁下层。

（1）圣母。后土圣母位于下界神祇之首，与天妃圣母相对应位于东壁最下层中间，西壁与之对应的是帝梵释天。图中后土圣母（图2-4-16）头束高髻，戴凤冠，着天衣，双手捧笏，端庄优雅，身后二着圆领窄袖衫之女官举扇。

天妃圣母传为湄州林氏女，名默娘，为宋元以来江浙、福建沿海一带信奉的护海神女，《元史·祭祀志》曰：

> 凡名山大川、忠臣义士在祀典者，所在有司主之。惟南海女神灵惠夫人，至元中，以护海运有奇应，加封天妃神号，积至十字，庙曰灵慈。直沽、平江、周泾、泉、福、兴化等处，皆有庙。皇庆以来，岁遣使赍香遍祭，金幡一合，银一鋌，付平江官漕司及本府官，用柔毛酒醴，便服行事。祝文云："维年月日，皇帝特遣某官等，致祭于护国庇民广济福惠明著天妃。"[1]

又《广东通志·杂事志》"天后"条曰：

> 海舶祀天后者，相传为湄州林氏女，至孝能知人祸福，没而众祠之，航海者祷辄应。宋封灵惠夫人，元封天妃，明封护国圣妃。今天后祈求必应，凡下东西二洋造舶，别为一舶如其制而小，置神前，凡覆溺倾攲，兆必先见。在洋中或渡琼海，每遇颠危，虔诚拜祷，即有神火集桅上，或有江鸥一双入仓集，神前舟楫即时镇定，至今神之。[2]

郑和先后数次奉旨出海，感于出海途中受到天妃护佑，永乐十四年（1416）明成祖亲撰《御制弘仁普济天妃宫之碑》[3]，宣德六年（1431）郑和撰《娄东刘家港天妃宫石刻通番事迹记》，由是天妃信仰在明代早期十分盛行。图中天妃圣母（图2-4-17）与后土圣母相对应，形象亦相似，头挽高髻，着天衣，双手持笏，身两侧各有一女官持扇。

（2）岳渎。位于东壁两侧。东岳南岳中岳并从眷属等、西岳北岳一切神祇众位于东壁下

图 2-4-16　后土圣母众，明，公主寺大雄殿西壁

图 2-4-17　天妃圣母众，明，公主寺大雄殿西壁

1 ［明］宋濂等《元史》第七六，中华书局，1976年，第1904页。

2 ［清］鲁曾火煜等编纂《广东通志》卷六四，《文渊阁四库全书》第564册，第929页。

3 《御制弘仁普济天妃宫之碑》，《神州》第60期，第66—67页。

层南侧，皆身着衮冕，双手捧笏，服饰颜色各异，其中东岳为青色，南岳为红色、中岳和西岳为白色、北岳为黑色。五岳帝王不仅在方位上与对面五方帝王相对应，而且形象也大体相似。四海龙王位于五岳帝王身后，头戴梁冠，身着朝服，捧笏，着青色朝服者为东海龙王，赤色者为南海龙王，白色者为西海龙王，黑色者为北海龙王。五湖龙王与四海海龙王对应，着装与之也大体相似。

安济夫人、顺济龙王、灵肃山镇江王位于东壁中下层北侧，皆为保护江渎的神祇。宋代安济夫人信仰兴盛，宋吴曾《能改斋漫录》卷十八"安济夫人庙"曰：

本朝开宝中，贞州有渔者钓得一木刻妇人，背刻"丁氏"二字。既归，神事之，辄有灵验。立庙江上，舟过其下者必祀。而后济州为保奏封安济夫人庙，在长芦崇福禅院之西。[1]

南宋初，安济夫人又被加封为助顺安济夫人，周必大《文忠集》卷九十八曰：

舒州宿松县小孤山惠济庙圣母，已封安济夫人，连年调发军马，津运钱粮，及舟楫经涉江湖，军民逐时祈祷，皆有灵应，加封助顺安济夫人。[2]

顺济龙王应即广源顺济王，系四渎之一，《绘图三教源流搜神大全·四渎》曰：

江渎，楚屈原大夫也，唐始封二字公，宋加四字公，圣朝加封四字王号，广源顺济王。[3]

灵肃山镇江王系三元水府神之下元水府神，宋马端临《文献通考》卷九十：

三水府神者，伪唐保大中封马当上水府为广佑宁江王，采石中水府为济远定江王，金山下水府为灵肃镇江王。大中祥符二年八月，诏改封上水府为福善安江王，中水府为顺圣平江王，下水府为昭信泰江王，令九江太平润州遣官祭告。[4]

《绘图三教源流搜神大全·洋子江三水府》：

三庙（笔者注：即上、中、下水府庙）本朝俱称水府之神，水面江心一呼即应，舟人过者必具牲帛以祷，今有司岁时致祭。[5]

图中安济夫人（图2-4-18）作圣母形，头盘高髻，着宽袖长袍，双手捧笏；身后赤面龙首者为顺济龙王，身着朝服，双手捧笏；另一白面者为灵肃镇江王，亦着朝服，捧笏。

安济夫人顺济龙王上层绘一赤面、一白面二头戴梁冠、身着朝服、双手捧笏之神祇，榜题为上元水马当道江王，应系上元水府马当宁江王误，因

图2-4-18　安济夫人灵肃山镇江王顺济龙王众，明，公主寺大雄殿东壁

1 《文渊阁四库全书》第850册，第842页。
2 《文渊阁四库全书》第1148册，第59页。
3 佚名《绘图三教源流搜神大全》，第61页。
4 《文渊阁四库全书》第612册，第191页。
5 佚名《绘图三教源流搜神大全》，第340页。

图 2-4-19 主苗主林主病主药与三灵侯圣众，明，公主寺大雄殿东壁

所绘神祇有两位，从形象上看身份相当，故推测另一位可能为中元水府采石定江王，与其下灵肃山镇江王合为三元水府。

（3）主执。位于东壁中下层两侧。主苗主林主病主药（图2-4-19）掌管着农作物的丰歉和民众的病痛灾患，与民众的生活息息相关。图中披发、身着黄袍、右手执麦穗者为主苗神；头顶双角、身披树叶、右手托树苗者为主林神；头戴幞头，身着红色圆领窄袖衫、身侧一虎者为主病神；头戴巾子、长须髯、右手托红葫芦者为主药神。

风伯雨师雷公电母信仰源于民间的自然崇拜，雷公系司雷之神，东汉王充《论衡·雷虚篇》曰：

> 图画之工，图雷之状，累累如连鼓之形。又图一人，若力士之容，谓之雷公，使之左手引连鼓，右手推椎，若击之状，其意以为雷声隆隆者，连鼓相扣击之意也；其魄然若敝裂者，椎所击之声也；其杀人也，引连鼓相椎并击之矣。[1]

电母、风伯、雨师分别系司电、风、雨之神，据《集说诠真》，电母“其容如女，貌端雅，两手各执镜，号曰电母秀天君”；风伯“白须老翁，左手持轮，右手执箑，若扇轮状”；雨师“乌髯壮汉，左手执盂，内盛一龙，右手若洒水状”[2]。图中头裹红巾、面容端庄、怀抱金镜之女子为电母，赤脸白眉、肩负黄色风袋者为风伯，头发上竖、尖嘴獠牙、手持铁钎、背后有连鼓者为雷公（图2-4-20）。另有二神，一为青面，似龙首，左手执工字形铁器，一为赤面，两侧毛发上竖，背负一板。

（4）祠庙。清源妙道真君、崇宁护国真君位于西壁最下层两侧，呈对应关系。清源妙道真君，即二郎神。关于二郎神的身份，有多种说法，如李冰子、赵昱、杨戬等。《绘图三教源流搜神大全·清源妙道真君》条记嘉州太守赵昱斩蛟除水害的故事，并曰：

> 后因嘉州江水涨溢，蜀人见青雾中乘白马，引数人，鹰犬弹弓，猎者波面而过，乃昱也。民感其德，立庙于灌江口奉祀焉，俗曰灌口二郎。太宗封为神勇大将军，明皇幸蜀，加封赤。宋真宗朝益州大乱，帝遣张乖崖入蜀治之，公诣祠下求助于神，果。奏请

1 ［汉］王充《论衡》卷六，收于《诸子集成7》，上海书店出版社，1986年，第65页。

2 董伯禄辑《集说诠真》，台湾学生书局，1989年，第778、758页。

于朝，追尊圣号曰：清源妙道真君。[1]

另明曹学佺《蜀中广记》卷七十九记二郎神“衣黄弹射拥猎犬”[2]。图中清源妙道真君（图2-4-21）身着黄色官服，左臂下垂，右手握腰带，其侧一青衣童子持弓，童子身侧另跟随一白犬，其形象与文献记载相符。另据榜题，真君身侧持笏红色官员应为城隍，身后持剑赤脸须髯将军应为五道。五道系五道将军的简称，传为收人精气魂魄的使者，有五道将军入宅者不祥的说法。

崇宁护国真君，即三国名将关羽，《绘图三教源流搜神大全》详记宋真宗大中祥符七年（1014），关羽借助五岳四渎名山大川阴兵于盐池大战蚩尤之事，然后说：

其护国祚民如此，帝加其功，遣王钦若赍诏往玉泉山祠下致享，以谢神功。复新其庙，赐庙额曰义勇，追封四字王号曰武安王，宋徽宗加封尊号曰：崇宁至道真君。[3]

关羽在明代获帝君封号，明方以智《通雅》卷二十一曰：

永乐北征本雅失理，经阔滦海、斡难河、勒铭禽、巫山，每见神前驱如关公，其马白。凯还，居民言，有白马立正阳门殿，至暮汗出。乃制崇祀，五月十三祭。万历四十二年，遣司礼李恩捧琉袍封大帝。[4]

关羽封号颇多，清陈宏绪《江城名迹》卷三总结说：

汉后主景耀二年追谥忠义侯；宋徽宗崇宁元年追封忠惠公，四年加封崇宁真君，大观二年加封武安王，宣和五年加封义勇武安王；高宗建炎二年加封忠义义勇王，淳熙十四年加封英济王；明成化十七年封崇宁义勇武安王，万历十年封协天大帝，四十三年加封三界伏魔大帝神威远镇天尊关圣帝

图 2-4-20 雷电风伯众，明，公主寺大雄殿东壁

图 2-4-21 清源妙道真君、城隍五道，明，公主寺大雄殿西壁

1 佚名《绘图三教源流搜神大全》，第113页。
2 《文渊阁四库全书》第592册，第292页。
3 佚名《绘图三教源流搜神大全》，第111页。
4 《文渊阁四库全书》第857册，第452页。

君。[1]

图中崇宁护国真君形象微模糊，但可以看出身着红色官袍，并非常见的长髯青袍大刀的形象。身后立三人，其中一着青衣，一为盔甲装束手持长剑，另一为青衣老叟，应为土地。

五通神众位于西壁中下层南侧。与青龙寺一样，公主寺五通神众亦仅表现了三位，但是青龙寺三位神祇各具特点，公主寺三位神祇则模样相仿，均着官服，双手执笏。

三灵侯圣众位于东壁中下层最南侧。三灵侯传为西周时期的三位谏官，《清一统志》卷一百三十五“三灵侯祠”条：

> 祀唐宸、葛雍、周武，相传皆周厉王臣，以谏死，宋祥符元年东封建祠，赐额曰威佑，封宸孚灵侯、雍威灵侯、武决灵侯，故名三灵[2]。

图中绘三人头顶莲冠，身着青色官袍，双手捧笏，身后二人各负一子。

（5）星历。星历类神灵主人间祸福、阴界吉凶，公主寺水陆画十分重视此类神灵的表现，囊括到了仪文中提到的大部分神灵，具体榜题包括太岁大杀黄幡它竜日游一切神祇众、奏书九坎伏兵金神上朔□天隔一切神祇众、大将军豹尾从官白虎五鬼众、丧门吊客[归]忌力士畜官大耗小耗众，皆位于南壁下层两侧。《天地冥阳水陆仪文》曰：

> 一心奉请，行年运度，积岁施为，应祸福于人间，注吉凶于阴界，太岁大杀、博士日游神、太阴大将军、黄幡白虎、蚕官五鬼、金神飞廉、豹尾上朔、日畜阴官、奏书归忌、九坎伏兵力士、吊客丧门、大耗小耗、住宅龙神等众。

南壁下层最东侧榜题为太岁大杀黄幡它竜日游一切神祇众。康熙朝《御定星历考原》卷二“太岁”条曰：

> 《神枢经》曰，太岁，人君之象，率领诸神，统正方位，干运时序，总成岁功。……若国家巡狩省方、出师略地、营造宫阙、开拓封疆，不可向之。黎庶修营宅舍、筑垒墙垣，并须回避。[3]

《御定星历考原》卷二“大杀”条曰：

> 《历例》曰，大杀者，岁中刺史也，主刑斗伤杀之事。所理之地，出军不可向之，并忌修造，犯者主有伤杀。[4]

《御定星历考原》卷二“黄幡”条曰：

> 《乾坤宝典》曰，黄幡者，旌旗也，常居三合墓辰。所理之地，不可开门取土、嫁娶、纳财、市买，及有造作，犯之者主有损亡。[5]

按以上神祇特征与图像对象，可知最前方头戴黑色幞头、身着黄色窄袖衫、手持戟上挂幡者应为黄幡，其后头戴梁冠、身着红色朝服、双手捧笏者应为太岁，太岁两侧及身后有官员数身，何者为大杀不清。

太岁大杀等身后为奏书九坎伏兵金神上朔□天隔一切神祇众。《御定星历考原》卷二“奏书”条曰：

> 《广圣历》曰，奏书者，岁之贵神也，掌奏记，主伺察。所理之地，宜祭祀求福、营建宫室、修饰垣墙。[6]

---

1 《文渊阁四库全书》第588册，第360页。

2 《文渊阁四库全书》第476册，第654页。

3 《文渊阁四库全书》第811册，第29页。

4 《文渊阁四库全书》第811册，第34页。

5 《文渊阁四库全书》第811册，第35页。

6 《文渊阁四库全书》第811册，第29页。

《御定星历考原》卷四“九坎”条曰：

《广圣历》曰，九坎者，月中杀神也，其日忌乘船渡水、修堤防筑垣墙、苫盖屋舍。[1]

《御定星历考原》卷二“伏兵　大祸”条曰：

《历例》曰，伏兵大祸者，岁之五兵也，主兵革刑杀。所理之方，忌出兵行师，及修造，犯之主有兵伤刑戮之咎。[2]

《御定星历考原》卷二“金神”条曰：

《洪范篇》曰，金神者，太白之精白兽之神，主兵戈丧乱、水旱淫疫。所理之地，忌筑城池、建宫室、竖楼阁、广园林、兴工上梁、出军征伐、移徙嫁娶、远行赴任，若犯干神者，其忌尤甚。[3]

《御定星历考原》卷四“上朔”条曰：

《堪舆经》曰，上朔日，忌宴会，嫁娶，远行，上官。[4]

上述神祇身份特征皆不太明显，与图像相对照，前排中间着红色朝服者可能为奏书，身后头戴白色盔帽双手合十者或为伏兵，再后头戴白色盔帽持剑者或为金神，其余不清。

南壁下层最西侧榜题为大将军豹尾从（蚕）官白虎五鬼众。《御定星历考原》卷二“大将军”条曰：

《神枢经》曰，大将军者，岁之大将也，统御威武，总领战伐，若国家命将出师，攻城战阵，则宜背之，凡兴造皆不可犯。[5]

《御定星历考原》卷二“豹尾”条曰：

豹尾者，亦旌旗之象，用豹尾为之，盖取所向疾速之义也，常居黄幡对冲。其所在之方，不可嫁娶、纳奴婢、进六畜，及兴造，犯之者破财物损小口。[6]

《御定星历考原》卷二“蚕官”条曰：

《历例》曰，蚕官者，岁中掌丝之神也。所理之地，忌营构宫室，犯之蚕母多病，丝茧不收。[7]

《御定星历考原》卷二“白虎”条曰：

《人元秘枢经》曰，白虎者，岁中凶神也，常居岁后四辰。所居之地，犯之主有丧服之灾，切宜慎之。[8]

《御定星历考原》卷二“五鬼”条曰：

《乾坤宝典》曰，五鬼者，五行之精气也，主虚耗疾病惊怪之事。所理之方，不宜兴举、抵向、吊丧、问病，犯之主财物耗亡，家招怪异。[9]

图中头戴幞头、身着青衫、戟上系豹尾者为豹尾，身后神祇图像模糊。

大将军豹尾等众后榜题为丧门吊客[归]忌力士畜官大耗小耗众（图2-4-22）。《御定星历考原》卷二“丧门”条：

《纪岁历》曰，丧门者，岁之凶神也，主死丧哭泣之事，常居岁前二辰。所理之地，

1 《文渊阁四库全书》第811册，第64页。
2 《文渊阁四库全书》第811册，第33页。
3 《文渊阁四库全书》第811册，第37页。
4 《文渊阁四库全书》第811册，第78页。
5 《文渊阁四库全书》第811册，第31页。
6 《文渊阁四库全书》第811册，第36页。
7 《文渊阁四库全书》第811册，第31页。
8 《文渊阁四库全书》第811册，第36页。
9 《文渊阁四库全书》第811册，第35页。

不可兴举，犯之者主盗贼、遗亡、死丧之事。[1]

《御定星历考原》卷二“吊客”条：

《纪岁历》曰，吊客者，岁之凶神也，主疾病哀泣之事，常居岁后二辰。所理之地，不可兴造，及问病寻医、吊孝送丧。[2]

《御定星历考原》卷四“归忌”条：

《广圣历》曰，归忌者，月内凶神也。其日，忌远行归家、移徙、娶妇。[3]

图 2-4-22　丧门吊客归忌力士畜官大耗小耗众，明，公主寺大雄殿南壁

《御定星历考原》卷二“力士”条：

《堪舆经》曰，力士者，岁之恶神也，主刑威，掌杀戮。所居之方，不宜抵向，犯之令人多瘟疾。[4]

《御定星历考原》卷二“畜官”条：

《广圣历》曰，畜官者，岁中牧养之神也，主养育群畜之事。所理之方，忌造牛栏马枥，及放牧，犯之者损六畜伤财。[5]

《御定星历考原》卷二“大耗”条：

《历例》曰，大耗者，岁中虚耗之神也。所理之地，不可营造仓库、纳财物，犯之当有寇贼、惊恐之事。[6]

《御定星历考原》卷二“小耗”条：

《经》曰，小耗者，岁中虚耗之神也。所理之方，不宜运动、出入、兴贩、经营，及有造作，犯之者当有遗亡虚惊之事。[7]

图中前排左侧者着红色官服，怀抱器物不清，或为丧门；前排右侧者青面，颈上缠绕一夜叉首蛇身，应为吊客；中排中间着白衣之女神或为归忌，其他两身为力士、畜官；后排肉红、赤色夜叉应为大耗、小耗。

（6）夜叉。西壁最上层南侧绘有诃帝利鬼子母炬畔□众，诃帝利即鬼子母，图中绘面相端庄的女性神祇三身，皆头戴凤冠，身着交领宽袖长袍，合十，中间者前面绘一着红衣、合十的小孩，以暗示其鬼子母的身份，其形象偏于程式化，生动性不如青龙寺。

东壁中上层南侧绘有大药刹神众，为二神，一赤一浅褐，均面容凶恶。其中赤者须发上竖，袒露上身，左手持弓，右手握箭；浅褐者束髻戴冠，身披甲胄，双手合十，右腕挂刀。

东壁中下层南侧绘有圹野大将军众，戴冠，面容凶恶，长须髯，身着金色盔甲，外披

1 《文渊阁四库全书》第811册，第36页。
2 《文渊阁四库全书》第811册，第36—37页。
3 《文渊阁四库全书》第811册，第70页。
4 《文渊阁四库全书》第811册，第30页。
5 《文渊阁四库全书》第811册，第34页。
6 《文渊阁四库全书》第811册，第35页。
7 《文渊阁四库全书》第811册，第35页。

红袍，右手提剑。身后跟随二神将，皆内着甲胄，外披青袍，其中里侧者右手举剑，外侧者右手拄戟。

（7）其他。东壁中下层北侧绘有护斋护戒护法之神，与圹野大将军众相对应。图绘神将四位，前排里侧者头戴龙头帽，赤脸，面目凶恶，内着金甲，外披红袍，双手合十，右腕挂刀；外侧者着盔甲，外搭披风，双手合十，右腕挂剑；后排里侧者束髻戴冠，赤脸，着金甲，右手举刀；外侧者头戴白帽，身着青袍，双手举矛。

4. 冥殿，以地藏菩萨为导引，包括十殿慈王众、阎罗天子众、六曹判官众、三司神众、十八典狱众，位于四壁中上层两侧。

地藏菩萨是我国近世佛教界所信仰的四大菩萨之一，被尊称为大愿地藏菩萨，与观音（大悲）、文殊（大智）、普贤（大行）并称为四大菩萨。依佛经所载，地藏菩萨受释迦付嘱，出现于释迦入灭后至弥勒佛出世的无佛时代，誓愿济度教化六道一切众生后始愿成佛，且又有“地狱未空，誓不成佛”的誓愿，故被称为“大愿菩萨”，成为冥殿神灵之导引。《天地冥阳水陆仪文》曰：

> 南无一心奉请，现居阴界，摄化冥途，具万德相好之严身，得无生法忍之妙乐。振无声锡，击开地狱之门；掌不夜珠，照破昏衢之暗。释罪尊师，大慈悲地藏王菩萨。道明慈造，时时诱接于冥司；长者悲情，日日提携于地府。唯愿不违本誓，怜愍有情。

图中地藏菩萨左手掌宝珠，右手拄锡杖，与仪文中“振无声锡，击开地狱之门；掌不夜珠，照破昏衢之暗”的描述相符。

十殿慈王，又作十殿阎王，简称十王，指在冥府裁断亡者罪业之十判官。据《预修十王生七经》，人死后去冥途时，初七日过秦广王，二七日过初江王，三七日过宋帝王，四七日过五官王，五七日过阎罗王，六七日过变成王，七七日过太山王，百日过平等王，一周年过都市王，三周年过五道转轮王，如斯次第受十王裁断。十王之信仰起于唐末五代顷，有关十王说之起源，《释门正统》《佛祖统纪》等皆以为始于唐代道明。图中上起第二层北侧绘五王（榜题为“十殿慈王众”），南侧对应处绘五王（榜题为“阎罗天子众”），皆身着衮服，双手捧笏，合为十王。

十八典狱众、六曹判官众、三司神众均属于阴司神祇，《天地冥阳水陆仪文》曰：

> 一心奉请，威灵可畏，正直难欺，为阳道追摄之神，作阴司主典之使，三司六案，十八典狱，善恶簿官，监斋五道，佥书掌记，警巡都统，言该不尽，一切主执神祇等众。

东汉安世高译《佛说十八泥犁经》记十八地狱，十八典狱众应为十八地狱的典刑官，他们皆作鬼卒形，面部凶恶，毛发上竖，面色或赤或青或白，或披盔甲或着布袍，握斧、刀、叉、矛、剑等各种兵器，容貌各异，形象生动。人间官僚体系中有六曹、三司，阴司仿而设之。图中六曹判官、三司神众皆头戴展脚幞头，身着官服，模仿的是人间官吏的形象，其中六曹判官众中有二人赤面，面容凶恶，反映出阴司官吏的特征。

5. 往古人伦，以引路王菩萨为导引，具体榜题包括往古帝王龙子龙孙众、往古忠臣众、往古僧道尼一切众、往古妃姤众、往古真（贞）列女众、往古孝子贤孙众、往古儒流众、往古忧（优）婆[塞]忧（优）婆夷众等，皆位于南壁。

据《阿弥陀经》，若善男子善女人闻说阿弥陀佛执持名号七日一心不乱者，其人命终时阿弥陀佛及其圣众现在其前，是人终时即得往生阿弥陀佛极乐国土。佛教史籍中也多提到高僧往生西方净土时，会有弥陀佛或观世音等菩萨来迎。在此基础上，民间的净土信仰中出现了引路王菩萨，其原型即观世音菩萨，其职责是引导亡灵前往莲池净土。《天地冥阳水陆仪文》曰：

> 南无一心奉请，身严璎珞，体挂花鬘，接群迷于净土之中，引亡灵向碧莲台畔，大圣引路王菩萨摩诃萨。

图中引路王菩萨位于南壁上起第三排最东侧，颈饰璎珞，臂腕佩钏，肩扛幡，身后为跟随前往净土的亡灵。往古帝王龙子龙孙众绘帝王两位、龙子龙孙三位，其中年幼的龙孙由龙子牵着，两位执笏的忠臣紧随其后。往古僧道尼一切众中绘僧尼五位，道士道姑两位。再往后绘肩负琵琶的盲人、扛锄头的农民等，榜题及部分图像漫漶，表现的是往古九流诸子众。

图 2-4-23　往古孝子贤孙众，明，公主寺大雄殿南壁

南壁西侧往古妃姤众绘妃嫔两身，皆合十。往古贞列女众绘列女七身，有执剑者，有捧碗者，有抱石者，有执麦穗者等，身份不易辨认。往古孝子贤孙众中（图2-4-23），持杖哭泣者为千里寻母的朱寿昌，肩扛米袋者为百里负米的仲由，赤身捧鱼者为卧冰求鲤的王祥，手托母像者为刻木事亲的丁兰，手握铁锹、侧有妇女抱婴者为埋儿奉母的郭巨。往古忠臣众绘武将四身，其中一人腰间悬鞭者似为尉迟恭。往古儒流众绘分别执笔、卷的文士两身。往古优婆塞优婆夷众绘年老的男女居士各一身，与一般趋于模式化的特点不同，二人面目特征都刻画得极为生动，富有个性化的特点。优婆塞转头似在优婆夷耳边低语，他们身后各有年轻男女一身，分别捧经纸和花瓶。故认为优婆塞优婆夷可能具有供养人的特点。

6. 孤魂，以大阿难尊者、面然鬼王为导引，位于南壁上三层，具体榜题包括赴刑膀热众、自刑自给（缢）胎前产后众、兽咬虫伤树拆岩存众、含冤报（抱）恨众、大腹臭毛针咽臣（巨）口众、墙倒屋塌鬼众、八热八寒哀残众、饥荒殍饿饮啖净众、客死他乡众、往古阵亡一切众、水火漂没兵士鬼众等。

不同于青龙寺北壁西侧以主题的形式表现水陆缘起，公主寺南壁以分层式的构图表现阿难、面然鬼王和孤魂饿鬼。大阿难尊者、面然鬼王位于北壁西侧上起第三层，与东侧的引路王菩萨相对应。阿难双手合十，位于队伍最前列，其后为红发上竖、口吐焰火、巨口细咽、双手捧包子的面然鬼王。阿难面然鬼王上方为往古儒流众、往古优婆塞优婆夷，如果位置调换的话，上起第三排全部是往古人伦，上起第一、二排全部是孤魂。但是，为了与引路王菩萨的相对应，阿难、面然鬼王被置于第三排往古人伦的前列，说明了对应原则在公主寺水陆画布局中的重要性。

赴刑膀热众绘二男子手拿折扇，一袒胸一赤上身；自刑自缢胎前产后众绘四妇女，一口吐舌头以绳套颈表示自缢，一手持尖刀表示自刑，一以手抚鼓腹表示胎前，一手抚胸表示产后；兽咬虫伤树拆岩存众绘二人（图2-4-24），一人头部被老虎吞噬表示兽咬虫伤，另一人从悬崖上跌落、板斧甩于一侧表示树拆岩存；含冤抱恨众图像模糊，似绘人扭打；其后绘老虎、狮子、马、大象、凤凰等，榜题模糊，应表示地居飞空众；大腹臭毛针咽巨口众绘二鬼，一大腹鼓鼓，一浑身长毛；墙倒屋塌众绘一男一女被压在倒塌的房屋下面。

八热八寒哀残众绘四人，二袒胸者表示八热哀残众，其中一人拄杖，作乞丐形，二紧裹衣服者表示八寒哀残众；饥荒殍饿饮啖净众绘三饿鬼，或吞食马犊、蝙蝠，或争食肉筋；其后绘一男一女遭二强盗抢劫，榜题漫漶；客死他乡众前方一童子执幡，后方一披麻戴孝之妇女掩面而泣，妇女身侧有一黄色箱子，上系满金钱；往古阵亡一切众绘二着甲胄、执长矛之将士；其后绘一组被火焚烧的饿鬼，图像微模糊，榜题漫漶；水火漂没兵士鬼众绘二身着盔甲持弓之兵士，蹚水中，上有火焰。

7. 其他，指《天地冥阳水陆仪文》中没有提及且无法按上述标准准确归类的神灵。

毗迦女众。身份不清，应属佛教神祇。图中绘女性神祇三身，皆合十。

五瘟使者。图中绘五人，不像青龙寺图中分别为兽头、虎头、鸡头等，均作力士头形，武将装束，着不同颜色袍服。其中一人头戴狮帽，左手执丁锤，右手执圆锤；一人袒胸，左手提桶，右手执杓；一人背火壶；一人执芭蕉叶；一人背黄色口袋。

图 2-4-24　兽咬虫伤树折岩存众，明，公主寺大雄殿南壁

山水树花一切精众。青龙寺绘有地居飞空众，公主寺无地居飞空众，但绘有山水树花一切精众。图中神灵仅存三位，面部皆被损毁，第一位手举荷花，身体呈枯树状，应为花精；第二位作女子形，头顶簪花，身披波纹状的红色衣服，或为水精；第三位头顶一树，应为树精，后部可能还有一精被损毁。

三、大雄殿水陆壁画的特点

公主寺大雄殿完工于明弘治十六年（1503），殿内雕塑、壁画大约与之同时，塑匠任林、李钦，画匠戎钊、高升、高进等均来自该寺开山祖师德公和尚的祖居地——真定府（今河北正定）。从壁画中的功德主榜题来看，公主寺系民间集资修建的私寺。

从公主寺大雄殿水陆画的图像布局和神灵体系来看，公主寺、青龙寺水陆画有着密切的联系，它们在绘制过程中都参照了《天地冥阳水陆仪文》或同一体系的仪轨，是在传统的一百二十位水陆牌像的基础上演变而来的。

公主寺大雄殿壁画中，十大明王和大肚弥勒以正面像的形式出现在北壁。东、西侧壁和南壁均大体为四层。东壁以卢舍那佛为主尊，西壁以弥勒佛为主尊，分别代表三身佛和三世佛。东、西壁主尊不仅位于壁面中间，而且体形较大，占据了上三层，正位、天仙、下界、冥殿面向主尊呈拱卫之势。从各类神灵的布局来看，决定神灵位置的主要有两个原则：身份原则和对应原则。所谓身份原则是指神灵身份越高离主尊越近，身份越高越位于上层（冥殿除外）。在此原则下，正位、天仙直接拱卫主尊，其中正位主要位于上两层中间，天仙主要位于下两层中间。下界、冥殿主要位于外侧，在《天地冥阳水陆仪文》中冥殿位于下界之后，但是冥殿数量较少，被安排在了下界上方，从而保证了下界主要位于下两层。此外，冥殿及南壁与之相连的孤魂都与地狱有关，与天仙形成对应关系，这可能也是它们与天仙同位于上两层的原因。对应原则是指以主尊所在的中轴线为中心，两侧神灵均面向主尊，并且地位、形象相近的神灵往往处于对应关系。以东壁为例，如观音菩萨和势至菩萨、文殊菩萨和普贤菩萨、天藏菩萨和持地菩萨、日宫天子和月宫天子、帝释天主和大梵天主、五岳帝王和五方帝王等，均处于对应关系。另有部分数量较多的神灵，如十八罗汉、天龙八部、四大天王等，通常两侧各绘一半，以保持对应关系。除同一壁神灵以主尊为中心保持对应外，东、西壁神灵大体亦处于对应关系。比如说，卢舍那佛和弥勒佛就处于对应关系。以两位主尊为中心，下列神灵亦有明显的对应关系：东壁的观音、势至、文殊、普贤四大菩萨与西壁的药王、药上、宝坛、弥勒菩萨，东壁的南斗、中斗、西斗、北斗星君与西壁的二十八宿，东壁的日、月宫天子与西壁的三官大帝、北极紫微大帝，东壁的帝释天主、大梵天主与西壁的天妃、后土圣母，等等。

南壁门东、西侧的神灵分别面向东、西侧，为东、西侧壁布局的延伸。南壁上两层主要是孤魂，与侧壁冥殿相连，下两层主要是往古人伦和下界中的星历神，与侧壁下界相连。南壁神灵布局中，对应仍为重要的原则，最典型的如为了与中下层的引路王菩萨相对应，应该与孤魂一同位于上两层的阿难、面然鬼王被拉至中下层，应该位于中下层的往古儒流众、往古优婆塞优婆夷众则被移至中上层。

与青龙寺相比，公主寺水陆画的宗教性有所减弱，世俗化、程式化的特点增加。世俗化主要体现在三个方面：

第一，增加了部分民间信仰程度较高的神祇，如公主寺壁画中新增加的大肚弥勒、东斗副老三星君、天妃圣母、风伯雨师雷公电母、清源妙道真君和崇宁护国真君等，上述神祇在《天地冥阳水陆仪文》和青龙寺水陆画中都没有出现，但是因为在民间流行而被引入到公主寺的水陆画体系中来，尤其是大肚弥勒实际上与水陆仪轨并无直接关系，却在公主寺大雄殿北壁中间被重点表现。

第二，强调了与民众关系密切的孤魂类神灵。公主寺水陆画中的孤魂包括赴刑膀热众、自刑自缢胎前产后众、兽咬虫伤树拆岩存众、含冤抱恨众、大腹臭毛针咽巨口众、墙倒屋塌鬼众、八热八寒哀残众、饥荒殍饿饮啖净众、客死他乡众、往古阵亡一切众及水火漂没兵士鬼众等。公主寺壁画中出现上述分类细致的孤魂，既有为其超度实际功用上的考量，如功德主已亡的家人可能就是死于上述孤魂中的一种，同时也是民间生活疾苦的客观反映。

第三，强调了部分神祇的性别特征。青龙寺帝释天作菩萨相，面部有髭须，着衮服，其面相、服饰与唐代敦煌的帝释天形象相似，符合佛经中关于帝释天身份的表述。公主寺帝释天作后妃形，头顶束髻戴冠，女相，无髭须，着天衣。公主寺图中帝释天作后妃形，呈女相，在视觉形象上进一步强调了与作天子形、呈男相的大梵天的对应关系。此外，公主寺日、月宫天子，亦分别呈男相、女相。帝释天、月宫天子呈女相，反映了民众世俗的审美趣味。

程式化主要体现在两个方面：第一，神灵的身份特征日益淡化或消失。如十八罗汉像以降龙罗汉、伏虎罗汉最具特征，公主寺十八罗汉像身侧没有能表明降龙罗汉、伏虎罗汉身份特征的龙、虎；传统的天龙八部像各具特征，公主寺图中具备身份特征能辨认的只有阿修罗、鬼子母、天和乾闼婆，其余身份不清；道经中北极四圣像各具特征，公主寺图中天蓬、天猷相似，玄天上帝、翊圣保德真君相似，无法进一步区分；佛经中金、木、水、火、土五星各具特征，公主寺图中只有金星、水星还保持身份特征；崇宁护国真君通常为长髯青袍大刀的形象，公主寺图真君身着红色官袍，与其常见形象有一定差距；等等。总的来说，众神灵的形象越来越缺乏个性特点，程式化的特点越来越突出。

第二，青龙寺主题性的水陆缘起图在公主寺被简化为分层排列的神灵。青龙寺北壁西侧水陆缘起图中，摇铃的阿难、口吐火焰的面然鬼王、接受施食或扭打争食的众饿鬼孤魂，围绕施食、超度构成主题性的绘画。公主寺南壁以分层式的构图表现阿难、面然鬼王和众孤魂，“水陆缘起”的主题被淡化，各种方式身亡的孤魂被一一表现，“超度”的意义得以加强，但在画面形式上，明显趋于单调、程式化。公主寺程式化表现水陆缘起的做法在其后水陆壁画中被接受。

青龙寺腰殿水陆画运用了不同风格的线条，即婉转流畅的长线条和强调顿挫转折、钉头鼠尾笔意的短线条。公主寺水陆壁画将挺劲绵长的线条与钉头鼠尾的笔意融合，长线条亦带有顶头鼠尾的笔意，强调起笔的钉头及落笔的笔锋，并且中途有停顿转折。这种新风格的线条可以看作是明代兴起的钉头鼠尾描对传统兰叶描的改造。强调顿挫转折、钉头鼠尾描笔意的短线条仅主要在孤魂像中出现。在颜色上，公主寺壁画以传统的青、红、黄、白为主，部分神祇的冠饰、盔甲使用了堆金沥粉的手法，颜色整体保存较好，至今仍然鲜丽如新。

附录　元至正二十七年（1367）古公主禅寺开山第一代秋月德公和尚道行碑铭

1 大元五台坚州隐峰山古公主禅寺开山第一代秋月德公和尚道行碑铭

2 岁乙巳孟冬十月二日公主寺德公和尚示寂以其年礼葬于本寺之北越三年丁未小师德真状师之行业镌

3 石为文曰师平昔趣履高洁游戏三昧利益无边众生其深工密行非鄙陋之文所能形容也不免谨摭其实而

4 録之师讳唯德秋月其号也祖居真定官门孟氏幼亡其母六岁父携之燕依姑夫白御史共子读书师性颖悟

5 □有老成气格然不甘处俗十四去家从佛侍师密公异之曰此子他日法中龙象也十五授僧服为具戒游历

6 业会凡五载经梵律论探赜钓深无不妙解年二十出游五台洎遇独峰决意禅宗捐弃囊资遂舍讲而就禅自

7 此慧生而凡情芨如也乃回京都再谒柏空无智壁峰请益遁入京西归山士庶敬仰春正月庚寅复入五台又

8 以世故方启师寻嘉道于戊子岁卜居古公主寺址届清凉传云北台之西繁峙县东南有一寺名公主寺后魏

9 文帝第四女信诚公主所置年代深远瓦甓犹在又唐昭宗干宁三年有僧名丑丑于寺得一玉石自持至都献

10 武则天赐绢百束且须置额重兴殿宇实值宋金以来兵烬之后堂殿经阁犹风捧于轻云佛迹僧踪若炉灰投

11 于沙雪呜呼寺之不寺已有年矣既经丧乱雕敝尤甚破屋坏垣人不堪其忧师处之施工募缘择选工匠创建

12 佛殿方丈南北行廊三门郡邑官僚士庶捐财助力乐趋其事其年院宇灿然可睹师怿居之又数载于壬寅夏

13 司徒设置淨会命师升座作法演说毗尼戒律利益存□□□师勉从之既还所居如枯木止水而世相忘澹如

14 □又数年而终临终之夕为门人说法向□遽索纸烛□□□□□五十一岁百拙一生不肯休□清凉□虎报

15 □更正是还源去时即曰我行矣便坐逝师问世五□□□□□□□□□□临济百世之孙乃隐峰第一代也嗣

16 □有一十有五克家主持□德□□即监寺也□□□□□□□□□□□□□物诱人使

学者易入释法门大开

17 也然饮食言笑之间亦□□□□离也故能见□□□□□□□实□□□为一体视大千焉遽炉瓦砾□□蕃□

18 □囊洒然不着了然无□者也庶以词系之曰

……

隐峰山古公主禅寺当代主持门资真月严书

冀宁路坚州知州兼管本州岛诸军奥鲁劝农防御事赵逊撰

冀宁路坚州判官张千篆

至正岁次丁未三月甲辰月望门资坚寺德赞立石 石匠提控杨爱刘伯玗

第五节 山西新绛东岳稷益庙的神祠壁画

东岳稷益庙，当地俗称阳王庙，位于山西省运城市新绛县城西南十五公里的阳王镇阳王村，南邻稷山，北望汾水。庙内现仅存正殿，坐北朝南，殿内保存有精美的明代壁画。

一、寺院的营建与壁画的年代

稷益庙创建于何时，文献已无记载，元至元年间（1264—1294）曾重修，现存正殿是明弘治年间（1488—1505）在之前旧殿的基础上扩建而成，正德年间（1506—1521）增寺门、献庭、舞庭、周垣、长廊，正殿前明嘉靖二年（1523）《重修东岳稷益庙之记碑》（见第214页附录）曰：

绛坤隅，柏壁之阳，峨嵋之阴，巍然而突镇乎阳王之墟者，东岳稷益庙也。罔知肇自何代。元至元间重修正殿，旧三楹。国朝弘治间恢为五楹，增左右翌室各四楹。正德间复增先门三楹、献庭五楹、舞庭五楹，缭以周垣，架以长廊，隐以佳木，百工殚巧，金壁摛辉。宛乎舞雩之幽致，而轮奂之美谅过之。

碑文中明确提到弘治年间将正殿由三楹增扩为五楹，殿内脊桁下侧木板上有墨书题记曰：“旹弘治拾伍年岁次壬戌三月甲□□□四日奉议大夫知绛州事济宁徐□□竖柱大吉。”可见正殿建筑完工于弘治十五年（1502）。另正殿南壁西稍间左上方的榜题提到壁画绘制于正德二年（1507），曰：

正德二年秋九月十五日工毕，翼城县画士常儒男常秫、常耜，门徒张絅，本州画士陈圆侄陈文，门徒刘崇德。

故知现存正殿系弘治十五（1502）年扩建而成，壁画系正德二年（1507）完成。榜题中还提到壁画是由两拨画士完成的：一拨是翼城县画士常儒带领其子常秫、常耜，门徒张絅完成；另一拨是本州画士陈圆带领其侄陈文，门徒刘崇德完成。

按嘉靖二年（1523）《重修东岳稷益庙之记碑》，弘治、正德年间的扩建、重修，一直持续到嘉靖二年（1523）才完成，前后历经至少二十余年。碑记中提到，重修、扩建过程中，“乡耆王耀、王昌、王成、王果奋庸于其前，尹亨、王琦、王祐、张鋆、杨儒、王珣润色于其后”，尤其提到“率从四社居民之愿，计地税出资以赞费”，可见该庙系由民间集资修建的私寺。

据清光绪二十七年（1901）《重修东岳庙暨关帝、土地诸神庙碑记》，清光绪十九年至二十七年（1893—1901），在张连登的倡议下，“倾颓败坏”的东岳庙（即东岳稷益庙）

得到重修，“奉旨复位任本郡”的马公“出帑藏金五十两”，其后张连登及众乡耆又募银三千余两。本次维修在正殿两侧建圣母庙、关帝庙，并增建土地殿、财神殿、戏楼、钟鼓楼、走廊等，使该庙有了一定的规模。

二、正殿壁画的内容

正殿为单檐庑殿顶（图2-5-1），面阔六间，进深两间。殿内北壁壁画已毁，据传北壁原有东岳大帝、后稷、伯益塑像，“文化大革命”时期被毁。殿内主尊塑像原应为东岳大帝、后稷、伯益。明嘉靖二年（1523）《重修东岳稷益庙之记碑》曰：

> 彼苍苍蒸民，孰不欲生，生必本于稼穑，稼穑非山川以宁得乎？

强调了稼穑和山川之间的联系。清光绪二十七年（1901）《重修东岳庙集关帝、土地诸神庙碑记》曰：

> 东岳系五岳之尊，其神又灵爽昭著，定刑赏于震位，施云雨于环区。左列伯益，垂千古山泽之政；右列后稷，贻万姓粮食之原。

正殿东壁（图2-5-2）除北侧小部分损毁外，主体画面保存完整。画面中部绘一大殿，重檐歇山顶式，前方及两侧有抱厦突出，为“龟头屋”形制。屋顶中间有相轮，匾额曰“三圣之殿”。殿内帷幕下坐三位身着衮冕的帝君（图2-5-3），皆双手捧笏，其中中间正面者着青色朝服，两侧者着红色朝服。三位帝君身后两侧立有众侍女，分别捧鲜花、珊瑚、假山、香炉

图2-5-1 稷益庙正殿外景

图2-5-2 稷益庙正殿东壁，明

图 2-5-3　三圣帝君，明，稷益庙正殿东壁

等物，中间帝君身后两侧分别另有一侍女掌扇。正殿两侧的抱厦中，右侧描绘了五位侍女，或刷盏或执壶或捧盘等，左侧描绘了两位侍女，一提壶一抱罐倒水。

关于三位帝君的身份，目前主要有两种说法：一种认为是三皇，即伏羲、神农和黄帝，如孟肇咏《青龙寺兴化寺和稷益庙的元明壁画》[1]、柴泽俊《山西寺观壁画》、史宏蕾《晋南稷王文化田野考察研究与新绛稷益庙壁画图像文化探索》[2]等皆持该观点，其中柴泽俊联系到了《元史》卷七六中提到的"郡县三皇庙"，说"三皇（亦称三圣）不仅有功于世，有德于民，而且为后来后稷、伯益的业绩奠定了基础"，并根据三位主神"全部饰以帝装衮冕"，推测三位帝君即伏羲、神农、黄帝。另一种说法认为是东岳大帝、后稷和伯益，如张云志《新绛县东岳稷益庙明代壁画考》。张云志认为，东壁三位主神像应与正殿主尊塑像、西壁主神像身份一致，尤其是提到东、西壁中间主神皆着青袍，与《枕中书》记载的"东岳太昊氏，青帝"的身份相符，认为东、西壁表现的是东岳大帝、后稷和伯益在不同场景中从事不同活动的场景：一在室内，举办大典大礼；一在室外，接受群臣朝拜[3]。此外，亦有学者对东壁三位帝君的身份持审慎态度，只是根据"三圣之殿"的榜题称其为三圣帝君或三圣，如李泽庆的《山西新绛县东岳稷益庙壁画》[4]《谈山西稷益庙和青龙寺的壁画艺术》[5]，金维诺的《寺院壁画的考察与研究》[6]等。

笔者认为，弄清楚三圣帝君的身份必须从"三圣之殿"的匾额入手。据《辞源》解释，中国古代早期"三圣"的有三种说法：①《孟子·滕文公》："我亦欲正人心、息邪说、距诐行、放淫辞，以承三圣者。"指的是禹、周公、孔子；②《前汉书·高惠高后文功臣表》："汤法三圣，殷氏太平。"指的是尧、舜、禹；③《前汉书·诸侯王表》："昔周监于二代，三圣制法。"指的是文王、武王、周公。宋代以来南方有建三圣庙者，或祀高永能、景思谊、程博古三位将军，或祀仓颉。宋潜说友《咸淳临安志》卷七十二记丰乐桥有旌忠庙，俗称三圣庙，祀高永能、景思谊、程博古，他们在元丰年间同为统军，在银川挺身抗寇身亡后，配食于凤翔府和尚原（今陕西省宝鸡市西南），南宋中兴初赐庙曰旌忠，并加封王。宋周应合《景定建康志》卷四十四记建康府（今南京市）西有三圣庙，祀仓颉，其后注曰："三圣者，籍算为其一，开聪为其一，追失为其一，能明此三事，故曰三圣。"[7]与南方不同，明清时期山西、河南等北方地区的三圣庙祭祀的基本上都是

1 孟肇咏《青龙寺兴化寺和稷益庙的元明壁画》，《运城师专学报》1984年第4期。
2 收于李玉明主编《2010年三晋文化研讨会论文集》，三晋文化研究会，2011年，第437—452页。
3 张云志《新绛县东岳稷益庙明代壁画考》，收于李凇主编《山西寺观壁画新证》，第249—250页。
4 李泽庆《山西新绛东岳稷益庙壁画》，《文物》1979年第10期。
5 李泽庆《谈山西稷益庙和青龙寺的壁画艺术》，《美术》1980年第2期。
6 金维若《寺观壁画的考察与研究》，《文物》1998年第4期。
7 《文渊阁四库全书》第489册，第570页。

尧、舜、禹。如《明一统志》卷三十一记汝州（今河南省汝州市）有三圣庙，其下注曰："在鲁山县孙村保，祀尧、舜、禹三圣。又南阳县石桥保及邓州禹山上皆有禹庙。"[1]《清一统志》卷一百一十七记解州（今山西省运城市解州镇）有三圣庙，其下注曰："在州东北三十里赵村辛化里，祀尧、舜、禹三圣。又安邑县运城西北有三圣庙，即今河东书院。"[2]《山西通志》卷一百六十四记临汾县（今山西临汾市）有三圣庙，曰："正德间巡按周伦中颜广运殿祀尧，右重华殿祀舜，左文命殿祀禹，名三圣庙。"[3]《山西通志》卷一百六十七记运城西北有三圣庙，明万历八年（1580）张居正毁天下书院，都运李廷观将河东书院改为三圣庙，祀尧、舜、禹。笔者认为，正殿东壁的三圣帝君只能是尧、舜、禹：第一，与明代山西、河南地区三圣庙中祠祀的三圣的身份相符；第二，舜在位时，后稷、伯益辅佐禹教民驯服鸟兽及耕作稼穑，东壁尧、舜、禹作为主神既没有与西壁主神重复，同时又与后稷、伯益有关系；第三，图中三圣帝君皆作衮冕，尧、舜、禹的身份与天子的装扮相符。

图 2-5-4 赐种女神，明，稷益庙正殿东壁

三圣下方绘一水池，水池边小圆桌上置一龙纹的敦，其侧一位女神左手端漆碗，右手小心翼翼地以勺盛种子。从场面来看，是在举行赐种的仪式（图2-5-4）。关于赐种女神的身份，孟肇咏《青龙寺兴化寺和稷益庙的元明壁画》认为"似是后稷的母亲姜嫄"[4]，这一看法得到其后柴泽俊、张云志等撰文的认可。姜嫄是后稷的母亲，被视为周人的始祖，陕西、山西一带多建有姜嫄庙祭祀求子者，如清道光十三年（1833）《姜嫄圣母感应记》碑文曰："岐之卷阿，旧有姜嫄庙，由来已久，列于祀典，享以少牢。每年暮春三月报赛，远近祈嗣者肩摩踵接，求无不得，香火之资，数以千计。"[5]由于缺乏姜嫄与赐种之间关系的记载，故此赐种女神是否为姜嫄似还有讨论的空间。赐种女神下方，一左手持旗，肩负盒的武士飞奔入殿，此人形象与水陆壁画中的年、月、日、时四直使者的形象、动态很像，应该是往来于神仙世界和人间的使者，或是将新赐的种子带到人间。

赐种女神及使者两侧，立官员及民众。其中南、北侧上方各立五位捧笏官员，分别着黄、绯、青、绿等颜色的朝服，每侧前三位头戴梁冠，身份等级较高，两位头戴直角幞头，身份相对略低。北侧下方最前方绘一天王，身披甲胄，左手执弓箭。天王身后一夜叉捧长剑，一武士执斧钺，再后四武士分别据幢、幡、节等。值得注意的是，在夜叉、武士的下方

1 《文渊阁四库全书》第472册，第800页。
2 《文渊阁四库全书》第476册，第364页。
3 《文渊阁四库全书》第548册，第89页。
4 孟肇咏《青龙寺兴化寺和稷益庙的元明壁画》，《运城师专学报》1984年4期，第69页。
5 转引自孙其刚《姜嫄庙会与姜嫄崇拜》，收于霍彦儒主编《"炎帝与民族复兴"国际学术研讨会论文集》，陕西人民出版社，2005年，第283页。

及身后表现了农民和猎户。执斧钺武士的下方，一人双手捧盘，盘上置双鸭。此人身后一白衣一红衣的虬髯大汉捆缚着一只体形巨大的蝗虫（图2-5-5），蝗虫怒目张口，双爪蹲地不肯就范，极为凶恶。身后民众或捧笼，或拢袖，或执拍子，或握害虫，或合十，或荷锄，或扛锹，应都是种地的农民。农民斜上方，表现的是猎户，为首两人身着盔甲，一执长矛，一握尖刀。身后五人身着布衣，其中一人肩挑各种猎物，一人扛老虎，另有三人扛长矛、执弓箭等。

图 2-5-5 缚蝗图，明，稷益庙正殿东壁

南侧下方最前方为一天王，身披甲胄，双手横剑。天王身后一夜叉握长戟，一武士腰间悬弓，后排另并立四武士，分别执幢、幡、节等。斜下方有两低矮粗壮的夜叉抬一盆，盆中堆满珊瑚、摩尼宝珠、象牙等珍宝，珍宝上方象征祥瑞的云气缭绕。斜上方一头戴梁冠、身着朝服的官员双手捧笏，其身侧一童子捧香炉。该官员身后立数身官员捧笏，其中一位官员青面、一位官员赤面，均面目凶恶。这些官员身后被松树遮挡，可以看出数位农民分别执禾苗、谷穗等农作物，最后一位荷锄。

图 2-5-6 桥上帝王，明，稷益庙正殿东壁

东壁南侧下部，绘一着红色朝服的帝王立桥上（图2-5-6），左手扶革带，前方二侍女挑香炉，二着男装的女官举斧钺，身后有三身男性官员，其中一赤脸虬髯官员举幢，另两位分别挟盘、捧壶。前方设供案，案上置香炉、珊瑚等。

东壁南侧中上部，绘有后稷诞生及三次被遗弃的图像。关于后稷诞生及被遗弃的经历，《史记·周本纪》记曰：

> 周后稷，名弃。其母有邰氏，曰姜原。姜原为帝喾员妃。姜原出野，见巨人迹，心忻然说，欲践之，践之而身动如孕

者。居期而生子，以为不祥，弃之隘巷，马牛过者皆辟不践；徙置之林中，适会山林中多人，迁之；而弃渠中冰上，飞鸟以其翼覆荐之。姜原以为神，遂收养长之。初欲弃之，名曰弃。[1]

图 2-5-7 后稷诞生，明，稷益庙正殿东壁

东壁南侧最上方，图绘三男子祭祀天地，最前方者头戴幞头，幞头双脚折向头顶，身着红色圆领袍服，双手拢袖中作揖，后方两官员戴展脚幞头，分别着绯色、青色朝服，三人头顶上方有宝盖，身后有两武将举杖，从礼仪来看，最前方作揖的男子应为帝王。下方为女眷，主角应为姜嫄，前方有两举扇的侍女，三人低头看地上，姜嫄身侧一侍女负袋，一女官捧笏，一侍女端盆。笔者怀疑表现的帝喾祭祀天子求子，姜嫄出野见巨人足迹而怀孕的情形。三圣之殿右侧绘后稷诞生的情形（图2-5-7）。宫殿内产后的姜嫄斜倚床上，右手捋左臂袖作欲洗手状，前方一侍女捧盆，姜嫄身后另有两侍女伺候。床前两侍女在盆中洗浴新出生的后稷，另有一侍女捧毛巾。殿前有侍女议论。后稷诞生图右下方，有两位戴斗笠的农民驱赶牛羊，赤裸的后稷躺在路中间，牛羊看见他皆绕行，表现的是后稷第一次被弃隘巷的情形。后稷诞生图右侧，赤裸的后稷仰卧在路中间，前方有樵夫将柴置地上，驻足观看，还有的奔走相告，表现的是后稷第二次被弃山林的情形。被弃隘巷右侧，赤裸的后稷躺在冰面上，上方一鸟张开双翅飞过来，水边三人被这神奇的景象吸引，议论纷纷，表现的是后稷被弃渠中水上的情形。被弃隘巷斜上方，两人赶马车，车中姜嫄怀抱后稷，应表现的是姜嫄接回后稷的情形。马车接回前方，也就是后稷诞生下方有一殿宇，其内姜嫄扶后稷站立，其侧另有一侍女，或表现的是姜嫄接回后稷后抚养的情形。

东壁北侧的画面多已损毁，但在上方保存有两个画面。最上方绘一大殿，帝王坐大殿内，帝王两侧及殿前有女官、武士持斧钺、金瓜等仪仗用具，前方一官员躬身捧笏，殿前一官员双手捧盘。该画面下方，绘农民持刀、树枝等似在驱赶害虫。

除北侧部分损毁外，主室西壁基本保存完整（图2-5-8）。中间露台上坐三位主神（图2-5-9），中间者头戴幞头，幞头脚呈直角折向上方，身着青色袍服，坐在铺有兽皮的座椅上。身后一满脸虬髯的武士举幢，身后两侧立二大臣四侍女，二大臣均捧笏，一着绯色朝服一着黄色朝服，四侍女或持如意或捧宝物等。该神身后屏风墨笔绘海天旭日图。两侧者均头戴梁冠，身着绯色朝服，身后有武士举幢，侍女捧物等。其中左侧者左手持谷穗，可以肯定为被后世奉为五谷之神的后稷；右侧者双手拢袖中，右与后稷对应可以推断为伯益。中间主神学界多认为是舜，比如说李泽庆《山西新绛县东岳稷益庙

1 ［汉］司马迁《史记》卷四，中华书局，1982年，第111页。

图 2-5-8　稷益庙正殿西壁，明

壁画》、孟肇咏《青龙寺兴化寺和稷益庙的元明壁画》、柴泽俊《山西寺观壁画》等。关于中间主神是大禹，主要是因为后稷、伯益是辅佐大禹教民稼穑、驯服禽兽的。柴泽俊另外还提到一条理由，认为其背后的海天旭日屏风画“象征着大禹已使洪水归入大海”[1]。张云志在《新绛县东岳稷益庙明代壁画考》认为中间主神应为东岳大帝，理由有三：第一，殿内主尊塑像是东岳大帝、后稷和伯益；第二，明嘉靖二年（1523）《重修东岳稷益庙之记碑》对稼穑和山川的关系加以强调，此外清光绪二十七年（1901）《重修东岳庙集关帝、土地诸神庙碑记》中提到殿内东岳大帝、后稷、伯益的配置；第三，中间主神着青袍与《枕中书》中记载“东岳太昊氏，青帝”的身份相符。相对而言，笔者认为张云志的推论更为充分，关于东岳大帝着青袍，这里添加一条史料，《云笈七签·五岳真形图序》曰：

图 2-5-9　东岳大帝、后稷和伯益，明，稷益庙正殿西壁

泰山君服青袍，戴苍碧七称之冠，佩通阳太平之印，乘青龙，从群官，来迎子。[2]

此外，下部南侧绘有十殿阎王，也说明中间主神应为东岳大帝。

1 柴泽俊编著《山西寺观壁画》，第127页。

2 ［宋］张君房《云笈七签》卷七九，收于《文渊阁四库全书》第1060册，第852页。

东岳、后稷、伯益下方，一着绯色朝服的官员躬身捧笏向后稷禀报，从该情景来看，后稷才是全图的主角，这与壁画的主题是一致的。禀报官员的两侧，亦即后稷、伯益的下方，站立着四身持笏的官员和持金瓜、斧钺等的众武士。众武士身后，皆立有身着朝服的神祇，身份不清。

图 2-5-10　地狱十王等众，明，稷益庙正殿西壁

画面下部北侧，绘持笏的地狱十王、三身捧簿的判官及牛头马面的鬼卒等（图2-5-10）。值得注意的是，三身判官所捧的判簿上都清楚地写有“正德”字样及钤印，从而也暗示了壁画的绘制年代。画面下部南侧，与地狱十王相对，绘龙王捧笏，龙王赤脸虬髯，身侧的龙是其身份的标志，身后有龙女、抱簿的判官及虾兵蟹将。虾兵蟹将之后，立一赤脸须髯、身着青袍的关公，其身后有武将、官吏、夜叉等，其中有一着青衣的长须老者，怀抱簿，或为土地公，身后有夜叉状的官吏执笔。槐树之后，绘一位身具黑色朝服、双手捧笏的帝王，身后有武将举宝幢及文武官员等。

图 2-5-11　祭祀图，明，稷益庙正殿西壁

西壁三位主神两侧及上部，表现有祭祀、教民稼穑等的场景。西壁南侧绘祭祀图（图2-5-11），供案上置三牌位，中间者书“昊天玉皇上帝位”，右侧牌位书“始祖后稷神位”，左侧牌位为背面，根据右侧牌位，推测应为伯益神位。昊天玉皇上帝，即我们熟知的玉皇大帝，宋徽宗加其封号为“太上开天执符御历含真体道昊天玉皇上帝”。玉皇大帝、后稷、伯益牌位供案前另置一长供案，供奉牛、羊、猪等五牲头部，再前小供案上置香炉、灵芝、珊瑚。供案前，天子领群臣躬身祭拜，共三排。前排三人，天子着衮冕、执笏站在中间，两侧为着青色朝服的大臣；中排四人、后排五人，为着绯、青、绿、粉红等颜色朝服的群臣。行祭拜之礼的君臣的两侧，官员演奏着箜篌、编钟、悬鼓、琴、笙等。

西壁北侧上部，绘后稷教民稼穑的情形（图2-5-12）。后稷教民稼穑，《史记·周本纪》记曰：

弃为儿时，屹如巨人之志。其游戏，好种树麻、菽、麻、菽美。及为成人，遂好耕农，相地之宜，宜谷者稼穑焉，民皆法则之。帝尧闻之，举弃为农师，天下得其利，有功。帝舜曰："弃，黎民始饥，尔后稷播时百谷。"封弃于邰，号曰后稷。[1]

图 2-5-12 后稷教民稼穑，明，稷益庙正殿西壁

图中后稷着红色朝服，正与一犁地的农夫交谈，他身后一人举宝盖，一人抱物，身后另有一人牵白马，被巨石遮挡。下方一农夫正在挖水渠，他的妻子挑着食物和浆水前来慰劳，孩子跑在母亲前面，手端着碗伸向他的父亲。再下方为收割的情形，有的在堆稻谷，有的在驱牛用石磙碾谷，有的在往口袋里装粮食，有的在将粮食放在驴背上，等等，一派繁忙的劳作景象。

教民稼穑和三位主神之间，表现的是伯益焚烈山谷、驯服禽兽的情形。关于伯益的出身和事迹，《史记·秦本纪》记曰：

秦之先，帝颛顼之苗裔孙曰女修。女修织，玄鸟陨卵，女修吞之，生子大业。大业取少典之子，曰女华。女华生大费，与禹平水土。已成，帝锡玄圭。禹受曰："非予能成，亦大费为辅。"帝舜曰："咨尔费，赞禹功，其赐尔皂游。尔后嗣将大出。"乃妻之姚姓之玉女。大费拜受，佐舜调驯鸟兽，鸟兽多驯服，是为柏翳。舜赐姓嬴氏。[2]

为使百姓避免受野兽侵害，伯益曾以火烈山谷，《孟子·滕文公上》云：

舜使益掌火，益烈山泽而焚之，禽兽逃匿。[3]

图中伯益坐偏殿中，前方有官员长跪禀事。殿顶上方，伯益身着红色朝服，伸手教民焚烈山谷，驱赶禽兽，民众执长矛、弯刀、斧头等跟随，山间有老虎、麋鹿等逃窜。

三位主神上部，山石巍峨，林木丰茂，山间有前往祭祀的队伍。上部中间绘一山门，门已打开，一青衣童子立门后，下方出现了一条长长的仪仗队列，正前往山中准备进行祭祀。画面上方深山深处的云雾间，可见缘山路而上的祭祀队列。综合来看，笔者认为可能表现的是前往深山祭祀东岳大帝的情形。

三位主神北侧偏殿绘侍女准备饮食，屋顶上方有一着红色朝服的神祇出现在云端，手持如意，身后有武士举宝盖，身侧有侍女捧香炉，下方有官员祭拜。

南壁东侧绘祠山张大帝出行图（图2-5-13）。祠山张大帝，即张王，《绘图三教源流搜神大全·祠山张大帝》曰：

祠山圣烈真君，姓张讳渤，字伯奇，武陵龙阳人也。父曰龙阳君，母曰张媪。……当西汉神雀三年二月十一日夜半生。长而奇伟，宽仁大度，喜怒不形于色。身长七尺，隆准美髯，发垂委地，深知水火之道。有神告以地荒僻，不足建家，命行。……始于吴兴郡长兴县顺灵乡发迹，役阴兵自长兴荆溪疏凿圣渎，长十五里，岸高七丈至十五丈，总三十里，志欲通津于广德也。……夫人遂诣兴功之所，见王为大豨，役阴兵开凿渎河。王见夫人，变形未及，遂不与夫人相见，圣渎之功息矣，遁于广德县西五里横山之

1 ［汉］司马迁《史记》卷四，第112页。

2 ［汉］司马迁《史记》卷五，第173页。

3 收于《诸子集成》第1册，第220页。

顶。居民思之，立庙于山西南隅。……唐天宝中祷雨感应，初赠水部员外郎，横山改为祠山。昭宗赠司农少师，赐金紫。景宗封广德侯，南唐封为司徒，封广德公。后晋封广德王，宋仁宗封灵济王。……至咸淳二年十二月十二日准告加封正佑圣烈昭德昌福真君。[1]

从上文的叙述可以看出，对祠山张大帝的信仰与民众兴修水利、祈雨的实际需求有关。元至正十六年（1356），朱元璋率军驻扎祠山之下，诣祠得四海升平之兆。朱元璋得天下后，将祠山所在的广德（今安徽省广德县）升为京师直隶州，命太常寺每年二月十八日对祠山张大帝进行官祭。朝廷官祭对张大帝信仰的传播无疑起了很大的推动作用，明朱麟《祠山记闻》曰："今苏杭、镇宁、溧水，四方之人，祷不虚日。"[2]

图 2-5-13　祠山张大帝出行，明，稷益庙正殿南壁东侧

图 2-5-14　犯人入酆都地狱，明，稷益庙正殿南壁西侧

图中张大帝率官员、鬼神等从祠山出行。张大帝头戴东坡冠，满面银髯，内着黄色交领长袍，外披绿衫，右手执羽扇，身后一夜叉举幡，右侧童子捧印，左侧一面目凶恶、赤脸虬髯的青衣官员捧簿，前方有夜叉执长斧前导。张大帝身后为浩浩荡荡的出行队列，队列随着蜿蜒的山路而隐现，队列穿过山门，山门上书"祠山张大帝"，其后有云雾缭绕的殿顶呈现。

南壁西侧绘押解犯人进入酆都地狱的情形（图2-5-14）。酆都，早期文献名罗酆山，为北阴大帝决断罪人去处之所，陶弘景《真诰·阐幽微》记罗酆山为六天鬼神之宫，山上洞口皆有宫，山上为外宫，洞中为内宫，"世人有知六天宫门名则百鬼不敢为

1 佚名《绘图三教源流搜神大全》，第118—119页。
2 ［明］黄绍文《（嘉靖）广德州志》卷十"艺文志"。

图 2-5-15　酆都狱门局部，明，稷益庙正殿南壁西侧

害”[1]。约出于唐宋之际的《太上元始天尊说北帝伏魔神咒妙经》卷三详细描述了酆都九幽地狱的种种刑罚，极为悲惨。

图中右下部有判官头戴展脚幞头，身着红色朝服，坐案前判簿，两侧各立一官员辅佐，案前两人跪地正在陈述，审判完毕有罪者则被戴上枷锁，由鬼卒押解走向酆都地狱。左上有站立等待审判的人群。被押解的犯人或被驱赶向前，或跪地求饶，鬼卒或赤面须髯，或青面红发，威猛凶恶。上山的路中间有一门，上书“酆都狱门”，门口二人未戴枷锁，掩面流涕，被鬼卒伸手喝止不准前行，他们应是因为亲人被押解进地狱而伤痛，他们则可能被判无罪而免地狱之苦（图2-5-15）。此路崎岖而上有一洞口，上书“酆都□□”，后两字被山石遮挡，有犯人正进入洞口，洞口有两男子拱手与人作别，一女子从山后探出半个身子，洞口的青衣鬼卒伸手阻止。

三、东岳稷益庙壁画的特点

东岳稷益庙的重修自弘治年间（1488—1505）开始，一直到嘉靖二年（1523）才结束，持续的时间较长，是由乡耆、民众集资重修。其中正殿壁画完工于正德二年（1507），其题材内容、风格样式体现了较强的民间特点。

正殿原来的塑像是东岳大帝、后稷和伯益。后稷教民稼穑，伯益焚烈山泽，驯服禽兽，他们都对农业生活作出了重要的贡献。东、西壁壁画主要是围绕后稷、伯益来设计的。东壁三位主神是尧、舜、禹，他们坐在三圣之殿举行赐种的祭祀仪式，两侧有官员、武士、农夫、猎人等，其中捆缚蝗虫的场景予人印象深刻，反映了明代山西地区频闹蝗灾的现实。东壁南侧还表现有后稷诞生及三次被遗弃的图像。西壁三位主神的身份应与殿内主尊塑像相同，为东岳大帝、后稷和伯益，有官员正向执谷穗的后稷禀报，下方立有十殿阎王、龙王、关公、土地等。西壁北侧绘帝王率群臣祭祀玉皇大帝、后稷和伯益神位，后稷教民稼穑及伯益教民焚烈山谷、驯服禽兽。三位主神上部表现的是进山祭祀的队列。北壁和东、西壁北侧图像已毁，估计应有与东岳大帝崇拜相关的图像。南壁门西绘押解犯人进酆都地狱，门东绘祠山张大帝出行图，在视觉上形成一进一出的感觉。

从神祇搭配、图像布局上看，正殿壁画主要是围绕民众的生产、生活来设计的。伯益掌管山林，后稷教民稼穑，而东岳则掌管人的生死祸福，并负责布施云雨，他们都关系着民众的安居乐业和生死福祉。对于民众而言，他们祭祀、膜拜的并不是历史人物，而是能护佑他们安居乐业、幸福安康的神祇，从这个角度来看，就不难理解为什么是东岳大帝与后稷、伯益并列配置享受民众的祭祀了。在西壁南侧祭祀图中，与后稷、伯益搭配的中间主神换成了玉皇大帝，中间主神的更换似与祭祀者的身份有关，祭祀东岳大帝

1 ［南朝梁］陶弘景撰，赵益点校《真诰》卷一五，中华书局，2011年，第265页。

的是普通民众，祭祀玉皇大帝的是天子和群臣。此外，绘制在南壁的祠山张大帝与祈雨有关，酆都地狱是审判、惩罚罪犯的场所，也都与民众的生死福祉息息相关。东岳稷益庙壁画所反映的信仰与寺庙的性质（民众集资修建的私寺）是相符的。

公主寺壁画大约绘制于弘治十六年（1503），东岳稷益庙壁画完工于正德二年（1507），二寺壁画时间接近，并且在风格上也相对接近。公主寺水陆壁画将挺劲绵长的线条与钉头鼠尾的笔意融合，这种风格线条的出现可以看成是明代兴起的钉头鼠尾描对传统兰叶描的改造。东岳稷益庙的线条与之相近，无论是长短线条，都带有钉头鼠尾的笔意，或起笔略顿落笔尖利，或起笔尖利落笔略顿。与公主寺壁画线条不同的是，公主寺壁画中线条转折的角度趋于圆润，稷益庙壁画中线条的转折多成角度，有的角度甚至是非常锐利，融入了折芦描的笔意，此外，表现长袍大袖衣纹的时候，稷益庙壁画中短线条的衣纹线明显增多。如果说公主寺水陆壁画中尚存兰叶描的影子，那么稷益庙壁画中兰叶描的影子越来越少，新的时代风格越来越明显，并逐渐趋于成熟。

东岳稷益庙壁画中出现了大量的山水背景，尤其是南壁祠山张大帝出行图、酆都地狱图，山势巍峨壮观，占据了画面的大部分，神灵、人物在山水中活动。东岳稷益庙壁画中的山石风格，明显是受到浙派的影响，山石轮廓用侧壁勾勒，多有转折，线条坚挺劲健，以斧劈皴表现山石结构、纹理。因为媒介、材质的差异，东岳稷益庙的山石壁画并不能像在宣纸上那样发挥大斧劈皴酣畅淋漓的效果，侧壁皴擦的笔触相对较短，但是力道很足，通过反复皴染和鲜明的黑白对比，很好地表现了山石雄伟、坚挺的特质。

附录 明嘉靖二年（1523）重修东岳稷益庙之记碑

1 重修东岳稷益庙之记

2 诰封朝列大夫宗人府仪宾郡人周尚文撰文

3 奉直大夫知山西陇州事乡进士郡人杨泽书丹

4 赐进士奉直大夫刑部河南清吏司郎中郡人陶滋篆额

5 绛坤隅柏壁之阳峨嵋之阴巍然而突镇乎阳王之墟者东岳稷益庙也罔知肇自何代元至元间重修正殿旧三楹。

6 国朝弘治间恢为五楹增左右翌室各四楹正德间复增先门三楹献庭五楹舞庭五楹缭以周垣架以长廊隐以佳木百工殚巧金壁摛辉宛乎舞雩之

7 幽致而轮奂之美谅过之是举也乡耆王耀王昌王成王果奋庸于其前尹亨王琦王祐张鋆杨儒王珣润色于其后率从四社居民之愿计地税出资

8 以赞费故其富丽如此嘉靖癸未夏掾官王珙甫携诸耆始以成事速予记往观焉祗谒之余仰见先郡守济宁徐侯手志其梁予乃指而告之曰惟皇

9 建其有极立之司牧而皆为民也斯盖生民之本而若等亦知作者意乎当尧之时洪水泛滥黎民阻饥几于鱼鳖故舜咨于四岳举禹作司空益烈山泽

10 稷播百谷然后水土以平兽鱼咸若民乃粒食庸非生民之本而不知所报乎我

11 皇祖定鼎之初首发事神之策严幽明之分爰命有司设山川社稷之神坛岁时祀之迨今

12 圣天子龙飞纪元之始辄修三礼肆类于上帝望于山川偏于群神其为民报本之意先后一揆可谓至矣是故神人以和万邦作乂凡覆载间稍有血气之

13 属莫不祈悦仰戴以为复际唐虞三代之治者良有以也予尝以藩戚使贺于

14 廷获近

15 日月之光亲睹礼祀之盛而感遇享嘉之会于戏休哉既而省亲□山之东登泰山之颠朔（溯）九川之源始知孟子小天下之言信不我欺已而归休乎吾绛北

16 吊虞官之墓西瞻后稷之亭历览诸山川形胜暨诸田谷丰穰有无化居又知书称禹贡

而益稷佐其成功岂曰小补之哉载之祀典以享今日之报崇

17 也固宜抑不能无疑焉季氏旅泰山而孔子犹讥之况此非其地而凡民顾可馋事乎夫鬼神无常享享于克诚季氏以一己之私僭诸侯之礼而诚安

18 在哉彼苍苍蒸民孰不欲生生必本于稼穑稼穑非山川以宁得乎今观是乡之民富庶而致敬乎此盖其报本之心出于至公而祈福之念生于可欲

19 非若九黎乱德家为巫史而反致祸灾荐臻者吾知神依人而血食人敬神而知礼其幽明感应之几捷于影响何灾之不可御患之不可捍由是而□

20 然于安居乐业之中以享斯世承平之福于无穷焉者亦诚而已矣又岂季氏夸淫于一时者之可例论哉言东岳而不及他者岱为五岳之宗他皆统

21 其中矣徐侯有司牧之责者安知其意不出于此耶佥曰唯请书之遂不避往谬而僭为之记又系之乐歌以遗乡人俾声于庙庭侑牲璧云其词曰

22 神胡为夕独据东麾群岳兮从龟蒙眷稷益兮故土与云雨兮慰农祖乎周兮如在荐嘉谷兮酬夫至爱歌生民兮侑尊德配天兮无外虞衡兮是

23 位若予兮庶类嗟莫报兮神之惠俨朱虎兮熊罴烈风雷兮坛□由迎神三章二章四句一章五句

24 霍之南兮汾之浒惟神集兮喜□舞肆肴蒸兮椒浆神之归兮何许驾飞龙兮旋空璆锵鸣兮西东俯蓬莱兮莫止超禹迹兮无踪无踪兮奈何俾

25 无坏兮遗九歌信神功兮不坠时□嵩兮山阿右送神三章章四句

26 大明嘉靖二年岁次癸未秋九月立石稷亭薛聪镌

第三章
明代晚期（嘉靖至崇祯）

第一节　明代晚期的佛教政策与寺院营建

明代晚期包括嘉靖、隆庆、万历、泰昌、天启、崇祯六朝，前后历经一百二十二年。

正德十六年（1521）三月武宗死于豹房，无子嗣，武宗母张太后与大学士杨廷和商议，迎武宗从弟、兴王朱厚熜登基，以明年为嘉靖元年，是为明世宗。明世宗即位初期，着手纠正前朝遗留下来的诸多弊端，"天下翕然称治"[1]。但是不久，世宗开始崇信道教，嘉靖三年（1524）征龙虎山上清宫的道士邵元节入宫，累拜礼部尚书。邵元节之后又宠信陶仲文，累加少师，兼少保、少傅。嘉靖十九年（1540）八月，明世宗"欲令太子监国，专事静摄"，太仆卿杨最疏谏，杖死，于是"大臣争谄媚取容，神仙祷祀日亟"[2]。由于明世宗偏信道教，不仅致使佛教失宠、受到排斥，而且在京师等地的佛教还受到沙汰性质的打击。嘉靖元年（1522），先是"毁剖玄明宫佛像，金屑一千三十两"，后从赵璜言"毁折京师寺院"[3]，护国禅寺、玄明宫佛殿等被下令拆毁变卖。嘉靖九年（1530），令巡按御史逐一查毁私创庵、院、淫祠，拆毁、变卖私创佛教寺院的行动推及全国。嘉靖十五年（1536）拆除宫中大善佛殿，"毁金、银像凡一百六十九座，头、牙、骨等凡三千余斤"[4]。在此风气下，明代中期以来京师的几座大寺，如大兴隆寺、大慈恩寺、保安寺、大功德寺，皆被撤销、拆毁。此外，嘉靖十二年（1533）、二十六年（1547）均曾度道士，却始终没有度僧人，并屡次勒令一切游聚僧尼还俗婚配。

尽管世宗打击佛教，但是宦官修建佛寺的风气却仍然盛行。据何孝荣统计，宦官在北京修建的佛寺庙庵达四十二所，并且往往是群体参与，比如说嘉靖元年（1522）御用监太监李端重修真空寺，参与的宦官还包括"督理工程"司礼监官王禄，"看管工程"御马监太监李勉、靳升、郭渊、姜暹、高攀等[5]。此外，佛教在民间有很大的发展，僧尼、士庶修建佛寺庙庵的热情高涨，如河北石家庄毗卢寺、山西汾阳圣母庙、河北怀安昭化寺等在该时期均有重修。

嘉靖四十五年（1566）十二月世宗薨，裕王朱载垕继位，以次年为隆庆元年，是为明穆宗。明穆宗

1《明史·世宗本纪》，第250页。

2《明史·陶仲文传》，第7896页。

3［明］幻轮编《释氏稽古略续集》卷三，《大正藏》第49册，第949页上栏。

4《明世宗实录》第42册卷一八七，第3957页。

5［明］张文宪《重修真空寺记》碑阴，收于《北京图书馆藏中国历代石刻拓本汇编》第56册，中州古籍出版社，1990年，第84页。

在位仅六年，在位初期即惩治嘉靖年间宠幸的方士和道士，罢道教斋醮，废例外采买，在位期间，“躬行俭约，尚食岁省巨万”[1]。隆庆三年（1569）以后，穆宗表现出对佛教的一些兴趣，但谨慎克制，在北京重修的寺庙有圆广寺、延寿、番经厂、汉经厂四所。值得注意的是，虽然穆宗不宠信方士，但秘密术仍流传宫中，尤其是陶仲文进献的秘密术，不仅左右了世宗、穆宗，甚至连一代名臣张居正也误入此途，以至身体“日以枯瘠”，“不及下寿而殁”[2]，故沈德符叹息：“盖陶（仲文）之术，前后授受三十年间，一时圣君哲相，俱堕其彀中。”[3]

隆庆六年（1572）五月穆宗殁，十岁的太子朱翊钧继位，改次年为万历元年，是为明神宗。明神宗在位四十八年，起初是高拱为首辅，后大学士张居正与太监冯保相结，在神宗生母李贵妃的支持下，驱逐高拱而代之。张居正辅政期间，通过建立严格的考成制度整顿吏治，斥诸不职，政令“虽万里外，朝下而夕奉行”；推行一条鞭法，清丈土地、统一赋税、计亩征银，解决了长期以来的财政危机，繁荣了城乡经济；大力加强边防建设，重用戚继光、王崇古等一大批将领，在其执政期间及之后的二三十年，“边境晏然”[4]。张居正辅政期间，对佛教的整顿、限制颇严，对皇室信佛有一定的抑制作用。比如说万历二年（1574）李太后因“崇奉佛教，不忍动刑”，要求停止对僧尼用刑，张居正表示如果停刑“纵释有罪，无以惩恶”，“宜如祖宗旧制，每岁一行为便”；万历七年（1579）李太后以“前因皇上出疹，曾许僧人于戒坛设法度众”为由传谕开戒坛酬愿，但被张居正以“奉有世宗皇帝严旨禁革”、“彼时僧人聚集以数万众，恐有奸人乘之，至生意外之变”为由谏止，等等。但是，张居正并无法阻止仁寿皇太后（陈太后）和万历生母慈圣皇太后（李太后）对佛教的崇信。神宗登基初，“辄度一人为僧，名曰‘代替出家’”，而且“东宫与诸王降生，俱剃度幼童替身出家”[5]。万历元年至十年（1573—1582）间，皇室在北京新建、重建的寺庙有仁寿寺、承恩寺、慈善寺、万寿寺、千佛寺等。

万历十年（1582）六月张居正死后，久受他管束深惧而深厌之的神宗皇帝在抄没冯保的家产之后，又开始了对张居正的清算，张居正的子弟尽受连累。随着对张居正的清算，张居正的改革亦被断送。此后，万历朝经历了治而衰又至乱的过程，社会经济文化的繁荣和吏治的腐朽交织在一起，是明朝由兴盛而走向腐败的重要转折阶段。神宗亲政的后三十八年，没有了张居正的约束，皇室对佛教的崇奉变得恣肆、狂热，李太后为其中最具代表者。万历四十二年（1614）李太后逝世后，神宗上尊号为“九莲菩萨”，并于万历四十四年（1616）编造、刊刻《佛说大慈至圣九莲菩萨化身度世尊经》（简称《九莲经》）。在李太后的带动下，神宗及后妃信佛蔚然成风，神宗及陪葬的王皇后、王恭妃下葬时都模仿释迦双林入灭的姿势，随葬衣物上绣有“佛”字[6]。万历十年至四十八年（1582—1620）的三十八年间，京城新建、重建寺院有真圆塔院、寿安寺、明因寺、长椿寺、慈恩寺、慈隆寺、智慧文殊庵、西方三圣庵、慈明寺、圣祚隆长寺等，在数量上达到新高。

明光宗朱常洛仅在位一个月就逝世，皇长子朱由校继位，改元天启，是为明熹宗。熹宗耽于游乐，尤好“斧锯髹漆之事，积岁不倦”，朝中事任由宦官魏忠贤“恣威福惟己

1 《明史·穆宗本纪》，第358页。

2 ［明］沈德符《万历野获编》卷二一，中华书局，1959年，第547页。

3 ［明］沈德符《万历野获编》卷二一，中华书局，1959年，第547页。

4 《明史·张居正传》，第5643—5652页。

5 ［明］沈德符《万历野获编》卷二七，第683、686页。

6 参见王秀玲《试论明定陵墓主人的葬式》，《北京文博》2001年第1期。

意”[1]。天启年间后金（清朝前身）崛起于辽东，山东等地有白莲教组织的起义，西南也有奢崇明、安邦彦等的叛乱，尤其是天启六年（1626）陕西爆发了农民起义，吹响了明亡的号角。天启七年（1627）八月，熹宗殁，无子，信王朱由检登基，以明年为崇祯元年，是为明思宗。崇祯十七年（1644）三月，李自成率义军攻入北京，思宗自杀，明朝灭亡。熹宗、思宗朝内忧外患，两位皇帝对佛教都无太大兴趣，崇祯年间皇室在北京新建、重修寺院三所。

按本书考证的年代顺序，列明代晚期代表性寺院壁画如下：

嘉靖十四年（1535），河北石家庄毗卢寺毗卢殿水陆壁画；

嘉靖二十八年（1549）或稍晚，山西汾阳圣母庙正殿神祠壁画；

嘉靖四十一年（1562），河北怀安昭化寺大雄宝殿水陆壁画；

嘉靖晚期或以后，山西高平仙翁庙神祠壁画；

嘉靖末或稍后，河北蔚县故城寺释迦殿水陆壁画；

约万历九年至三十年之间（1581—1602），山西汾阳太符观圣母殿神祠壁画。

从时间上看，明代后期佛教寺观建筑、壁画的重修、重绘在嘉靖年间达到高潮，如河北石家庄毗卢寺系明弘治八年至嘉靖十四年（1495—1535）道住在元至正二年（1342）旧址的基础上主持重建；山西汾阳圣母庙正殿重修于明嘉靖二十八年（1549），壁画约绘于同时或略晚；河北怀安昭化寺大雄宝殿壁画是嘉靖四十一年（1562）由画工任朝相绘制完工；山西高平仙翁庙神祠壁画绘于嘉靖晚期或以后；河北蔚县故城寺壁画绘于嘉靖末或稍后，等等。从目前掌握的资料来看，上述寺观壁画应均为民间而非官方出资绘制，水陆壁画和神祠壁画的题材或与荐亡法事有关，或与祈子祷祀有关，反映了民间佛教信仰的实际需求。

第二节　山西、河北地区的水陆画

一、石家庄毗卢寺

毗卢寺位于河北省石家庄市西北郊杜北乡上京村东。坐北朝南，现仅存释迦殿、毗卢殿。释迦殿内主尊塑像为释迦，塑像后有悬塑的观音、文殊及普贤像，周壁于方格内绘佛传故事，漫漶严重。毗卢殿为后殿，佛坛上供奉的主尊为毗卢遮那佛，周壁保存有精美、完整的明代水陆画。

（一）寺院的营建与壁画的年代

毗卢寺大约创建于唐天宝年间，《正定县志》卷十五记毗卢寺“在城西，唐天宝中建”[2]。1979年清理毗卢殿时，工作人员在毗卢遮那佛座下发现汉白玉雕像一件，头部已佚，从雕像风格来看，应属于唐代。毗卢殿内石供桌重修题刻记该寺在宋、金、元、明时期曾多次重修。寺内现保存有明清时期重修寺庙的碑记多通，毗卢殿前月台上立有明弘治十二年（1499）、弘治十八年（1505）重修碑二通，殿后立明嘉靖十四年（1535）重修碑二通，殿前月台下立清乾隆年间重修碑四通。

现存毗卢寺主体建筑，系明弘治八年至嘉靖十四年（1495—1535）道住在元至正二

1 《明史·魏忠贤传》，第7824页。

2 ［清］赵文濂《（光绪）正定县志》，河北人民出版社，2008。

年（1342）旧址的基础上主持重建，明弘治十二年（1499）《重修毗卢禅寺功迹圆满庆碑赞》记：

前朝至正二年间，忽值名德高僧游览到此，羡其兹地风景奇绝，幽僻之甚。以此留心，剪荆芟棘，卓锡开山，肇自创建，修成宝所，珠林胜境而矣。……大明弘治八年五月间，适有本寺比丘无为道住上人者，乃本村高氏之贵族也。……见正殿轨（规）模洪（宏）大，实可观瞻。只争梁栋倾颓，柱根腐败，相容残废，颜色剥削。

于是道住上人等"同心协力，募化十方知音善众，革故鼎新"。释迦殿正脊平梁下有墨书题记曰："弘治元年旹正德十二年（1517）岁次丁丑癸卯辛未日建立，重修僧人道铸，功德主任从、任通……"任从、任通的名字亦出现在弘治十二年（1499）、弘治十八年（1505）和嘉靖十四年（1535）重修碑中的功德主名单中，故判断此道铸应即道住。此外，毗卢殿南壁存嘉靖四年（1525）真定府帖曰："上京村古刹毗卢寺主持道住执准"[1]。正德十二年（1517）道住的身份尚是"重修僧人"，嘉靖四年（1525）已正式升任毗卢寺主持。从上述文献可以看出，自弘治八年（1495）始，道住就开始主持毗卢寺的重修工程，释迦殿完工于正德十二年（1517），毗卢殿的建筑年代应与释迦殿相距不远。

道住主持的毗卢寺重修工程在嘉靖十四年（1535）全部完工，《重修毗卢禅寺碑记》曰：

久之，所施者众，而所积者益有余，皆住之劝募之力也。……其前殿三间，中塑释迦佛一，阿难迦叶二，栋施五彩，壁画十地。后殿三间，中塑毗卢佛一，菩萨二，居石佛一，华栋壁绘，至者耸观。相传以为建寺即有此石佛也。天王殿三间，伽蓝堂一座，祖师堂一座，皆因旧而重修者也。又硙碓等器，无一不备，皆昔无而今有者也。工始于弘治乙卯五月，落成于嘉靖乙未四月。

嘉靖乙未即嘉靖十四年（1535），当时毗卢寺的主体建筑有释迦殿、毗卢殿、天王殿、伽蓝堂和祖师堂，其中释迦殿、毗卢殿内的塑像、壁画均已完工。另嘉靖十四年（1535）《重修毗卢寺记》碑亦有类似记载：

自弘治、正德、嘉靖，历三朝募众缘，而功成盖四十余年矣。所谓出入开阖则有山门，祝寿焚修则有如来之殿，护持金田洪传释脉则有伽蓝祖师之堂，设水陆天神则有毗卢之殿，礼诵功课则有晨昏钟鼓，僧徒栖上挂锡安心则有两廊寮舍，精修禅观讲论宗旨则有法堂，登高望远回出尘劳则有东阁楼。

值得注意的是其中提到了诸建筑的功能，如释迦殿（如来之殿）主要是用来祝寿焚修，毗卢殿主要用来作水陆法会等，壁画题材的选择、布局，实际上和功能的需求是密切相关的。碑阴还刻有重修工匠姓名，画匠有王淮、张保、何安、宋太，塑画匠有巩大宝、巩玺、巩仲岩、郭臣、巩赵。另结合壁画风格来看，嘉靖十四年（1535）应即毗卢寺水陆壁画的完工年代[2]。

图 3-2-1　毗卢寺毗卢殿外景

1 见孙启祥《毗卢寺创建年代、壁画绘制年代略考》，《文物春秋》1992年第4期，第61页。
2 见孙启祥《毗卢寺创建年代、壁画绘制年代略考》，《文物春秋》1992年第4期，第60—61页。

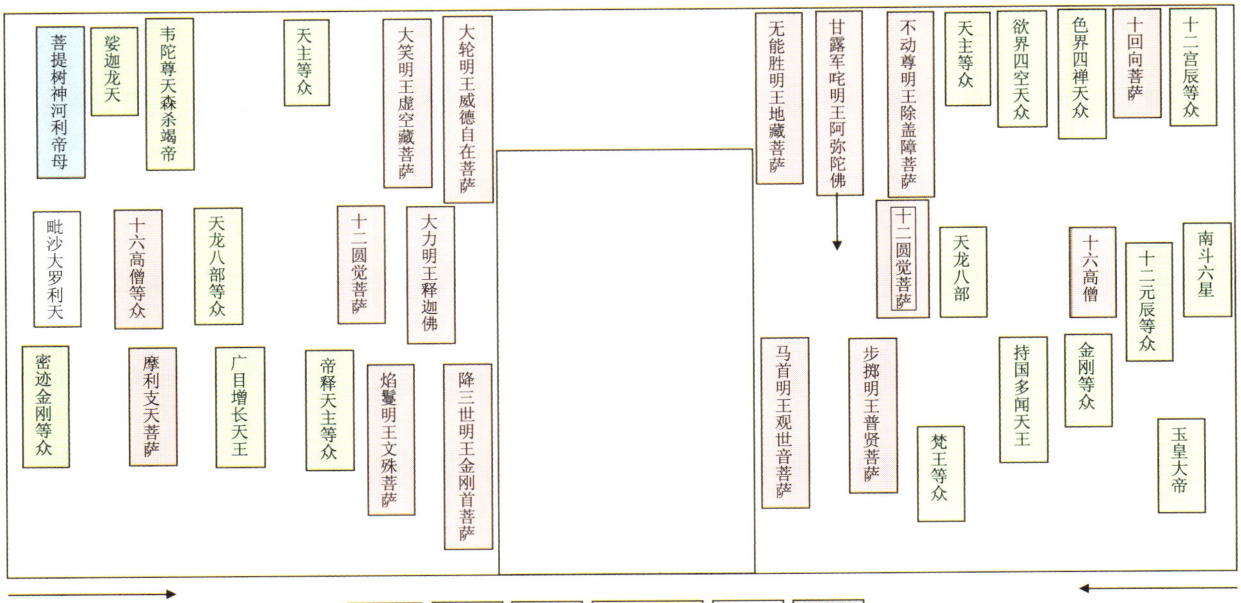

注：不同颜色表示不同种类神灵如右： 正位 天仙 下界 往古人伦 冥殿 孤魂

图 3-2-2　毗卢寺毗卢殿北壁榜题位置示意图

图 3-2-3　毗卢寺毗卢殿北壁东侧，明

（二）毗卢殿水陆壁画的内容

毗卢殿为单檐歇山顶（图3-2-1），平面呈十字形，前后出抱厦，面阔三间，进深三间。殿内佛坛上塑毗卢遮那佛，两侧的菩萨系后补塑。四壁绘水陆画，均分为上、中、下三层，榜题保存基本完整。南、北壁中间皆设有门。北壁（图3-2-2）门两侧各绘五大明王，合为十大明王。其中东侧中间为甘露军咤明王阿弥陀佛（榜题位于上层，像位于中

图 3-2-4 毗卢寺毗卢殿北壁西侧，明

层)，右上为无能胜明王地藏菩萨，左上为不动尊明王除盖障菩萨，右下为马首明王观世音菩萨，左下为步掷明王普贤菩萨。西侧中间为大力明王释迦佛，左上为大轮明王威德自在菩萨，右上为大笑明王虚空藏菩萨，左下为降三世明王金刚首菩萨，右下为焰鬘明王文殊菩萨。

除十大明王皆为正面外，南、北侧神祇均面朝中间。根据榜题，北壁东侧(图3-2-3)上层不动尊明王除盖障菩萨后依次为天主等众、欲界四空天众、色界四禅天众、十回向菩萨(之五)、十二宫辰等众(之六)；中层甘露军咤明王阿弥陀佛后依次为十二圆觉菩萨(之六)、天龙八部(之四)、十六高僧(之八)、十二元辰等众(之六)、南斗六星；下层步掷明王普贤菩萨后依次为梵王等众、持国多闻天王、金刚等众、玉皇大帝。北壁西侧(图3-2-4)上层大笑明王虚空藏菩萨身后依次为天主等众、韦陀尊天森杀竭帝、娑迦龙天、菩提树神河(诃)利帝母；中层大力明王释迦佛后依次为十二圆觉菩萨(之六)、天龙八部等众(之四)、十六高僧等众(之八)、毗沙大罗利天；下层焰鬘明王文殊菩萨后依次为帝释天主等众、广目增长天王、摩利支天菩萨、密迹金刚等众。

东、西壁神祇皆面向北侧。东壁(图3-2-5、图3-2-6)上层北起榜题依次为三官大帝、十一大曜等众(之六)、五通仙人等众、主病鬼王五瘟使者、十代名医等众、山河二王等众、六甲将军、主病药苗稼昼夜之神、四直功曹使者；中层北起榜题依次为大德菩萨、角亢氐房心尾箕、斗牛女虚危室壁、大将军金神等众、太岁黄幡豹尾、蚕官五鬼等众、地藏王菩萨、冥府十王等众、地府三曹等众、狱主鬼王等众、鬼子母等众；下层北起榜题依次为南极长生大帝、扶桑大帝等众、天蓬大帅神众、玄天上帝、东岳中岳南岳、天妃圣母等众、五方五帝神众、护斋护戒龙神、四海龙王等众、清源妙道真君。

西壁(图3-2-7、图3-2-8)上层北起榜题依次为三星等众、十一大曜等众(之五)、顺济龙王安济夫人、十二命宫(之六)、北斗七星、主风主雨主电主雷、五通大仙、伏羲女娲神农、主山主树主水主花、三灵侯等众；中层北起榜题依次为大势至菩萨(榜题位于上层，像位于中层)、奎娄胃昴毕觜森(参)、井鬼柳星张翼轸、六丁神女、十二元辰、大藏菩萨、罗刹女等众、青龙白虎丧门吊客、十王等众、六曹官典；下层北起榜题依次为北极紫微大帝、天蓬大帅等众、巨半拏等众、药叉大将等众、北岳西岳等众、巨龙神等众、五湖龙神等众、旷野大将等众、四渎龙神等众、崇宁护国真君。

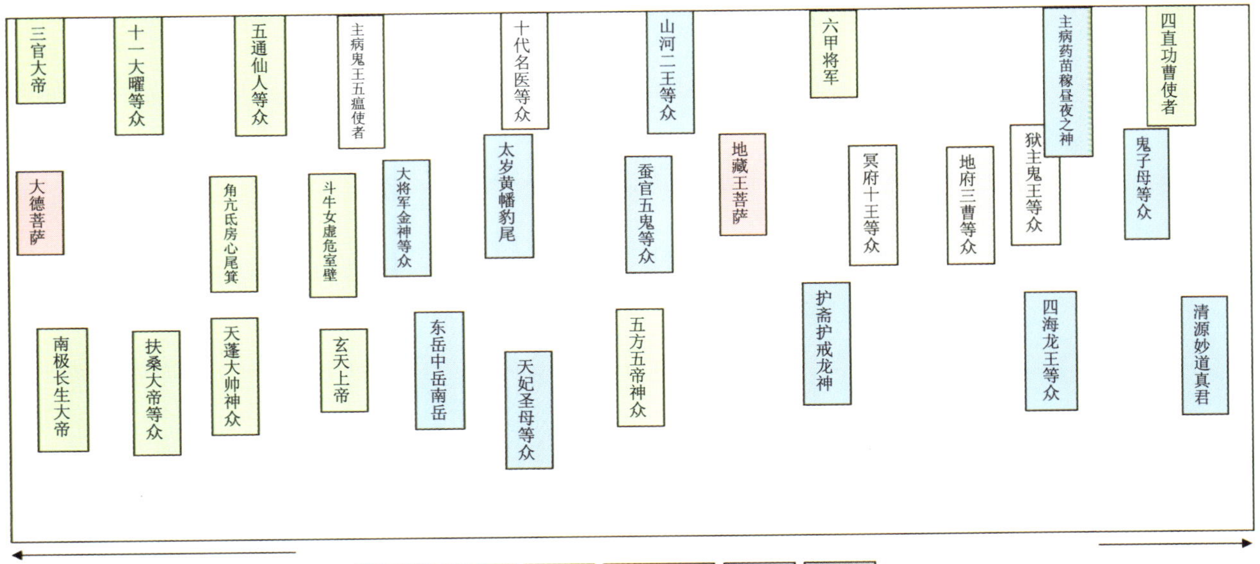

注：不同颜色表示不同种类神灵如右：正位 天仙 下界 往古人伦 冥殿 孤魂

图 3-2-5　毗卢寺毗卢殿东壁榜题位置示意图

图 3-2-6　毗卢寺毗卢殿东壁，明

南壁门西侧（图3-2-9、图3-2-10）神灵皆面向西侧，上层西起榜题依次为炎天暑热、面然鬼王、启教大师、身促盗路、兽咬虫伤、蚖蛇毒害；中层西起榜题依次为往古后妃等众、往古宫人女官、往古优婆塞众；下层西起榜题依次为城隍五道土地等众、五湖百川等众、往古贤妇烈（列）女、往古自刑自缢。南壁门东侧（图3-2-11）神灵皆面向东侧，上层东起榜题依次为引路王菩萨、为国亡躯忠臣烈士、往古堕胎产亡（仇冤报恨等众位于该图像上方）、八寒地狱诸鬼神众；中层东起榜题依次为往古比丘等众、往古道人等众、往古儒流贤士冥前、往古九流百家一切街市；下层东起榜题依次为往古帝王文武官僚众、往古忠臣良将、往古孝子贤孙。

下面按《天地冥阳水陆仪文》的分类，即正位、天仙、下界、冥殿、往古人伦、孤魂叙述如下：

1. 正位，可分为明王、菩萨、高僧三类。具体包括（1）明王：十大明王；（2）菩萨：十二圆觉菩萨、十回向菩萨、大势至菩萨、大藏菩萨、大德菩萨、地藏王菩萨、摩利支天菩萨；（3）罗汉：十六高僧等众。除大势至菩萨、大藏菩萨、大德菩萨、地藏王菩萨位于南北壁

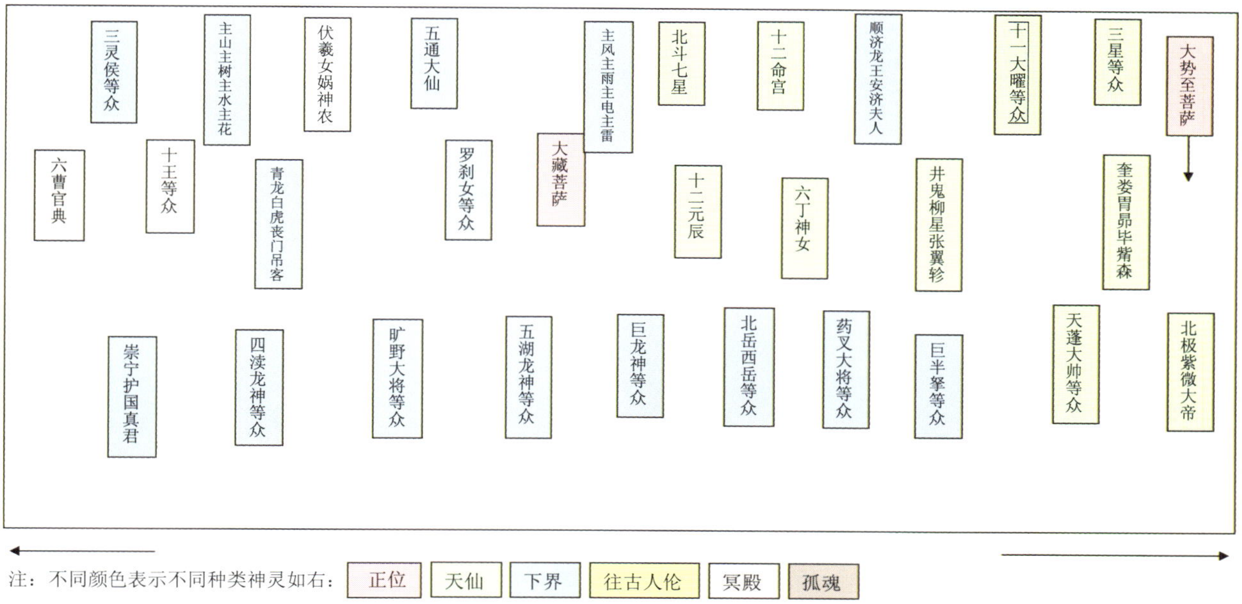

图 3-2-7　毗卢寺毗卢殿西壁榜题位置示意图

图 3-2-8　毗卢寺毗卢殿西壁，明

为导引外，其余均位于北壁。

（1）明王。十大明王面容皆呈凶恶状，头发上竖，多臂，手执各种法器，威风凛凛，气势逼人。北壁东侧甘露军咤明王阿弥陀佛为赤色，六臂，上双手分别捧日、月，左中手持幡，右中手持月牙铲，坐骑似为狮子；无能胜明王地藏菩萨为青色，头顶一小尊菩萨头像，八臂，左上手持经卷，右上手持小型麈尾，左中上手持刀，右中上手持镜，左中下手不详，右中下手捏火焰纹宝珠，下双手握剑，坐骑为狮子状神兽；不动尊明王除盖障菩萨为肉红色，头顶一小型佛头像，六臂，左上手握杵状法器，右上手摇铃，左中手握绢索，右中手掌张开，下双手合十，坐骑为狮子；马首明王观世音菩萨为赤色，头顶小型菩萨头像，颈部绕蛇，左上手执小型月牙铲，右上手持金刚杵，左中手执红色短棍，右中手执矩，下双手握剑，坐骑为龙；步掷明王普贤菩萨为青褐色，头顶一小型菩萨头像，左上手持金刚杵，右上手顶金轮，左中手指尖绕环，右中手掌张开，左下手握象鼻，右下手握细颈瓶，瓶口放光，坐骑为白象。

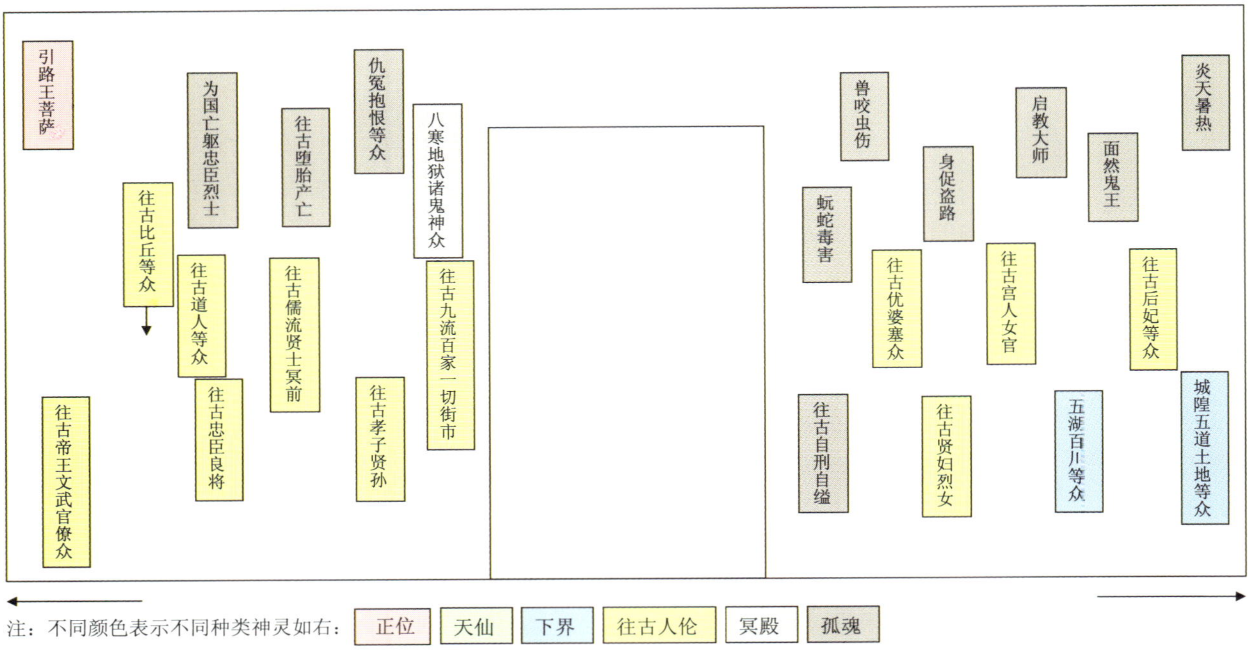

图 3-2-9　毗卢寺毗卢殿南壁榜题位置示意图

北壁西侧大力明王释迦佛为青褐色，头顶小型佛头像，六臂，左上手握金刚杵，右上手摇铃，左中手握降魔杵，右中手托钵，左下手提剑，右下手托莲瓣碗；大轮明王威德自在菩萨为肉红色，头顶小型佛头像，六臂，左上手提壶，右上手执柳枝，左中手握环，右中手握金刚杵，下双手胸前结印，下有力士托足；大笑明王虚空藏菩萨为赤色，头顶小型菩萨头像，六臂，左上手持骷髅头，右上手持短刀，左中手顶火焰纹宝珠，右中手拄金刚杵，下双手合十，座下有力士和捧钵的女性神祇；降三世明王金刚首菩萨为白色，头顶小型菩萨头像，六臂，左上手持绢索，右上手握镜，左中手持长戟，右中手顶金轮，下双手胸前结印，下有力士托足；焰鬘明王文殊菩萨为赤色，头顶小型菩萨头像，六臂，左上手持短棍状法器，右上手握印，左中手捏念珠，右中手持莲花，下双手持弓箭，坐骑为青毛狮子。

虽然都是以甘露军咤明王、大力明王为中心，但是毗卢寺十大明王的布局与公主寺并不相同，诸明王的特征也只有少量的相似，如二寺图中普贤菩萨变现步掷明王的坐骑皆为白象，与本尊身份相符。此外，毗卢寺文殊变现焰鬘明王的坐骑为青毛狮子，

图 3-2-10　毗卢寺毗卢殿南壁西侧，明

图 3-2-11 毗卢寺毗卢殿南壁东侧，明

亦与本尊身份相合。综合比较青龙寺、公主寺和毗卢寺的图本，可知明代十大明王像并没有标准的图本样式流传开来，无法根据样式和法器准确判断每一尊明王的身份。

（2）菩萨。北壁上层东侧十回向菩萨、北壁中层两侧十二圆觉菩萨皆合十。北壁下层西侧绘摩利支天菩萨（图3-2-12）。该菩萨具大神通自在力，擅长隐身，能消除灾难，增进利益，其形象有《末利支提婆华鬘经》所说的天女形，及《大摩里支菩萨经》所说三面六臂乘猪像等。图中摩利支天菩萨面容端庄，八臂，左上手持短棍状法器，右上手持印，左中上手捧骷髅头，右中上手持短棍状法器，中下手双手合十，左下手持莲花，右下手持幡，跣足立莲台上。

图 3-2-12　摩利支天，明，毗卢寺毗卢殿北壁

（3）罗汉。《天地冥阳水陆仪文》中提到十六罗汉，毗卢寺中层东侧绘十六高僧众，数量与仪文保持一致，在具体形象的塑造上，毗卢寺注重体现罗汉之间的区别，不仅在面相特征、动态、服饰等上尽量不重复，而且也注重通过正侧面、俯仰角度等细节的不同突出众罗汉面部的差异。

2. 天仙，以大势至菩萨、大德菩萨为导引，大体可分为天子、护法、星宿、时序四类。具体榜题包括（1）天子：欲界四空天众、色界四禅天众、梵天等众、帝释天主等众、天主等众、北极紫微大帝、五方五帝神众、三官大帝、玉皇大帝、南极长生大帝、扶桑大帝等众；（2）护法：持国多闻天王、广目增长天王、天龙八部等众、天蓬大帅等众、韦陀尊天森杀竭帝、娑迦龙天、密迹金刚等众、金刚等众；（3）星宿：奎娄胃昴毕觜森（参）、井鬼柳星张翼轸、北斗七星、南斗六星、三星等众、角亢氐房心尾箕、斗牛女虚危室壁、十一大曜等众、十二宫辰等众；（4）时序：十二元辰等众、四直功曹使者、六甲将军、六丁神女等。其中玉皇大帝、南极长生大帝、扶桑大帝等众、韦陀尊天森杀竭帝、娑迦龙天、密迹金刚等众、金刚等众、十二宫辰等众、南斗六星、三星等众、六甲将军、六丁神女虽然在《天地冥阳水陆仪文》中没有具体提及，但是从其身份来看，应属于天仙。上述天仙主要出现在北壁和东西壁北侧，仅六甲将军、四直功曹使者出现在东壁上层南侧。

（1）天子。北壁上层东侧欲界四空天众、色界四禅天众、天主等众在身份上虽然属天子，但其形象与菩萨并无差异。北壁下层梵王、帝释天主分别作男、女相，其中梵王头戴梁冠，身着衮服，手持长柄金莲花，帝释天主头戴宝冠，双手合十，两人头顶皆有华盖，身侧及身后有女官及侍女相随，宛若人间的皇帝、皇后礼佛。

北极紫微大帝为万星帝主，综御群星，图中北极紫微大帝位于西壁下层北侧，着衮冕，双手捧笏，身后有持华盖之武将，身侧及身后另一侍女和女官。

三官大帝，又称三元大帝，即上元天官紫微大帝、中元地官清虚大帝、下元水官洞阴大帝。毗卢寺三官大帝（图3-2-13）位于东壁上层最北侧，作天子形，头戴梁冠等，身着朝服，双手捧笏，其中前面两位肉红色脸，面容俊朗，应为天官、地官，最后一位赤脸，面容凶恶，应为水官。

图 3-2-13　三官大帝，明，毗卢寺毗卢殿东壁

玉皇大帝，宋代形成的道教神祇系谱中的四御之一，全称昊天金阙至尊玉皇大帝，后演化为民间信仰中神仙世界的最高统治者。玉皇大帝位于北壁下层最东侧，着衮冕，面容俊朗，长须髯，双手捧笏，身侧一侍女捧假山，一侍女捧印，身后一侍女举扇，一武将擎华盖。南极长生大帝、扶桑大帝等众位于东壁下层北侧，紧随北壁下层最东侧玉皇大帝身后。南极长生大帝，俗称南极星君，为南极星主，被视为主人寿考之神。蒋叔舆《无上黄箓大斋立成仪》卷六所记神祇系谱中东极太乙救苦天尊、南极长生大帝与三清四御并列为九大神祇。图中南极长生大帝头戴道冠，面容清朗，身着红色冕服，右手执香炉，左手拈香，身侧一女官执香盘，一侍女捧花，身后另有一女官举华盖。扶桑大帝，又称扶桑太帝。魏晋南北朝时期，以东王公居于东方大海扶桑岛，而称之为扶桑太帝东王公，是天界中元始天尊底下的上圣。宋代扶桑大帝的神格发生重大变化，管辖江河湖海等水帝、龙王、水府神仙，南宋道书中东王公和扶桑大帝析而为二，以东王公为天界大神，和西王母相对，扶桑大帝则降格为主司水官、水府的神祇，也属于地狱冥神。图中扶桑大帝（图3-2-14）作老人形，头戴冕旒，须发皓首，身着红色衮服，身侧一侍女捧假山石，身后一武将举扇。五方五帝位于东壁下层中间，皆着衮冕，手捧笏，冕服分别为黄、青、赤、黑等不同颜色，代表五方。

图 3-2-14　扶桑大帝等众，明，毗卢寺毗卢殿东壁

（2）护法。四大天王是帝释天的眷属，毗卢寺四大天王的形象与公主寺相似，但榜题出现了错误，北壁东侧下层“持国多闻天王”的榜题应为“持国增长天王”，其中持

琵琶者为东方持国天，持剑者为南方增长天；北壁西侧下层“广目增长天王”的榜题应为“广目多闻天王”，其中握蛇者为西方广目天，左手托塔、右手拄伞者为北方多闻天。天龙八部由天部统领，图中分别以持笏的天子、合十的女性神祇为前导，表现了八位神祇的形象。本来在佛经中八部是各具特征的，但是这些特征在明代水陆画中多已消失，毗卢寺图中能辨认的须发上竖、手托日月者为阿修罗，青面獠牙、臂腕绕蛇者应为夜叉，前导的持笏天子应代表天，面容娟秀合十的女性神祇应为鬼子母。

图 3-2-15　天蓬大帅神众之天蓬、黑煞，明，毗卢寺毗卢殿东壁

天蓬等四圣是北极紫微大帝的护法神。西壁下层北侧天蓬元帅（图3-2-15）三头六臂，戴冠，须发上竖，赤面，额上另长一眼，内着铠甲，外披红衣，六臂，左上手持绢索，右上手握镜，胸前双手合十，另二手持物不清。《太上九天延祥涤恶四圣妙经·启请咒》中记天蓬形象曰：“现三头六臂之威容，运七政八灵之洪造。帝钟才震，万圣齐临；钺斧轻挥，群魔碎灭。”[1]图中虽然帝钟、斧钺的法器没有出现，但三头六臂的形象与道经的记载相符。另外天蓬作为四圣之首，出现在北极紫微大帝身后也是合理的。天蓬元帅身后为黑煞，披发，三眼，内着铠甲，外披黑袍，双手握腹前，右腕悬剑。苏轼有诗描述太平宫黑煞像曰：“秘殿开金鏁，神人控玉虬。黑衣横巨剑，被髪凛双眸。”[2]可见太平清宫中的黑煞像披发圆目，身着黑衣，手横巨剑，侧有虬龙。毗卢寺黑煞像仍保持了其披发、黑衣、佩剑的特点。

东壁下层北侧天蓬大帅神众侧的应为天猷副元帅，三头四臂，须发上竖，赤面，面容凶恶，身披金甲，左上手握绢索，右上手持铜镜，右下手握长戟，脚蹬靴。《太上九天延祥涤厄妙经·天猷咒》记天猷形象曰：“肩生四臂，项长三头，身披金甲，手执戈矛。”[3]图中三头四臂的形象与文献记载相合。玄天上帝即玄武，作武将形，束发，身披金甲，右手持剑，左手拉衣袖，跣足。南宋赵彦卫《云麓漫抄》卷九记：“后兴醴泉观得龟蛇，道士以为真武现，绘其象为北方之神，被发，黑衣，仗剑，蹈龟蛇，从者执黑旗。自后奉祀益严，加号‘镇天佑圣’，或以为金人之谶。”[4]可见醴泉观真武像为披发、黑衣、仗剑、蹈龟蛇的形象。图中披发、仗剑的特点与醴泉观真武像相符。

北壁韦陀尊天森杀竭帝、娑迦龙天、密迹金刚等众、金刚等众亦为护法神祇。韦陀系佛教护法神，传为帝释天属下之将军，《楚石梵琦禅师语录》“韦陀尊天赞”曰：

妙高四埵，南有提婆。其下将军，名曰韦陀。位在童真，护我支那。兜鍪锁甲，持杵

1《道藏》第1册，上海书店，1988年，第808页上栏。
2［宋］苏轼《东坡全集》卷一，收于《文渊阁四库全书》第1107册，第53页。
3《道藏》第1册，第809页下栏。
4《文渊阁四库全书》第864册，第346页。

降魔。二十八部，三十二将。将中最贤，帝释所仗。坐则为起，背则为向。护善遮恶，积德修行。末世比丘，禀戒不全。起居食息，实赖尊天。如跛得杖，如渡得船。受佛付嘱，愿海无边。[1]

图中韦陀尊天须发上竖，赤面，面容凶恶，身披金甲，双手合十，胳膊上横斧钺。韦陀侧为森杀竭帝，着盔甲，亦合十。

娑迦龙天，可能即《法华经》中提到的娑伽罗龙王，系参加法会的八龙王之一。图中娑迦龙天赤面竖发，头戴梁冠，身披红色官服，双手捧笏，身侧有两小鬼跟随。密迹金刚等众、金刚等众或身披甲胄，或袒露上身，皆面容凶恶，气势逼人。

（3）星宿。东壁中层北侧角亢氐房心尾箕、斗牛女虚危室壁，西壁中层北侧奎娄胃昴毕觜参、井鬼柳星张翼轸合为二十八宿，皆作天子形，身着朝服，双手捧笏，面容或俊秀刚毅，或凶恶威风。西壁上层中部北斗七星、北壁中层东侧南斗六星皆作道士形，头戴莲冠，身着宽袖长袍，双手捧笏。西壁上层北侧三星等众绘三位星君，皆作老人形，头戴莲冠，身着朝服，双手捧笏，尚无后世福禄寿三星的特征。

九曜加紫炁、月孛即为十一曜，北宋时期十一曜开始流行。《宣和画谱》记徽宗御府藏宋初孙知微的作品中即有“《九曜像》三”，也有“《十一曜像》一”。北宋初高益在大相国寺绘有《炽盛光九曜》，熙宁年间（1068—1077）崔白在该寺东廊绘制的则是《炽盛光十一曜》。此外《宣和画谱》记徽宗御府藏吴元瑜《十一曜像》达十四件之多，说明了北宋中期九曜向十一曜信仰风气的转变。东壁上层北侧绘六曜（图3-2-16），其中前方第一位呈男相，头戴梁冠，身着朝服，右手执桃，应为木星，唐金俱吒《七曜攘灾诀》：“木其神如老人，着青衣带（戴）猪冠容貌俨然。”[2]美国纳尔逊—阿特金斯艺术博物馆藏广胜寺下寺大雄宝殿元代壁画《炽盛光佛佛会图》中，木星为男相，头饰猪冠，手持盛桃的果盘，毗卢寺图中持桃的特征与之相符。第二位呈老者相，须发皆白，身着朝服、双手捧笏，应为土星，《七曜攘灾诀》：“土其神似婆罗门，色黑，头带（戴）牛冠，一手柱杖，一手指前，微似曲腰。”[3]广胜寺下寺大雄宝殿《炽盛光佛佛会图》中土星即为老者，头饰牛冠，手持印盒，毗卢寺图中老者的形象与之相符。第三位呈男相，头戴梁冠、身着朝服，双手捧笏，笏身绕云气，云气上顶一红日，为日曜。第四位呈金刚相，须发上竖、青面獠牙，身披甲胄，颈部绕一赤蛇，右手握蛇身，应为火星，《七曜攘灾诀》：“宜画火曜本身供养其神，作铜牙赤色貌，带嗔色，驴冠，着豹皮裙，四臂一手执弓，一手执箭，一手执刀。”[4]图中火星

图 3-2-16　十一大曜等众之六曜，明，毗卢寺毗卢殿东壁

1 《卍续正藏》第71册，第657页下栏。
2 《大正藏》第21册，第449页上栏。
3 《大正藏》第21册，第449页中栏。
4 《大正藏》第21册，第449页上栏。

的形象与佛经记载不甚相符，但是颈部所绕之赤蛇表明了其身份。第五位呈女相，左手持卷，右手持笔，是为水星，《七曜攘灾诀》：“水其神女人，着青衣戴猴冠手执文卷。”[1]第六位呈女相，怀抱琵琶，琵琶被布袋包裹，是为金星，《七曜攘灾诀》：“金其神是女人着黄衣，头戴鸡冠手弹琵琶。”[2]西壁上层北侧对应位置榜题漫漶，应为十一曜中的另外五位。前方第一位呈女相，头戴梁冠，着青色朝服，双手捧笏，从其面相及位置来看，应为月曜；第二、四位皆呈凶恶相，须发上竖，赤面，分别手腕悬刀或持剑，应为计都、罗睺；第三、五位呈男相，身着朝服，应为紫炁、月孛。

十二宫系佛教星象学用语，指太阳一年内所经过的十二星宿宫，为月天之眷属，各有分掌之职以判吉凶。其中太阳分之六宫，包括师子宫、女宫、秤宫、蝎宫、弓宫、摩竭宫，分别掌军旅、宫房、库藏、病患、将相、刑杀之事；太阴分之六宫，包括瓶宫、鱼宫、羊宫、牛宫、淫宫、蟹宫，分别掌学事、吏职、厨饍、马厩、户钥、狱讼之事。北壁上层东侧十二宫辰等众、西壁上层中部十二命宫各绘六宫，合为十二宫。十二宫皆作天子形，头戴梁冠、身着朝服，双手捧笏。

（4）时序。北壁东侧绘十二元辰中的六位，皆头戴梁冠，身着朝服，或握蛇，或托兔，或冠上立鼠，或身侧有龙，或托虎，或捧牛，代表各自属相。西壁中间绘十二元辰中的另外六位，服饰与北壁东侧的六位大体相同，除其中一位面相似羊外，其余五位不能看出其属相。四直功曹使者皆头戴幞头，缠红巾，身着官服，分别抱年直、月直、时直、日直牌位。

六甲将军、六丁神女皆属道教神祇。六甲将军应代表的是六十甲子中的甲神，即甲子、甲寅、甲辰、甲午、甲申和甲戌，宋王尧臣《崇文总目》卷十记道书中有“《九天元女六甲将军手诀》一卷”。六甲将军位于东壁上层南侧，绘六人，皆作天王形，身披金甲，衣带飞扬，其中五人持剑，一人合十。六丁神女谓六甲旬中的丁神，如甲子旬中的丁卯、甲寅旬中的丁巳等，为阴神玉女。晋葛洪《抱朴子·内篇》谓如法服药百日，“玉女六甲六丁神女来侍之，可役使知天下之事也”。[3]六丁神女（图3-2-17）位于西壁中层南侧，绘玉女六位，皆头束高髻，饰凤冠，身着天衣，为避免六位神女的形象雷同，佩剑及姿态各异，或双手合十右腕悬剑，或抱拳胸前横剑，或右手持剑，左手衬以不同手势。

图 3-2-17　六丁神女，明，毗卢寺毗卢殿西壁

3. 下界，以大藏菩萨为导引，大体可分为圣母、岳渎、主执、祠神、星历、夜叉六类。具体榜题包括（1）圣母：天妃圣母等众；（2）岳渎：东岳中岳南岳、北岳西岳等

1 《大正藏》第21册，第449页上栏。
2 《大正藏》第21册，第449页上栏。
3 《诸子集成》第8册，第19页。

众、五湖龙神等众、四海龙王等众、四渎龙神等众、五湖百川等众、护斋护戒龙神、巨龙神等众、顺济龙王安济夫人、山河二王等众；（3）主执：主风主雨主电主雷、主山主树主水主花、主病药苗稼昼夜之神；（4）祠神：城隍五道土地等众、崇宁护国真君、清源妙道真君、五通仙人等众、五通大仙、三灵侯等众；（5）星历：太岁黄幡豹尾、大将军金神等众、青龙白虎丧门吊客；（6）夜叉：巨半拏等众、药叉大将等众、旷野大将军等众、罗刹女等众、鬼子母等众、菩提树神河（诃）利帝母。其中天妃圣母等众、山河二王等众、护斋护戒龙神、巨龙神等众、崇宁护国真君、清源妙道真君、三灵侯等众虽然在《天地冥阳水陆仪文》中没有具体提及，但从其身份上看应属下界。上述下界主要位于东、西壁天仙之后，有的也出现在北、南壁最西侧。

（1）圣母。毗卢寺表现的不是仪轨中强调的后土圣母而是天妃圣母，其背后实则体现了国家信仰的影响。天妃圣母位于东壁下层中部，凤冠霞帔，面容端庄秀雅，双手捧笏。

（2）岳渎。东壁下层北侧东岳中岳南岳，西壁下层北侧北岳西岳等众合为五岳，皆作天子形，着衮冕，双手捧笏。东、西壁四渎龙神、四海龙王、五湖龙神、五湖百川等众皆头戴梁冠等，身着朝服，手执笏板，身侧捧珊瑚、珍珠等的兵将多刻画得较为生动。东壁下层护斋护戒龙神、西壁下层巨龙神等众皆为龙神，作天王形，皆怒目虬髯，身披金甲，面容或赤或白，身侧有标示其身份的龙。

顺济龙王头戴梁冠，身着红色朝服，安济夫人头戴凤冠，着天衣，两人皆捧笏，位于西壁上层北侧，身后立二女官举扇、捧盒。东壁上层中间山河二王众（图3-2-18）绘二神祇，皆面容凶恶，赤脸须髯，头戴冠，身着朝服，双手持笏。前面者朝服为赤色，身后跟随一身体为青色的小鬼，手持荷花，故知该神祇为河王；后面者朝服为青色，身后跟随一身体为浅褐色的小鬼，手捧山石，故知该神祇为山王。

（3）主执。西壁上层中部绘主风主雨主电主雷四位神祇，第一位面容俊秀双手捧笏应为雨师，第二位抱镜之红衣女子为电母，后排里侧面容凶恶、抱拳胸前者应为雷公，后排外侧肩负红袋者为风伯。西壁上层南侧绘主山主树主水主花四位神祇，前排里侧手捧莲花、身体为青色者为主花神，前排外侧发髻簪花、面容清秀之女子为主河神，

图 3-2-18　山河二王等众，明，毗卢寺毗卢殿东壁

图 3-2-19　主病药苗稼昼夜之神，明，毗卢寺毗卢殿东壁

后排里侧头顶长树、手捧松树、身体为赤色者为主树神，后排外侧双手抱石、身披青衫者为主山神。东壁上层南侧与主山主树主水主花相对应处绘主病药苗稼昼夜之神（图3-2-19），共五位，其中第一排青衣执红葫芦者为主药神，第二排里侧着淡褐色长袍者可能为主病神（公主寺此神侧绘一虎），外侧执柳枝者应为主苗神，第三排里侧着青衣执羽扇者可能为主稼神，其身后跟随二小鬼，一位头顶长树，一位双手捧一束庄稼，外侧着红衣手捧离卦者为主昼夜之神。

（4）祠神。公主寺中城隍五道附属于清源妙道真君身后，毗卢寺中则独立出来。城隍五道土地等众位于南壁下层西侧，头戴展脚幞头、身着红色官服、双手捧笏者为城隍，其侧头戴东坡巾、白须皓首之青衣老者为土地，其后赤脸须髯、着金色盔甲外披红袍者为五道将军，五道将军身侧另有二小鬼。五道将军为冥殿收人精气魂魄之使者，这里附属在城隍土地身后。

崇宁护国真君、清源妙道真君分别位于西、东壁下层最南侧，呈对应关系。崇宁护国真君、清源妙道真君的对应在公主寺已经出现。公主寺崇宁护国真君像尚不典型，毗卢寺像为后世常见的长须髯青衣大刀的形象。图中崇宁护国真君（图3-2-20）头戴青冠，赤脸，长须髯，身着青色袍服，胸前饰金色龙纹，双手扶束腰上的革带，脚蹬青靴。身后有三将相随，头戴黑色幞头，面容俊朗、身着红色朝服者应为关平；赤脸、面容威武手捧青龙偃月刀者为周仓；另有一武将着红色袍服双手捧金色头盔。

公主寺、毗卢寺清源妙道真君像（图3-2-21）颇为相似，皆头戴黑色幞头，面容俊秀，无须髯，身着黄袍。不同的是，公主寺像左手下垂，右手扶革带，毗卢寺像左手执如意，右手下垂。毗卢寺清源妙道真君像身后立二人，一为赤脸须髯武将，头戴幞头，身着红色袍服，护腰，双手执骨朵，另一为青衣童子，左手持弓，右手捏宝珠。真君像右侧跟随一犬。毗卢寺真君像身侧的青衣童子、犬与公主寺的大体相似，但武将的面部、衣饰、

图 3-2-20　崇宁护国真君，明，毗卢寺毗卢殿西壁

图 3-2-21　清源妙道真君，明，毗卢寺毗卢殿东壁

武器却多有不同，另公主寺真君身后多出一身红衣持笏官员。对照二寺清源妙道真君像，可知毗卢寺该像借鉴了公主寺。

毗卢寺东壁上层北侧绘有五通仙人等众（图3-2-22），西壁上层北侧绘有五通大仙。五通仙人众绘五人，前排里侧者头束双髻，赤面圆目，须髯劲健，袒胸露腹，右手拿红葫芦，其形象颇似永乐宫纯阳殿北门上八仙过海中的钟离权；前排中间者面容儒雅俊朗，身着黄色道袍，双手拢袖中，背后负一柄长剑，其形象类似于八仙中的吕洞宾；前排外侧者束髻戴冠，着青色道袍，双手捧经册；后排里侧者为一面容娟秀之女子，手似簪花，有可能是借鉴了八仙中何仙姑的形象；后排外侧者竖发戴莲冠，着青色道袍。五通大仙绘五人，面容相似而年龄略有差异，皆头束巾，身着不同颜色的长袍，或拢袖中，或持如意，其中两位腰侧悬挂有红葫芦。青龙寺、公主寺亦绘有五通仙人，其形象未形成稳定的样式，毗卢寺不仅表现了五通仙人，还描绘了五通大仙，反映出五通信仰的世俗化和多元化，尤其是部分五通仙人像借鉴了当时流行的八仙样式，颇引人关注。

图 3-2-22　五通仙人等众，明，毗卢寺毗卢殿东壁

西壁上层最南侧三灵侯传为西周时期的三位谏官，图中三位神祇皆头戴莲冠，身着朝服，双手捧笏，身后二随从各肩负一子，图像与公主寺大体相似。

（5）星历。东壁中层南侧绘三组星历神众。第一组为大将军金神等众，大将军、金神形象相似，皆黑脸，着金甲，手持刀。第二组为太岁黄幡豹尾，绘三位面容凶恶的赤脸神祇，其中身着红色朝服、双手捧笏、双眼伸出一双赤色小手者为太岁，黄幡、豹尾皆着金甲，肩扛幡者为黄幡，所执戟上挂豹尾者为豹尾。第三组为蚕官五鬼等众，头戴幞头、身着红色官服、双手持笏之赤脸恶煞为蚕官，蚕官之后为五鬼，绘鬼卒五身，有赤、绿两种肤色，皆须发上竖，袒露上身，或执矛或扛棒或捧盘，形态各异。

西壁南侧青龙白虎丧门吊客亦属星历神，绘四主神及两位小鬼，其中青脸、面部似龙、双手抱拳、右腕悬刀者为青龙，头顶白虎、身着赤衣、拄三叉戟者为白虎，身披白衣之女子应为丧门，头顶绕鬼面蛇身之恶煞神应为吊客。

（6）夜叉。西壁下层天蓬大帅等众身后绘四组夜叉类护法神祇。《天地冥阳水陆仪文》中提到矩畔拏大将，矩畔拏大将属夜叉的一种，归南方增长天王统领。毗卢寺巨半拏（即矩畔拏）作天子形，头戴梁冠，面容俊朗，身着红色朝服，左手所执似为金如意，身后女官举扇，身侧二女侍相随，一着女装一着胡服。巨半拏等众身后是药叉大将等众，巨半拏这里的身份大约是相当于统领夜叉的天子。药叉大将等众绘四药叉，皆面目凶恶，身披金甲，或执斧钺，或握长剑，或佩弓箭等。旷野大将等众绘神祇四位，虽然皆作武将形，身着盔甲，但是面目特征、动态各异，脸或作赤色或作肉红色，头或戴金盔或戴幞头，面相或凶恶或英武，或拄戟或执刀或拔剑。其中最外侧者作回首状，以手拔剑剑初出鞘，尤具动感。罗刹乃印度神话之恶魔，佛教中为恶鬼的总称，食人血肉，有男女之别，据称男罗刹为黑身、朱发、碧眼，女罗刹为美艳夫人。唐慧琳《一切经音义》："罗刹，此云恶鬼也，食人血肉，或飞空或地行，捷疾可畏也。"[1]西壁中层罗刹女等众绘罗刹女五位,皆作妇女形,或白面黑发或青面红发,或头发上竖或披发,或举剑或持刀或合十,形象各不雷同。

东壁中层最南侧绘鬼子母等众(图3-2-23)。最前面为一身披甲胄的夜叉,赤脸,双手合十,右腕悬剑,有蝙蝠衔剑尖上,一小孩趴左腿上,夜叉、小孩均回首看鬼子母。鬼子母面容端庄,凤冠霞帔,双手捧笏。鬼子母身后,一侍女以手托鬼子母之帔帛,四侍女各负一子,最后另有一鹰负一子,诸子或安静乖顺,或伸掌似呼母亲,或相互嬉闹,其中一子赤脸,两侧鬓发上竖,似夜叉形。除鬼子母等众外,毗卢寺北壁上层最西侧另出现有菩提树神诃利帝母,诃利帝母为鬼子母的音译。图中二人皆作菩萨形,前者双手合十,是为诃利帝母,后者手捧菩提树,是为菩提树神。

图 3-2-23 鬼子母等众,明,毗卢寺毗卢殿东壁

4. 冥殿。由地藏王菩萨引导,具体榜题包括冥府十王等众、地府三曹等众、狱主鬼王等众、六曹官典、八寒地狱诸鬼神众。除八寒地狱鬼神众位于南壁东侧外,其余均位于东、西壁中层南侧。

地藏王菩萨位于东壁中层南侧冥殿神灵前侧,头戴宝冠,两唇上方及下颌有三撇髭须,表明其菩萨身份,颈佩璎珞,身披红色袈裟,左手握宝珠,右手执锡杖。身侧立一长须男子及一沙门,皆合十,身后立二女童,皆抱簿。冥府十王等众(之五)位于地藏王菩萨之后,中间一位正面,头戴冕旒,赤脸,面容凶恶,身着黑色衮服,左手执笏,其他四位头戴梁冠等,身着衮服,双手捧笏。西壁中层南侧绘十王中的另外五位,皆头戴梁冠等,身着衮服,双手捧笏。东壁冥府十王之后绘地府三曹等众,皆着官服,怀抱判簿。其后为狱主鬼王等众,绘二鬼卒,一作牛头,一作马面,皆握三股叉。西壁中层南侧十王后绘六曹官典,绘二官员二鬼卒,二官员头戴幞头,身着官服,怀抱簿,一黄面一赤面,赤面者大腹便便,颇为生动;二鬼卒一赤面一绿面,赤面者头长双角,合十,扛三股叉,绿面者戴红缨帽,双手持刀。

5. 往古人伦。由引路王菩萨引导,具体榜题包括往古帝王文武官僚众、往古忠臣良将、往古孝子贤孙、往古贤妇烈(列)女、往古后妃等众、往古宫人女官、往古优婆塞众、往古比丘等众、往古道人等众、往古儒流贤士冥前、往古九流百家一切街市。除引路王菩萨位于南壁上层东侧外,其余皆位于南壁中下层。

引路王菩萨位于南壁上层最东侧,体形较其他神灵要大很多,右肩扛标志性的幡,左手执香炉,回首俯视着往古人伦及孤魂。

南壁下层东侧往古帝王文武官僚众中,帝王头戴梁冠,身着衮服,双手捧笏,仪态

1 《大正藏》第54册,第464页中栏。

图 3-2-24 往古孝子顺孙，明，毗卢寺毗卢殿南壁

威严，身侧、身后跟随王子王孙、文武臣僚等。往古忠臣良将众绘四人，前排里侧者为一老者，白须银发，身着青衣，双手拢袖中，背后有一钓竿，应为助周灭商的姜尚，他因“姜太公钓鱼，愿者上钩”的典故而为大众所熟知；前排外侧者下颌有黑须，身着青衫，双手拢袖中，从他所戴的巾来看，应为辅佐刘备建立蜀国三分天下的诸葛亮；后排里侧者头戴幞头，系红巾，黑脸须髯，内着甲胄，外系白巾，从形象上看可能是帮李世民夺取帝位的尉迟敬德；后排外侧者头戴束髻冠，内着青衣，外披红巾，双手抱于胸前，无法判明其身份，或为抗金冤死的岳飞。往古孝子顺孙所绘人物较多（图3-2-24），除公主寺出现过的卧冰求鲤的王祥、刻木事亲的丁兰、百里负米的仲由外，还表现了拾葚异器的蔡顺、戏彩娱亲的老莱子、埋儿奉母的郭巨、哭竹生笋的孟宗等。往古孝子贤孙后绘一组人物，共五人，榜题漫漶，从相貌特征、服饰、所执物品等上看，似为异族人物。南壁下层西侧往古贤妇列女绘五位女子，分别捧茶碗、持谷穗、握剑、抱山石、牵抱婴孩以竹杆挑包袱。

南壁中层西侧往古后妃等众绘三后妃凤冠霞帔，双手合十，其中两位身侧各有一身形略小的侍女；往古宫人女官绘四身着青色或红色圆领衫的女官四位，为首者头戴幞头，其余头顶束髻插花钗，另有四身形较小的侍女；往古优婆塞众绘优婆塞三身，优婆夷两身，另还绘有幼童一身，其中一位老年优婆夷手捧红盘，盘内置佛经册页，其侧一位中年优婆塞双手捧佛经册页。南壁中层东侧往古比丘等众绘比丘四身，其中老年比丘两身，一执摇铃等法器，一戴斗笠，手捧佛经册页；青年比丘两身，一头戴冠，双手合十，另一被戴斗笠的老年比丘遮挡，仅露出头部。往古道人等众绘道士四身，其中三位头戴莲冠，双手捧笏，另一位头束巾，左手捧佛经册页，右手拄竹杖。往古儒流贤士冥前绘儒生六位，皆头戴幞头，着圆领窄袖衫。往古九流百家一切街市表现的是各行各业的人物，颇为生动，最前排外侧者为一货郎，右肩挑担，前方担上摆出各种贩卖的物品，左手摇鼓招揽顾客；最前排里侧者为一泥瓦匠，握泥铲等工具；第二排外侧者绘一妇女，左手执团扇；第二排里侧者为一盲人，左手拄杖，右手似击钹；其后另有数身人物，已漫漶。

6. 孤魂。由面然鬼王、启教大师导引，具体榜题包括炎天暑热、身促盗路、兽咬虫伤、蚖蛇毒害、为国亡躯忠臣烈士、往古堕胎产亡、仇冤抱恨等众、八寒地狱诸鬼神众、往古自刑自缢。除往古自刑自缢位于南壁下层外，其余均位于南壁上层。

南壁上层西侧面然鬼王青面红发，针咽巨口，口吐火焰，瘦骨嶙峋，手捧包子。面然鬼王腿侧及身后众小鬼的形象颇为滑稽，或摔倒在地，或手上举求施舍包子，或紧随身后追赶。启教大师阿难面相清秀，双手合十，身后跟随二戴幞头、合十之中年男子。

南壁上层最西侧炎天暑热绘三男子，皆袒胸，其中前排两位执折扇，后排一位握芭蕉扇。身促盗路、兽咬虫伤、蚖蛇毒害位于南壁西侧上层靠门处，与其他以祥云为背景不同，此三处场景位于山水树石中，宛若山水画，山石林木笔力劲健，以侧笔勾勒，斧劈皴，青绿设色。笔墨皴法是受到了浙派的影响，青绿设色则体现了民间的审美特点。身促盗路绘一行人在路上遭遇强盗，强盗黑脸圆目，须髯怒张，左手强按行人头颅，右手举利刃，行人猝不及防，奋力挣扎，身后地上放着行李。兽咬虫伤绘一人被山石后跃出的老虎咬住头部，老虎怒目巨口，前腿着地，后腿跃在空中，动态逼真，被咬之人扑倒在地，血迹斑斑，惨不忍睹。虺蛇毒害绘崖壁下一男子被毒蛇咬伤，男子戴斗笠，表情痛苦，坐于地上，以手抱右腿，右腿上有被蛇咬的印痕，身侧有一毒蛇。

南壁上层东侧为国亡躯忠臣烈士中，前方为一身穿黄色朝服的官员手捧笏板，其后两列，每列四人，里侧一列为头戴盔帽、身披甲胄的将士，外侧一列为身披白色孝服、双手捧笏板的文臣。图中为国亡躯忠臣烈士紧紧位于引路王菩萨身后，或借此希望引路王菩萨能引导他们脱离苦海早日往生净土，体现了对他们的重视。“往古堕胎产亡”的榜题中虽有“往古”二字，其实并不属于往古人伦，图绘七位妇女，皆神色哀戚，其中四位怀抱胎儿。仇怨报恨等众绘二着官服的男子扭打在一起，侧有脱落的幞头、鞋，另有一女子用力拽其中一男子的头发，三人身侧另绘有小鬼数身，有的手提着自己的头，有的手执枷锁飞奔而来。

南壁西侧下层“往古自刑自缢”的榜题中虽有往古二字，但是其身份并不属于往古人伦，大概是因为位于往古人伦的位置，故冠以“往古”二字。图中绘妇女五位，其中一位右手执尖刀，脖子上有刀痕，表示自刎而亡。

图 3-2-25 伏羲神农皇帝（榜题为“伏羲女娲神农”），明，毗卢寺毗卢殿西壁

除上述六类神灵外，另有部分神灵无法准确归类，包括西壁上层伏羲女娲神农，东壁上层主病鬼王五瘟使者、十代名医等众，北壁中层毗沙大罗刹天等。伏羲、女娲、神农，系中国古代传说中的三皇，此外三皇亦有伏羲、女娲、黄帝，或燧人氏、伏羲氏、神农氏之说。伏羲，有圣德，始画八卦，造书契，教民佃渔；女娲，传说为人类始祖，抟土造人，炼石补天；神农即炎帝，始制耒耜，教民耕种，亲尝百草，尽知其平毒寒温之性。图中前排里侧者为伏羲（图3-2-25），头顶肉髻，披发，袒上身，双肩披树叶；外侧者为神农，头顶肉髻，身披兽皮制成的衣服，袒胸露腹，右手拿一被咬过的萝卜，代表亲尝百草。伏羲、神农身后有一着黄色朝服的神祇，双手拢袖中，从形象上看不是女娲，应是与伏羲、神农同为三皇的黄帝，其侧有两位捧笏的红衣官员。主病鬼王五瘟使者（图3-2-26）绘五位

图 3-2-26 主病鬼王五瘟使者，明，毗卢寺毗卢殿东壁

神灵，其中前排里侧者牛首，执芭蕉叶；外侧者马首，执长柄勺；后排里侧者虎首，背火壶；中间者鸡首，执锤；外侧者作一赤面须髯的武士形，左手所握似为皮鞭，腰间悬剑。十代名医等众绘五人。前排中间者白发皓首，右手执红葫芦，可能是孙思邈；其左侧者面容儒雅，头戴幞头，身着红袍，左手似执银针；其余三人均面容儒雅。除孙思邈外，中国古代名医还有华佗、扁鹊、张仲景、李时珍等，图中人物因无明确的身份特征，故不太好判断其身份。毗沙大罗利天作圣母形，头戴凤冠，身披圆领广袖长袍，双手捧笏，身侧一女官捧红盒，身后有两女官，其中一掌扇。

（三）毗卢殿水陆壁画的特点

现存毗卢寺主体建筑系明弘治八年至嘉靖十四年（1495—1535）本地比丘道住（俗姓高氏）在元至正二年（1342）旧址的基础上主持重建，其中释迦殿完工于正德十二年（1517），毗卢殿亦大约完工于此前后。主体建筑完工后，嘉靖四年（1525）道住升任主持，毗卢殿壁画大约完工于嘉靖十四年（1535）。毗卢寺是道住募集民间资金修建而成，属于民间出资修建的私寺。

毗卢寺毗卢殿水陆壁画晚于青龙寺、公主寺，从水陆神灵的整体布局来看，毗卢寺较二寺有明显的变化。从周壁神祇的朝向来看，青龙寺分别是以西壁三身佛、东壁四方佛为中心，不仅西、东两侧壁的神灵皆面朝中间的主尊，南壁下层、北壁门东侧的神灵亦随着相邻侧壁神灵的朝向，形成浩浩荡荡的众神灵朝拜南、北侧壁主尊的场面，而南壁上层正面的十大明王、北壁西侧的施食缘起，由于其构图非朝拜的队列式，因此在视觉上有嵌入之感。公主寺分别是以东壁卢舍那佛、西壁弥勒佛为中心，东、西壁两侧及南壁门东、西侧的神灵分别朝着东、西壁主尊的方向，北壁被独立出来，突出了正面的大肚弥勒和十大明王，从壁画的整体布局上看，比青龙寺显得有序。与上述两寺不同，毗卢寺水陆画以北壁十大明王为中心，北、南壁两侧及东西壁的神灵皆朝向北壁中间的十大明王，因为北壁坛上塑像为毗卢遮那佛，所以众神灵主要朝拜应是毗卢遮那佛。如此安排，殿内图像只有一个中轴线，即毗卢遮那塑像和十大明王所在的中轴线，强化了水陆神灵向中轴线朝拜的秩序感。

在众神灵的分布上，毗卢寺更为注重东西南北的方位秩序而非上下层秩序。北壁以门两侧的十大明王为中心，两侧主要是正位、天仙；东、西侧壁北起大体依次为天仙、下界、冥殿；南壁主要是往古人伦和孤魂。天仙、下界、冥殿、往古人伦、孤魂前皆有引导菩萨或神灵。当然，上述秩序并不十分严格，如北壁西侧就夹杂有下界神祇，但总体来说，其布局颇为严谨、有序，体现了明代晚期水陆壁画的重要特点。

毗卢寺水陆壁画在线条的表现上取得了很高的成就。前述青龙寺水陆壁画的线条体现了两种风格，一是正位和梵释天王、天子、鬼子母等天仙所采用的连绵不断的兰叶描，另一种是其他天仙、下界、往古人伦、冥府神祇、孤魂饿鬼等运用的钉头鼠尾笔意的描法。公主寺主要是以连绵不断的兰叶描为主，钉头鼠尾笔意的描法只出现在孤魂中。毗卢寺壁画的突出特点是，用钉头鼠尾描改造了元代以来流行的兰叶描，衣纹长线条不再是圆转绵长的，而是融入了钉头鼠尾、顿挫转折的笔意，时有断笔，在用笔上更趋迅疾爽利。由于钉头鼠尾描基本上在所有神灵，包括正位、天仙、下界、往古人伦、冥府、孤魂等的衣纹上都有运用，因此整体风格更趋统一。可以认为，钉头鼠尾描的技法在毗卢寺壁画中已完全成熟，从而形成了时代特点鲜明的水陆壁画风格。毗卢寺壁画保存较好，所用颜色以青、红、黄为主，至今依然鲜丽如新。

二、怀安昭化寺

昭化寺位于河北省张家口市怀安镇西大街路北，坐北朝南，中轴线上南起依次为山门、天王殿、大雄宝殿、三大士殿，天王殿前东侧有源殿。另有山门和天王殿之间的碑楼，天王殿前西侧的宁殿，天王殿两侧的钟、鼓楼，大雄宝殿前两侧观音宝殿、地藏宝殿，三大士殿前的东西配殿均已毁。其中大雄宝殿周壁保存有完整、精美的明代水陆壁画。此外，三大士殿还保存有用连环画的形式表现的善财童子五十三参壁画，年代较大雄宝殿水陆画要晚。

（一）寺院的营建与壁画的年代

据明正统十年（1445）现存大雄宝殿内的《敕赐昭化寺碑》（见第246页附录），为军事战略的考虑，洪武二十五年（1392）在旧县城西郊筑怀安城，并于城西建永庆禅寺；正统元年至八年（1436—1443），镇守官员在永庆禅寺废址的基础上重建新寺，朝廷赐额昭化寺。据碑文描述：

> 中立大雄宝殿，次列天王殿，前辟山门，东居观音、罗汉，西奉地藏、十王，后建三大士殿，伽蓝、护法各有位次。藏经有殿，僧房丈室，庖湢廪库，供具器物，种种咸备。修廊广厦，栋宇翚飞，曲槛雕阑，榱题藻丽，像设尊严，金碧炳焕。

其中“像设尊严，金碧炳焕”指的是泥金塑像，碑记中没有提到壁画。工作人员在修缮三大士殿的时候，在檩枋下发现了“大明宣德八年岁次癸丑庚申月庚申日庚辰时重建”的题记，表明在正统元年（1436）大规模重建之前，部分殿宇的重修工作在宣德八年（1433）已经动工。此外，1982年5月维修大雄宝殿时，还在殿顶东、西山面博脊上发现了两则明正德九年（1514）的维修题记。

大雄宝殿南壁西侧金刚壁画前方有题记曰：“旹大明嘉靖肆拾壹年岁在壬戍（戌）冬拾月初拾日吉时谨志。画工匠人任朝相。信士高虎、王安才、张永、宋正道……”该题记提供了现存大雄宝殿水陆画的准确年代和画匠姓名，即明嘉靖四十一年（1562）由画工任朝相绘制完工。

（二）大雄宝殿水陆壁画的内容

大雄宝殿为单檐歇山顶，面阔五间，进深三间。殿内周壁皆绘有壁画，其中北、东、西三壁为水陆画，南壁门两侧各画一金刚像。

该殿北壁东侧绘一佛四菩萨八护法像，佛两侧上方绘小坐佛三十四身及明王六身，无榜题。主尊为结跏趺坐佛，双手胸前结缚拳印。佛两侧各绘两身胁侍菩萨，均为结跏趺坐，其中左侧上方菩萨左手执净瓶，右手执杨柳枝，为观世音，下方菩萨左手上扬，可能是大势至；佛右侧上方菩萨右手执如意，为文殊，下方菩萨右上所执花上有一经卷，为普贤。胁侍菩萨两侧各有四身护法像，皆面容凶恶，威风凛凛，其中左侧四位护法神中一为绿面，手抱琵琶，为东方持国天。两侧护法神上方皆各有三身明王像，各具特征。北壁西侧绘一佛四菩萨六护法二天子像，佛两侧上方有坐佛和明王，上述图像整体漫漶严重，只有佛左侧两胁侍菩萨三护法一天子像保存相对较好，三位护法神中一位执弓箭，为西方广目天，其前方绘天子装扮的神祇，头戴梁冠，身着朝服，手执笏板。

东、西壁水陆神灵均分为上、下两层，均朝向北侧，每组神灵侧皆有榜题。东壁（图3-2-27、3-2-28）上层北起榜题依次为圣僧阿罗汉众（之八）、玉皇大帝无色界四空天众、色界四禅天众、欲界上四天主并诸天众、星主北极紫微大帝、太乙诸神五方五帝等

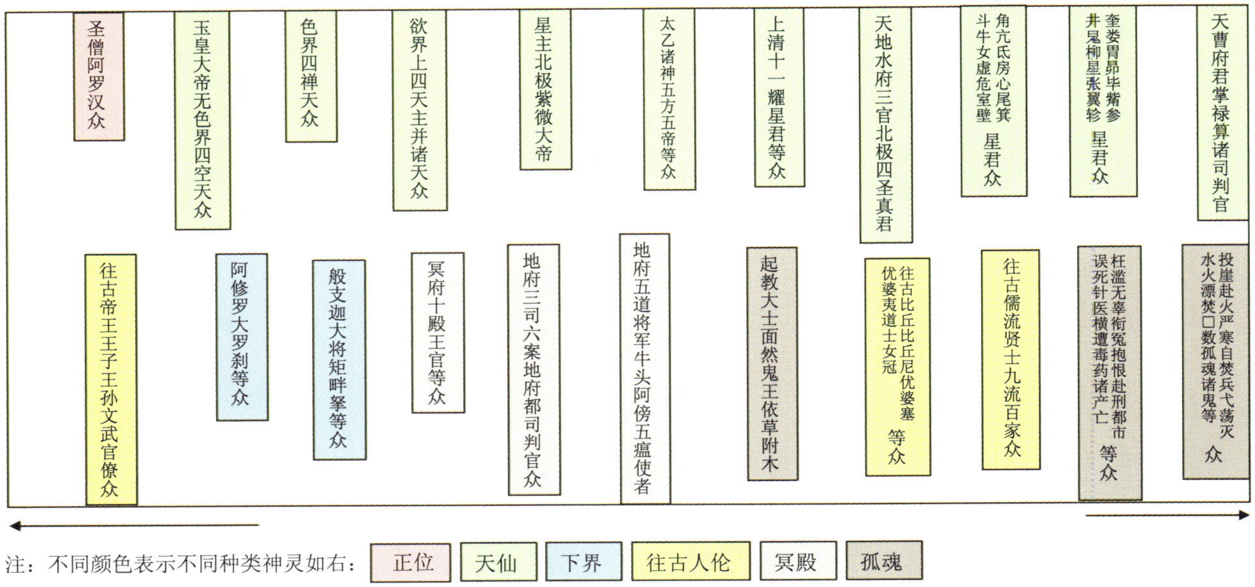

图 3-2-27　昭化寺大雄宝殿东壁榜题位置示意图

图 3-2-28　昭化寺大雄宝殿东壁，明

众、上清十一耀（曜）星君等众、天地水府三官北极四圣真君、角亢氐房心尾箕斗牛女虚危室壁星君众、奎娄胃昴毕觜参井鬼柳星张翼轸星君众、天曹府君掌禄算诸司判官；下层北起榜题依次为往古帝王王子王孙文武官僚众、阿修罗大罗刹等众、般支迦大将矩畔拏等众、冥府十殿王官等众、地府三司六案地府都司判官众、地府五道将军牛头阿傍五瘟使者、起（启）教大士面然鬼王依草附木、往古比丘比丘尼优婆塞优婆夷道士女冠等众、往古儒流贤士九流百家众、枉滥无辜衔冤抱恨赴刑都市误死针医横遭毒药诸产亡等众、投崖赴火严寒自焚兵弋（戈）荡灭水火漂焚□数孤魂诸鬼等众。

西壁（图3-2-29、图3-2-30）上层北起榜题依次为圣僧阿罗汉众（之八）、天藏王菩萨后土圣母众、忉利帝释天主并诸天众、大梵天主并诸天众、北斗七星左辅右弼等众、南斗六星火铃将军等众、十二宫辰星君等众、五岳大帝江河淮济四渎源王众、十二元辰星君等众、主风主雨主雷主电诸龙神众、阿利帝母大罗刹等众；下层北起榜题依次为太岁大煞黄幡豹尾神众、水府扶桑□林大帝等众、陂池井泉诸龙神众、护国护民城隍社庙殿塔伽蓝众、九禹十八狱主等众、阴官奏书蚕官五鬼神等众、金银铜铁五湖百川诸龙神众、四直功曹顺济龙王安济夫人等众、往古宫嫔婇女列女孝子顺孙等众、严寒大暑客

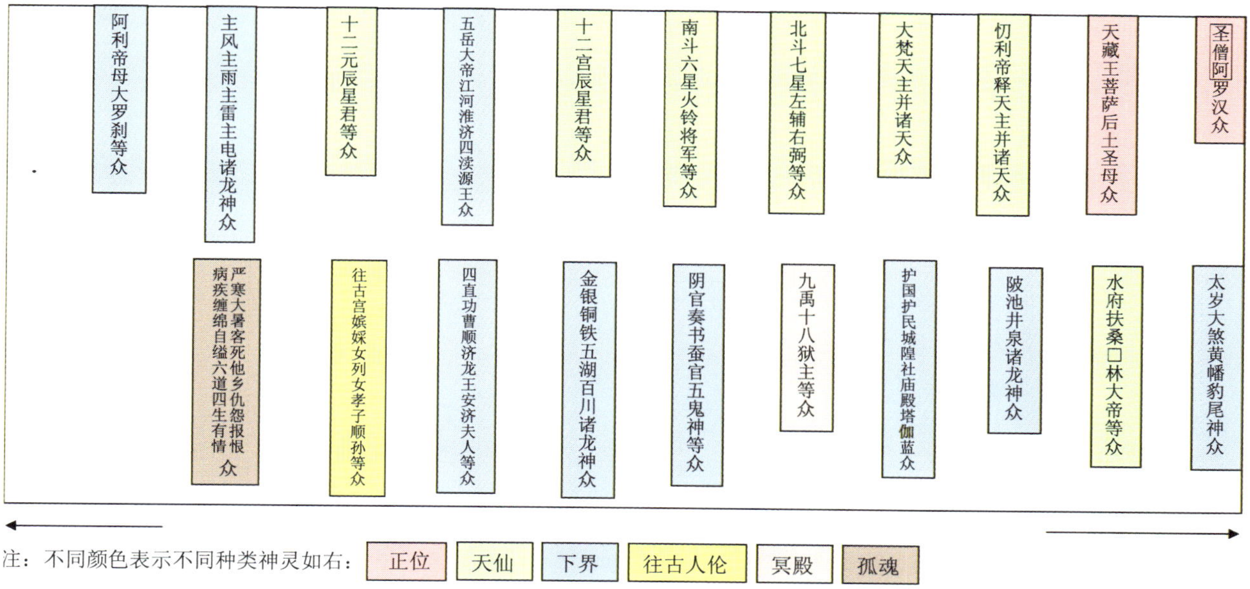

图 3-2-29　昭化寺大雄宝殿西壁榜题位置示意图

图 3-2-30　昭化寺大雄宝殿西壁，明

死他乡仇怨报（抱）恨病疾缠绵自缢六道四生有情众。

南壁门东、西侧各绘一金刚像，面门而立。其中东侧者仗剑，西侧者合十，皆有火焰纹头光，身着甲胄，威风凛凛，衣带飞动。

现按《天地冥阳水陆仪文》正位、天仙、下界、冥殿、往古人伦、孤魂的分类描述东西壁水陆神灵如下：

1. 正位。北壁主尊、胁侍菩萨身份不清，均属于正位。东、西壁只有上层最北侧的圣僧阿罗汉众、天藏王菩萨属于正位。与之前尊像式的成组排列不同，昭化寺众罗汉是相对独立的，不仅每位罗汉有各自的神情动态，而且还有各种道具及山石竹木作为衬景，颇具匠心。

东壁上层最北侧绘八位罗汉。从上往下第一位罗汉着黄色僧衣，蓝色袈裟罩头上，双手合十，结跏趺坐，前方有一莲台方柱；第二位罗汉着绿色僧衣，外搭红色袈裟，双手拢袖中；第三位罗汉漫漶，侧有红衣童子搀扶；第四位罗汉着粉红色僧衣，外搭绿色袈裟，双手拢袖中，结跏趺坐；第五位罗汉面容黝黑，着黄色僧衣，外搭袒右式红色袈裟，左手托宝瓶，右手持莲花，结跏趺坐；第六位罗汉着绿衣，外搭红色袈裟，手握经卷，结跏趺坐，前方较远处有一红色灯柱；第七位罗汉立树下，身着浅黄色僧衣，身微前倾，左手握果状物，右手伸向腰间，身侧一童子作张望状；第八位罗汉着红色袈裟，坐蒲团上，身微前倾。

西壁上层最北侧亦绘八位罗汉（图3-2-31）。从上往下第一位罗汉着蓝色僧衣，右肩上搭红色袈裟一角，右手举于眼睛前方，结跏趺坐蒲团上，身侧及上方皆有竹林；第二位罗汉络腮短须，着红色袈裟，身微前倾，手托经卷，结跏趺坐蒲团上；第三位罗汉着青色僧衣，外搭袒右式红色袈裟，双手支颐倚山石上，作冥思状；第四位罗汉着浅色袈裟，左手执经卷，坐蒲团上双足垂下，其前体型较小的黄衣者捧经册长跪；第五位罗汉留有长须，着浅色袈裟，结跏趺坐圈椅上，椅前台上摆放双履，斜前方有一莲台方柱；第六位罗汉坐藤椅上，身披袒右式粉色袈裟，左手握经卷，头偏向左侧；第七位罗汉着深色袈裟，双手拄杖，立山石后，回首而视；第八位罗汉着袒右式绿色袈裟，垂足而坐，回首看卧虎，罗汉身后蹲一绿衣男子，亦回首望虎，童子身侧有一捆佛经。

图 3-2-31　圣僧阿罗汉众（之八），明，昭化寺大雄宝殿西壁上层

2. 天仙。以天藏王菩萨为导引，大体可分为天子、护法、星宿、时序及其他五类，具体榜题包括（1）天子：忉利帝释天主并诸天众、大梵天主并诸天众、水府扶桑□林大帝等众、玉皇大帝无色界四空天众、色界四禅天众、欲界上四天主并诸天众、星主北极紫微大帝、太乙诸神五方五帝众、天地水府三官；（2）护法：北极四圣真君、火铃将军等众；（3）星宿：北斗七星左辅右弼等众、南斗六星、十二宫辰星君等众、十二元辰星君等众、上清十一耀（曜）星君等众、角亢氐房心尾箕斗牛女虚危室壁星君众、奎娄胃昴毕觜参井鬼柳星张翼轸星君众；（4）时序：四直功曹；（5）其他：天曹府君掌禄算诸司判官。其中水府扶桑□林大帝等众、玉皇大帝、火铃将军等众、天曹府君掌禄算诸司判官在《天地冥阳水陆仪文》中没有具体提及，但从其身份上看应属天仙。上述天仙除水府扶桑□林大帝等众、四直功曹位于下层外，其余均位于西、东两侧壁上层。

天藏王菩萨与后土圣母合为一组。天藏王菩萨位于前排，系天仙的引导菩萨，头戴冠，颈佩璎珞，身披黄色天衣，跣足踏莲台，前有天女执幡。天藏王菩萨与下界之首后土圣母合为一组，主要应缘于她们形象的相似性。诸天仙分类叙述如下：

（1）天子。虽然大梵天在身份上要高于帝释天，但是由于帝释天信仰在中国更为盛行，故昭化寺北壁上层帝释天位于大梵天前列。图中帝释天作男相，右手执香炉左手拈香，其侧另有一位天主亦作男相，左手执香炉右手拈香，两位天主身侧有诸天端香盘或合十，身后一武将举华盖。大梵天亦作男相，头戴冠，身着朝服，双手捧笏，身后有一男相一女相两位官员跟随，最后是一武将举华盖，一天女捧鲜花。西壁下层北侧水府扶桑□林大帝等众中，扶桑大帝身着衮冕，双手捧笏，身前有天女擎幡，身后有三身官员分别举羽葆和华盖，身侧另有两位头戴梁冠、捧笏之官员。

东壁上层北侧玉皇大帝无色界四空天众（图3-2-32）的组合比较奇特，玉皇大帝是道教及民间的神祇，无色界四空天是佛教的神祇，大概是因为玉皇大帝作为天庭的统治者，在民间信仰里极为盛行，所以位于无色界四空天众前列。图中玉皇大帝身着衮冕，双手捧笏，其身侧及身后有三位天主，均作男相，代表无色界四空天众。玉皇大帝前方一童子头顶盘，盘上置假山石，右侧一天女举幡，身后另有一武将举华盖。色界四禅天众绘三位天主作女相，束髻戴冠，着天衣，分别执香炉、合十、捧笏，身侧有一天女捧香盘，一天女捧花瓶，身后一天神举羽扇，一天神擎华盖。欲界上四天主并诸天众绘四位天主，皆作女相，或捧笏或合十或双手拢袖中，前有昆仑奴托盘，盘上莲座上置小型狮子，后有一武将举华盖，两武将举羽葆。星主北极紫微大帝着衮冕，双手捧笏，前有天女捧盘，盘上置小型麒麟，两侧及身后有一天女举幡、一武将举华盖、两武将举羽葆及两官员持笏。太乙诸神五方五帝等众中，前排里侧头戴梁冠、身着粉色朝服、双手捧笏者为太乙救苦天尊，前排外侧两位及其后三位着衮冕、双手捧笏者为五方五帝。太乙救苦天尊侧有天女举幡，后跟随二武将。天地水府三官与北极四圣真君为同一组合，最前方头戴衮冕、身着绿色冕服、双手捧笏者为天官大帝，其后头戴梁冠等，身着黄色、黑色冕服者分别为地官大帝、水官大帝，天官侧有天女举幡，地官、水官侧及身后有两身官员怀抱判簿卷轴（图3-2-33）。

（2）护法。因北壁已表现佛教护法像，故东、西侧壁只表现了道教的护法神，即北极四圣真君和火铃将军等众。北极四圣包括天蓬元帅、天猷副元帅、黑煞和玄武。东壁上层南侧天地水府三官身后的两位神祇皆作将军形，面目英武，身披甲胄，右手举剑，为黑煞和玄武；再后两身皆为两头四臂，头发上竖，袒上身，手执各种法器，其中里侧者执如意、绢索、镜等，外侧者握剑、弓箭等，应为天蓬和天猷。宋元时代四圣各具特征，但这里已经类型化，黑煞、玄武为同一类型，天蓬、天猷为同一类型，并且黑煞、玄武位于天蓬、天猷的前列。

西壁上层中间绘有火铃将军，与南斗六星组合（图3-2-34）。《紫微玄都雷霆玉经》记九天流金火铃大将军乃北极紫微大帝统治下的节度雷霆之使，《益州名画录·程承辩传》记四川彭山县洞明观保存有程承辩画《天蓬、黑煞、玄武、火铃》一堂，可见当时火铃可能为四圣之一，后来的四

图3-2-32　玉皇大帝无色界四空天众，明，昭化寺大雄宝殿东壁

图3-2-33　天地水府三官北极四圣真君，明，昭化寺大雄宝殿东壁

圣组合中火铃被天猷取代。图中火铃将军头戴冠，面目凶恶，须发上竖，身披金甲，右手摇其标志性的火铃，左手执剑，剑身亦绕有火焰。

（3）星宿。西壁上层北斗七星左辅右弼等众前方绘一着衮冕、双手捧笏的天子，身后有武将举华盖，身前有天女托花。该天子侧另有一头戴梁冠、身着红色朝服、双手捧笏的天子，身后有武将举幡，身侧有着粉色朝服、双手捧笏者。后三排绘七位头戴莲冠、身着黑色袍服、双手捧笏者，应为北斗七星君。南斗六星君头戴梁冠等，身着红色或粉色朝服，双手捧笏，身前有一菩萨装神祇手持长棍状物，身侧一童子举幡，身后一天女捧冠。十二宫辰星君分左、中、右三列，多有标志性的物象。右列第一位双手举起，作拇指与中指欲相扣状，身份不清；第二位抱长颈瓶，为宝瓶；第三位双手平托宝剑，身份不清；第四位身后有一马，为人马；第五位身后有一狮，为狮子。中列第一位怀抱一只体型硕大的螃蟹，为巨蟹；第二位手捧盘，盘里置两条鱼，为双鱼；第三位怀抱一头体形较小的牛，为金牛；第四位双手拢袖中，身份不清。左列第一位额上饰羊头，为白羊；第二、三位为二年纪相仿之女子，为双女；第四位手握弓箭，身份不清。十二元辰星君等众绘身着交领袍服双手捧笏者十二人，诸星君冠上所饰圆内绘十二生肖像表示其身份。

图 3-2-34　南斗六星火铃将军，明，昭化寺大雄宝殿西壁

东壁上层南侧上清十一曜星君等众，最前方里侧者作天子形，头戴梁冠，身着朝服，指尖顶红日，为日曜；外侧者作女子形，束髻戴冠，身着白色朝服，指尖顶圆月，为月曜。其后为十一曜星君，分三排，能辨认其身份者如下：前排怀抱琵琶、呈女相者为金星，手执纸笔、呈女相者为水星，左手拄杖、右手执印、作老人形者应为土星；中排面容凶恶、右手执剑、头顶有火焰者为火星；中、后排面容凶恶、须发上竖、双手捧笏者应为罗睺、计都。角亢氐房心尾箕斗牛女虚危室壁星君众、奎娄胃昴毕觜参井鬼柳星张翼轸星君众或作男相，或作女相，皆着朝服，手捧笏板，部分星君冠上饰有羊、兔、猴、蛇、鸡等形象。

（4）时序。西壁下层南侧顺济龙王、安济夫人等众上方绘有年、月、日、时四值功曹，皆头戴幞头，身着官服，手捧牌位作奔跑状。

（5）其他。天曹即天庭办事的官署，与阴曹相对。《宣和画谱·陆晃传》记御府藏有陆晃的天曹益算、掌禄、解厄、赐福真君像，可见宋人眼中天曹分为益算、掌禄、解厄、赐福四司。东壁上层南侧天曹府君掌禄算诸司判官绘三位判官，分别身着红、黄、绿色官服，双手捧笏，其中两身为掌禄、益算司判官，还有一位应为解厄或赐福司判官，三位判官身侧及身后有三位抱簿的官员。

3. 下界。无导引菩萨，大体可分为圣母、岳渎、主执、祠庙、星历、夜叉六类，具体榜题包括（1）圣母：后土圣母众；（2）岳渎：五岳大帝江河淮济四渎源王众、陂池井泉诸龙神众、金银铜铁五湖百川诸龙神众、顺济龙王安济夫人等众；（3）主执：主风主雨主雷主电诸龙神众；（4）祠庙：护国护民城隍社庙殿堂迦（伽）蓝众；（5）星历：太岁大煞黄幡豹尾神众；（6）夜叉：阿（诃）利帝母大罗刹等众、阿修罗大罗刹等众、般支迦大将矩畔拏等众。

（1）圣母。后土圣母位于天藏王菩萨后方，头戴冠，身着黄色广袖羽袍，双手捧笏，脚穿高头履，身侧两女仙举扇，扇上绘双凤，身后另一女仙举华盖。后土圣母与天藏王菩萨并为一组，是因为她们皆为女性神祇，一属佛教，一属仙道。二者冠饰、动态上的不同，体现了她们身份的差异。

图 3-2-35 主风主雨主雷主电诸龙神众，明，昭化寺大雄宝殿西壁

（2）岳渎。岳渎神众皆位于西壁。五岳大帝江河淮济四渎源王众中，五岳大帝皆头戴幞头，身着圆领官服，面容威严，有髭须，朝服的颜色分为青、红、黄、黑、白色，表明他们应分别为东岳泰山大帝、南岳衡山大帝、中岳嵩山大帝、北岳恒山大帝、西岳华山大帝；四渎神皆头戴梁冠，身着交领朝服，双手捧笏，其中一神为赤脸。陂池井泉诸龙神众、金银铜铁五湖百川诸龙神众分别绘十位神祇，头戴梁冠等，身着朝服，双手捧笏。顺济龙王头戴梁冠，身着红色朝服，双手捧笏，身后一青衣官员抱簿；安济夫人头戴花冠，身着广袖羽袍，双手捧笏，身后二白衣女仙举方形扇。

（3）主执。主风主雨主雷主电诸龙神众（图3-2-35）位于西壁上层南侧，绘六位神祇，前排左侧有举幡童子。前排第一位作道人形，左手捧碗，右手拈柳枝，为雨师；第二位龙首人身，肩负风袋，为风伯；第三位头顶兽头帽，双手执长有果实的青苗，为主稼神；第四位蓝面黄发，左手捧苗，右手握剑，为主苗神；后排第一位青面鹰嘴，左手执凿子，右手握锤，身后有连鼓，为雷公；第二位作老妪形，束髻青面，双手各执一镜，为电母；第三位赤面须髯，身披甲胄，外套红袍，右手捏宝珠，宝珠放出红色火焰纹，为主火神。

（4）祠庙。仅护国护民城隍社庙殿塔伽蓝众一组，位于西壁下层。绘十四位神祇，分上下两列，多作文臣、武将、力士形。其中比较有特征的如下列第一位作老叟形，头戴子瞻帽，长须髯，右手拄杖，为城隍土地；下列最后一位赤面须髯，着青帽青衣，应为关羽；关羽前方一神作力士形，须发竖起，颈绕蛇，右手握锤，身份不清。

（5）星历。仅阴官奏书蚕官五鬼神众一组，位于西壁。最前方绘一小鬼举幡，后有三组神祇，最外侧一组主神作天子形，头戴梁冠，身着朝服，双手捧笏，身着红色朝服，双手捧笏，身后跟随二女官，一展卷，一捧笏，应为“掌奏记，主伺察”的奏书；中间一组主神头戴幞头、身着青色官服，其侧一鬼卒头顶大盘，盘内或为蚕，另一鬼卒手持长条状物，可能为“掌丝之神”的蚕官；最里侧绘二鬼卒，其中一人似抱黄色的灯笼，可能是“主虚耗疾病惊怪之事”的五鬼。

（6）夜叉。诃利帝母大罗刹等众位于西壁上层最南侧（图3-2-36）。诃利帝母意译为鬼子母，一般表现为美貌的少妇，该图中诃利帝母虽然身姿窈窕，身披天衣，但是面目却如夜叉，头顶兽首，毛发上竖，右手执剑。诃利帝母身侧及身后跟随有六夜叉，形象各异，或毛发上竖或戴狮首等冠，面容或赤或白，或身披甲胄或布袍袒胸，其中一夜叉赤脸须髯，毛发上竖，五目四臂，左上手摇金刚铃，右上手握金刚杵，左下手张开，右下手执长剑，身披甲胄，臂绕帔帛，形象颇为奇特，此外右前方一夜叉左手执镜，身份不清。诃利帝母上方，一蝙蝠夜叉在空中翱翔。此组诃利帝母大罗刹众的图像样式与平常所见大有不同，富有新意。

图 3-2-36　诃利帝母大罗刹等众，明，昭化寺大雄宝殿西壁

阿修罗大罗刹众、般支迦大将矩畔拏等众皆位于东壁下层北侧，图像略有模糊。阿修罗大罗刹众中，上方绘一绿色神祇，头戴骷髅冠，须发上竖，三目六臂，上双臂分别托日、月，左中手指间生出火团，右中手执长戟，下双手交于胸前，应为阿修罗。下方一神祇作菩萨形，头戴冠，身披天衣，左手托火轮，右手掌向下扬起，有项光，为大罗刹。大罗刹身侧及身后另有多身面容凶恶、毛发上竖之夜叉。般支迦大将矩畔拏等众绘十位神祇，或作头戴盔帽身披甲胄的将军形，或作面容凶恶须发上竖的夜叉形。

4. 冥殿。无导引菩萨，具体榜题包括冥府十殿王官等众、地府三司六案地府都司判官众、地府五道将军牛头阿旁五瘟使者、九禹十八狱主等众。

冥府十殿王官等众、地府三司六案地府都司判官众、地府五道将军牛头阿旁五瘟使者位于东壁下层。冥府十殿王皆身着朝服、双手捧笏，前有二女童捧判簿。地府三司六案地府都司判官众绘头戴幞头、身着朝服的官员十位，他们或手抱判簿，或双手捧笏。地府五道将军牛头阿旁五瘟使者绘上下两组神祇，下组绘四位将军及牛头、马首者，为五道将军牛头阿旁；上组为五瘟使者，其中第一位人面、右手执剑；第二位虎头，右手捧红葫芦；第三位驴头，左手提桶，右手执铜勺；第四位鸟首，扛芭蕉叶；第五位鹰首，负黄色袋子。

九禹十八狱主等众位于西壁下层，分为上下两组，上组八位，下组十位，诸狱主或面目凶恶，须发上扬，或神色威严，赤脸须髯，或披甲胄，或着布袍，持戟、剑、枷锁、棍等武器或刑具，画家注重表现众狱主之间的差异，体貌动态互不雷同，同时他们之间又多有交流，造型生动，富有生趣。

5. 往古人伦。以启教大士面然鬼王为导引，具体榜题包括往古帝王王子王孙文武官僚众、往古比丘比丘尼优婆塞优婆夷道士女冠等众、往古儒流贤士九流百家众、往古宫嫔婇女列女孝子贤孙等众。

启教大士面然鬼王依草附木位于东壁下层中间。启教大士阿难位于最前列，作回首状，合十。后为面然鬼王，毛发上竖，口吐火焰，其身侧及身后跟随多身口吐火焰的饿鬼。阿难及面然鬼王上方，有手托骷髅头、捧包子、拄杖等的众饿鬼，此外，还有一小鬼头长树木，一小鬼头长物不清，二小鬼肩披苇草。

往古帝王王子王孙文武官僚众位于东壁下层最北侧，也是最前列。最前方为一举幡之白衣女子，其后一菩萨合十诵经，帝王方额广颐，身着龙袍，被捧笏之文臣包围。上方有一文臣捧笏，三武将分别抱拳、执矛、负弓。往古比丘比丘尼优婆塞优婆夷道士女冠等众、往古儒流贤士九流百家众位于起教大士面然鬼王依草附木之后。往古比丘比丘尼优婆塞优婆夷道士女冠等众中，前方为三僧人，其后还表现了一位匆忙赶路的行脚僧，拄杖，行脚僧后跟随一童子挑经籍书卷。赶路之僧人、童子衣带向后翻飞，颇为形象。三僧人之上为四比丘尼，再后为在家修行之优婆塞、优婆夷，最后为道士女冠。往古儒流贤士九流百家众中（图3-2-37），描绘了携琴的琴师、握笔的书生、摇铃的算命先生、掐指的历算官、握镰刀的农夫等。

图 3-2-37　往古儒流贤士九流百家众，明，昭化寺大雄宝殿西壁

往古宫嫔婇女列女孝子顺孙等众位于西壁下层南侧，分上下两组，上组为宫嫔婇女列女，下组绘二拄杖之老人，一男一女，身侧有孝子顺孙。

6. 孤魂。具体榜题包括枉滥无辜衔冤抱恨赴刑都市误死针医横遭毒药诸产亡等众、投崖赴火严寒自焚兵弋（戈）荡灭水火漂焚□数孤魂诸鬼等众、严寒大暑客死他乡仇怨报（抱）恨病疾缠绵自缢六道四生有情众。

枉滥无辜衔冤抱恨赴刑都市误死针医横遭毒药诸产亡等众、投崖赴火严寒自焚兵戈荡灭水火漂焚□数孤魂诸鬼等众位于东壁下层最南侧。枉滥无辜衔冤抱恨赴刑都市误死针医横遭毒药诸产亡等众中，下方一红衣官员骑马途中遭三鬼拦截，一鬼在马前方右手勒住马的缰绳，左手高高扬起，二鬼于马后抓住马的套具用力向后拉，马上的官员以袖掩面，惊惶失措，表现的应是无辜身亡之鬼拦截官员之情形，即枉滥无辜众；其后的场面极为血腥，一青衣官员被二鬼及一犯人围住扭打，官员身后有二无头鬼，一鬼用双手死死地抓住官员的衣领，一鬼高拎着自己的头颅，作势欲砸，其侧一戴长枷之犯人回首而视，作以枷奋力回击之势，表现的应是衔冤抱恨的鬼魂和犯人报复官员之情形；枉滥无辜上方表现了五人，中间一员外装扮的中年男子双手抱拳，其左侧之青衣女子以袖掩面作哭泣状，左侧一老妇双手捧一盒，可能是装银针的盒子，身后一着灰袍的男子，形象模糊，老妇身后另有一着红衣者手拄拐杖，似不忍看到这一场面，从场景来看，应表现的是误死针医的情形。投崖赴火严寒自焚兵戈荡灭水火漂焚□数孤魂诸鬼等众中，最上方一红衣男子从崖上坠下，表示投崖；其侧一老虎吞噬人，表示兽咬；下方一牛车前奔，一人碾压于车轮下，前方一马飞驰，一人躺马蹄下，表示车碾马踏；马车下一人被毒蛇所咬，亦表示虫伤；再下前方二男子袒胸，一摇折扇，一握芭蕉扇，为暑热；一人卧于地，一人坐地上，或衣衫褴褛，或袒露上身，表示水火漂焚；再后八人或袒露上身，或衣衫单薄，作瑟瑟发抖状，表示严寒；最下层绘四兵士，后跟随二难民，表示兵戈荡灭。

严寒大暑客死他乡仇怨抱恨病疾缠绵自缢六道四生有情众位于西壁下层最南侧，情节复杂生动。画面右侧上端三人袒露衣衫，其中一人拄杖躬腰，表示大暑和病疾缠绵；其侧立三人，一男子左手抓自己头发，右手以匕首割颈，一男子赤面黑须，敞胸挽袖，双手捧物，一女子神色惊惧，脖间套绳，双手下垂，表示仇怨抱恨和自缢；下方绘三人，一人以袖遮面，一人双手抱胸，一人似为搓掌，表示严寒；再下方绘一板车，车上放有各种物品，车前一人身着圆领袍服，似为官员，其右侧一白衣男子跪地，向前方青衣男子作揖，前方另有二人扭打在地，表现的是客死他乡。画面左侧绘一城墙，城墙四周布满铁齿，内有烈焰浓烟，城内放出一道光，光内出现僧侣、道士、官员、甲将、饿鬼、畜生，表示六道四生，红色城门外立一青面鬼，左手上扬，右手握三叉戟。

（三）大雄宝殿水陆壁画的特点、价值

昭化寺系明正统元年至八年（1436—1443）镇守怀安城的官员在永庆禅寺废址的基础上重建而成，从三大士殿檩枋下宣德八年（1433）的重建题记来看，寺院实际动工的年代要比正统元年（1436）更早。大雄宝殿壁画完工于嘉靖四十一年（1562），由画匠任朝相绘制，当时朝廷实行沙汰佛教的政策，与之相对应的是大雄宝殿壁画的资助者亦并非官方，而是信士高虎、王安才等。

从图像布局上看，昭化寺大雄宝殿北壁东、西侧各绘一主尊四胁侍菩萨及护法等像，虽然明王像并未消失，但地位已被大大地削弱，南壁仅绘二金刚像。水陆神灵集中出现在东、西侧壁，分上、下两层，排列简洁，秩序井然。上层以圣僧阿罗汉众（十六罗汉）引导的天仙为主，还掺有部分下界。下层神祇种类比较复杂，天仙、下界、冥殿、往古人伦及孤魂野鬼皆有。每组神灵数量众多，部分组合体现了佛道、佛教与民间神祇相混杂的特点，如玉皇大帝无色界四空天众，其中玉皇大帝属于道教神祇，无色界四空天众属于佛教神祇；天藏王菩萨后土圣母众，天藏王菩萨属于佛教神祇，后土圣母则属于民间神祇。部分图像样式颇为新颖、生动，如圣僧阿罗汉众、阿利帝母大罗刹等众、投崖赴火严寒自焚兵戈荡灭水火漂焚□数孤魂诸鬼等众、严寒大暑客死他乡仇怨抱恨病疾缠绵自缢六道四生有情众等。

昭化寺水陆画的一个重要特点是，众神灵以组的形式被祥云团团裹住，且每组神祇之间的距离被拉大。在之前的青龙寺、公主寺和毗卢寺水陆画中，祥云也是区分每一组神灵的重要手段，但是祥云一般仅仅是出现在神灵上方及身侧，并不会将神灵团团围住，且每组神祇之间基本上是连续的，相互间并无多大间隔，构成紧凑连绵的朝拜队列。昭化寺以祥云围住成组神灵、拉开成组神灵间距离的做法是革命性的，之后的水陆壁画大都延续这一做法。在线条风格上，昭化寺壁画延续了毗卢寺的特点，即全部采用具有明代特点的钉头鼠尾描，突出了钉头鼠尾、顿挫转折的笔意，线条劲健生动，但不及毗卢寺之疾速爽利。昭化寺壁画天空以蓝色为底，祥云以红、黄二色间隔出现，蓝、红、黄是全画的主色调，青绿色系所占的比例大大减少。

附录　明正统十年（1445）敕赐昭化寺碑

1 敕赐昭化寺碑

2　　嘉义大夫巡抚大同宣府都察院右副都御使五羊罗信亨撰

3　　嘉义大夫总督宣府等处边储户部右侍郎东吴刘琏书并撰

4 怀安卫东二十里昔置怀安县隶兴和路元运既终普天率土咸归于我职方以县地临胡虏尽徙其民入居腹里城空厄险而不利于战守洪武壬申

5 乃相西郊高明夷旷筑城宿兵以镇焉卫则因县之旧也城西隅初创永庆禅寺为祝禧

道场规模宏豁神人具瞻岁久风雨飘零日就凋敝于时边镇

6 政毁修葺有不暇及竟致倾圮遗基虽存鞠为茂草见者莫不兴叹永乐甲申秋

7 仁宗昭皇帝嗣大历服更新治化选将总师控制西北复简中官才职超迈者统领神机分莅边卫以时操习镇御塞垣于是奉御栢公玉武公住相继来御

8 怀安卫卫所控东自新河口西至西阳河延袤几三百里俱濒北塞实为要冲二公更相往守二十年于兹仰赖

9 列圣之威灵□□□□□□不兴士卒安于耕牧未尝有所亡失恒若有神为之默相者旦夕思惟酬答无由祝延靡所忽形梦寐有人对曰明府欲报四恩

10 惟修古刹获福无量觉而访之耆旧曰城西旧有废寺时现神光梦之所感其惟是耶乃斋沐躬谒拜许鼎新修建塑妆诸佛上祝

11 皇图永固下保边境清宁先舍己赀为倡官僚士庶闻而翕然乐从咸曰斯寺之废已久一旦幸遇明公举修殆非偶然于是富者助财贫者舍力谋猷相度

12 僦工庀材诹日兴作治其繁芜拓其规制中立大雄宝殿次列天王殿前辟山门东居观音罗汉西奉地藏十王后建三大士殿伽蓝护法各有位次藏

13 经有殿僧房丈室庖湢廪库供具器物种种咸备修廊广厦栋宇翚飞曲槛雕阑榱题藻丽像设尊严金碧炳焕诚足以觉群迷而化善类矣经始于正

14 统改元丙辰二月落成于癸亥春二月二公之用心可谓勤且劳矣乃具本末疏闻于朝特奉

15 玉音赐额曰昭化寺命仪曹授僧人印稳为主持俾率其徒披诵真诠以祈景贶复念斯寺之建非一日而成苟无文以纪其绩将何以示后人因奉状征予

16 言勒诸贞石以垂不朽呜呼粤自如来灭度象教东传迄今千三百八十余载矣凡有国家者咸知尊奉以裨政化然丛林大刹宏豁壮丽则又莫过于

17 今日其据阛阓而擅形胜者殆周于天下何其盛哉二公来御是邦同寅协恭抚绥士卒政教兴行兵民咸遂不惟克举其职尤能集福以利于人其志

18 诚可嘉矣后之嗣守于斯者尚思前人创建之勤相与维持协赞而无或弛则香火绵绵而不替福泽弥远而弥隆是寺历百世而愈昌矣系以铭曰

19 佛法东传　肇于后汉　历代咸尊　华夷靡间　塞北藩镇　曰惟怀安　昔建　梵刹　化导愚顽　岁久屺倾　崇基俨若　鬼神护呵

20 有待兴作　中官出镇　瞻拜叹惊　自任其责　鼎新建营　首捐己赀　复化众力　焦思劳心　不懈朝夕　八载工成　厥惟艰哉

21 诸天像设　堂殿周回　伐古考钟　晓参暮礼　缁衲云从　金仙戾止　降福简简　密裨化机　兵无战伐　民乐雍熙

22 圣子神孙　安居天位　丕烈显谟　昭于万世

23 大明正统十年岁次乙丑九月九日立石　　　　瑞阳李铭镌

三、蔚县故城寺

故城寺位于河北省张家口市蔚县宋家庄镇大固城村东，又称心佛寺，俗称东大寺。坐北朝南，现仅存释迦殿和三间禅房，其中释迦殿内保存有明代水陆画。

释迦殿面宽三间，进深两间，单檐悬山顶。殿内脊檩下有墨书题记曰：“峕大明国山西大同府蔚州东乡故城里故城寺德俊于正德贰年岁丁卯季秋吉旦　舍地功德主　贾表　贾正　范本　范杲　范广　贾竡　贾金　贾余　贾丙　范景善　范景暹　范景□　范景荣　范景文　扶梁功德主　贾玘　贾胜　贾旺　贾敖　丹青李汉　阴阳任聪　都料文

恒 文子达 王钦 建立。”故知释迦殿现存建筑系明正德二年（1507）由德俊主持修建，功德主是贾氏、范氏，其中李汉负责的可能是建筑彩绘。

另殿前东坎墙下的一块残碑上刻：

蔚州东乡故城村故城寺住持德俊□

偈

发 范杲 杨氏
心 魏镇 贾氏
善 李景贵 □氏
男 魏钦 梅氏
信 孟方 李氏
女 孟礼 张氏
喜 魏伦 安氏
舍 魏⿱斌全 □氏

其中德俊、范杲的名字在殿内脊檩下题记中有出现，残碑中还明确提到德俊为故城寺住持。

(一)释迦殿水陆壁画的内容

殿内一佛二弟子二天王像系现代补塑。北、南壁皆设门。北壁西侧壁画漫漶严重，正中绘一多臂明王，以双手撕开面皮，露出慈悲面容，头上另顶一小佛头，双手持剑在头顶相交，胸以下部分漫漶。明王头顶上方，绘一结跏趺坐佛，双手食指相抵。该明王四周边角处各绘一明王，其中上部两侧明王像大部分仍有保留，下部两侧明王仅残留局部。北壁东侧壁画已完全脱落，亦应绘五明王像，与西侧合为十大明王。

东、西壁水陆神灵分四层，每组神灵侧皆有榜题，皆面朝北侧。东壁（图3-2-38、图3-2-39）上起第一层北起榜题依次为无色界四空天众、无色界四禅天众、天藏王菩萨圣众、梵王天主圣众、昊天玉皇大帝圣众、天皇大帝圣众、持国增长天王、金刚密迹圣众；第二层北起榜题依次为中斗三台星君、南斗六元星君、羊只留宝瓶磨、十二宫辰圣众、七十二代天师众、九曜天刚（罡）月孛星君、角亢底（氐）房心尾箕众、斗牛女虚危室璧（壁）众、天地水府太阳圣众、天蓬天猷翊圣玄武真众、罗睺计都星君、三元水府扶桑大帝；第三层北起榜题依次为天曹府君天曹掌众、天曹诸司主食判官、天曹诸司掌算判官、年月日时四直功曹众、大罗义（叉）罗刹女众、旷野大将军等众、般支迦大将军等众、矩畔拏神圣众、诃利帝母圣众、一大药刹圣众、菩提树神圣众、东海龙王圣众；第四层北起榜题依次为南海龙王圣众、西海龙王圣众、北海龙王圣众、中海龙王圣众、波池井泉龙王众、主风主雨主雷主电、主苗主稼主病主药、守斋护戒龙神众、顺济龙王圣众、安济夫人圣众、往古帝王一切王孙众、往古后妃宫娥婇女众。

西壁（图3-2-40、图3-2-41）上起第一层北起榜题依次为色界五净天、欲界上四天众、西方昆仑金母众、太乙诸神五方五帝、勾辰（陈）紫微圣众、北极大帝圣众、广目多闻天王、金刚密迹圣众；第二层北起榜题依次为□、西斗四圣星君、北斗七星星君、人马天蝎天秤双女狮子巨蟹宫神、三天三代除邪天师众、五山五岳天齐大帝、奎娄胃卯（昴）毕觜参众、井鬼柳星张翼轸众、诸天太阴圣众、夜摩天主圣众、太乙东华老人星君、先天后土圣母众；第三层北起榜题依次为□、金木水火土五德星君、江河四渎圣众、大将太煞日游太阴众、宅龙蚕官伏兵博士五鬼、阴奏归忌九坎力士众、

注：不同颜色表示不同种类神灵如右：正位　天仙　下界　往古人伦　冥殿　孤魂

图 3-2-38　故城寺释迦殿东壁榜题位置示意图

图 3-2-39　故城寺释迦殿东壁，明

地藏王菩萨圣众、北阴丰都大帝众、秦广五王圣众、阎罗五王圣众、天地三曹等众、冥府六案等众；第四层北起榜题依次为☐、冥府管死司官、冥府禄司判官、冥府十八狱主众、冥府狱主众、冥府八寒等众、冥府八热等众、诸司判官等众、狱司恶业等众、狱司残苦等众、面然鬼王等众、五瘟使者等众。

南壁门东、西侧（图3-2-42）水陆神灵均为上、中、下三层，分别朝向东、西侧，接续

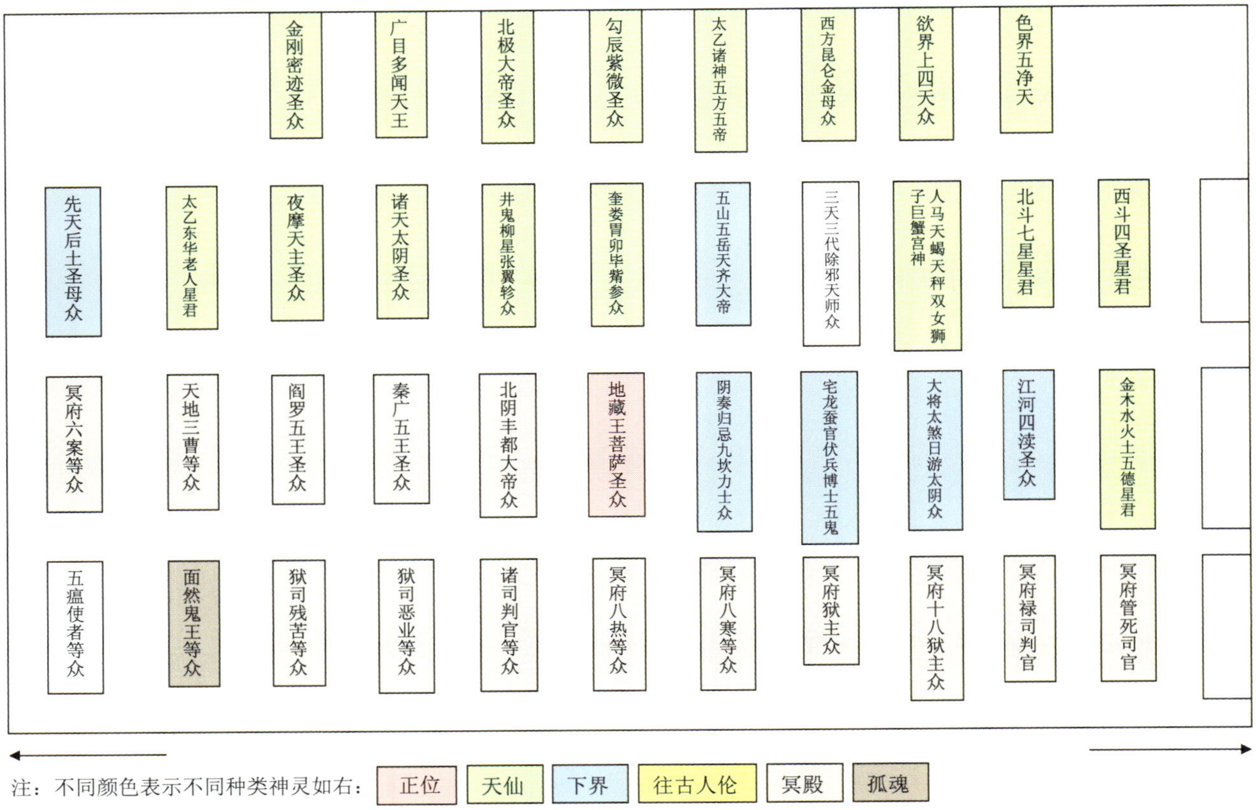

图 3-2-40　故城寺释迦殿西壁榜题位置示意图

图 3-2-41　故城寺释迦殿西壁，明

着东壁、西壁的画面。南壁东侧（图3-2-43）上层东起榜题依次为山林石怪等众、往古文武官僚等众、军阵杀伤等众、房倒虎咬水淹等众；中层东起榜题依次为往古比丘等众、往古比丘尼等众、九流百家等众、堕崖落马蛇伤远乡等众；下层东起榜题依次为往古优婆塞众、往古优婆夷众、往古儒流等众、往古女冠道士众。南壁西侧（图3-2-44）

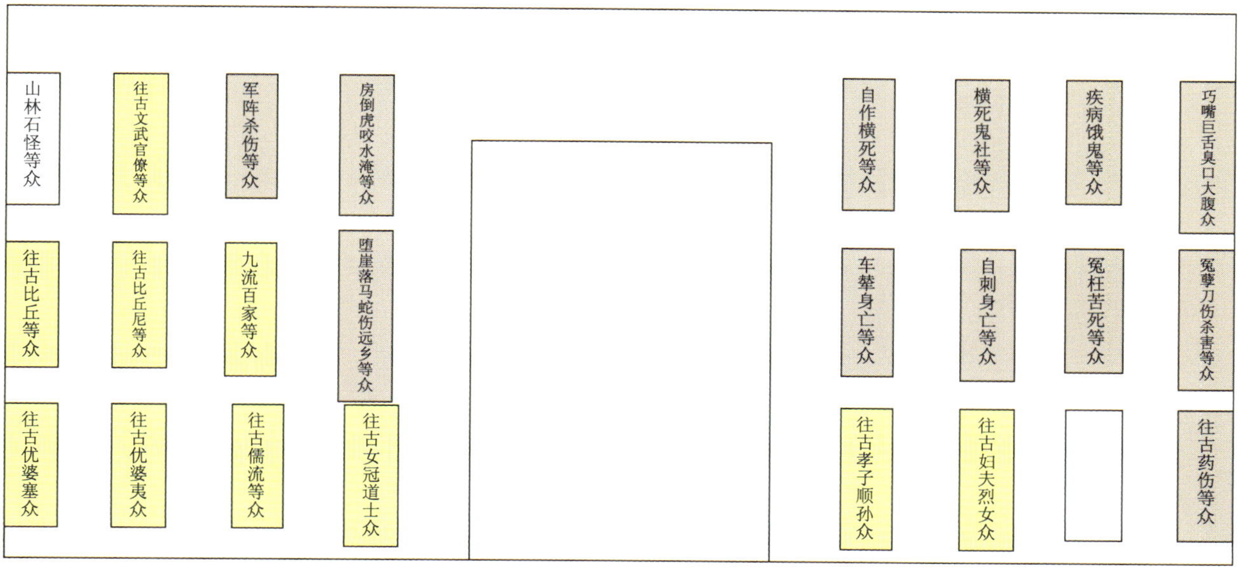

图 3-2-42　故城寺释迦殿东壁榜题位置示意图

图 3-2-43　故城寺释迦殿南壁东侧，明

图 3-2-44　故城寺释迦殿南壁西侧，明

上层西起榜题依次为巧嘴巨舌臭口大腹众、疾病饿鬼等众、横死鬼社等众、自作横死等众；中层北起榜题依次为冤孽刀伤杀害等众、冤枉苦死等众、自刺身亡等众、车辇（碾）身亡等众；下层北起榜题依次为往古药伤等众、＿＿＿＿、往古贤妇烈（列）女众、往古孝子顺孙众。

下面按天仙、下界、冥殿、往古人伦、孤魂、其他的顺序叙述东、西、南壁神灵如下：

1. 天仙。以天藏王菩萨圣众为导引，大体可分为天子、护法、星宿、时序、其他五类。具体榜题包括（1）天子：无色界四空天众、无色界四禅天众、色界五净天众、欲界上四天众、梵王天主圣众、昊天玉皇大帝圣众、天皇大帝圣众、勾辰（陈）紫微圣众、北极大帝圣众、太乙诸神五方五帝、三元水府扶桑大帝、夜摩天主等众；（2）护法：持国增长天王、广目多闻天王、金刚密迹圣众、天蓬天猷翊圣玄武真众；（3）星宿：中斗三台星君、南斗六元星君、西斗四圣星君、北斗七星星君、羊只留宝瓶磨、人马天蝎天秤双女狮子巨蟹宫神、十二宫辰圣众、九曜天刚（罡）月孛星君、角亢底（氐）房心尾箕众、斗牛女虚危室璧（壁）众、奎娄胃卯（昴）毕觜参众、井鬼柳星张翼轸众、天地水府太阳圣众、诸天太阴圣众、罗睺计都星君、太乙东华老人星君、金木水火土五德星君；（4）时序：年月日时四直功曹众；（5）其他：西方昆仑金母众、天曹府君天曹掌众、天曹诸司主食判官、天曹诸司掌算判官。

故城寺天藏王菩萨没有位于天仙最前方，而是位于东壁上层无色界四空天众、无色界四禅天众之后，其大小也与众神灵没有差别。图中天藏王菩萨戴冠，冠中间的莲瓣周侧饰火焰纹，类似的火焰纹莲瓣或宝珠亦出现在其他天主、天王等神祇冠的装饰上，是该寺壁画的一个特点；着束腰长裙，外披右领敷搭左肩式红色天衣，其着装类似于佛。天藏王菩萨身后跟随二天女，一捧假山石，一捧笏。众天仙分类叙述如下：

（1）天子。东、西壁上层北侧最前面分别是无色界四空天众、无色界四禅天众、色界五净天和欲界上四天众。无色界、色界、欲界是佛教所谓的三界，系未脱离生死六道轮回众生居住的场所，三界可细分为九地。无色界乃未脱离情欲诸天之所居处，包括空处、识处、无所有处及非想非非想处等四空处，又称四空天。色界是未脱离情、色二欲诸天之所居处，包括离生喜乐地、定生喜乐地、离喜妙乐地、舍念清静地等四静虑处，又称四禅天。色界五净天即第四禅（舍念清静地）八天中最上面的五天，包括无烦天、无热天、善现天、善见天和色究竟天。欲界是未脱离情、色、食、淫四种欲望之诸有情居住的世界，包括上部六天、中部人界四大洲及下部地狱等，总称五趣杂居地，欲界六天即四大天王众天、三十三天（包括忉利天）、夜摩天、覩史多天（即兜率天）、乐变化天、他化自在天。图中无色界空天众、无色界四禅天众（实际上应为色界四禅天众）、色界五净天、欲界上四天众皆作菩萨形，手或合十或持物，另色界五净天前多出一位身着衮冕、双手捧笏的天子。

故城寺表现了大梵天而没有表现帝释天。图中梵王天主圣众位于东壁上层天藏王菩萨圣众之后，大梵天作天子形，方额广颐，长须髯，头戴梁冠，身着红色衮服，双手捧笏，身后跟随三天女，一举扇，一捧花盘，一捧灵芝。

太上昊天玉皇上帝、勾陈星宫天皇大帝、中宫紫微北极大帝、后土皇地祇合为道教四御，按《天地冥阳水陆仪文》的分类标准，前三位应属于天仙，后一位属于下界。东壁上层绘有昊天玉皇大帝圣众、天皇大帝圣众，其中玉皇大帝、天皇大帝皆作天子形，方额广颐，身着冠冕，双手捧笏，两人身侧皆有一天女捧盘，一官员捧笏，身后另皆有一女官掌扇。西壁上层绘有勾陈紫微大帝、北极大帝圣众，紫微大帝、北极大帝本来为同一神祇，这里被分开为两位不同的神祇。图中二帝皆作天子形，身着衮冕，双手捧笏，身侧及身后有天女举扇、官员捧笏等。

西壁上层中间太乙诸神五方五帝表现了五位天子，中间者为正面，头戴冕旒，身着黄色衮服，双手捧笏，身后两侧有两女侍掌扇，为中方黄帝；其余四帝皆头戴梁冠，身着衮服，双手捧笏，根据衮服颜色可知依次为南方赤帝、东方青帝、西方白帝、北方黑帝。

南宋以来扶桑大帝由阳气始源的天界大神降格为管辖水府的神祇，因此他在水陆画中的地位也相对较其他天子略低，故城寺三元水府扶桑大帝位于东壁中上层最南侧，着衮冕，双手捧笏，身后有侍女掌扇。扶桑大帝身侧另有两位头戴梁冠、身着朝服、双手捧笏者的神祇，合为上、中、下三元水府之王。三元水府之王分别为上元水府马当山灵江王、中元水府牛居山定江王、下元水府灵肃山镇江王，扶桑大帝作为统辖水府的神祇，并不属于其中的某一位，像故城寺这样将扶桑大帝与三元水府合并的做法并不多见。

西壁中上层南侧绘夜摩天主圣众。夜摩天为欲界六天之第三天，夜摩天主，亦名为牟修楼陀，寿量为二千岁，其一昼夜相当人间二百年。此天界光明赫奕，无昼夜之分，居于此天之有情众尚未脱离情、色、食、淫四种欲望，有男娶女嫁婚姻之事，以互相亲近或相抱即成阴阳和合，儿女随念之起而由膝上化生，初生即如阎浮提三四岁之孩童。夜摩天王之信仰，始于印度吠陀时代，因为此天界系充满欢乐之光明世界，所以亡者多欲往生此处，其后夜摩天主逐渐演变为阎罗王。图中夜摩天主作天子状，头戴冠，身着朝服，双手捧笏，左侧立一妃，着红色广袖天衣，双手捧笏，象征此天有婚姻之事，右侧一头戴狮帽的异族人物手捧发光的宝珠，象征此天之光明。夜摩天主及其妃身后立二神祇，一为男性，一为女性，皆捧笏。

（2）护法。四大天王是佛教最重要的护法神祇。东壁上层南侧东方持国天青脸赤发，双臂绕红色帔帛，怀抱琵琶；南方增长天蓝脸黄发，双臂绕蓝色帔帛，双手持剑。西壁上层南侧西方广目天赤脸黑发，双臂绕红色帔帛，右臂绕蛇；北方多闻天白脸黑发，双臂绕绿色帔帛，左手擎塔，右手拄伞。上述天王皆头戴宝冠，身披金甲，突出了其动感和力量。持国增长天、广目多闻天后各绘有金刚密迹圣众两身，皆黑脸虬髯，袒露上身，或合十，或持金刚杵。

天蓬、天猷、翊圣、玄武是道教最重要的护法神祇。东壁中上层南侧天蓬天猷翊圣玄武真众中，前排翊圣、玄武皆披发，面容俊朗，美须髯，黑袍白裤，佩剑跣足，其中里侧者额上另长一目，双手抱拳，右腕悬剑，为翊圣；外侧者双手拄剑，右脚侧有龟蛇，为玄武。后排天蓬、天猷皆多头多臂，须发上竖，面目凶恶，袒露上身，跣足，其中里侧者三头四臂，上双手分别持弓、箭，右下手持剑，应为天猷；外侧者四头六臂，上双手摇帝钟，右中手执长剑，右下手握长戟，应为天蓬。

（3）星宿。故城寺东、西壁中上层北侧完整地表现了五方五斗星君。东壁中上层北侧绘中斗三台星君、南斗六元星君。道家以五方五斗居中之星为中斗，名曰大魁，计有三宫，分别为赫灵度世星君、斡化上圣星君、冲和至德星君。图中中斗三台星君绘三位神祇，一作老者形，白发皓首，手拄竹杖，另两位作中年男子形，有须髯，双手捧笏。南斗六元星君分别为天府司命星君、天相司禄星君、天梁延寿星君、天同益算星君、天枢度厄星君、天机上生星君，图中前、中排的五位星君皆头戴冠，身着朝服或道袍，双手捧笏，面色或白或黑，面相或俊朗或凶恶，后排一位星君三目，须发上竖，身披甲胄，左手摇铃，右手执剑，前排外侧星君身侧另有一黑脸官员捧笏侍立。

西壁中上层北侧绘东方五斗星君、西斗四圣星君、北斗七星星君。其中最北侧一组绘五位星君，榜题模糊，应为东方五斗星君。东斗主纪算，计五宫，分别为苍灵延生真君、陵光护命星君、开天集福星君、大明和阳星君、尾极总监星君。图中东斗五星君皆作道人形，身着浅蓝、深蓝等色道袍，双手捧笏。西斗主纪名护身，计四宫，分别为白标星君、高元星君、皇灵星君、巨威星君。图中西斗四圣星君皆作道人形，束髻戴冠，着白色道袍，双手捧笏。北斗主解厄诞生，计七宫，分别为天枢阳明贪狼星君、天璇阴精巨门星君、天机真人禄存星君、天权玄明文曲星君、天衡丹元廉贞星君、闿阳北极武曲星君、瑶光天冲破军星君。图中北斗七星星君皆作道人形，束髻戴冠，着黑色道袍，双手捧笏。

东壁中上层北侧“羊只留宝瓶磨”榜题有误，应为“白羊宝瓶摩竭”，侧绘三位星君，中间者作道人形，额上系羊首，外披绿色道袍，右手持剑，为白羊宫神；里侧者作女子形，束髻系巾，外披褐色披风，手捧镶金边玉尺，可能为宝瓶宫神；外侧者褐脸白须，瞠目龇牙，头系红巾，身披黄甲，怀抱多足动物，独趾，可能为摩竭宫神。白羊宫神身后另有一神祇，披发抱印。西壁中上层北侧人马天蝎天秤双女狮子巨蟹宫神（图3-2-45）绘七位神祇，前排左起第一位为一白须髯的老者，身披黄色朝服，双手捧漆盘上蹲一玉狮子，为狮子宫神；第二位为一中年男子，白脸，身披蓝袍，双手捧漆盘上卧一白马，为人马宫

图 3-2-45 人马天蝎天秤双女狮子巨蟹宫神 明 故城寺释迦殿西壁

神；第三位为一黑脸武将，身披蓝袍，双手捧漆盘上有一蝎子，为天蝎宫神；第四位为一官员，白脸，美须髯，头戴冠，身着红色官服，双手捧漆盘上有一螃蟹，为巨蟹宫神。后排左起第一、二位为两面容姣好的女子，为双女宫神；第三位为一黑脸武将，身披绿袍，右手持秤，为天秤宫神。

上述两组神祇合为十二宫神中的九位，另在白羊宝瓶摩羯身后又绘有十二宫辰圣众，共九位，除前排左起第一位为黑脸须髯外，其余均作道士形，身披道袍。前排左起第一位身披红色袍服，手握尖刀，身后立玉狮子，为狮子宫神；第二位身后有一白马，为人马宫神；第三位手捧小型金牛，为金牛宫神；第四位双手捧剑，身份不清。后排左起第一位左手握弓，身份不清；第二位右手执一蝎子，为天蝎宫神；第四位捧白碗，身份不清；第五位手握黑杆似为秤，可能为天秤宫神；第六位手捧宝瓶，为宝瓶宫神。

东壁中上层绘九曜天罡月孛星君，计八位，前排三位均呈男相，美须髯，头戴梁冠等，身着朝服，双手捧笏，无法具体确认其身份。中排右起第一位作女子形，披发，手持剑，身份不详；第二位作老人形，白发皓首，右手拄杖，为土星；第三位作女子形，怀抱琵琶，为金星。后排里侧者作女子形，右手执笔，为水星；外侧者呈凶恶相，须发上竖，三目四臂，右上臂捏火焰纹宝珠，或为火星。

东、西壁中上层绘角亢氐房心尾箕众、斗牛女虚危室壁众、奎娄胃昴毕觜参众、井鬼柳星张翼轸众等二十八宿。二十八宿星君皆头戴冠，身着朝服，双手捧笏，面色或黑或白或青或赤，冠上饰龙、虎、兔、蛇、猪、牛等动物。

东、西壁中上层南侧二十八宿后分别是天地水府太阳圣众、诸天太阴圣众。天地水府太阳圣众绘四位神祇，皆作天子形，头戴梁冠，身着朝服，双手捧笏。其中前排里侧者笏板上方有祥云红日，为日曜太阳，其余三位应为天地水三官。诸天太阴圣众绘五位，前排里侧者作女子形，头戴冠，身着朝服，左手捏赤珠，赤珠上方有祥云圆月，为月曜太阴。太阴右侧有两身男性捧笏官员，左侧有一合十童子，后排有一捧笏天女。另有一位三头六臂的女性神祇，上双臂手捧日月，或为阿修罗。

东壁中上层南侧绘罗睺计都星君。罗睺、计都均为四头，面相凶恶，须发上竖，身披金甲，跣足，其中里侧者六臂，上双手捧日月，左中手执绢索，右中手握刀，下双手合十；外侧者八臂，上双手捧日月，左中上手握绢索，右中上手执剑，左中下手执刀，右中下手执剑，下双手合十。罗睺、计都星君前面另有一体型略小的天女，双手捧金轮。西壁中上层南侧对应处绘太乙东华老人星君，三位星君均束髻戴冠，身披朝服，中间者作中年男子形，执如意，左侧者作老人形，右侧者作中年男子形，皆捧笏。右侧另有一体型较小的天女捧假山石。

西壁中下层北侧绘金木水火土五德星君，即东方木德重华星君、南方火德荧惑星君、西方金德太白星君、北方水德伺辰星君，中央土德地睺星君。图中绘五人，中间者作

图 3-2-46　西方昆仑金母众，明，故城寺释迦殿西壁

老人形，须发皆白，头披巾，身着黄色道袍，左手拿红色册页，右手拄杖，为中央土德地睺星君；前排里侧者作道人形，着白色道袍，双手捧笏，或为东方木德重华星君；前排外侧者作武将形，面色黝黑，长须髯，披红色道袍，左手捧火葫芦，右手执笏板，为南方火德荧惑星君；后排里侧者作女子形，面容姣好，披青色长袍，手捧白色珊瑚，应为北方水德伺辰星君；后排外侧者作道人形，有髭须，身披深蓝色道袍，手持物似为笏板，为西方金德太白星君。

（4）时序。东壁中下排北侧绘年月日时四直功曹众，四直功曹皆作小吏形，头戴幞头，系红巾，身着官服，怀抱牌符。

（5）其他。西壁上层北侧绘有西方昆仑金母众（图3-2-46）。西方昆仑金母即西王母，居西方昆仑山，图中金母头梳双丫髻，戴火焰纹宝冠，面容端庄秀雅，身着天衣，手持如意，身侧及身后有三侍女，一捧壶，一捧假山石，一捧香炉。东壁中下层北侧依次绘有天曹府君天曹掌众、天曹诸司主食判官、天曹诸司掌算判官。天曹府君天曹掌众中间绘一黑脸官员，圆目阔嘴，头戴冠，身着朝服，双手捧笏，左右侧各有一身着朝服、美须髯的官员，一抱簿，一展卷查阅，身后另有一小吏背判簿。天曹诸司主食判官前排绘三身官员，中间者头戴展脚幞头，身着青色官服，怀抱判簿，里侧者赤脸，头戴梁冠，身着黑色官服，双手捧笏；外侧者头戴幞头，身着红色官服，怀抱判簿。身后跟随二小鬼，一扛判簿，一握斧钺。天曹诸司掌算判官前排绘三身官员，皆头戴展脚幞头，身着官服，中间者官服为红色，怀抱判簿；里侧者官服为深褐色，怀抱仓粮簿；外侧者蓝脸黄发，官服为绿色，双手捧笏。

2. 下界，无导引菩萨，可分为圣母、岳渎、主执、星历、夜叉五类。具体榜题包括（1）圣母：先天后土圣母众；（2）岳渎：五山五岳天齐大帝、江河四渎圣众、东海龙王圣众、南海龙王圣众、西海龙王圣众、北海龙王圣众、中海龙王圣众、波池井泉龙王众、守斋护戒龙神众、顺济龙王圣众、安济夫人圣众；（3）主执：主风主雨主雷主电、主苗主稼主病主药；（4）星历：大将太煞日游太阴众、宅龙蚕官伏兵博士五鬼、阴奏归忌九坎力士众；（5）夜叉：大罗乂（叉）罗刹女众、旷野大将军等众、般支迦大将军等众、矩畔拏神圣众、诃利帝母圣众、一大药刹圣众。

（1）圣母。西壁中上层最南侧绘先天后土圣母众，后土圣母头戴花冠，身披广袖羽袍，双手捧笏，其身侧另有一着广袖羽袍、双手捧笏的女性神祇。其后有三天女，二掌扇，一端花盘。

（2）岳渎。故城寺水陆壁画下界神祇中，仅五山五岳天齐大帝、先天后土圣母众位于中上层，与天仙同列，其中五山五岳天齐大帝处于中间位置，在布局上受到重视。图中五岳大帝（图3-2-47）皆着衮冕，除南岳作老者形外，其余均作中年男子形，双手捧笏，笏板或手侧悬挂着标示其身份的牌符。西岳大帝身侧有一黑脸官员手捧帐簿。西壁中下层北侧江河四渎圣众绘四位神祇，均头戴冠，身着绿、红、黑、白各色朝服，双手捧笏。

东壁下两层绘东、西、南、北、中五湖龙王圣众，波池井泉龙王众。诸龙王头戴梁冠等，身着朝服，双手捧笏，身侧多有侍女捧珊瑚或宝瓶，身后有捧簿的官员、武将等。东壁下层还绘有守斋护戒龙神众、顺济龙王圣众、安济夫人圣众。守斋护戒龙神众绘二着金甲的武将，一黑脸一白脸，二将身侧另有一头戴幞头、身着布袍、腰间悬剑之武将，三将身后立一青脸红发鬼卒，以及一头顶包子之黑脸鬼卒，表明守斋护戒的身份。顺济龙王头戴梁冠，圆目阔鼻，身着黑色冕服，双手捧笏，身后立三人，一黑脸青衣官员捧簿，一身披金甲之武将抱拳，另有一头戴展脚幞头、着灰色袍服的官员立于最后。顺济夫人身着羽袖宽袍，双手捧笏，身侧两着男装之女官举杖，身后一侍女捧红色宝珠。

图 3-2-47　五山五岳天齐大帝，明，故城寺释迦殿西壁

（3）主执。主执神祇位于东壁下层中间。主风主雨主雷主电绘五位神祇，主雨神（雨师）作道人形，头束莲冠，身着青袍，左手捧水碗，右手拈柳枝；主风神（风伯）赤脸须髯，外披红袍，肩负一袋；主电神（电母）为女性，束髻，身披红衣，双手抱铜镜；主雷神（雷公）猪首人身，右手执锤，身后有连鼓；雷公身侧另有一蓝脸赤发的鬼卒，右手捏红色宝珠。主苗主稼主病主药绘四身神祇，皆头戴冠，身着朝服，前排里侧者右手执谷穗，左手握剑，为主稼神；外侧者右手似握一木头小人，左手执笏，或为主病神；后排里侧者右手执灵芝，左手执笏，为主药神；外侧者左手似捧苗，或为主苗神。

（4）星历。三组星历神皆位于西壁中下层。大将太煞日游太阴众绘四位神祇，前排里侧身披甲胄、右腕悬剑者为大将，外侧面目凶恶、毛发上竖、手扶腰带者应为太煞；后排两位皆手捧笏板，应为日游、太阴。宅龙蚕官伏兵博士五鬼绘五位神祇，三位为捧笏之文官，身份不清，一位为身着甲胄之将军，可能是伏兵，一位面目凶恶、毛发上竖、双手捧笏，从鼻翼处长白须的特征来看或为宅龙。阴奏归忌九坎力士众绘五位神祇，具体身份不清。

（5）夜叉。六组夜叉神皆位于东壁中下层。大罗叉罗刹女众绘夜叉四身，前排两位皆有头光，须发上竖，怒目龇牙，身披甲胄，右手握剑，其中里侧者黑发褐脸，为大罗叉，外侧者赤发青脸，为罗刹女，后排两位无头光，里侧者青脸赤发，外侧者赤脸黑发。旷野大将军等众绘四位身披甲胄的夜叉，面目或黑或白，有抱拳、持剑、合十等姿势。般支迦大将军等众绘身披甲胄的夜叉四身，皆面目黝黑、圆目阔嘴，手持宝剑。矩畔拏神圣众绘身披甲胄的夜叉四身，黑脸须髯，怒目阔嘴，或合十或抱拳。诃利帝母面目清秀端庄，金钗凤冠，广袖羽袍，双手捧笏，身侧一黑脸夜叉身披甲胄，右腕悬剑，抱手胸前，身后一鸟嘴夜叉合十，一蝙蝠夜叉肩负一子，一侍女怀抱一子。一大药刹圣众绘夜叉四身，皆面目凶恶，须发竖起，抱拳胸前，前排两位身披甲胄，后排一位袒露上身，一着布袍。

3. 冥殿，以地藏王菩萨为导引，具体榜题包括北阴丰都大帝众、秦广五王圣众、阎罗五王圣众、冥府六案等众、冥府管死司官、冥府禄司判官、冥府十八狱主众、冥府狱主众、冥府八寒等众、冥府八热等众、诸司判官等众、狱司恶业等众、狱司残苦等众、五瘟使者众。

冥殿集中位于西壁下面两层。地藏王菩萨头戴冠，身披红色袈裟，左手握摩尼宝珠，右手执锡杖，跣足，身侧蹲一狮子，身后两侍女捧卷簿，一老叟一青年僧人合十，老叟为施九华山的闵公，青年僧人为道明（图3-2-48）。

图 3-2-48　地藏王菩萨圣众，明，故城寺释迦殿西壁

地藏王菩萨圣众后为北阴丰都大帝。北阴丰都大帝系主宰幽冥的地府之神，治罗丰山，南朝梁陶弘景《洞玄灵宝真灵位业图》曰：“第七中位，丰都北阴大帝，炎帝大庭氏，讳庆甲。天下鬼神之宗，治罗丰山，三千年而一替。”[1]《元始天尊说丰都灭罪经》谓众生若犯有十恶五逆之罪，死后当入地狱，若能广建道场，“修十会功德，业镜受记，丰都大帝欢喜，放赦罪人”。[2]图中丰都大帝位于最前侧，身着冠冕，双手捧笏，身后一侍女举扇，身后另有二官员捧判簿。

冥府十王位于北阴丰都大帝之后。秦广五王圣众、阎罗五王圣众各绘五位帝王，皆身着衮服，手捧笏板，为首者冠顶有版，无旒。冥府仿人间官僚机构设三曹六案，图中十王后为天地三曹等众、冥府六案等众，天地三曹等众绘三位官员，皆头戴幞头，怀抱判簿，中间者面容英武，着青色官服，其余两位均为青面赤发，面目凶恶，分别着红、黄色官服。三位官员身后跟随一青一褐二小鬼，背判簿。冥府六案等众绘六位官员，或青面或褐面或蓝面，皆面容凶恶，须发上扬，头戴幞头，身着蓝、红、青等色官袍，或抱赏善、除恶等簿，或展簿审阅。

西壁下层还表现了冥府诸司的官员。前起第一组榜题模糊，中间红衣者为主体官员，面容英武，两侧青衣者为小吏，一青面一白面，青面者正翻阅册页形式的判簿，白面者右手握笔，左手捧簿。冥府管死司官众，主体官员面容英武，头戴幞头，身着蓝色官袍，大腹便便，怀抱“生（牲）畜之簿”，左侧一赭黄衣老叟正展阅“冤死之簿”，右侧跟随一蓝面红发的小鬼，背“勾魂之簿”，身后另有一浅蓝衣童子捧一册页形式的判簿。冥府禄司判官中，主体官员面容英武，头戴翘脚幞头，身着青色官袍，怀抱判簿，身后跟随二面目凶恶的小吏，一赤面蓝衣，一褐面白衣，皆怀抱判簿。冥府十八狱主众、冥府狱主众表现了十四位狱主，他们形貌、执物各异，或作夜叉形，或作将军形，或褐面黑发，或青面红发，或面容英武，或牛头马面，执幡旗、戟、矛、狼牙棒、刀、剑等各种武器，也有的捧判簿。冥府八寒等众绘八人，皆衣衫袒露，作蜷缩发抖之状。冥府八热等众绘八人，或解衫，或挥扇，作酷暑难耐之状。诸司判官等众绘三官员，皆头戴幞头，身着朝服，怀抱卷轴或册页形式的判簿。狱司恶业等众绘六人，一夜叉扛三叉戟，一红衣官员扛木枷，图像略模糊，其余不清。狱司残苦等众绘五人，为首者左手拄杖右手持铃，为盲人；第二位左手捧碗，背后负物不清；第三位左胳膊负伤，用绷带挂颈上；第四位左手拄杖，右肩负一罐；第五位身体前倾，双手拄杖。五瘟使者众头部作夜叉或兽首形，前排第一

1 《道藏》第3册，第280页中栏。

2 《道藏》第2册，第41页上栏。

位褐面，左手提桶、右手举铜勺，第二位褐面，双手握虎皮，第三位蓝面，持物不清；后排第一位青面，左手握木棍，第二位赤面，捧芭蕉叶。

4. 往古人伦。具体榜题包括往古帝王一切王孙众、往古后妃宫娥婇女众、往古文武官僚等众、往古比丘等众、往古比丘尼等众、九流百家等众、往古优婆塞众、往古优婆夷众、往古儒流等众、往古女冠道士众、往古贤妇烈（列）女众、往古孝子顺孙众。除往古帝王一切王孙众、往古后妃宫娥婇女众位于东壁下层南侧外，其余均位于南壁。

东壁下层南侧往古帝王一切王孙众中，帝王头戴幞头，长须髯，着黄色圆领朝服，周侧有三人头戴幞头，分别身着绿、红、黑色圆领朝服，表示王公，另有两人年纪偏小，分别身着红色、黄色圆领朝服，表示王子王孙；往古后妃宫娥婇女众中，王妃端庄秀美，身着红色广袖长袍，肩绕绿色帔帛，合十，其后四身宫娥婇女皆上着窄袖衫，下着曳地长裙，拢袖而立。

南壁东侧往古文武官僚等众中，前排面容儒雅、右手执羽扇、身穿蓝袍者可能是诸葛亮，黑脸须髯、身披甲胄、双手抱拳右手腕悬鞭者可能是尉迟恭；中排着红色窄袖衫、左手握笛者身份不清；后排束髻戴冠、右手拄枪之儒将可能是岳飞，赤脸须髯、枪上缚旗者身份不清。往古比丘等众绘七人，其中一位为手捧经卷的小沙弥，身后一老比丘左手抚其肩，小沙弥作回首状，为单调重复的画面增添了几分生气。往古比丘尼等众绘五人。九流百家等众绘七人，虽然诸人手中执物各不相同，但是不太容易通过人物面相及执物来判断其身份。往古优婆塞众绘四人，或合十或持念珠或双手拢袖中。往古优婆夷众绘四人，或合十或捧经卷经册。往古儒流等众绘四人，皆拢袖而立。往古女冠道士众绘道士、女冠各三人，除一名道士拢袖外，其余均捧笏。

南壁西侧往古贤妇列女众绘女子四身，两位持剑，一位扛伞，一位手持衣服。往古孝子顺孙众中，外侧前起第一位头顶盘中置父母像，为刻木事亲的丁兰；第二位手握双鲤，为卧冰求鲤的王祥；第三位手握铁锹，为埋儿奉母的郭巨；第四位双手拉板车，为拖舆谏父的原谷；里侧第一位头顶鹿皮，为鹿乳奉亲的郯子；第二位头顶双髻，身着绿衫，双手拢袖中，身份不清；第三位为一怀抱婴幼的女子。

5. 孤魂，以面然鬼王等众为导引，具体榜题包括军阵杀伤等众、房倒虎咬水淹等众、堕崖落马蛇伤远乡等众、巧嘴巨舌臭口大腹众、疾病饿鬼等众、横死鬼社等众、自作横死等众、冤孽刀伤杀害等众、冤枉苦死等众、自刺身亡等众、车辇（碾）身亡等众、往古药伤等众、□。除面然鬼王等众位于西壁下层南侧等外，其余均位于南壁。

西壁下层南侧面然鬼王等众中，面然鬼王面部被毁，黄发蓝身，口吐火焰，周侧另有五身小鬼，或白面黑发，或蓝面黄发，形态生动。

南壁东侧。军阵杀伤等众绘七人，一人右腿受伤，拄杖；一黑脸将士背负一伤者，伤者头部包扎有绷带；一将士扛旗；一将士佩弓箭；一将士左臂受伤，挂绷带。房倒虎咬水淹等众中，上方绘屋顶坍塌，二人被压；中间绘一人被猛虎追赶；下方画三人在湍急的波涛中挣扎。堕崖落马蛇伤远乡等众中（图3-2-49），上方一人从飞驰的马背上跌落，表示落马；中间一樵夫右腿被蛇所咬，蹲坐地上，前方有扁担和斧头，其侧一蛇被拦腰斩为两截，表示蛇伤；中间右侧绘一悬崖，一人从崖上跌落，表示堕崖；下方一人躺于地上，身上裹竹席，其侧一人跪地，表示命丧于他乡。

南壁西侧。巧嘴巨舌臭口大腹众绘四人，皆袒露上身，面容怪异，第一位左手握鸟，表示巧嘴；第二位口咬一蛇，表示巨舌（舌、蛇谐音）；第三位跪倒在地，口吐臭气，表示臭口；第四位大腹便便，肚皮松弛，表示大腹。疾病饿鬼等众绘四人，前方一人身披甲胄，扛旗，其后披发者三人，后两人面目愁苦。横死鬼社等众绘五人，其中两人拄杖，画面没有表现出横死的迹象。自作横死等众绘一男子被火焰包围。冤孽刀伤杀害等众绘六人，两人一组，皆为一人左手抓另一人头发，右手持刀。冤枉苦死等众绘一红衣官员被二断头鬼纠缠扭打，一鬼位于官员身前，左手提头，右手抓官员衣襟，另一鬼位于官员身后，头系红色裤带上，左手抓向官员，官员惊惶失措，双手抓住身前鬼的右臂，丢弃身侧的展脚幞头和卷簿表明其官员的身份。自刺身亡等众绘五人，一青衣男子左手提头发，右手以刀割颈，一人袒露右肩，以刀刺胸，一人脖子上套绳，眼睛和口流血，另两人没有自亡迹象，一人合十，另一人似为抱拳。车碾身亡等众绘一青衣男子挥鞭赶牛车，车上堆满麻袋，一蓝衣男子被碾压在车下。往古药伤等众绘一蓝衣郎中被二青衣男子拦截扭打，其侧另立有一抱婴儿的妇女。其后一组绘五位瘦骨嶙峋的小鬼，榜题已残。

图 3-2-49　堕崖落马蛇伤远乡等众，明，故城寺释迦殿西壁

6. 其他神灵。七十二代天师众、三天三代除邪天师众是故城寺新出现的神祇，分别位于东、西壁中上层，呈对应关系。七十二代天师众中，前方一神黑脸须髯，身着红色官服，双手捧笏，其后跟随二鬼卒，一黑脸，右手握刀，一蓝脸，双手抱拳。三天三代除邪天师众绘三位天师，中间者赤脸须髯，面目威严，身着红色袍服，双手捧笏，身后一童子举华盖，华盖呈蝙蝠翼状；左侧者白脸，着黄色袍服，怀抱长剑，身后一童子举幡；右侧者白脸，身着蓝色袍服，怀抱八卦盘，身后一童子举幡。

菩提树神圣众位于东壁中下层南侧，前方绘二神将，一白脸一黑脸，均合十，身后一神祇全身为青色，头顶长树，双手抱拳，形象颇为独特，另一位作官员状，身着青衣，怀抱簿。

山林石怪等众位于南壁东侧，图绘五位神灵，前排三人，右侧者头顶山石，为山石怪；中间者头顶枝杈，肩披树叶，为林怪；左侧者头缠枝叶，右手握蓝色灵芝状物。后排二人，右侧者握扇，左侧者作女子形，头顶插花，为花怪。

（二）释迦殿水陆壁画的特点及年代

从图像布局上看，故城寺北壁绘十大明王像，东、西侧壁主要绘天仙、下界和冥殿，在下层南侧也掺有往古人伦和孤魂的导引——面然鬼王等众，南壁绘往古人伦和孤魂。北壁十大明王为正面像，东、西壁神灵均面向北侧，南壁东、西侧神灵分别延续东、西壁的朝向，在视觉上形成了东、西、南壁水陆神灵朝向殿中塑像及北壁十大明王像的场景。类似的构图最早见于嘉靖十四年（1535）毗卢寺壁画。在水陆神灵的种类上，除传统重视的星宿、岳渎、夜叉、三教九流及冤死孤魂外，故城寺还突出了佛教三界九地的天主、天曹官吏及冥府官吏，其中天主有无色界四空天众、无色界四禅天众、色界五净天众、欲界上四天众、梵王天主圣众、夜摩天主等众；天曹官吏有天曹府君天曹掌众、天曹诸司主食判官、天曹诸司掌算判官；冥府官吏有冥府六案等众、冥府管死司官、冥府禄司判官、冥府十八狱主众、冥府狱主众、冥府八寒等众、冥府八热等众、诸司判官等众、狱司恶业等众、狱司残苦等众。突出三界九地天主、天曹官吏、冥殿官吏的做法亦见于昭化寺，但是故城寺的分类更为细致。此外，西方昆仑金母众、七十二代天师众、三天三代除邪天师众、太阳圣众等神祇名未见于其他明代寺庙的水陆壁画中。

从样式风格上看，故城寺每组神灵之间相隔的距离较大，且每组神灵身后及头顶都有浓密的祥云升起，祥云成为分割画面最重要的因素。故城寺的这一做法明显与昭化寺是一致的（昭化寺神灵足底亦有祥云），与之前的青龙寺、公主寺、毗卢寺有着较大的差别。故城寺众神灵衣纹用线简洁，时有方折，但是并不追求钉头鼠尾的笔意，亦不强调迅疾的速度，衣纹线侧颜色的晕染使得并不爽利的线条略显滞重。从画师的水准上来看，故城寺的要远逊于昭化寺。但是，故城寺祥云画法、神祇晕染带有较强的装饰性特点，部分女性神祇为瓜子脸，面相清秀，身材羸弱，则开启了清代水陆画的风尚。

综合上述情况判断，笔者认为释迦殿脊檩下明正德二年（1507）的墨书题记系建筑题记而非壁画题记，题记中提到了“丹青李汉”是指李汉绘制了建筑彩画。从上述图像布局、样式风格的分析来看，笔者认为故城寺壁画绘制的时间不应早于昭化寺（明嘉靖四十一年，1562），应是在嘉靖末或稍后。

第三节　山西地区的神祠壁画

一、汾阳圣母庙

圣母庙，又称神母庙、娘娘庙，位于山西省汾阳县城西北三公里的栗家庄乡田村中心小学内。坐北朝南，现仅存正殿（又称圣母殿）及东侧厢房。正殿保存有精美、完整的明代壁画。

（一）寺庙的重建与功德主

圣母庙的创建年代已不可考，但是从《唐田村神母庙尊胜经幢》[1]来看，至迟在唐景龙二年（708）就已存在。据明嘉靖二十八年（1549）《重修田村里神母庙碑记》（见第271页附录），该庙重建于嘉靖二十七年至二十八年（戊申至己酉，1548—1549），是由民间捐资修建的，碑记曰：

> 先年戊申，居民鸠众潺功，为重修计，各捐资不等，约百余金，尚未完。适严双松九龄还自淮上，以尝祷嗣获应，慨然出百金，用报神惠。越今年己酉，遂告厥成。广正殿为三楹，列廊庑为六楹，虚轩特起，层楼耸立，振以钟鼓，缭以周垣，神像焕然一新。

其中提到最大的功德主严双松（九龄），一人捐助百金，严双松捐助的一个直接动机是他曾经在该庙祷嗣获应，从而说明了该庙最重要的用途——祈祷子嗣。现存正殿面阔三间，与碑文中“广正殿为三楹”的记载相吻合。

正殿顶琉璃脊刹背面发现有“大明嘉靖二十八年造”题记，推测现在的正殿建筑应重建于嘉靖二十八年（1549）。此外，殿内大梁上还保存有四条扶梁功德主的墨书题记，其一曰：

> 庆城王府扶方梁功德主卢大富妻李氏谨志。

1 收于王堉昌《汾阳县金石类编》，山西古籍出版社，2000年。

其二曰：

在城尊礼厢扶方梁功德主贺麟妻张氏。

其三曰：

同□坊扶梁功德主故父李廷润在堂母田氏己身 李伟 马氏 李□□ 李□ 刘氏 男李大□ 李□ □氏 李大邦 □□ □□ 田氏 陈氏 孙男 李桐 谨志

其四曰：

在城安静坊扶梁功德主故父谢辉母田氏本身 谢未儒 □氏 谢未康 赵氏 妻 于氏 阎氏 男仪傧 谢朝化 乐成 □□ 谢朝□ □□ 谢朝□ □□ 谢朝士 安喜 □□ 谢朝□ 李氏 谨志

值得注意的是，大梁题记中提到了庆成王府。第一代庆成王为朱济炫，系晋恭王朱棡第七子，朱元璋孙，《明史·朱棡传》曰：

庆成王济炫，晋恭王子。其生也，太祖方御庆成宴，因以为封。永乐元年徙居潞州，坐擅发驿马，纵军人为盗，被责，召还太原。十年徙汾州。薨，谥庄惠。[1]

朱济炫在历史上并无什么功绩，相反因兄弟内讧而受诟病。据载，济熺嗣晋王后，受济熿的唆使，“济炫等日诉济熺过于朝，又诱府中官校，文致其罪，历年不已”[2]，致济熺被夺爵，世子美圭皆被废为庶人，济熿被立为晋王。庆成王朱济炫被后世津津乐道的是其超强的生育能力，王世贞《弇山堂别集》卷一“庆成王百子”条曰：

庆成王生一百子，俱成长，自封长子外，余九十九人并封镇国将军。每会，紫玉盈坐，至不能相识，而人皆隆准。极异事也。[3]

朱济炫之后，他的曾孙奇浈又生子七十人，《明史·朱棡传》曰：

曾孙端顺王奇浈，正德中，以贤孝闻，赐敕褒奖。生子七十人，嘉靖初，尚书王琼闻于朝，嗣王表栾朴茂寡言，孝友好文学。嘉靖三十年寿八十，诏书嘉奖，赉以金币。[4]

也就是说，圣母庙正殿重建完工两年后，端顺王朱奇浈寿八十，被朝廷褒奖。嘉靖年间世宗沙汰佛教，虽然修建佛寺在宦官、民间盛行，但是少有皇室支持修建寺庙的记载。在此风气下，就能理解嘉靖二十七年至二十八年（1548—1549）重修圣母庙为何没有得到庆成王府官方支持的原因了。与其他功德主一样，庆成王府的卢大富及其妻张氏是以家庭的名义进行捐助的。庆成王朱济炫及其曾孙端顺王朱奇浈超强的生育能力在汾阳等地区定然广泛传颂，对汾阳地区圣母庙的灵验起了很好的推广作用。

嘉靖之后，清顺治二年（1645）、道光八年（1828）、道光十年（1830）、道光廿八年（1848）、光绪七年至十三年（1881—1887）曾多次维修，其中道光十年（1830）《重修圣母庙碑记》曰：“营建正殿三间，两廊钟鼓，对面乐楼，庙貌颇亦严整。”可见除现存正

1 《明史》卷一一六，第3564页。

2 《明史》卷一一六，第3563页。

3 ［明］王世贞《弇山堂别集》第1册，中华书局，1985年，第9页。

4 《明史》卷一一六，第3564页。

殿外，原还应有钟楼、鼓楼、乐楼，惜已毁。

（二）正殿壁画的内容

正殿面阔三间（图3-3-1），进深四椽，单檐悬山顶。殿内北壁设坛，上有后代塑圣母及侍女像，坛前东侧立判官塑像，西侧立负子鬼王塑像。

图3-3-1 圣母庙正殿外景

关于塑像及壁画中主尊圣母的身份，刘守罡、潘絜兹1979年发表的《山西汾阳县田村圣母庙壁画小记》[1]、柴泽俊1997年出版的《山西寺观壁画》中皆认为圣母为西王母，主要是因为相传这里过去三月三日都要举行盛大的庙会，而民间认为三月三日是西王母的生日。金维诺教授与业师罗世平教授合著的《中国宗教美术史》将该庙置于汾阴后土祠祭的文化传统中，指出此圣母应为后土，认为壁画题材内容应传自唐五代以来民间广泛流传的《后土夫人传》和《后土夫人变》[2]。罗世平教授指导的研究生廖奇琦在硕士论文《神灵与仪式——山西汾阳圣母庙圣母殿壁画研究》中，从民间传说、碑刻文献、后土送子功能等角度对此观点有进一步深入的阐述[3]。圣母庙正殿主尊圣母系后土的观点已经得到广泛认同，正殿前省政府颁发的省级重点文物保护单位的碑址中，亦称之为后土圣母庙。

后土源于中国原始宗教信仰中对土地的崇拜，可能是由地母演化而来。后土原应为女性神祇，王国维认为，甲骨文和金文中的“后”字皆从女，或从母，“像产子之形”，而“土”字是妇女乳房之状[4]。在先秦的文献中，后土为五行之官，演变为男性神祇，《左传·昭公二十九年》：“故有五行之官，是谓五官。……木曰句芒，火曰祝融，金曰蓐收，水曰玄冥，土正曰后土。”[5]并提到后土即共工氏之子句龙。又《礼记·月令》：“中央土，其日戊巳。其帝皇帝，其神后土。”[6]西汉武帝时期，后土被列入国家祀典，成为与皇天上帝对应的神祇，元鼎四年（前113）年冬十月武帝幸雍祠五畤，曰：“今上帝朕亲郊，而后土无祀，则礼不答也。”[7]遂由东幸汾阴（今山西万荣县西南），“十一月甲子，立后土祠于汾阴脽上”[8]。据《汉书》，武帝在此后短短十四年当中，曾六次幸汾阴祀后土。武帝之后，宣帝、元帝、成帝等也曾多次幸汾阴祠祀。大概是由于与皇天上帝对应的缘故，后土又重新演变回女性神祇的形象，唐、五代民间广泛流传《后土夫人传》《后土夫人变》，

1 刘守罡、潘絜兹《山西汾阳县田村圣母庙壁画小记》，《文物》1979年第10期。
2 金维诺、罗世平《中国宗教美术史》，江西美术出版社，1995年，第240页。
3 廖奇琦《神灵与仪式——山西汾阳圣母庙圣母殿壁画研究》，中央美术学院硕士论文，1997年，第10—19页。
4 王国维《殷卜辞中所见先公先王续考》，收于王国维《观堂集林》，河北教育出版社，2003年，第226页。
5 杨伯峻编著《春秋左传注》，中华书局，1990年，第1502页。
6 王文锦译解《礼记译解》上册，中华书局，2001年，第217页。
7 ［汉］班固《汉书》卷二五，中华书局，1962年，第1221页。
8 《汉书·武帝本纪》卷六，第183页。

图 3-3-2 圣母殿正殿北壁东侧,明

说明后土为女性神祇的身份已经成为共识。唐开元十一年(723)玄宗、宋大中祥符四年(1011)真宗都曾亲幸汾阴亲祀后土祠。金、元时,改为皇帝遣官礼祭,明清时期未见皇帝或官方祭祀。宋元以来,山西汾阴一带民间祭祀后土的风气极盛,据相关县志、金石记(志)等记载,在万荣、临猗、夏、闻喜、河津、临汾、灵石、介休、汾阳等县都有后土祠庙[1],集中分布在晋中、晋南的汾河流域,汾阳的圣母庙即是其中的一例。

图 3-3-3 抬蒸屉,明,圣母殿正殿北壁

北壁塑像身后及两侧表现的是后宫露台上众侍女备乐、备飨的情形,露台下方为莲池,连接庭院,上方为庭院。北壁东、西侧的侍女皆面朝中间的塑像。北壁东侧从西至东依次描绘了四组侍女(图3-3-2)。第一组绘三位侍女,分别演奏横笛、拍板和曲颈琵琶;第二组绘五位侍女,其中两位分别执琴、拍板,一位捧画,一位所执物被包袱皮紧裹,一位捧盒;第三组绘十五位侍女,前九位有挑香炉、捧壶、弹奏曲颈琵琶、弹琴、吹笙、拉二胡等各种姿势,后六位以抬蒸屉为中心(图3-3-3),其中二位着男装(头戴幞

1 参见廖奇琦《山西后土祠(庙)统计表》,收于廖奇琦《神灵与仪式——山西汾阳圣母庙圣母殿壁画研究》,中央美术学院硕士论文,1997年,第55—56页。

头，身着窄袖衫）的侍女肩抬蒸屉，蒸笼为红色，上覆饰有沥金龙纹的红巾，其侧一身着男装的侍女举宝盖，其侧一侍女捧盘，两侍女捧壶，上述配置都极力突出了蒸屉内食品的重要性——应该是献给圣母的宴飨；第四组绘三位侍女（图3-3-4），位于露台连接的走廊上，上有屋顶，其中一侍女手捧切成一半的西瓜，红色方桌上放着另一半，西瓜边缘被切成锯齿形，其侧圆桌上置有荷花，其侧一侍女在生火，一侍女捧盏，内侧一大桌上放有经册、珊瑚、灵芝等宝物。下方假山石侧有双鹿。此处的捧瓜图应与民间食瓜祈子的习俗有关[1]，西瓜多籽（谐音"子"），莲花在佛教有往生的含义，民间也认为"莲"与"连"谐音，合在一起有"连生贵子"、"多子"的含义。

图 3-3-4 捧瓜、生火、捧盏侍女，明，圣母殿正殿北壁

北壁西侧从东往西依次描绘了三组侍女。第一组绘三位侍女，分别挑香炉、捧座垫、捧盒，三位侍女上方有两只貂在看蝴蝶，一黑一白底黑斑，面部看起来都比较凶恶，该动物在其后圣母送子出行、回銮图中有反复出现；第二组绘六位侍女和两位小孩（图3-3-5），前两位侍女分别演奏横笛、笙，后四位侍女分别捧棋盘、壶、琴及盒，侍女中间有一年纪略大的小孩牵一幼童玩耍；第三组绘十四位侍女，位于露台连接的走廊内，前面五位侍女分别捧荷花、灵芝，演奏阮咸、曲颈琵琶、拍板，中间绘两位侍女搬供桌，供桌上置一盏，两侧有着男装的侍女举羽葆，后面一着男装的侍女举宝盖，一侍女所捧物似为香炉，最后三位侍女被双树遮挡，其中

图 3-3-5 奏乐、捧物侍女，明，圣母殿正殿北壁

1 可参见［清］徐珂《清稗类钞》"迷信类·食瓜求子"条。

图 3-3-6　圣母送子出行，明，圣母庙正殿东壁

一位捧琴，另两位不清。

东壁表现的是圣母送子出行的情形（图3-3-6）。东壁北侧松云掩映一宫殿，圣母立殿内（图3-3-7），头戴凤冠，身着红色圆领广袖长袍。圣母及众侍女的服饰根据袖长、颜色、纹饰大体可分为三个等级：最高等级是圣母所着的红色圆领广袖长袍，拱手时袖垂至膝下，袖间饰金色龙纹，并有羽状装饰；其次是圣母旁边的高级侍女，亦为红色圆领广袖长袍，样式与圣母所着袍服相似，只是袖间没有饰金色龙纹；再次是一般的侍女及伎乐，上身着圆领窄袖或中袖衫，下系长裙，外罩蔽膝，圆领衫的颜色有红、青、灰等。圣母身侧立二红衣侍女，分别捧珊瑚、牡丹，身后二着男装的女官掌团扇，扇上有沥金双凤纹。圣母及捧灵芝侍女右侧立四侍女，一捧灰貂，一捧圆盒，另两位捧物被遮挡。圣母身后立众侍女，前四位捧方盒、圆盒等物，其后除一位捧白貂外，其余均抱子。众侍女下方，绘三马驾驶的百子车，车上密密麻麻地坐满了婴儿，另有三子相互牵拉欲攀车而上。很显然，送子是圣母此次出行的目的。圣母前方，一使者立台阶上，双手捧方形物似为金印。台阶两侧，立四身着甲胄的天

图 3-3-7　送子圣母及侍女，明，圣母庙正殿东壁

图3-3-8　送子鬼王，明，圣母庙正殿东壁

王，台阶右前方，送子鬼王（图3-3-8）回首而望，此鬼王的形象颇有特点，青面红发，头发竖起，白眉，鼻尖、嘴唇为红色，以红色包袱皮背负三子，红色短裙，白色护腰，另有三子抱其腿。送子鬼王前方一红衣官员举幡。台阶左前方为一判官，头戴幞头，赤面须髯，内着红袍外罩青衫，右手执笔，左手握纸。判官前方一灰衣官员扛幡。值得注意的是，殿内现存坛前两侧亦站立有送子鬼王、判官的塑像。判官侧有龙和力士所拉的辇，辇上虚位以待。辇的装饰颇为华丽、精美，绿色宝盖、帷帐，黄色垂帘，座椅、辇身及车轮皆为红色，辇尾插两面红色沥金龙纹的旌旗。车轮较为特殊，一半是车辐，一半为饰沥金双龙纹的实木。辇前方左右两侧有鼓吹及仪仗队列，每侧可分为前、后两组，共四组。左前绘五人五骑，均为身披甲胄的武将，一举饰白虎的旌旗，一执幡，一吹号筒，一吹长尖，一扛长尖；右前绘四人四骑，其中一人头戴瓦楞帽，有髭须，身着红袍，外罩半臂，左手举胸前，背负一长杆状物，被黄色外套紧裹，其余均为身披甲胄的武将，一举白虎旌旗，一吹号筒，一擎幡；左后有三骑，但画面上仅见两人，皆为武将装束，一击鼓，一吹唢呐；右后四人四骑，均为武将装束，两吹长尖，一吹唢呐，一击鼓。

东壁南侧下方，有土地公、城隍率夜叉恭迎（图3-3-9）。土地公为一老者形象，头戴东坡巾，白色须髯，身披灰袍，双手拢袖中躬身作恭候状。城隍为头戴展脚幞头、身着灰色袍服的官员，双手捧笏。他们前方一夜叉伏地叩首，身后有三位夜叉，分别合十、捧经卷、拄旗。城隍身侧还有一只体形较小的老虎，从对面西壁的图像上看，该小老虎应该是被跪伏的夜叉所牵引。

壁画中出现土地、城隍，一方面是因为他们分别管辖村庄庙宇和城池，与后土在职司上有一定的隶属关系，另一方面也是缘于明代土地、城隍信仰的兴盛、普及。土地神，又称社，《礼记·郊特性》："社，所以神地之道也。地载万物，天垂象。取材于地，取法于天，是以尊天而亲地也，故教民美报焉。"[1]《白虎通义·社稷》："社者，土地之神，土生万物，天下之所主也。"[2]对土地的祭祀称为社祭。先秦时代官方对社祭极为重视，由天子或诸侯亲自进行。同时，商代已有国社和民社的区分，周代时等级更加严格，分为王、诸侯及士大夫以下等多个级别。东汉时期，社神降级为社公，如东汉许慎《五经异义》："今民谓社神为社公，故知社位上公，非地祇。"[3]《后汉书·费长房传》记费长房学道返家后，"遂能医疗众病，鞭笞百鬼，及驱使社公"[4]。公是对年长男性的尊称，"社公"的称呼拉近了人神之间的距离，体现了土地神的世俗化，这也是后世民间称其为土地公的由来。宋代时民间信奉的土地神，只是管辖一村一庙的低级神祇，身份卑微，多作落魄的老翁形，如南宋洪迈《夷坚志》"莲湖土地"中的土地公即为守门被盗、

1 王文锦译解《礼记译解》上册，第342页。

2 ［汉］班固《白虎通义》卷上，《文渊阁四库全书》第850册，第12页。

3 转引自［汉］郑玄《驳五经异义》，《文渊阁四库全书》第182册，第305页。

4 ［南朝宋］范晔《后汉书》卷八二下，中华书局，1965年，第2744页。

被寺僧羞辱的老翁；“衡山民”中的土地公乃“布衫草履，全如田夫状”，其小童也是“秃发赤脚，类牧牛儿”[1]，等等。明代土地庙尤多，或与朱元璋出生土地庙的传说有一定的关系，如明《琅玡漫抄》记朱元璋“生于盱眙县灵迹乡土地庙”[2]。明清以降，土地公多为茧袍乌帽装的白发翁形象，如清姚福均辑《铸鼎余闻》卷三称：“是天下之社神，通谓皆宜公，今讹为土地公公，且茧袍乌帽装白发翁矣。”[3]

图 3-3-9　土地、城隍相迎，明，圣母庙正殿东壁

图 3-3-10　圣母回銮，明，圣母庙正殿西壁

城隍，即城池，为城池的保护神，不仅有守城护民的职责，而且也能掌握当地的水旱吉凶，宋代时甚至士人的科名桂籍也归其管辖。至少隋唐开始，已有正人直臣死后成为城隍神的观念[4]，现在所见城隍通常都是头戴直角幞头、身着朝服的官员形象。宋代虽然城隍祠遍天下，不仅被民众奉为专门守护城镇的神祇，而且也是所辖城镇的最高神祇，其地位高过土地公，民间祈禳祭祀之盛，甚至连国家层面的社祭都不能与之相比。陆游《宁德县重修城隍庙记》曰：“故自唐以来，郡县皆祭城隍，至今世尤谨。守、令谒见，其仪在其他神祠上。社稷虽尊，特以令式从事，至祈禳报赛，独城隍而已，则其礼顾不重欤！”[5]宋代城隍信仰极盛，但尚未见进入官方祀典，明初城隍正式成为国家祭祀，推动了城隍信仰的进一步普及。明洪武二年（1369），敕封京都及府、州、县城隍神，加封秩，附祭于岳渎诸神之坛，三年（1370）诏去封号，止称其府、州、县城隍之神。嘉靖九年（1530），“罢山川坛从祀，岁以仲秋祭旗纛日，并祭都城隍之神。凡圣诞节及五月十一日神诞，皆遣太常寺堂上官行礼。国有大灾则告庙。在王国者王亲祭之，在各府州县者守令主之”[6]。

西壁表现的是圣母回銮的情形（图3-3-10）。与东壁南侧的空辇相对应，西壁南侧圣母坐辇上，回首下望，下方有一白一灰两只貂。辇的形制与东壁的空辇相似，唯插在

1 ［宋］洪迈《夷坚志》，中华书局，2006年，第1186、434页。
2 转引自［清］姚之骃《元明事类钞》卷二〇，《文渊阁四库全书》第884册，第322页。
3 光绪已亥年常熟刘氏达经堂本，第24—25页。
4 宗力、刘群《中国民间诸神》，河北人民出版社，1986年，第204—205页。
5 ［宋］陆游《渭南文集》卷一七，《文渊阁四库全书》第1163册，第436页。
6 《明史》卷四九，第1286页。

辇尾的两面旌旗上所饰的不是白虎纹，而是云纹。除前方拉辇的力士、龙外，车轮处还可见一力士奋力转动轱辘。四组鼓吹、仪仗队列，围绕在辇的前方、左右两侧及后方，四组队列都被云纹包围，除青面鬼王及判官外，其余均为身披甲胄的武将，面部或英武凶恶。最前方的仪仗、鼓吹队列已经抵达后宫，五人五骑，分别执旌旗、吹唢呐、吹长尖、执长尖、扛号筒；左侧亦为五人五骑，值得注意的是，其中有青面鬼王，竖发白眉，怀抱婴儿，骑乘黄马，特别显眼，其他四位武将中两位举幡、一位执旌旗、一位似捧圆盒；右侧亦为五人五骑，分别举旗、扛号筒、吹唢呐、吹长尖、扛长尖；后方为八人八骑，下方为首者为红脸须髯、身着绿袍的判官，双手捧判簿，其他武将似均举幡，其中一位头戴象鼻帽。

西壁南侧下方，另有三组图像值得注意。判官下方一手执利斧的夜叉牵着五位妇女（图3-3-11），从最下面两位比较清楚的妇女来看，她们脖子上都套着绳索，表明她们都为罪妇，其中一位露出臂膀的着装表明了其荡妇的身份，另有两位妇女都抱着小孩。这组图像表明出行的圣母不仅有送子的功能，而且也有惩罚罪妇的职责。该图像下方，还绘有城隍土地率夜叉相送的场景，与东壁南侧城隍等恭迎的画面形成对应。图中头戴展脚幞头、面容英武的城隍双手捧笏，头戴东坡巾、白色须髯的土地公双手拢袖中。其侧一夜叉以绳牵体形较小的老虎。他们身后另有三位夜叉和一位扛旗的使者。城隍、土地相送的北侧，绘龙王奉宝的情形（图3-3-12）。图中露出一角，汹涌的波涛中龙王身着红色长袍，双手捧笏，肩上的龙首披肩表明其身份应为龙王，其侧龙女双手捧海螺，龙女身侧可见一青色鬼卒，龙王身后一蝙蝠翼的夜叉举饰有莲花纹的旌旗。龙王奉宝的斜上方，绘四人四骑，或举幡或挑香炉（？），正在接受龙王的进贡。

西壁北侧绘后宫备宝的情形。大殿匾额上书有“圣母娘娘殿”五字，殿内中间置一方桌，桌上放有香炉、珊瑚和鲜花，一侍女正俯身查看香炉，身侧二着男装的女官正专注地看，另有二着男装的女官掌扇，表明是奉献给圣母的贡品，桌侧另有一侍女握一拂

图 3-3-11　押解罪妇，明，圣母庙正殿西壁

图 3-3-12　龙王奉宝，明，圣母庙正殿西壁

拭宝物用的大刷子。桌前一身材矮小的昆仑奴头顶灵芝，两侧各有一侍女执幢。殿前二将军横剑而立。

（三）正殿壁画的特点及年代

汾阳圣母庙创建年代不可考，现存正殿重建于明嘉靖二十七年至二十八年（1548-1549），是由民间捐资修建。正殿北、东、西三壁绘画是围绕圣母来设计的，北壁表现的是后宫备乐、备飧的情形，东壁为圣母送子出行，西壁为圣母回銮和后宫备宝，从视觉上组成连续的画面。

祷祀灵验是明清时期汾阳圣母庙被重修的主要原因，正如嘉靖二十八年（1549）《重修田村里神母庙碑记》中所说的，严双松（九龄）因为祷祀获应而慨然出百金，之前民众集资的金额也是百余金，也就是说，实际上严双松是嘉靖年间重修最大的功德主。后土送子的说法不知始于何时，应该是在其成为女性神祇之后。可以想象，作为封地在山西的王室，明代庆成王朱济炫生百子、其曾孙端顺王朱奇浈生子七十人的传奇，对山西地区后土送子信仰有重要的推波助澜的作用。当然，这并不能否认汾阳圣母庙作为民间寺庙的性质，庆成王府并没有资助嘉靖年间的重修，只是庆成王府的卢大富及其妻李氏以私人的名义进行了捐助。因为后土在送子方面的灵验，重修碑记中都称她为神母、圣母，以至于她本来的身份渐渐被人们遗忘。

圣母送子的职司也是圣母庙壁画所着力突出的内容。百子车、青面鬼王和捧瓜都与送子或祷嗣直接有关。百子车位于东壁北侧圣母身后众侍女的下方，车内密密麻麻地坐满婴儿，多仅表现了其头部，基本上每行六个，每列十二个，部分被两棵松树遮挡，此外前排多出一举旗者、一探头者，车身及地上有三欲攀爬而上者——尤其是一婴儿双足被车上的同伴抓住，他以双手去拉地上的另一婴儿，颇为生动。作为圣母最重要的部从之一，青面鬼王在东壁圣母送子出行、西壁圣母回銮图中都有出现。青面鬼王不仅造型奇特，如青面、竖发、白眉等，而且和送子联系在一起，东壁除肩负三子外，另有三子抱其腿部，西壁骑马上亦抱一子，可以说，青面鬼王的形象实际上象征了圣母送子的职司。捧瓜图位于北壁东侧，西瓜的边缘被切成锯齿状，一侍女捧其中一半，另一半置桌上，与民间食瓜祈子的习俗有关，瓜与其侧莲花的组合也暗示了连生贵子、多子的含义。

除青面鬼王外，在圣母出行的部从中另有一个神祇值得注意，即赤面判官，他们和圣母的两大职能紧密联系在一起。青面鬼王、红脸判官在东壁圣母送子出行和东壁圣母回銮的画面中都有出现，其中东壁他们位于圣母所立殿前两侧，位置比较显眼，西壁分散在仪仗、鼓吹队列当中。青面鬼王象征后土送子的职司在前文已有详述。红脸判官借用的是钟馗的形象，头戴幞头，赤面虬髯，身着青袍，手执纸笔。在东壁圣母送子出行图中，判官的职能应该是和送子保持一致，大概起着分配、记录的作用。在西壁圣母回銮图中，判官展示了圣母的另外一个重要的职能——惩罚罪妇，判官下方五位被捆缚的妇女中，其中一位肩膀裸露，从形象上看可能为荡妇，其他妇女应也是不守妇道，或犯有其他过错。此外，青面鬼王、红脸判官也以塑像的形式出现在后土坛前两侧，尽管从风格上看可能是后代重塑或重妆，但可能是沿袭嘉靖原塑像而来。塑像无疑强化了两位神祇在圣母部从中的重要意义，从而也突出了圣母送子、惩罚罪妇的两大职司。

在东、西壁北侧下方，出现了城隍、土地迎送圣母的场景。后土、城隍、土地神都是源于中国原始宗教信仰中对土地的崇拜，汉代时后土进入官方祀典，成为与皇天上帝对应的神祇，而城隍、土地则属于管辖城池、村庙的地方神祇，身份相对较低，主要是在民间被奉祀，直至明初城隍才成为官方祭祀的对象。城隍、土地在圣母庙壁画中反复出现，一方面是缘于他们与后土的隶属关系，另一方面则是因为城隍、土地信仰在明代的兴盛、普及。鉴于明清重修碑记中称神母、圣母而非后土，表明当时后土的身份已逐渐淡化，与之相反的是，城隍、土地信仰的日益兴盛和普及，比如说，明代城隍、土地也经常出现在迎送罗汉的罗汉画中。此外，西壁北侧下方还有龙王奉宝的画面，与城隍、土地送圣母相对应。山西圣母祠（庙）多分布在晋中、晋南汾河流域，民众奉祀龙王应多为祈雨，或祈祷风调雨顺、防止洪水泛滥。那么，城隍、土地、龙王进入圣母送子出行、回銮的画面中，也在一定程度上拓展了圣母的职司，除送子的主要功能外，也能护佑一方民众的平安健康，以及当地的风调雨顺。

虽然正殿重建于明嘉靖二十七年至二十八年（1548–1549），但是壁画上并没有发现年代或功德主题记。建筑的年代不一定就是壁画的年代，壁画的绘制可以大略与建筑同时，也可能晚于建筑的年代。壁画中的仕女造型、绘画风格、建筑样式、鼓吹等都反映了明代晚期的特点。

第一，仕女造型。圣母庙正殿壁画以圣母及侍女等女性神祇为主，代表了明代晚期仕女壁画的水准。图中圣母及侍女均为鹅蛋脸型，细长、弯曲的柳叶眉，眼细长，上眼睑用笔较重，下眼睑略轻，鼻梁修长微挺，樱桃小嘴，削肩瘦腰，体态修长，整体上显得比较清秀、纤细。除男装侍女外，圣母及其侍女的头发均扭绞至脑后，形成如拳大小的发髻，饰以云纹簪和珠翠，身份尊贵的另饰以凤钗。清初叶梦珠《阅世编·内装》曰：

> 余幼见前辈冠髻高逾二寸，大如拳，或用金银丝挽成之。若乌纱者，顶上装珠翠沿口，又另装金花衔珠如新月样，抱于髻前，谓之插梳。其后变式，髻扁而小，高不过寸，大仅如酒杯，时犹以金银丝为之者，而插梳之制遂废。银丝髻内映红绫，光采焕发，且别于素色也。崇祯之末，髻愈大而扁，惟以乌纱为质，任人随意自饰珠翠，不用金银。[1]

从壁画中圣母及侍女的发髻来看，比较类似于“高逾二寸，大如拳”的形制。又众侍女发髻多饰云纹簪、珠翠，部分等级高的另插以凤钗示其身份尊贵，圣母发髻间凤钗高耸，与云纹簪、珠翠相得益彰，与文献中“若乌纱者，顶上装珠翠沿口，又另装金花衔珠如新月样，抱于髻前，谓之插梳”的表述相合。变式后“髻扁而小，高不过寸”，至崇祯末则“髻愈大而扁”、“任人随意自饰珠翠，不用金银”，均与圣母、侍女发髻钗饰的样式不符。

第二，绘画风格。从绘画风格上看，汾阳圣母庙仕女衣纹线条简劲锐利，有力度，时有转折，并且线条侧多有深色晕染，突出了线条的厚重感和衣纹的块面感。颜色以红、青、绿、灰为主，颜色层次丰富，富贵艳丽而不失清雅。无论是从仕女造型，还是从线条风格上看，圣母庙壁画仕女样式、风格与仇英有相似之处。以故宫博物院藏仇英《人物故事图》册为例，该册页共十开，其中“贵妃晓妆”、“吹箫引凤”、“竹园品古”图中都表现有仕女，均为鹅蛋脸，眉目纤长，樱桃小唇，体态纤细，部分仕女头顶有拳状大小的发髻，衣纹线条简劲锐利，时有转折，有的线条下方有深色晕染，突出厚重感和块面体积感，与圣母庙仕女的造型、画风在一定程度上有相似性。从时间上看，圣母庙壁画应稍晚一些。仇英为吴门四家之一，约生于弘治末，卒于嘉靖三十一年（1552）前后，他以工匠出身而跻身于文人所推崇的吴门四家之列，他的画风对明晚期苏州、扬州地区民间画工有很大的影响，民间临摹其画风甚炽。山西虽然与苏州相隔甚远，但是从相关绘画上看，两地之间民间绘画的风格体现了一定的相似性。

第三，建筑样式。东壁北侧圣母出行及西壁北侧后宫备宝皆绘有大殿，与北壁的走廊露台连接。其中后宫备宝图中大殿匾额上书有“圣母娘娘殿”五字，故知二殿的名称应均为圣母娘娘殿。值得注意的是，圣母娘娘殿前方皆前伸出一屋，类似于宋代龟头屋

1 ［清］叶梦珠撰，来新夏点校《阅世编》卷八，中华书局，2007年，第202—203页。

的形制，但是前方没有抱厦，为卷棚顶形制。卷棚顶为明代晚期宫殿官舍开始流行的屋顶形制，比如说初刻于万历四十六年（1618）《金瓶梅词话》第二七回曰："话说来保正从东京来，下头口，在卷棚内回西门庆话。"[1]其中就提到了官舍为卷棚顶形制；成书于天启元年（1621）文震亨《长物志》卷一"室庐·总论"中说文人造居室"忌有卷棚，此官府设以听两造者，于人家不知何用"[2]，亦明确提到官府多用卷棚；大约成书于天启年间（原书有高攀龙天启四年、冯从吾天启五年序）的曹于汴《仰节堂集》卷四"增建观音庙碑记"说重修后的观音庙有"神殿三间，卷棚三间"，"侍御缉敬李公生祠记"记创建的李公生祠有"正楼三间，卷棚三间"[3]，均提到庙宇、祠堂在正殿、正楼外亦建有卷棚屋。现存万历年间的戏楼也有用卷棚顶者，如万历元年（1573）创建的太原晋祠水镜台前台、万历九年（1581）创建的忻州东张关帝庙戏台前台、万历十八年（1590）创建的介休洪山源神庙乐楼的后台等均采用的是该形制的屋顶。

第四，马上鼓吹。东壁圣母送子出行、西壁圣母回銮分别绘有四组马上仪仗和鼓吹，每组三至八人，以五人五骑居多，形式简洁，鼓吹的乐器有唢呐、长尖、号筒和鼓。汉代时的宫中鼓乐是以北狄、西域的乐器胡角、胡笳、羌笛等与中原先秦传统乐器鼓、排箫、笛等融合而成，由鼓吹署专事掌管，进而形成制度。汉代形成的鼓吹制度在其后得到沿袭，并随着时代的发展而有所变化。明代出现了以打击乐器鼓，和吹奏乐器管、角、唢呐为主的合奏形式，形成了具有时代特色的官府仪仗乐队。唢呐在唐代已经出现，但是该名称在明代才开始出现，明代唢呐在军中和民间都很流行，成书于万历三十七年（1609）左右王圻、王思义编集的《三才图会》曰："唢呐，其制如喇叭，七孔，首尾以铜为之，管则用木。不知起于何代，是军中之乐也，今民间多用之。"[4]长尖，喇叭的一种，又称招军、先锋、大杆号，《三才图会》曰："喇叭，其制以铜为之。一窍直吹，身细，尾口殊敞，似铜角。不知始于何时，今军中及司晨昏者多用之。"[5]汾阳圣母庙壁画中长尖的吹口有直筒和弯筒两种形式，其中直筒形为长尖形制，弯筒形比较少见。号筒，又称铜角，《三才图会》曰："铜角，古角以木为之，今以筒，即古角之变体也。其本细，其末距，本常纳于腹中，用即出之。为军中之乐。"[6]《三才会图》绘有上述军乐图像，其形制均与壁画相合。此外，汾阳圣母庙壁画中的鼓吹与明代晚期刊本《蓝桥玉杵记》、《灵犀锦》宴乐插图中鼓吹的形制亦大体一致。

此外，上庙村太符观圣母殿壁画绘制于万历前期，从仕女样式、风格上看，田村圣母庙壁画的年代应略早于上庙村圣母殿，详细论述见下一小节"汾阳太符观圣母殿"中"（三）圣母殿壁画的特点与后土信仰"，故推测田村圣母殿壁画的绘制年代约与建筑大约同时或稍晚，即嘉靖二十八年（1549）或稍晚。

附录　明嘉靖二十八年（1549）重修田村里神母庙碑记

重修田村里神母庙碑记

汾城西五里许，为田村，连络向阳诸山，禹门南抱，彪岭北环，盖汾西之隩区也，宜

1 ［明］兰陵笑笑生撰《金瓶梅词话》，台北里仁书局，2015年，第381页。
2 收于黄宾虹、邓实编《美术丛书》三集第九辑，第128页。
3 收于《文渊阁四库全书》第1293册，第726、733册。
4 ［明］王圻、王思义编集《三才会图》中册，上海古籍出版社，1988年，第1134页。
5 ［明］王圻、王思义编集《三才会图》中册，第1133页。
6 ［明］王圻、王思义编集《三才会图》中册，第1133页。

有庙祀哉。顾神母庙建代不可粤，惟门匾题曰“神母祠”，旧址殿庑轩楼将颓然于草莽中，而石刻神像爽然独存。其亦山川之精，水土之神，有功于民，则祀之。而岁久易湮欤。先年戊申居民鸠众潺功，为重修计，各捐资不等，约百余金，尚未完。适严双松九龄还自淮上，以尝祷嗣获应慨然出百金，用报神惠，越今年己酉遂告厥成。广正殿为三楹，列廊庑为六楹，虚轩特起，层楼耸立，振以钟鼓，缭以周垣，神像焕然一新，金碧交映，云烟相连，足以妥神明而表奠安，壮瞻仰而作诚肃矣。夫庙尚夫义建，祀嫌于黩举，兹曷取尔也。予观西北诸山，峰峦崒峍，崖壑盘纡，庙居其麓，禹河迤逦而来，转折潆回环抱庙前，盖山川之交会间也，岂所谓含泽布气，钟一方之灵秀，触石吐云，兴百里之风雨，效捍御昭，感应默有，裨于兹土乎？故修饰庙貌，答神赐也。祈祷丰穰，庇神休也。庙以众建，教民义也。祀以时举，教民敬也。幽格而明歆矣。岂曰黩神诬世者哉。岳渎崇祀礼也，山川之神，祀典不载，亦附于礼而协也。宜记于无穷云。

嘉靖二十八年己酉岁季秋望日举人龙冈王纬撰。

摘自王堉昌《汾阳县金石类编·补遗》

二、汾阳太符观圣母殿

太符观，俗称上庙，位于汾阳县城东北十五公里的杏花镇上庙村。坐北朝南，两进院落，沿中轴线南起依次为山门、倒座戏台、昊天玉皇上帝殿（简称昊天殿），前院东、西配殿分别为关帝殿、二郎殿，后院东、西配殿分别是后土圣母殿（简称圣母殿）、五岳殿。昊天殿、圣母殿内现在保存有明代万历年间的雕塑、壁画，其中圣母殿内的壁画样式、风格与不远处田村后土圣母庙的相近，具有较高的价值。

（一）太符观的重修与壁画的年代

太符观始建年代不详，金承安五年（1200）民众及天宁观道士等捐资建醮坛一座，太符观时任主持为张若愚，当时所立的《太符观创建醮坛记》碑现仍有保存，嵌于昊天殿外墙中[1]。现存昊天殿面阔三间，进深三间，单檐歇山顶，为金代原构。

万历九年至十一年（1581—1583），因昊天殿内梁木损坏欲坠，里人郝永国与众人合资重修，万历十一年（1583）《重修太符观殿记》碑（见第275页附录一）曰：

> 东廊以祠后土，往年被焚，即里人郝永国，会众诵营，已告完矣。正殿三楹，以妥上帝。有父道焉：“废而不修，甚非心之祈安。”永国者，因内柏将颠，售价若干。乃复加勤励，运瓦石，备颜料，鸠工以葺之。凡百支用，不假人力。伟哉功乎！檐阿华彩而廉隅整饬，则其所以续先人以归肇祀者，赖是不坠也。经理于万历九年七月内，迄于万历十一年六月告成。

值得注意的是，其中提到圣母殿“往年被焚”，郝永国与众人捐资重建，重修昊天殿最主要的功德主也是郝永国，故两殿重建年代应相隔不远。圣母殿东壁北起第三尊圣母（后土）塑像座椅靠背北侧有“成尊/王御制/郝鸣高”榜题，南侧有“成尊/郝大鹏/董天成”榜题，第四尊圣母塑像座椅靠背北侧有“成尊/赵国玠/赵国玫”榜题，南侧有“成尊/赵国□/王尧臣”榜题。其中郝鸣高的名字在明万历三十年（1602）《太符观肇会衍庆碑铭并序碑》碑阴有出现，该碑阴刻每岁轮流赛贺社首姓名，共十甲，第陆甲有“郝鸣晋、郝鸣杰、郝鸣高”的姓名，榜题中郝鸣晋与郝鸣杰左右并列，推测他们可能是亲

1 昊天殿外墙中嵌有碑四通，西起依次为《尽善北里施钱人碑》（之一）、《太符观创建醮坛记碑》《新竖后土香资记碑》《尽善北里施钱人碑》（之二）。

兄弟关系，郝鸣高位于两人名字下面，和他们可能是堂兄弟关系，郝鸣晋、郝鸣杰也在万历十一年（1583）《新竖后土香资记》碑（见第275页附录二）中并列出现。此外，《太符观肇会衍庆碑铭并序》碑阴每岁轮流赛贺社首姓名第柒甲有“王尧相”的名字，与东壁北侧第四尊圣母塑像座椅南侧的“王尧臣”可能是兄弟关系。那么，修建圣母殿的功德主与万历十一年（1583）捐助后土香资、万历三十年（1602）所排每岁轮流赛贺社首的大体是同一拨人，他们应是兄弟、乡朋关系。综合上述情况推测，圣母殿建筑、壁画大约同时，年代约在万历九年至十一年（1581–1583）之间，不晚于万历三十年（1602）。

万历三十年（1602），里中耆德寿官王廷凯、王会极与国宾王凤位商议，捐资新饰殿庑，增建砖窑，《太符观肇会衍庆碑铭并序》曰：

> 万历丁酉之岁，里中耆德王廷凯、王会极，国宾王凤位，厥议经营，慨然有奉神利民之想。乃饰其殿庑，新其倾圮，捐财集资，增砖窑二十空（孔）于二门之内。

此外，万历三十年（1602）《太符观肇会衍庆碑铭并序》碑阴并刻有每岁轮流赛贺社首姓名，形成十甲制度。万历三十六年（1608），在五岳庙南侧增修紫微阁，立《增修紫微阁》碑。清康熙四十四年（1705），里人公议十甲轮流清扫、维修殿宇。乾隆十五年（1750），主持募资彩绘五岳庙，立《彩绘西廊志》碑。道光十年（1830），因康熙四十四年（1705）所议的十甲保修的制度没有得到遵守，观中六十余亩土地也被主持典当一空，十甲纠首会议决定将土地尽数赎回，禁止主持再次典当，香火得以延续。

（二）圣母殿壁画的内容

圣母殿位于后院东厢，坐东朝西，面阔五间，进深三间，单檐悬山顶。东壁塑有五尊圣母坐像，最中间圣母两侧各立一男装女官，其中一女官抱子，推测该圣母应为主尊后土圣母。其他圣母两侧各立一侍女。每尊圣母身后皆绘有类似座椅靠背的屏风。后土两侧绘宴乐图，各立五位侍女，北侧五位分别演奏拍板、曲颈琵琶、笙、阮咸、锣（图3–3–13）；南侧三位分别演奏横笛、笙、曲颈琵琶，一位双手拢袖中，一位似抱笙（图3–3–14）。北起第一、二位圣母之间，第四、五位圣母之间各立四位侍女，第一、二位之间两位侍女分别捧盒、经册，另两位似均双手拢袖中；第四、五位之间两位侍女分别捧罐、经册，一位右手抬胸前，竖一指，另一位双手拢袖中。

北、南壁各塑有两尊圣母坐像，圣母两侧皆有侍女或女官。其中北壁西侧圣母怀抱一子，东侧圣母侧一女官抱子。北、南壁上侧皆有影塑，分别为圣母乘龙出行和圣母乘龙辇出行，圣母前后围绕有女仙、仙官、力士、小鬼等眷属。

上述圣母的具体身份不清，太符观文管所在每尊圣母前加其名号，各有专职，其职司均与子嗣有关。其中东壁五尊北起依次为斑疹葆和慈幼娘娘（斑疹娘娘）、子孙圣母（子孙娘娘）、后土圣母、引蒙通颖导幼圣母（通颖娘娘）、初始立毓稳形圣母（婚配娘娘）；南壁两尊东起依次为育德广胤圣母（智慧娘娘）、催生顺庆保幼圣母（护佑娘娘）；北壁两尊东起依次为送生衍庆保佑圣母（如意娘娘、接生婆）、乳引哺侍圣母（奶母娘娘）。后土等多尊圣母像并列更早地见于四川大足南山石刻南宋第4号三圣母龛，后壁坛上塑

图 3–3–13　奏乐侍女，明，太符观圣母殿东壁北侧

三圣母像，中间一尊头顶宝盖上刻“注生后土圣母”，龛左立一着盔甲的神将，其上左侧有“九天监生大神”阴刻牌位，龛右立一女神，其上右侧有“九天送生夫人”阴刻牌位。

图 3-3-14 奏乐侍女，明，太符观圣母殿东壁南侧

(三)圣母殿壁画的特点与后土信仰

上庙村太符观圣母殿壁画大约绘制于万历九年至十一年(1581—1583)之间，与嘉靖二十八年(1549)或稍晚田村圣母庙正殿壁画有着一定的相似性，主要体现在：

第一，上庙村圣母殿内塑有九尊圣母像，东壁最中间的一尊为后土圣母塑像，其两侧有演奏各种乐器的伎乐壁画，后土两侧圣母的外侧还有捧食盒、罐、经册及双手拢袖中的侍女壁画，这种后土两侧先绘伎乐再绘备宴、备宝的布局与田村圣母庙正殿北壁绘画大体相似；

第二，上庙村圣母殿北、南壁还分别有圣母乘龙出行和圣母乘龙辇出行的影塑，这与田村圣母庙圣母送子出行壁画的主题相似；

第三，上庙村圣母殿与田村圣母庙正殿壁画中仕女的体态、风格大体相似，众仕女均体态修长，衣纹用线简劲锐利，时有方折，略带有钉头鼠尾的笔意。

从发饰、着装上看，上庙村圣母殿众伎乐、侍女的身份和等级明显比田村圣母庙的要低。上庙村圣母殿和田村圣母庙伎乐、侍女头顶发髻均大如拳，但上庙村圣母殿的略显扁平，且两鬓有发髻下垂及耳，不饰珠玉，系之或覆之以巾，趋于质朴。上庙村圣母殿伎乐、侍女服饰多为青、灰二色，少数为红、土黄色，且衣服上没有纹饰，不及田村圣母庙的鲜丽、富贵。从衣纹笔法上讲，上庙村圣母庙更有力度，转折也更为劲健。从仕女样式及风格上看，上庙村圣母殿壁画年代也应晚于田村圣母庙。

太符观以昊天殿为正殿，圣母殿、五岳殿分别为东、西厢配殿。太符观祭祀的主神有玉皇上帝、后土圣母和五岳大帝，其中后土信仰在太符观的信仰系统中占据着重要的地位。明万历十一年(1583)《新竖后土香资记》碑记载了各里社首每岁后土圣母圣诞——四月八日在太符观迎神赛社，以及六月二十四日在太符观进香的情形，文曰：

> 故每岁四月八日，各里社首，备礼奏乐，以庆圣诞，所以尽人心答神贶也。然报赛虽在于兹日，而进香则在于六月二十四日也。维时，远近殊方，同轨毕至，金帛异文，士女一敬。间有为亲者、为身者，又有为嗣者，虔诚祈祷，无不获应，各输香资，次第是守。

因为每岁四月八日在太符观举办庆祝后土圣诞的迎神赛社活动，所以万历三十年(1602)重修太符观的肇基也定在了四月八日，同时安排了互市贸易活动，并将里人编为十甲，每岁轮流主持四月八日的迎神赛社活动以及四月一日至十日的互市贸易，万历三十年(1602)《太符观肇会衍庆碑铭并序》记曰：

> 以四月八日之辰肇基大会，聚四方财货马畜而贸易之。卺献孔殷，互市称便。然恐里无城郭，事有偷堕，复议尽善南北，与大北郭三里之众，取敦谊忠实者编为十甲，轮流而保助之。前三信善者，调停而董治之。自朔之一日，至十日止。洋洋在上，感齐稷而居歆；啧啧腾欢，望良辰而咸集。使郊牧之地，俨成胜绩。

后土信仰在晋中、晋南，尤其是汾河流域有着深厚的群众基础。与汾阴后土祠、汾阳田村圣母庙一样，上庙村太符观圣母殿也位于汾河流域后土信仰文化圈内。无论是圣母庙、圣母殿的修建、塑绘，还是民众在庙、观中举办的庆祝圣母圣诞迎神赛社等的相关活动，以及在此基础上扩展而成的互市贸易，都构成了圣母信仰文化的组成部分。

附录一 明万历十一年（1583）重修太符观殿记碑

1 重修太符观殿记
2 村北曰太符观胜迹地其地势高阜山
3 川翠秀楼空半染岚霞殿古叠埋云雾
4 且荫以怪木杂以奇葩自下观之巍然
5 焕然诚仙境也以故羽流异士罔不游
6 者况天施地生而岳渎诸神则又民用
7 所资祭仪曰凡有益于民者则祀之是
8 皆有益于民者岂可忘报东廊以祠后
9 土往年被焚即里人郝永国会众诵营
10 已告完矣正殿三楹以妥上帝有父道
11 焉废而不修甚非心之祈安永国者因
12 内柏将颠售价若干乃复加勤励运瓦
13 石备颜料鸠工以葺之凡百支用不
14 假人力伟哉功乎檐阿华彩而廉隅整
15 饬则其所以续先人以归肇祀者赖
16 是不坠也经理于万历九年七月内
17 迄于万历十一年六月告成呜呼天
18 子南郊祀天者分也降是而诸侯而大
19 夫均谓之僭僭而不享况庶人乎虽然
20 分不同也而心同心不同也而理同理
21 同则所以敬事天神于以酬□生物之
22 功者天子庶人其心一也奚暇计天神
23 之享不享哉况报赛以祈年□吾乡之
24 偖尚也舍是曷之焉是因可以永其传
25 内妆钟鼓楼二座
26 郡庠生南渠王廷璇撰
27 郡庠生春野郝天育书
……（施饭人姓名，略）
35 石工降进学
36 大明万历十一年六月二十四日立石

附录二 明万历十一年（1583）新竖后土香资记碑

1 新竖后土香资记
2 郡庠生尽善南里王洲任瓒撰
3 郡庠生尽善南里月磐郝桂书
4 卜山之阳有昊天后土祠其来弗克稽矣
5 原其义无非酬资始资生德也故每岁四

6 月八日各里社首备礼奏乐以庆圣诞所
7 以尽人心答神贶也然报赛虽在于兹日
8 而进香则在于六月二十四日也维时远
9 近殊方同轨毕至金帛异文士女一敬间
10 有为亲者为身者又有为嗣者虔诚祈祷
11 无不获应各输香资次第是守迨万历十
12 年乃及尽善南里致仕官东溪郝文纯等
13 经理会计银货数盈一斤之上除赛享外
14 置枣园五亩余膳桌三张依数罄然焉未
15 尝丝毫自私也故志石云
16 嗟嗟我公翼翼小心礼乐明备
17 是享是陈置田置器无一不清
18 昊天不爽福善祸淫此心无愧
19 昭鉴神明命工勒石播告后人
20 大明万历十一新正吉旦立
……（施钱人姓名，略）

三、高平仙翁庙

仙翁庙，又名仙翁祠，全称总圣仙翁庙，位于山西高平市西北八公里的伯方村。坐北朝南，前设山门和钟鼓楼，中间有长廊直通正殿（又称仙翁殿，匾额上书“张果老祠”），正殿东、西侧配殿分别为三教殿、双忠殿，其中正殿保存有明代壁画。

（一）仙翁庙的营建

仙翁庙修建于何时已无考，但是在明代时已为古迹，明成化七年（1471）《重修西总圣仙翁庙记》碑[1]（见第282页附录一）：

> 高平之邑，其来尚矣。境内多有名山大川，古庙民祠，四方往来顾瞻者，莫不嘉其山清水秀，下界秀丽。本村之西有一名山清意蘸财山，此山巅之上有一平地，方圆可有数十亩，上有古迹，总圣仙翁庙在焉，即古真仙景也。古人云，仙翁即世所谓张果老是也。

碑文中称为“古迹”，未指明系何时。明嘉靖四十年（1561）《重修仙翁祠记》碑（见附录二）称：“然祠之建，不知昉于何时。”成化七年（1471）碑文又曰：“自唐宋至我朝，其庙感应之灵验不计年矣。”似表明该庙可溯至唐。成化七年（1471）碑正文中“仙翁”二字都被后人毁坏，但是碑额“总圣仙翁庙”五字犹在，故知该庙全名为总圣仙翁庙，简称仙翁庙。

该庙主尊塑像为一仙翁，此仙翁过去曾被认为是八仙之一的吕洞宾，实际上碑文中已经明确说：“古人云，仙翁即世所谓张果老是也”，指出仙翁是张果老。此外，明嘉靖四十年（1561）《重修仙翁祠记》碑曰：

> 余考《□□山石洞记》云：□□□隐于颍州，尝往来汾水，乘白驴，日行千里，休则叠之，其厚如纸，置巾箱中，乘则以水噀之。故唐玄宗遣人迎之，累呈仙术，封其所居山曰□□，立庙时祀之。

1 立于殿外东侧。

其中提到纸驴和唐玄宗召见二事。唐明皇见张果老在唐刘肃《大唐新语》卷十“隐逸”中记载甚详：

张果老先生者，隐于恒州枝条山，往来汾晋。时人传其长年秘术。耆老咸云：“有儿童时见之，自言数百岁。”则天召之，佯尸于妬女庙前。后有人复于恒山中见。至开元二十三年，刺史韦济以闻，诏通事舍人裴晤驰驿迎之。果对晤气绝如死。晤焚香启请，宣天子求道之意，须臾渐苏。晤不敢逼，驰还奏之。乃令中书舍人徐峤、通事舍人卢重玄　赍玺书迎之。果随峤至东都，于集贤院肩舆入宫，倍加礼敬。公卿皆往拜谒。或问以方外之事，皆诡对。每云：“余是尧时丙子年生。”时人莫能测也。又云：“尧时为侍中。”善于胎息，累日不食，时进美酒及三黄丸。寻下诏曰：“恒州张果老，方外之士也。迹先高上，心入窅冥，是混光尘，应召城阙。莫知甲子之数，且谓羲皇上人。问以道枢，尽会宗极。今将行朝礼，爰申宠命。可银青光禄大夫。仍赐号通玄先生。”累陈老病，请归恒州，赐绢三百疋，并扶持弟子二人，并给驿舁至恒州。弟子一人放回，一人相随入山。无何寿终，或传尸解。[1]

唐郑处海《明皇杂录》引用时增加了如下记载：

果乘一白驴，日行数万里，休则折叠之，其厚如纸，置于巾箱中；乘则以水噀之，还成驴矣。[2]

其中张果老骑白驴的描述与碑文基本相同。

《旧唐书·方伎》为张果列传，基本内容采自《大唐新语》，增加了玄宗试其方术以及尚公主的情节，并在结尾处说张果老被放归后入恒山，玄宗在其隐所蒲吾县（后改名为平山县）为造栖霞观。唐玄宗见张果老的故事在民间广为传颂，元任仁发就曾绘过《张果老见明皇图》卷[3]。伯方村建有仙翁庙奉祀，应即源于张果老骑纸驴“尝往来汾水”的传说。成化七年（1471）碑文称“自唐宋至我朝，其庙感应之灵验不计年矣”，将该庙的年代追溯到唐代，又碑文称“前人重修是庙，无有碑记”，表明该庙没有古碑流传下来，那么碑文将该庙的年代追溯至唐，可能是附会了张果老骑纸驴往来汾水的传说。

据成化七年（1471）《重修西总圣仙翁庙记》碑，天顺六年（1462），本邑伯方村赵志敏“见其庙宇倾颓疏漏，神像霖（淋）雨，风吹日考（烤），可坏金神”，会同本村香老一百七十余门重修正殿，天顺八年（1464）工毕。本地人立庙奉祀及重修之主要动机，在于祈雨，碑文曰：

凡有祈祷者，自然□德及□（焉？），神化无方，若遇岁旱，有祷辄应，能出云雨，邦人赖之，物不疵疠，境内田禾，靡不丰登，弥灾捍患，泽及方民，□（奉？）祀而不敢懈怠。历代修崇，加封圣号，由是庙貌愈尊，而人民益敬为焉。自唐宋至我朝，其庙感应之灵验不计年矣。

天顺六年至八年（1462—1464）重修，其直接动因亦在于祈雨灵验，碑文称：

天顺六年，苍天有旱，自春至夏，亢阳不雨。祈祷诸祠，未蒙感通之应验，民心煎熬，秋成失望。有本邑伯方村善士赵志敏，会请善士廉铎、武景闰，各发诚心，纠夆本村香老前去西祖殿内祈祷告圣，得为霖雨，此莫非仙翁之感应也。

其中西祖殿应即仙翁庙。正德十四年（己卯，1519），本村人武璲及东厢李义重修。嘉靖二十三年（甲辰，1544），李玹刑樽等“立大门五楹，砌石台丈许，门外又易民地以便出入”。当时修庙并未立碑，嘉靖四十年（乙丑，1561），武璲孙武珂的妻子贺氏率子希松、希鹗立《重修仙翁祠记》碑（见第283页附录二）。

---

1 许德楠、李鼎霞校注本，中华书局，1984年，第157页。

2 田廷柱点校本，中华书局，1994年，第30页。

3 现藏于故宫博物院。

（二）正殿壁画的内容

正殿前有廊（图3-3-15），殿内北、东、西三壁皆绘有壁画，壁面石灰层薄，且不平整，常有剥落。北壁设坛，坛上塑张果老铜坐像，手抱鱼鼓筒板，系后补。坛两侧砌墙，张果老像后墙上中间绘一帝君装扮的神祇，头戴道冠，方额广颐，眉眼均上斜，隆鼻厚唇，上唇两侧及颔下有浓须，外披青色长袍，双手抱胸前。帝君两侧分别绘一侍女捧物，一侍女举华盖，一大臣捧笏，其中右侧侍女捧插灵芝的方瓶，左侧侍女捧物不清。

北壁坛外两侧绘众神祇、官员面朝中间帝君，从神祇形象及布局来看，应为四海龙王前来朝拜的情形。北壁东侧（图3-3-16）中间有两位神祇颇为突出，均戴冠，赤面须髯，面容威武，双手捧笏，为两位龙王，其中前方者着红色朝服，后方者着青色朝服。他们身侧有侍女、鬼卒、仪仗等侍从，尤其是一些鬼卒的形象颇为生动。比如说前面一位龙王右侧有一青面鬼卒，红毛上竖，灰眉圆目，阔鼻方口，肩扛斧钺，斧钺的头部饰鱼头形，北壁其他武士所执的斧钺亦多有此特点。后面一位龙王身后有一青衣判官，头戴幞头，两侧毛发上竖，赤面白眉，圆目塌鼻，向后张望。其身后另有二鬼卒，一青面一赤面，面容怪异，青面者灰眉圆目，阔鼻方口，口大张，头披红巾，手捧珊瑚；赤面者尖耳竖发，尖嘴獠牙，背成捆的判簿。在龙王及部从上方云端，绘有二龙及相关神祇。二龙下方正好是二龙王，第一条龙背上方有一赤面须髯大汉，第二条龙首侧亦有一大汉。龙前方有一头戴黑色幞头、身着青衣、手执牌符的使者，使者身后，即第一条龙首侧有一青面灰眉的鬼卒，头顶系巾，阔鼻方口，其形象在下方队列曾两次出现。二龙之后，绘众多神祇及鬼卒，

图 3-3-15　仙翁庙正殿外景

图 3-3-16　仙翁庙正殿北壁东侧，明

图 3-3-17　仙翁庙正殿北壁西侧，明

其中一青面灰眉、阔鼻方口、头披红巾者，背一鼓鼓的风袋，为风伯；一灰面红发、圆目阔鼻者，双手抱镜者，为电母；队列最后白面长须、双手抱瓶者或为雨师；等等。

北壁西侧（图3-3-17）中前部亦绘两位龙王，二龙王位置相距稍远，均头戴冠，赤面须髯，回首而视。其中前方者着青色朝服，双手捧笏，后方者着灰色朝服。龙王身侧，有捧剑的侍女、捧笏的官员、持仪仗的武士及判官鬼卒等。队伍前列有一身着黄衣者，脸部残毁不清，手执竹杖，身份颇为特殊。前方龙王右侧出现有青面鬼卒，红眉阔鼻，头披红巾，双手抱瓶。前面龙王身后立一青衣判官，头戴幞头，红面，圆目阔唇。该判官右侧立一青面鬼卒，头长双角，赤眉圆目，阔鼻方口，背一捆判簿。上方云端绘有三龙，前面二龙分别位于两位龙王上方，身躯蜿蜒，由于空间的关系，最后一龙身躯略短，第一龙身侧及第三龙背上皆有红面驭龙者。三龙身侧有多位形象凶恶的鬼卒、头裹青巾的武士，其中第二位龙王身侧一头顶束发、青面阔口、饰红色耳铛者，手握铜镜，为电母；其后一头生双角、红发竖起、白面尖耳、方嘴獠牙者，背一黄色风袋，为风伯（图3-3-18）。最后云端有一着黄色幞头、双手捧牌符的黄衣使者。

图 3-3-18　龙、电母、风伯等，明，仙翁庙正殿北壁

东、西壁分别绘帝君出巡、回銮之情形。东壁（图3-3-19）出巡队伍朝南侧行进，最前方一武士执长柄斧，其后两武士举宝盖，一官员捧笏为前导，该官员身后两侧各有一侍女，分别捧假山石、鲜花。再往后为帝君，头戴道冠，方额广颐，眼眉上斜，颌下及两侧长有三撮胡须，身着青色衮服，衮服上绣白鹤、火焰纹，双手相握。帝君两侧各有一侍女举幡，身后一武士举宝盖。帝君身后，一官员捧笏，二武士执剑，队列最后为二青衣童子，一以竹杖挑红色葫芦，一抱琴。东壁最南侧，有队列相迎，为首的官员头戴幞头，

图 3-3-19 仙翁庙正殿东壁，明

图 3-3-20 仙人赏鹤、奏乐，明，仙翁庙正殿东壁

身着红色官服，身后有青衣官员、甲士、鬼卒等。东壁以山石为背景，山石染以蓝色，用笔坚挺，层层叠叠的山石呈块状排列，笔法细腻，用小侧笔皴及点子皴，具装饰效果。帝君上侧云端，绘张果老骑白色毛驴，张果老为一老者，头戴东坡巾，额头上布满皱纹，有白须，身着交领长袍，右前方跟随一青衣童子，肩扛拄杖，杖上悬红色葫芦，身后青衣童子右臂挟一白色圆柱状物。张果老及二童子被红、黄二色祥云围绕，祥云呈团状，如同火焰。上方有一仙鹤翱翔而下。北侧上端有一山洞，从洞口透漏出来的朱门可以看出，这是一处道家洞天福地的入口。朱门半启，有青衣童子捧罐而出。门外绘众仙人观鹤奏乐（图3-3-20），中间者头顶束髻，黄面须髯，方脸大耳，眉眼上斜，着对襟白衫，袒胸肚，自在坐，右手抚长须，正观看前方展翅吟叫的白鹤，从该仙的相貌特征来看，笔者疑为八仙之钟离权。两侧另有六位仙人，其中三位奏乐，分别演奏拍板、笙、萧，另有三位拢袖观鹤听乐。南侧上端洞口，绘两位仙人交谈，他们身后有鹿、猿。张果老的形象还出现在出巡队列前方，张果老头戴东坡巾，身着青衣，右手执杖，身后跟随一红面青衣鬼卒。他们身后，一黄毛老虎和赤发鬼卒从山石后走出。

西壁回銮队列朝北侧行进，漫漶、残毁处相对较多。队列前方可见二侍女捧物，二侍女举幡，一大臣捧笏。然后是画面的主体——帝君，帝君形象与东壁相似，头戴道冠，方额广颐，眉眼上斜，身着青色朝服，双手拢袖中。帝君身后一武士举宝盖，两童子似捧物，身侧二武士举幡。帝君身后另有官员捧笏、童子捧物、武士持剑等。帝君上方云端，绘张果老骑毛驴飞驰的情形（图3-3-21），张果老作老者形，头戴东坡巾，身着青衣。其上方有一仙鹤衔灵芝翱翔而下。该壁亦以山石为背景，山石画法与东壁同。南侧上端山洞内，绘一头裹巾的青衣老者坐石凳上，其装扮与帝君上方骑毛驴的张果老相似，应亦为张果老（图3-3-22）。张果老前方一官员捧笏作禀报状，侧有一童子似正在为香炉添加香料，另在里侧石凳上放有黄色药葫芦。洞外有树攀崖而生，一猿猴攀树上摘另一棵树上的果子，为画面增添了生机。北侧上端洞内亦绘一洞天福地，洞内朱门半启，一童子从门内走出，门外有六位仙人，赤脸须髯袒胸腹者似为钟离权，着百衲衣以手拄拐者应为铁拐李，着黄色长袍抱剑者可能是吕洞宾，身着白袍吹笛者或为韩湘子，另外两位仙人身份不清，其中一位持鼓。

图 3-3-21　张果老骑毛驴，明，仙翁庙正殿西壁

图 3-3-22　张果老接受官员禀报，明，仙翁庙正殿西壁

（三）正殿壁画的特点及年代

关于仙翁庙正殿壁画主体神祇——帝君的身份，当地一般认为是唐玄宗，认为东、西壁壁画表现的是唐玄宗在泰山封禅的情形，李俊杰《高平"总圣仙翁庙"之谜》[1]等持此说，张鹏主编《中国寺观壁画全集·7·元明清神祠壁画》仙翁庙词条中亦承袭该观点。虽然张果老信仰与唐玄宗有着紧密的联系，但是实际上并没有证据能证明东、西壁的帝君就是唐玄宗。笔者在实地考察时发现，此帝君亦出现在北壁张果老塑像背后，两侧有一侍女举宝盖，两侍女捧宝，两大臣捧笏。帝君身侧的侍从并不像是皇帝的配置，而应该是帝君性质神祇的一般性配置，至于帝君的身份，留待以后进一步研究。汾阳圣母庙正殿壁画图像中，北壁为后宫备乐、备飨，东壁为圣母送子出行，西壁为圣母回銮和后宫备宝。仙翁庙正殿北壁为帝君宫殿和四海龙王朝拜，东壁为帝君出巡，南壁为帝君回銮，其图像配置与圣母庙正殿类似，体现的是明代神祠壁画的一般性特点。

成化七年（1471）《重修西总圣仙翁庙记》、嘉靖四十年（1561）《重修仙翁祠记》等

1　《山西日报》2005年3月8日。

碑记中均提到重修、奉祀仙翁庙最重要的原因是祈雨灵验，仙翁庙正殿壁画也强调了此特点，如北壁两侧壁画表现的就是四海龙王朝拜的情形，尤其是上方表现了五龙、风伯雨师电母等。东、西壁与张果老相关的图像中，既有张果老骑白驴行进的情形，也有官员向张果老禀报的场景，张果老被塑造成掌管一方土地的神祇。此外，笔者注意到张果老身侧通常会有药葫芦出现，表明张果老还有治病的功能。张果老属于八仙之一，东西壁还表现了其他几位仙人的图像，均与洞天福地联系在一起，或在门前观鹤奏乐，或在门前行进。

从艺术风格上看，神祇面部用红色的细笔勾勒，精致细腻，胡须根根劲健，衣纹用粗笔，笔力滞重。壁画颜色有绿、红、蓝、黄、白、灰等色，尤其是山石用蓝色比较罕见。壁画中女性面型圆润，部分武将衣带翻飞，犹存有唐宋古意。关于该壁画的年代，从风格样式上看，笔者认为有两点和嘉靖四十一年（1562）怀安昭化寺相似：

第一，仙翁庙壁画祥云的造型大体分为两种：一是呈卷云状，或疏或密，有绿、红、白等颜色；二是呈火焰状，底部呈卷云状，头部呈升腾的火焰状，有红、黄两种颜色。卷云状的祥云比较普遍，火焰状的祥云则相对少见。火焰状的祥云不仅将东西壁上端骑白驴的张果老团团围住，而且亦出现在帝君出巡、回銮队列的外侧。火焰状祥云及祥云将神灵团团围住也是昭化寺壁画的特点。

第二，仙翁庙在用色上的一个典型特点是，东西壁山石皆染以蓝色，这在壁画中是颇为罕见的。在昭化寺壁画中，亦运用了大面积的蓝色表示天空。昭化寺、仙翁庙皆以大面积的蓝色作为背景的颜色，体现了共同的特点。

当然，昭化寺、仙翁庙壁画在线条风格上是完全不一样的，昭化寺线条迅疾劲利，仙翁庙壁画粗重质朴。仙翁庙天顺、正德、嘉靖数次重修的碑文中，均未提及正殿壁画，据称正殿正脊鸱吻背面发现有嘉靖十七年（1538）铭文[1]。总体来说，笔者认为仙翁庙壁画的时间不早于嘉靖四十一年（1562）的昭化寺，大约是在嘉靖晚期或以后。

附录一　明成化七年（1471）重修西总圣仙翁庙记碑

（碑额）重修西总圣仙翁庙记

1 高平之邑其来□矣境内多有名山大川古庙灵祠四方往来观瞻者莫不嘉其山清水秀下界壮丽

2 本村之西有一山名曰清竜蘸财山此山东有诸神在焉西有清竜沟逆流之水南有清泉即古不断

3 北有□角池不知水之多深其山四面抱环形势可畏岭岫峰峦耸然此山岭之上有一平地方圆可有

4 数拾□亩上有古迹

5 总圣仙翁灵庙□焉即古真仙景也古人云仙翁即世所谓张果老是也故土人立庙祀焉凡有祈祷

6 者自然□德及□（焉？）神化无方若遇岁旱有祷辄应能出云雨邦人赖之物不疵厉境内田禾靡不丰登弥

7 灾捍患泽及方民□（奉？）祀而不敢懈怠历代修崇加封圣号由是庙貌愈尊而人民益敬为焉自唐宋至我

8 朝其庙感应之灵验不计年矣迨今年远而林日炙之既久风催（摧）霆震之年深或具或废轮换不知其

1 张鹏主编《中国寺观壁画全集·7·元明清神祠壁画》，图76说明。

9 几比年以来墙倾壁败栋朽楹欹簷桷倾柝丹雘剥落四方祈祷而瞻视者莫不测（恻）然具叹虽欲鸠工

10 而鼎新其可得乎天顺六年苍天有旱自春至夏亢阳不雨祈祷诸祠未蒙感通之应验民心煎熬秋

11 成失望有本邑伯方村善士赵志敏会请善士廉铎武景闰各发诚心纠夆本村香老前去西祖殿内

12 祈祷告圣得为霖雨此莫非仙翁之感应也由是善士赵志敏见其庙宇倾颓疏漏神像霖（淋）雨风吹日

13 考（烤）可坏金神三人谨发虔心□（捐？）金舍力会众本村香老计一百七十余门聚集椽檩瓦栈一应大小木

14 植俱全拆毁重修正殿换（焕）然一新至天顺八年工毕之日欣欣然而相告曰庙重修矣时岁和矣五谷

15 丰矣我下民将何以答神灵之休哉于是四邻之民集其羔豚载其□酒长幼相携老弱相扶摩肩叠

16 迹欢欣歌舞享赛神灵而告其感也赵公言曰前人重修是庙无有碑记今兹庙貌重修岂无记志刻

17 于后乎赵公备礼毕恭请余为记余嘉其请故不辞而为之记

18 大明成化七年岁次辛卯春仲月吉日立长平隐士王彪述逸士侯英正里人赵毓书

19 在城仪民官刑惟深　　木匠西阳部文整

20 本村施主　　武能施香油一百斤　　坭匠本村赵辅

21 赵志敏施牛一只车二分半　　石匠本村李端男李铕

附录二　明嘉靖四十年（1561）重修仙翁祠记碑

1 重修仙翁祠记

2 赐进士第

3 长平后学邑庠生

4 长平后学邑庠生

5 余考□□山石洞记云张果老隐于颍州尝往来汾水乘白驴日行千里休则叠之其厚如纸置巾箱中乘则以水噀之如故唐玄宗遣人迎之累

6 呈仙术封其所居山曰

7 □□立庙时祀之吾泫伯方村故有祠曰

8 仙翁即此老也祠在村东北高冈左环丹水右抱西□诸嶂环青四流澄碧古木秀阴鹤鹳栖巢云霞团盖清幽阒寂非凡境也泫固汾之联壤也想

9 吕往来于汾时及于泫故居人祀之盖慕其术则思其人思其人则重其地重其地则祀其祠也然祠之建不知昉于何时正德己卯本村武璲及

10 东厢李义重修之顾岁久颓圮风雨蠹蚀栋宇门□几不可观至嘉靖甲辰李玹刑樽等复重修立大门五楹砌石台丈许门外又易民地以便出

11 入乙丑岁居民武珂者璲之孙也其妻贺氏率子希松希鹗因思祖氏之遗勋欲刻之贞珉以垂永久乃托省祭官暴宗仁丐记于余余问之曰若

12 祠若祀何也宗仁曰岁旱则祷之必应有眚则求之必祐是以祀也余曰神仙之说先儒已有详论其有无不可知然水旱由天祸福唯人固有感

13 召之者吾不意神仙之术能泽人佑人使人祷求敬祀如此噫舆情之尚不可回习俗之迷不可解未暇辨其是与非吾独爱其地形之嘉山水之

14 胜尘嚣之远飘飘乎亦有遗世独立羽化登仙之思也是为记

15 嘉靖肆拾年岁次乙丑菊月穀旦　　　　张希登

16 　　　　张孟林

17 　　　　王报中王正李应

第四章
清代

第一节　清代的佛教政策与寺院营建

清代的开国之君、太祖高皇帝爱新觉罗·努尔哈赤对佛教比较关心，于明万历四十三年（1615），亦即自称金国汗前一年，在沈阳之东赫图阿拉城东开始营建三世诸佛及玉皇殿等，共七大庙，三年乃成。天命六年（1621）十一月三十日，在取得辽东后不久，颁发了保护寺庙的谕旨："任何人不得拆毁庙宇，不得于庙院内栓系马牛，不得于庙院内便溺。有违此言，拆毁庙宇、栓系马牛者，见即执而罪之。"[1]这道谕旨对战乱中保存寺庙意义深远。

太宗文皇帝皇太极在位期间虽然对明、蒙古、朝鲜征伐不断，但是能保护佛教寺院、僧人，同时制定相应的政策对佛教进行约束、限制。天聪五年（1631）颁布禁止私自建寺的禁谕："奸民欲避差徭，多相率为僧。旧岁已令稽察寺庙，毋得私行建造。今除明朝汉官旧建寺庙外，其余地方妄行新造者反较前更多。该部贝勒大臣，可再详确稽察：先经察过准留者若干、后违法新造者若干。其违法新造者务治其罪。"[2]天聪六年（1632）设立僧录司、道录司，对僧人、道士进行管理："各庙僧道，设僧录司、道录司总之。凡通晓经义、恪守清规者，给予度牒。又定：僧道不许买人为徒，违者治罪。"[3]与此同时，积极保护古刹，兴修寺院，如天聪九年（1635年）敕令重修辽阳城西广祐寺；崇德元年至三年（1636—1638）于盛京西建莲华净土实胜寺；崇德八年（1643）敕令于盛京四郊建永光、广慈、延寿、法轮四寺。

顺治朝多尔衮摄政时期，入关伊始，政权尚未稳固，佛教政策相对比较严苛，要求"内外僧道均给度牒，以防奸伪"，"内外僧道有不守清规及犯罪人为僧道者，令主持举首。隐匿不举，一并治罪"，"又严禁京城内外，不许擅造寺庙佛像"[4]。顺治七年（1650）多尔衮薨世祖章皇帝福临亲政后，佛教政策变得相对宽松，顺治八年（1651）谕："先前曾禁止满、蒙、汉军私自修建寺庙，……现天下一统，满、蒙、汉军、汉人皆如一家，法律怎可有异？现满、蒙、汉军、诸官民等，若欲兴建寺庙，修复破旧寺

1 中国第一历史档案馆、中国社会科学院历史研究所译注《满文老档》，中华书局，1990年，第29页。

2 《清太宗实录》卷十，中华书局，1985年，第146页。

3 《大清会典事例·礼部·方伎》，新文丰出版公司，1976年，第11735页。

4 《大清会典事例·礼部·方伎》，第11735页。

庙，往寺庙上香，送孩童入教，随喇嘛斋戒受戒等，无论男女，皆可随意。”[1]顺治十三年（1656）上谕礼部：“朕惟治天下必先正人心，正人心必先黜邪术。儒、释、道三教并垂，皆使人为善去恶，反邪归正，尊王法而免祸患。此外乃有左道惑众，如无为、白莲、闻香等教名色，邀集结党，夜聚晓散，小者贪图财利，恣为奸淫，大者招纳亡命，阴谋不轨。”[2]明确地将儒道释三教与其他民间教派区分。顺治十四年（1657）后表现出极大的崇佛的热情，是年秋诏京师海会寺憨璞性聪禅师进宫宣讲佛法，后又诏玉林通琇、木陈道忞、茆溪行森等晋京，延入宫中问道。顺治十七年（1660）晋封玉林通琇禅师为“大觉普济能仁国师”，复敕设皇坛，玉林通琇为一千五百僧授菩萨戒，帝亦亲从其菩萨戒。

圣祖仁皇帝爱新觉罗·玄烨，推崇程朱理学，注重对佛教的管理、限制和利用，实行了一系列的佛教政策，主要体现在：

第一，完善佛教管理机构。康熙十三年（1674），仿明朝僧官之制完善天聪六年（1632）创立的僧官制度，正式确立了僧录司的官职、品秩、人数及晋级制度。僧录司设正副印各一人、左右善世各一人、左右阐教各一人、左右讲经各一人、左右觉义各一人。僧录司正印由内务府副大臣中选出，副印由熟通经典的僧官担任。僧官以左为尊，晋级由下一级依次递补，右觉义由候补僧官升补。若无候补之人，僧录司选取在京僧人进行考试录取。并在府设僧纲司，州设僧正司，县设僧会司，对地方僧人进行管理，地方僧官由巡抚上报礼部补授。

第二，严格控制寺院数量和僧道人数，加强度牒管理，禁止私自创寺。康熙四年（1665）题准：“兴京、盛京及京师寺庙僧道，均遵旨建设外，其余前代敕建寺庙，各设僧道十名，私建大寺庙各设八名，次等寺庙各设六名，小寺庙各设四名，最小寺庙各设二名。”“本户不及三丁，及十六岁以上，不许出家，违例者治罪，僧道官及住持知而不举者，一并治罪，罢职还俗。”[3]用对出家条件及寺院僧道人数的限制，严格控制僧道人数。康熙六年（1667）皇帝亲政伊始，即敕礼部调查全国寺院及僧道数量：敕建大寺庙六千零七十三座，小寺庙六千四百零九座；私建大寺庙八千四百五十八座，小寺庙五万八千六百八十二座。僧十一万零二百九十二名，道二万一千二百八十六名，尼八千六百一十五名。共计寺庙七万九千六百二十二座，僧尼道士十四万零一百九十三名。加强度牒管理，康熙十五年（1676）题准：“凡僧尼道士，不领度牒私自出家者，杖八十为民。有将逃亡事故度牒，顶名冒替者，笞四十，度牒入官，该管僧道官皆革职还俗。”又题准：“直省僧道，停止给予度牒。”[4]通过停止度牒的发放来遏制僧道人数的增长。康熙五十年（1711）针对各省广建寺庙的情况下旨：“直省创建寺庙，多占据百姓田庐。既成之后，愚民又为僧道日用纠集银钱，购买田地给予，……向原行禁止，因日久渐弛，着各督抚暨地方官，除原有寺庙外，其创建赠造，永行禁止。”[5]明确提到禁止创建新的寺庙。

第三，对假托僧道之名的邪教予以打击。康熙二十六年（1687）规定：“无赖狂徒假借僧道为名，或称祖师降乩，或妄逞邪说，托言前知，或以虚妄之谈鼓动愚蒙，至有群相礼拜，甘作徒众者。嗣后此等邪教，行令五城官严行禁止。”[6]

1 中国第一历史档案馆编《清初内国史院满文档案译编》下卷，顺治八年闰二月二十一日，光明日报出版社，1989年。

2 《大清会典事例·都察院·五城》，第17457页。

3 《大清会典事例·礼部·方伎》，第11736页。

4 《大清会典事例·礼部·方伎》，第11737页。

5 《大清会典事例·礼部·方伎》，第11738页。

6 《大清会典事例·礼部·方伎》，第11738页。

第四，对作道场的地点、寺院聚会亦有严格的规定。康熙元年（1662）规定："凡作道场者，止许在本家院内，其当街建设席棚、扬幡悬榜，及僧道张繖奉持香帛、绕街行走、取水画地、开酆都、穿戴甲胄等项，悉行禁止。"[1]康熙十六年（1677）发布禁令："京城内寺庙庵院，不许设教聚会、男女混杂，并不许建设高台、演剧敛钱、酬神赛会。"[2]

第五，积极利用藏传佛教来控制西藏、蒙古。打败噶尔丹后，康熙三十二年（1693）正式册封哲布尊丹巴呼图克图为大喇嘛，确立其总管喀尔喀蒙古政教事务的地位。康熙四十四年（1705），封章嘉胡图可图为灌顶普善广慈大国师，统领漠南政教事务。在西藏，朝廷对藏传佛教的管理主要是通过册封六世达赖喇嘛和班禅来完成的，康熙四十九年（1710）正式册封前藏伊西札穆苏为六世达赖喇嘛，五十二年（1713）册封班禅胡土克图为班禅额尔德尼。康熙五十八年（1719），朝廷以护送新册封的达赖喇嘛新胡必尔汗为名，率军进西藏平叛，巩固了在西藏的势力。

在对佛教进行管理、限制的同时，康熙也在京畿之地敕建了不少佛教寺院，有定慧寺、广通寺、显应寺、星龛岩寺、资福院等。康熙喜为寺庙题写碑文、匾额，自称"天下有名庙宇禅林，无一处无朕御书匾额，约计其数亦有千余"[3]。此外，康熙坚持抄经，据《秘殿珠林》记载，乾清宫珍藏的康熙的抄经有《心经》《药师经》《普门品》《金刚经》《陀罗尼经》《仁王经》等，尤其是自四十二年至六十一年（1703—1722）每逢初一、十五均抄写《心经》，总数多达四百二十三部。这些表明康熙对佛教的态度在前后期有一定的变化，尤其是晚期体现出一定的信佛的倾向。

世宗宪皇帝爱新觉罗·胤禛自幼博通群经，深明禅学，对佛教有深刻的领悟和认识，在位期间延续了康熙朝的佛教政策，并无新的有影响的政策出台。雍正帝居藩邸时依二世章嘉国师阿旺洛松却丹，参究十余载，自号圆明居士、破尘居士。雍正即位伊始即在给浙江巡抚李馥的朱批中表达了自己对儒道释的看法：

> 粤溯道统之传，尧舜以至周公、孔子，圣圣相承，精一不杂，原无藉于释道。自汉以来，三教流传，炳若三光，屹然鼎峙，历千百年而不废不坠，岂非道并行而不相悖欤？吾儒正心率性，释家明心见性，元门修心炼性，以言乎体则同。圣人之明德新民，如来之自利利他，太上之度人无量，以言乎用又同。……朕向来三教并重，一体尊崇，于奉佛敬仙之理，不稍轻忽。[4]

其中明确提出三教并重、一体尊崇的主张。雍正在位十三年，崇佛的表现有：创建佛寺数十刹；舍藩邸为雍和宫；命开皇坛传戒，于内廷启建禅七法会；敕庄亲王允禄率僧俗七十余人开藏经馆，刊刻《大藏经》；亲自编纂《御选语录》十九卷，斥宗派之争；等等。

高宗纯皇帝爱新觉罗·弘历，自幼与高僧接触，尤与三世章嘉国师若必多吉友善。登基之后，继承乃父遗志，于乾隆三年（1738）十二月完成《大藏经》经版雕刻，刊印百部，分赐天下寺庙。九年（1744）改雍和宫为寺宇，安设西番、蒙古喇嘛五百名，设主持达喇嘛一人，德木齐四人，承办寺内事务。乾隆鉴于汉文《大藏经》中咒语字样与梵音不合，于二十四年（1759）敕和硕庄亲王允禄选择通习梵音者，将《大藏经》中的咒语重加考订翻译，并就正于三世章嘉国师，编为《满汉蒙古西番四体合璧大藏全咒》八十八卷，并附《同文韵统》六卷、《字母读法》一卷、《读咒法》一卷，共九十六卷，颁发全国各大丛林。于三十七年至五十五年（1772—1790）完成满文《大藏经》的翻译。此外，乾隆六

1 《大清会典事例·礼部·方伎》，第11736页。

2 《大清会典事例·礼部·方伎》，第11737页。

3 清世宗纂《圣祖仁皇帝庭训格言》，《文渊阁四库全书》第717册，第655页。

4 《世宗宪皇帝朱批谕旨》卷三八，《文渊阁四库全书》第418册，第189页。

次朝礼五台山，六下江南时几乎无刹弗幸，大量地题写匾额、诗文。值得注意的是，乾隆朝集中了大批优秀的宫廷画家，擅道释者如丁观鹏、严宏滋、冷枚、王方岳等，留下了一定数量的宗教卷轴画，但是宗教绘画在卷轴画上的活跃并没能体现在寺观壁画上。

嘉庆朝至清朝灭亡（1796—1911），随着清王朝内忧外患的进一步加剧，朝廷无暇顾及宗教，佛教自身也进一步衰落。尤其是太平天国运动时期，尊崇拜上帝教，对佛教、道教予以了排斥、打击，佛教、道教均受到极大的破坏。

清代寺观壁画遗存较多，但是由于年代晚、水准参差不齐没有受到重视，很少有详细的图录出版，部分康熙时期绘制的较为精美的壁画又因为各种原因往往被断为明代。笔者根据实地考察的结果，挑选了四处绘制精美、有代表性的寺院壁画加以论述，按本书考证的时间顺序罗列如下：

康熙十三年（1674），灵石资寿寺大雄宝殿佛会图壁画、弥陀殿水陆壁画；

康熙十五年（1676），浑源永安寺水陆壁画；

乾隆二年（1737），霍州娲皇庙神祠壁画；

大约乾隆时期，蔚县重泰寺水陆壁画。

上述寺庙中，灵石资寿寺、浑源永安寺过去都被断为明代，本书根据壁画样式风格的演进序列认为应重绘于康熙时期。年代的拉后并没有降低壁画的价值，相反它们作为康熙时期画风的典型代表，在明清水陆壁画的演进中具有标尺性的意义。总的来说，清代绘制精美的壁画主要是在康熙、乾隆时期，乾隆之后壁画的水准急剧下降。就题材而言，主要是与民众生活关系密切的水陆壁画和神祠壁画较为兴盛。

第二节　山西、河北地区的水陆画

一、灵石资寿寺

资寿寺位于山西灵石县城东南八公里的苏溪村，据明成化三年（1467）《重修资寿寺记》碑[1]描述，该寺“东观绵岳，西近汾渊，前有清溪，后靠岗地”。坐北朝南，中轴线上南起依次为山门、天王殿和大雄宝殿。天王殿两侧有钟楼、鼓楼。前院东侧有竖三世佛殿，西侧有伽蓝殿。大雄宝殿有二垛殿，东侧为弥陀殿（原名水陆殿），西侧为药师殿，后院两侧有四座配殿，东侧为弥勒殿、三大士殿，西侧为地藏殿、二郎殿。西北隅还有方丈院、准提观音殿、神堂院、真武阁等遗迹。其中大雄宝殿、水陆殿壁画具有较高的价值。

（一）寺院的营建与重修

大雄宝殿及后院配殿廊前两侧，后院碑亭保存有十余块明清时期的重修碑记，记录了明清时期资寿寺重修、扩建的情况。根据这些碑记，可知资寿寺始建于唐，宋代重建，宋时名司宾寺[2]。元泰定三年（1326），在僧人元裕的主持下，重修正殿，旁建关将军殿[3]。

明成化三年（1467），资寿寺岁久失修，仅演法堂尚存，本寺比丘圆瑛并阖山僧行募

1 该碑现立于大雄宝殿前廊东侧。

2 寺内存宋咸平二年（999）《大宋受公预修幢□记》。

3 后院碑亭有明正德十一年（1516）《赞关圣贤序》碑。

资重建，《重修资寿寺记》碑曰：

灵石县东仅十五里，古有梵刹，额名资寿。……大宋重建，岁久时深，殿堂廊庑俱坏，唯演法堂尚存。既崇修于前代，岂荒废于今时。兹有本寺比丘圆瑛并阖山僧行同心竭力，共成胜事。化本境善众，各舍家资，重修梵刹，展隘为宽，天王殿□三间，塑妆完美，建僧堂，起方丈，厨库新鲜。……又兼彩绘水陆圣像一会。

值得注意的是，其中提到“彩绘水陆圣像一会”，即彩绘水陆画一堂，因水陆殿成化十六年（1480）方完工，故知成化三年（1467）绘制的是卷轴画而非壁画。

成化十五年（1479），僧人明全起意，由其父母捐资创建药师殿三间，“内塑妆药师圣像，一堂完美”[1]。成化年间智厚（号空庵）、圆果（号大园）会同义官翟守完等建水陆殿，成化十六年（1480）完工，但殿内还没来得及制作塑像、绘制壁画，智厚即去世，圆果领门人明宽继成其事，第二年完成塑像，再逾年绘制水陆壁画。正德十二年（1517）《建水陆殿碑记》（见第296页附录一）曰：

有僧名智厚，号空庵，本村人也。……顾本村每祈祷禳灾，旷野张挂水陆，几被风雨所阻而不得终，其事僧俗徒遗长叹。遂提调门人圆果，会同义官翟守完等，各出金帛，营造水陆殿三间，落成于成化十六年。但殿内未及塑画，而空庵命回造化矣。圆果慨然复愿终其事，一旦命工掘土，忽得先师原埋银八两，领门人明宽即日赴京，买金明年而浑金佛像，再逾年而壁画水陆。至此师徒事功殆两尽矣。

碑文中提到“旷野张挂水陆”，其中的水陆画应即成化三年（1467）绘制的那堂，当时没有水陆殿，只能是在举行水陆法会时于旷野张挂。水陆殿的营建解决了水陆法会被风雨所阻不能完整进行的遗憾。明正德十六年（1521），再次重修大雄宝殿，《重修资寿寺正殿记》[2]曰：

至我圣皇明正德十六年……重修正殿三楹，塑古佛三尊。况左有水陆之殿，右有药师之堂，廊之左上造圆觉之像，庑之右上塑地藏之容。

万历四十年（1612）住持同德（号润身）募资重修，《重修资寿寺碑记》（见第297页附录二）曰：

先捐赀补东廊之脊兽，后化缘修伽蓝之殿宇。砖砌前路，重彩山门，修水陆宫，而更易脊……复颜圣像，重建禅堂，筑周围之墙垣，补东西之门户。

值得注意的是本次重修了“水陆宫”，即水陆殿，“复颜圣像”应指为水陆殿重妆塑像，或者也包括有重绘壁画。

清康熙十三年（1674），住持通实（号如虚）与居士阎民杰等筹资重修，康熙十五年（1676）《重修资寿寺金庄碑记》曰：

（资寿寺）创建于唐，重构于宋，自后历来年久，未及修葺，左右廊庑敝漏，正殿佛像尘埃，金容掩色，观者心惕。……（重修）始于甲寅四月，集材鸠工，金庄正殿佛像三尊，两壁重绘，东西廊庑、前后殿宇、山门楼阁，无不丹丽鼎新者，不数月而大功既毕。

本次重修主要是金妆正殿塑像、重绘正殿壁画，翻新前后殿宇、山门楼阁，数月功毕。

康熙三十六年（1697）重妆药师殿七佛像，“壁画、门面一概而新”[3]。此后雍正、乾隆、道光年间屡有修缮。

20世纪90年代，资寿寺十八罗汉失窃及回归曾引起社会广泛关注。1993年12月25日，李全才等四人潜入资寿寺三大士殿分离明代十八罗汉头像并连夜盗运至广州脱手，

1 据成化十五年（1479）《创建西殿碑》。

2 该碑现立于后院东侧配殿廊前北侧，碑文漫漶处颇多，侯廷亮编《王家大院、静升文庙、资寿寺碑文汇编》（山西经济出版社，2009年）有收录。

3 据《红金七佛圣像碑》。

得赃款一万五千元，十八罗汉头像流落海外。台湾震旦集团董事长陈永泰及夫人闻知此事，花巨资从香港、台湾、日本、欧洲等地购得此十八罗汉头像，于1999年捐赠回资寿寺，由雕塑家郭成保等装回原身。

（二）大雄宝殿佛会图

大雄宝殿面阔三间，进深二间，单檐悬山顶（图4-2-1）。殿内北壁供奉毗卢遮那、卢舍那、释迦三身佛像，东、西壁布满壁画。

西壁绘炽盛光佛佛会图（图4-2-2），除北端壁画被塑像遮挡外，其余保存完整。主体画面为一佛二菩萨像。主尊佛面相方圆，身披红色袈裟，结跏趺坐须弥座上，双手腹前捧金轮。根据主尊手捧的金轮以及周侧的星曜神可知，主尊应为炽盛光佛。主尊右侧胁侍菩萨手持经卷，为普贤菩萨，左侧胁侍菩萨手持念珠，虽然该菩萨没有持如意，但与普贤对应，应为文殊菩萨。主尊须弥座侧各立一菩萨，其中左侧者持莲花，右侧者捧假山石。主尊须弥座前设供案，供案上设香烛、瓜果，供案前有二婆罗门状的人物，须弥上还描绘了两身体形较小的神祇，身披甲胄，应为金刚座神。

西壁上部主尊佛及左右胁侍菩萨之间绘六位星曜神。普贤菩萨右肩侧绘三位神祇（图4-2-3），最上面一位作夜叉形，青面赤发，左掌伸开，右手持三叉戟，此神祇不仅头发、嘴、鼻头、络腋为红色，而

图 4-2-1 资寿寺大雄宝殿、弥陀殿、药师殿外景

图 4-2-2 资寿寺大雄宝殿西壁，清

且下颔、耳朵也长有赤毛，掌心、指头亦为红色，疑为火星。下方有两位神祇，女相者为水星，着青衣，手执纸笔，《七曜禳灾法》记水星特征曰："水，其神女人，着青衣，带获冠，手执文卷。"[1]另一星曜神作男相，戴冠，手执青色方盒，或为木星。主尊和普贤头部之间绘一神祇，作愤怒像，红发，戴面具，四臂，左上手捏宝珠，右上手摇铃，左下手张开，右下手执剑，邵军认为该像与宁夏贺兰宏佛塔出土西夏《炽盛光佛与十一曜星宿图》中的计都像相似，应为计都[2]。主尊和文殊头部之间的神祇作老人形，左手执印，或为土星。文殊北侧被塑像遮挡，上方可见一头发上竖的夜叉形神祇。

图 4-2-3　星曜神和天王，清，资寿寺大雄宝殿西壁

普贤南侧三位星曜神下为二天王，一抱琵琶，一持长戟之类的兵器，分别为东方持国天、南方增长天，与东壁南侧二天王合为四大天王。再下绘关公和僧人像（图4-2-4）。其中关公头戴盔帽，身披青衣蟒袍，左手握刀，身前有二身形较小的童子，一捧果盘一跪拜，身后立捧盒的关平和跪顶香

图 4-2-4　关公及僧人像，清，资寿寺大雄宝殿西壁

1 ［唐］金俱吒撰《七曜攘灾诀》卷二，《大正藏》第21册，第499页上栏。

2 邵军《灵石资寿寺壁画的初步研究》，《山西档案》2014年第1期。

图 4-2-5 日曜、月曜和天王等像，清，资寿寺大雄宝殿东壁

炉的力士。僧人头缠红巾，内着青色僧衣，外罩红衫，手挑香炉，后跟随一捧梵夹的僧人。

东壁为药师变，下部损毁，构图大体与西壁炽盛光佛佛会图相似。主体画面为一佛二菩萨像。主尊药师佛面相方圆，身披红色袈裟，结跏趺坐须弥座上，双手腹前捧标志性的法器——药钵。主尊两侧胁侍菩萨面相端严，结跏趺座，右侧胁侍菩萨右手持插杨柳的净瓶，应为观世音菩萨；左侧胁侍菩萨双手拇指、食指相抵，对应应为大势至菩萨。须弥座两侧立二菩萨，其中左侧者手持红色摩尼宝珠，右侧者持贝壳状宝物。

东壁上部主尊佛及左右胁侍菩萨之间绘星曜神等，共六位。大势至头光南侧绘一夜叉扛梯子，形象颇为有趣；肩侧绘两身神祇，一呈天子相、一呈妃后相，应为日曜、月曜（图4-2-5）；主尊和大势至头部之间绘一六臂明王，头顶有本尊佛像，上双手头顶持剑，右中手持梵夹，下双手剖腹现佛头像。主尊和观音头部之间绘一白须老叟像，双手持矩尺。观音北侧画面被塑像遮挡，上方可见一夜叉形神祇，左上手持剑，右上方可见一圆轮。炽盛光佛周侧星曜神一般有十一位，即日曜、月曜、金星、木星、水星、火星、土星、罗睺、计都、紫炁、月孛，但是东、西壁上部共绘制了十二位神祇，且大部分特征不明显，无法辨识。笔者猜测东壁六臂明王可能不是星曜神，是为了与对面计都相对应而加入，其余正好合为十一曜。

大势至菩萨南侧日曜、月曜天子下为二天王，一操蛇，一持伞，分别为西方广目天、北方多闻天；再下为一戴冠者和一披帽胡僧像，戴冠者双手捧经册，身份不清，披帽胡僧为梵貌胡相，满脸虬髯，戴金耳环，有学者认为是达摩祖师，侧有童子扛经卷。

美国大都会博物馆、纳尔逊—阿特金斯博物馆分别收藏有广胜下寺大雄宝殿元代的《药师变》《炽盛光佛》，美国宾夕法尼亚大学博物馆亦收藏有广胜下寺前殿明代的《药师变》《炽盛光佛》。资寿寺大雄宝殿壁画布局与广胜下寺大雄宝殿、前殿相同，而且在图像样式上也有相似之处。据康熙十五年（1676）《重修资寿寺金庄碑记》，康熙十三年（1674）“金庄正殿佛像三尊，两壁重绘”，明确提到壁画系康熙十三年（1674）重绘。从现存壁画来看，线条简洁，用笔厚重而不追求劲利，颜色鲜丽，以青、红二色为主，尤其是面部及肌肉部分多加以晕染，四周及结构低凹处暗处以红色层层晕染，高光处留白底，体现的是清代的做法。与康熙三十六年（1697）药师殿壁画相比，颜色又略显沉着些，因此可以判定大雄宝殿现存壁画为康熙十三年（1674）重绘，同时考虑到图像布局、样式与前代的相似性，可知重绘时参照了元明时期的图本。

（三）弥陀殿（水陆殿）水陆画

弥陀殿，明代碑文中称为水陆殿，或水陆宫，清道光二十二年（1842）《重修资寿寺碑记》称其为弥陀殿。面阔三间，进深两间，单檐悬山顶。据正德十二年（1517）《建

图 4-2-6 资寿寺弥陀殿西壁，清

水陆殿碑记》，该殿由该寺长老智厚（号空庵）及门人圆果等营造，落成于成化十六年（1480），寺院建成后智厚逝世，塑像、壁画由圆果及门人明宽等主持完成，塑像完工于成化十七年（1481），壁画完工于成化十八年（1482）。该殿内梁下有“大明成化十六年岁次庚子……重修”墨书题记，与《建水陆殿碑记》的记载相符，可证明现存水陆殿建筑系成化十六年（1480）遗构。

殿内塑阿弥陀佛及观世音菩萨、大势至菩萨像，北壁两侧绘十大明王像，损毁较为严重，西壁水陆画相对完整，东壁壁画已损毁。

西壁水陆画分上下四层（图4-2-6）。上起第一层中间绘五坐佛，正面，东壁上层亦应绘有五佛，两壁合为十方佛。五佛北侧北起依次为□、□天神众、持地菩萨，皆面向北壁。其中持地菩萨身后有童子举幡，上书“持地菩萨”，其余均为像侧在方框内书写榜题。

第二、三、四层绘水陆神灵，皆面向北壁。第二层北起榜题依次为□、□□天神等众、□天神等众、变净天神等众、少光天神等众、月宫太阴皇后等众、诸天仙神祇等众、三元水府大帝、江河淮济四渎诸龙天众、婆罗门仙神祇众、罗义（叉）女神祇众、山林树木神祇等众；第三层北起榜题依次为□众、罗叉婆神□、天仙圣母神祇众、北斗七星神祇众、十二元辰神祇等众、九曜星君神祇等众、五湖四海百川诸大龙王众、五瘟使者神祇众、主火主水龙王等众、主风主雨主苗主稼病药龙王、地府三司判官等众、大耗小耗神祇（祇）等众；第四层北起榜题依次为□、天罗□、横遭毒药食命诸鬼神众、太岁土府一切神祇等众、地府六曹诸司神祇（祇）等众、往古一切三真（贞）九烈（列）等众、往古一切士农工商等众、往古一切僧泥（尼）道俗等众、秦王地狱诸鬼神等众、车碾马踏诸鬼神众、天轮图、城隍神祇众。

从西壁水陆神灵布局来看，上起第一层以正位为主，最北侧有两组天仙，第二、三层北侧以天神及星曜神等天仙为主，南侧以水渎、罗刹、主执、星历等下界为主，第四层中间为往古人伦，两侧为冥殿、孤魂等。上述神灵中，变净天神等众、少光天神等众

（图4-2-7）在之前的水陆壁画中没有出现过，据《长阿含经》，少光天为色界二十二天（一说十八天）之一，变净天可能为遍净天，亦为色界二十二天之一。无色界、色界、欲界诸天虽然在毗卢寺、昭化寺、故城寺水陆壁画中有出现，但是都没有像资寿寺这样具体到哪一天，资寿寺壁画中水陆神灵体系并没有上述其他寺庙复杂，但是突出了色界诸天的信仰。最下层南侧绘天轮图（图4-2-8），据《长阿含经》，天轮为转轮王之宝，“真金千辐具，周匝金辋持；转能飞遍行，故名为天轮”[1]。资寿寺天轮图位于冥殿、孤魂侧，与大足宝顶山六道轮回石刻相似，可能指的是六道轮回转生的天轮。图中佛坐最中间的圆内，从手持钵的特征来看，应为消灾解厄的药师佛。药师佛外侧一圈上方为一体型肥胖、大腹便便者，其形象与大肚弥勒相似，下方似为一披风帽、跏趺坐的僧人，南侧似为一着圆领窄袖衫的士人，北侧为一身着官服的小吏。再外侧一周上方似为二着圆领窄袖衫的士子，北侧似为狮子，其余方位残损。最外侧一周上方两侧绘二龙，均为三爪，下方北侧绘一人双手上伸，似遭遇横死，下方南侧画面残损。天轮图北侧绘车碾马踏诸鬼神众，可见虎食、马踏，下方画面残损。此外，罗叉女神祇等众（图

图 4-2-7　少光天神等众，清，资寿寺弥陀殿西壁

图 4-2-8　天轮图，清，资寿寺弥陀殿西壁

图 4-2-9　罗叉女神祇等众，清，资寿寺弥陀殿西壁

1 ［后秦］佛陀耶舍、竺佛念译《佛说长阿含经》卷一，《大正藏》第1册，第5页上栏。

4-2-9）比较有特色，图中罗叉女面容清秀，外披红色宽袖天衣，右手持剑，左手按剑鞘，头部两侧的毛发暗示其夜叉的身份。罗叉女身侧有三侍女，其中二捧物，一拈花。比较特殊的是，下方描绘了三位骑公鸡的小童，一位抱住鸡头，一位双手上扬作说话状，一位双手抱于胸前作聆听状，非常生动。如果考虑到小童的因素，那么罗叉女的具体身份就应是鬼子母，鬼子母因为其超强的生育能力而在民间被崇拜。

资寿寺水陆壁画的线条风格带有很强的民间特点。这种线条既不是圆转流畅的兰叶描，也不属于典型的钉头鼠尾描，而是融合了两种线条的特点，衣纹以连贯的中长线条为主，落笔重，笔锋粗，时有波折、颤动，钉头鼠尾的笔锋外露，面部及袒露肌肉部分用笔略细。容貌粗犷的男相及夜叉类神祇的面部袒露肌肉配以简淡的红色晕染，突出凹凸感，形态生动。在用色上，以灰、黑为主，配以红、黄、青色，大笔颜色的刷染衬托了线条的粗狂、跃动，使整个画面看起来沉稳而不失韵味。

据正德十一年（1516）《建水陆殿碑记》，成化十六年（1480）营建水陆殿后再逾年，即成化十八年（1482）绘制水陆画。有学者据此认为现存资寿寺水陆画绘制于成化十八年（1482）[1]，从明代壁画风格样式的演变来看，笔者认为这一判断是缺乏依据的，理由如下：

第一，分隔每组神灵的祥云。资寿寺水陆画的一个显著特点是表现了大量的祥云，尤其是在西壁上下诸层之间，祥云几乎将众神灵包裹起来。山西、河北地区很多寺庙的水陆壁画都有准确纪年，可以作为我们判断其他水陆壁画年代的标准。笔者注意到，明嘉靖四十一年（1562）怀安昭化寺使用了祥云作为分隔水陆画神祇的重要手段，在之前永乐四年（1406）青龙寺腰殿、弘治正德年间（1488—1521）公主寺大雄殿、嘉靖十四年（1535）毗卢寺毗卢殿水陆画中皆无此特点。

第二，童子举幡。笔者在实地考察时，发现资寿寺水陆壁画中有几组神灵前或后出现了童子举幡。西壁北侧最上层持地菩萨身后，一梳双髻女童举白幡，上书“持地菩萨”四字（图4-2-10）。此外，三元水府大帝、大耗小耗神祇等众、往古一切僧尼道俗等众前皆有童子举白幡，幡上无字，榜题出现在其侧的方框内。现在所知水陆神灵前后有童子或天女举幡出现在嘉靖四十一年（1562）昭化寺壁画，至浑源永安寺这种做法变得稳定而普遍，基本每组水陆神灵前皆有天女举幡，并且榜题出现在白幡上。从演进序列上来看，资寿寺水陆壁画应绘于昭化寺与永安寺之间。

第四，女性神祇服饰。资寿寺水陆壁画中，女性神祇衣领很高，围住脖子，脖子前微成“V”字形，“V”字下方系一扣，有的围一圈饰品，比如说罗叉女神祇等众中罗叉女脖子围一圈牙状饰品。部分女性神祇还搭有云纹披肩，如罗叉女神祇等众最后一身手持红花的女性神祇、月宫太阴皇后等众举团扇侍女、持地菩萨身后举幡女童等。类似的高领多见于清初仕女服饰，如陈枚《月曼清游图》册（故宫博物院藏）、佚名《皕美图》册（美国波士顿博物馆）等，云纹披肩在水陆壁画中比较早地见于嘉靖四十一年（1562）昭化寺，此

图 4-2-10　持地菩萨及举白幡女童，清，资寿寺弥陀殿西壁

1 柴泽俊编著《山西寺观壁画》，文物出版社，1997年，第107页。

后在永安寺、重泰寺皆有出现。脖子周侧围一圈牙状饰品及披云纹披肩的搭配方式亦见于清初《皕美图》册中的仕女和乾隆二年（1737）霍州娲皇庙西壁南侧上部的天女。

综合上述理由来看，资寿寺水陆壁画的绘制年代不应早于嘉靖四十一年（1562）昭化寺。资寿寺水陆壁画在成化十八年（1482）初次绘制之后，有两次可能被重绘，一是万历四十年（1612）《重修资寿寺碑记》记“修水陆宫，而更易脊……复颜圣像”，另一是康熙十五年（1676）《重修资寿寺金庄碑记》记康熙十三年（1674）“金庄正殿佛像三尊，两壁重绘，东西廊庑、前后殿宇、山门楼阁，无不丹丽鼎新者，不数月而大功既毕”。根据壁画样式风格，现存资寿寺水陆壁画应重绘于明万历四十年（1612）或清康熙十三年（1674）中的一次，考虑到女性神祇服饰有清初的特点，笔者认为可能重绘于康熙十三年（1674）。同时重绘于康熙十三年（1674）的资寿寺大雄宝殿、弥陀殿（水陆殿）壁画风格不一致，既是缘于图像底本风格样式的不同，应也是缘于工匠班子的不同。

附录一　明正德十二年（1517）资寿寺建水陆殿碑记

（篆额）建水陆殿碑

1 建水陆殿碑记

2 寺何谓而兴也佛者因吾儒精舍所由兴也盖自古儒者修立书院会朋友以讲学谓之曰精舍以至老佛之徒出因之而亦

3 各立精舍后名为寺观寺观所由盖如此及梁武帝尚释氏寺观遍天下是时儒者精舍或少立矣即寺观以讲学至今天下

4 同然此寺治东十五里名资寿泰定三年重修前有水田百余亩寺惟兴胜至永乐年间却为赋税消乏里甲分析其田寺莫

5 支吾之众虽有之聚散倏忽而不常于此十余年矣有僧名智厚号空庵本村人也孝义县为僧乡人保复本寺为长老二县

6 争夺门徒益众其有闻誉若是顾本村每祈祷禳灾旷野张挂水陆几被风雨所阻而不得终其事僧俗徒遗长叹遂提调门

7 人圆果会同义官翟守完等各出金帛营造水陆殿三间落成于成化十六年但殿内未及塑画而空庵命回造化矣圆果慨

8 然复愿终其事一旦命工掘土忽得先师原埋银八两领门人明宽即日赴京买金明年而浑金佛像再逾年而壁画水陆至

9 此师徒事功殆两尽矣视有水田之前尤有光焉嗟夫吾儒精舍始一耳二家混之而莫御天也吾儒莫之奈何矣虽然吾常

10 复望为精舍焉此寺清奇秀丽特迈寻常士而藏修于此者讲读之暇惟殿阶观游而已勿徒聒噪他僧殆庶可以言学圆果

11 号大园吾族尊属也其性爱人好与颇识道理接之者咸起敬慕匪但本寺有功昔年往河间旧游之地睹西关桥下□□□

12 没之□愿输己财帮筑堤堰又助三官庙三间至今河堤坚固两岸居民无缘而受无穷之福莫不爱戴欲以为贺□□□□

13 以方便为本岂徒要是名耶指挥夏铭董翔凤举人樊景旸何贤等士夫二十余人特赠影像还归既而尤累寄书□□□情

14 君子不没人之善吾以此为并可继云余也曾潜读数年于此与明宽者久为交好谒余为序是以忘其固陋妄为俚语不足

15 诮也姑举功绩实行以寿于石云耳

16 正德十二年岁次丙子三月上旬吉旦听选监生邑人田钊书

17 县丞申惠张纪田翔凤
18 灵石县知县杨龙儒学教谕曹郁训道庠生郑廷芳
19 主簿郭清周廷威房世名
20 典史郭义僧会定春

附录二 明万历四十年（1612）重修资寿寺碑记[1]

（篆额）碑记

1 重修资寿寺碑记

2 盖寺创建起自懿宗重修代不乏人其规模甚佳其庄严甚美灵郡佳境乃首称焉第自万历……

3 颓补废葺亩畴能然之有寺住持讳同德号润身者乃

4 澄师之门徒

5 现师之法孙也曩现师存日营建西廊而奇勋伟伐至今赫奕矣润身思继

6 师祖之功业幡然独兴谓门徒贤炳贤焕曰我等侪侣叨忝

7 像教披啜佛恩坐视凋残心何乃恝于是佥禀其丹□矢修于嫣完会香老李梧翟震耿时信马朝……

8 谏等先捐赀补东廊之脊兽后化缘修伽蓝之殿宇砖砌前路重彩山门修水陆宫而更易脊兽……

9 复颜圣像重建禅堂筑周围之墙垣补东西之门户兹役也驱驰原麓冒犯风霜甘不甘之辛……

10 家藏乐于神费作用禀乎性真名誉置之度外当其时赴工者恐后助缘者争先士庶服其功……

11 据今日之改观追昔日之莅范佳至此而益佳美至此而益美乃徒轴赠可悉其功德哉当亦竖……

12 石历世而存也故予又以为记焉盖以凡兴土木者精力懈于持久济私寓于假公得无有经……

13 者得无有潜隐锱铢而名节玷之也者润身一举阅历三春岁变而心不变府财而财不私优……

14 徐徐而缮直注念于底绩洗其旧垢益其新妍状寺貌之巍峨而树其形胜崇圣像之庄严而……

15 功诚茂殆□□之芝兰禅林之松柏者嘻德宏者福心厚功茂者报必深只履西衢润身必接……

16 亦且声施后世不惟绍前人之芳踪亦可励后人之心志矣不佞笔功德于燕石录善人于碑……

17 万历四十年九月初四日邑庠庠生翟翘撰

18 高应科董正谊贤智贤俊哲童

19 武备蔺世濂本寺僧志远同镇贤明贤伟

20 庠生翟翠张国俊僧官贤习贤皓深琳厨长李梧

21 翟凤仪陈嘉训香老翟凤玘马朝文阴阳武镇国

22 翟明翼翟羽翼惠济寺僧祖兴道正胜智胜会胜春德徽德征

23 翟绶木匠马朝德耿时兴耿时旺马谅泥水匠王之臣铁匠

---

1 碑文每列下端有数字没于水泥砌的底座中，据第23列“匠”字仅露出头部估计，每列大约没入四字。

二、浑源永安寺

永安寺俗名大寺，位于山西省大同市浑源县城内东北鼓楼北巷，坐北朝南，沿中轴线依次为山门、天王殿和传法正宗殿，两侧东西配殿有观音殿、伽蓝殿、达摩殿、雷神殿及关帝殿。传法正宗殿后原还有法堂五楹，内供铁佛塑像，故又名铁佛舍，现已坍塌。正殿名传法正宗殿，为主殿，殿内水陆壁画保存完好。

永安寺始建于金代，后遭火毁，元延祐二年（1315）重建，明洪武、嘉靖、万历，清顺治、康熙、乾隆、嘉庆等朝多次修葺。据殿前匾额，可知正殿系元延祐二年（1315）居士高璞出资修建。

（一）正殿水陆壁画的内容

正殿为面宽五间，进深四间，单檐庑殿顶。殿内佛坛上原塑有三身佛，正中毗卢遮那佛两侧有迦叶、阿难像，现均已毁。

图 4-2-11　步掷明王，清，永安寺正殿北壁

正殿北壁（后壁）中间设门，门两侧各绘明王五身，合为十大明王，明王皆作忿怒相，竖发，怒目獠牙，头顶侧圆光内绘其本尊像。北壁东侧西起第一身明王绿面红发，三头八臂，上双手各持一剑，胸前双手合掌，中两手拉开面皮露出本尊面容，左下手持法轮，坐骑为虎；第二身明王黑面黑发，额上顶三骷髅，三头六臂，左上手摇铃，右上手捏红色宝珠，胸前双手合十，左下手握斧钺，右下手握玉环，坐骑为白象，应为普贤菩萨变现的步掷明王（图4-2-11）；第三身明王赤面黑发，额上顶佛头，三目，三头六臂，左上手持葡萄，右上手持剑，左中手握锤，右中手举胸前，左下手持经卷，坐骑为神兽；第四身蓝面赤发，三目，三头六臂，左上手握短棍，右上手持莲花，左中手似持蓝色花，右中手持剑，左下手握红色飘带，右下手扶龙尾，坐骑为龙；第五身赤面黑发，额上顶三骷髅，上双手持黄色花，胸前左手握右手腕，另二左手持白色飘带，二右手分别持宝瓶、杵，坐骑为神兽。

北壁西侧东起第一身明王黑面黑发，额上顶一佛头，三目，三头六臂，左上手持细长棍状物，右上手持锏，胸前左手持弓，右手拉弦，右下手握刀，坐骑为牛；第二身明王赤面黑发，三目，三头八臂，左上手持剑，右上手持法器，胸前双手结印，左中下手握斧钺，右中下手捏莲花，左下手执所骑神兽耳，右下手执军持。第三身明王青白面赤发，三头六臂，胸前左手托二火轮，右手作手印，右上手执长杖月叉，右下手握绢索，坐骑为神兽；第四身明王黑面黑发，三头八臂，左上手握斧，右上手持瓶，胸前左手扶右臂，右手持剑，另有一右手执经，坐骑为龙；第五身黑面黑发，额上顶一佛头，三头六臂，左上手持剑，右上手持经卷，胸前双手作外缚印，左下手持绿鸟，右下手掌中托物，坐骑为神兽。

东、西、南壁均分为上、中、下三层，以绿色为背景，每组神灵身后上部及头顶均被云纹包裹，黄白相间。东壁（图4-12）上层北起榜题依次为天藏王菩萨、无色界四空天众、色界禅天众、大梵天王、欲界上四天王并诸天众、功德帝释天主并诸天众、东方持国天王众、南方增长天王众、西方广目天王众、北方多闻天王众、北极紫微大帝、太乙诸神五方五帝、日光天子、月光天子、金星真君、木星真君、水星真君；中层北起榜题依次为紫金（炁）星君、月孛星君、天（人）马天鹅（蝎）双女狮子巨蝎（蟹）宫神、阴阳金牛白羊双鱼宝瓶摩羯宫神、寅卯辰巳午未元辰众、申酉戌亥子丑元辰众、角亢氐房心尾箕真君、斗牛女虚危室壁真星、奎娄胃昴毕觜参星君、井鬼柳星张翼轸星君、北斗七元星君、普天列曜一切星君、天地水三官众、天蓬天猷翊圣玄武真君众、天曹府君众、天曹拿禄（掌箓）算判官、天曹诸司判官；下层北起榜题依次为罗刹女众、旷野大将军、般支迦大将、矩畔拏众、诃利帝母众、大药义（叉）众、大圣引路王菩萨、往古帝王一切王子众、往古妃后宫嫔婇女众、往古文武官僚众、往古为国亡躯一切将士众、往古比丘众、往古比丘尼众、往古优婆塞众、往古优婆夷众、往古道士众、往古女冠众。

南壁东侧接续东壁。上层东起榜题依次为火星真君、土星真君、罗睺星君、计都星君；中层东起榜题依次为年月日时四直使者、大威德菩萨、阿修罗众、大罗刹众；下层东起榜题依次为往古儒流贤士众、往古孝子顺孙众、往古贤妇烈女众、往古九流百家众。

西壁（图4-2-13、图4-2-14）上层北起榜题依次为持地菩萨、后土圣母、东岳天齐仁圣帝、南岳司天昭圣帝、西岳金天顺圣帝、北岳安天元圣帝、中岳中天崇圣帝、东海龙王众、南海龙王众、西海龙王众、北海龙王众、江河淮济四渎诸龙神众、五湖百川诸龙神众、波（陂）池井泉诸龙神众、虚空藏菩萨、主风主雨主雷主电诸龙神众；中层北起榜题依次为大将军黄幡白虎蚕官五鬼众、金神飞廉豹尾上朔日畜神众、阴官奏书归忌九[坎]伏兵力士众、吊客丧门大耗小耗宅龙神众、护国护民城隍庙社土地神祇众、地藏王

图 4-2-12 永安寺正殿东壁北侧，清

图 4-2-13　永安寺正殿西壁北侧，清

图 4-2-14　永安寺正殿西壁南侧，清

菩萨、秦广大王、楚江大王、宋帝大王、五官大王、阎罗大王、变成大王、泰山大王、平筹（等）大王、都市大王、转轮大王；下层北起榜题依次为慈善二部牛头阿旁诸官曹等众、八寒地狱、八热地狱、近边地狱、孤独地狱、启教大士面然鬼王等众、主病鬼王五瘟使者众、大腹臭毛针咽巨口饮啖不净饥火炽燃众、水陆空居倚草附水（木）幽魂滞魄无主无依众、枉滥无辜衔冤抱恨诸鬼神众、投崖赴火自刑自缢诸鬼神众、赴刑都市幽死狴牢诸鬼神众、兵戈荡灭水火漂焚诸鬼神众、饥荒殍饿病疾缠绵诸鬼神众、墙崩屋倒树折崖摧诸鬼神众、严寒大暑兽咬虫伤诸鬼神众。

南壁西侧接续西壁。上层西起榜题依次为主苗主稼主病主药诸龙神众、主斋护戒诸龙神众、三元水府大帝、顺济龙王、安济夫人；中层西起榜题依次为地府六曹判官、地府三司判官、地府都市判官、地府五道将军；下层西起榜题依次为堕胎产亡仇冤报（抱）恨诸鬼神众、误死针医横遭毒药诸鬼神众、身殂道路客死他乡诸鬼神众、地狱饿鬼傍生道中一切有情众、六道四生中中有情众。

（二）正殿水陆壁画的特点及年代

与其他寺院水陆画相比，永安寺水陆画的布局尤为规整，秩序井然。北壁两侧绘正面十大明王。东、西、南壁布满水陆神灵，分上、中、下三层，其中东、西壁神灵均面北。南壁东侧神灵面东，神灵类别上与东壁衔接紧密；西侧神灵面西，在神灵种类上与西壁衔接紧密，构成众水陆神灵向北壁朝拜、行进的序列。根据神灵的朝向及类别的衔接，东壁、南壁东侧可称为左班，西壁、南壁西侧可称为右班。左班上层以天藏王菩萨为引导，有三界诸天、四大天王和星曜；中层接续上层，有星曜、三官、四圣、天曹官吏，以及大威德菩萨引导的夜叉；下层接续上层，有夜叉和大圣引路王菩萨引导的往古人伦。右班上层为持地菩萨引导的后土圣母、岳渎、主执，上层另出现有虚空藏菩萨，从其出现的位置上看也应属于导引菩萨；中层为星历、城隍，以及地藏王菩萨引导的冥殿（图4-2-15）；下层接续中层，为冥殿和启教大士面然鬼王引导的孤魂。进一步分类，可以发现北壁为正位，左班为天仙和往古人伦，右班为下界、冥殿和孤魂。

经比较，笔者发现永安寺左右班水陆神灵名称、数量、布局与《天地冥阳水陆仪文》后附《坛场式》录水陆排位像基本一致，永安寺仅仅是在天仙、下界、冥殿、往古人伦前加入了导引菩萨。寺院水陆壁画神灵与文献基本一致，目前仅发现此一例。

图 4-2-15　地藏王菩萨，清，永安寺正殿西壁

从寺院水陆壁画的演进序列上讲，笔者认为永安寺与故城寺相对接近，主要体现在以下几个方面：

第一，在水陆神灵的种类上，除传统重视的星宿、岳渎、夜叉、三教九流及冤死孤魂外，故城寺还突出了佛教三界九地的天主、天曹官吏及冥府官吏，此特点在永安寺水陆壁画中亦有体现。永安寺三界九地的天主有无色界四空天众、色界禅天众、大梵天王、欲界上四天王并诸天众、功德帝释天主并诸天众；天曹官吏有天曹府君众（图4–2–16）、天曹拿禄（掌箓）算判官、天曹诸司判官；冥府官吏有慈善二部牛头阿旁诸官曹等众、八寒地狱、八热地狱、近边地狱、孤独地狱。当然，相对而言，昭化寺水陆神灵的数量要更多，体系也更为庞杂。

图 4-2-16　天曹府君众，清，永安寺正殿西壁

第二，二寺均在每组神灵身后及头顶描绘了大量浓密的祥云，祥云是分割、装饰画面的重要手段。在祥云的具体表现技法上，故城寺均为蘑菇形祥云，多为蘑菇头朝下，尾朝上，只有少量的是蘑菇头朝上，尾朝下。永安寺左、右班采用了不同的描绘方式，左班（东壁及南壁东侧）为火焰形祥云，火焰尖朝上，红黄相间，右班（西壁及南壁西侧）为蘑菇形祥云，蘑菇头朝上，红黄蓝绿四色相间。另在具体描绘上，永安寺更精细，也更具装饰性色彩。

第三，从风格技法上看，二寺均以线条简洁见长，虽时有方折，但是均不强调钉头鼠尾的笔意或迅疾的笔力，而是紧紧依附于结构，部分线条侧有颜色晕染，强化了线条的厚重感和装饰性。

第四，在部分典型的图像样式上，二寺有相似之处。比如说车碾，之前水陆壁画中只有昭化寺、故城寺有表现，故城寺、永安寺牛车上皆堆有麻袋（图4–2–17），使图像更有感染力。

同时，永安寺壁画又体现了更晚的时代特点，如东、西、南三壁每组水陆神灵前方皆有一举幡的天女引导，而且表明神灵身份的榜题不是写在方框内，而是写在天女所举的白幡上。榜题书写于白幡上见于清代重泰寺。此外，西壁上层有榜题曰“北岳安□（天）元圣帝”，其中“元”系避“玄”字讳。唐玄宗封北岳为安天王，宋真宗加号为北岳安天玄圣帝，元世祖至元二十八年（1291）加号为北岳安天大贞玄圣帝。榜题书写时间应与绘画同时。另清康熙二十六年（1687）《永安寺置造供器记》载：

> 丙辰之岁殿宇重墼，画工摅诚绘壁协力，冥阳水陆诸神悉备，金碧辉煌，焚香引气，修设道场，年逢夏四祀。

丙辰即康熙十五年（1676），可知该年重修正殿，并绘制了壁画，从而“冥阳水陆诸神悉备，金碧辉煌”，那么，“元”字应避的是康熙玄烨的讳。另外，现存壁画没有发现局部补绘的痕迹，故可能是整体的重绘。综合上述情况，笔者认为现存永安寺壁画可能系清康熙十五年（1676）重绘，图像样式在一定程度上保留了晚明的特点。

图 4-2-17　身殂道路客死他乡诸鬼神众，清，永安寺正殿西壁

三、蔚县重泰寺

重泰寺位于河北蔚县县城西北十一公里的涌泉庄乡，位于崔家宅、阎家宅和咸周村三村之间的高丘上。坐北朝南，中轴线上南起依次为戏楼、山门、天王殿、千佛殿、水陆殿、大雄宝殿、三教楼和后禅房，两侧有二郎庙、关帝庙、罗汉堂、地藏殿等。其中水陆殿内保存的清代水陆画价值较高。

重泰寺据传创建于辽，明弘治九年（1496）真慧和尚改建，名三圣寺，嘉靖九年（1530）潞城王因避仇寓此，改名重泰寺[1]。康熙年间定悟和尚筹资重修山门、楼台、过殿等处[2]。清光绪年间该寺曾一度改名为罗汉寺。

（一）水陆殿壁画的内容

水陆殿周壁皆布满壁画。北壁置门，东、西侧各绘明王五位，合为十大明王，皆面容凶恶，三目，头发竖起，多臂，骑神兽。北壁东侧西起第一身明王蓝面，八臂，上双手持宝剑交叉，上中双手撕开面皮，露出白色本尊面容，胸前双手合掌，左下手握经卷，坐骑为虎；第二身明王白面，六臂，左上手持经卷，右上手握红色葫芦，胸前左手持剑，右手举胸前，左下手提双鱼，右下手握斧钺，坐骑为白象，应为普贤菩萨变现之步掷明王；第三身明王褐红面，头顶佛头，八臂，左上手握蓝瓶，右上手擎印，左中上手举法轮，右

1 据明万历二十九年（1601）碑文，碑现已不存。见王辉《蔚县重泰寺》，《文物春秋》1996年第4期，第59页。

2 据寺内现存清道光二十九年（1849）《创修三教楼神路山门外戏房并重修碑记》。

中上手捏红色宝珠，胸前左手捧物不详，胸前右手举剑，左下手捧青花瓷瓶，坐骑为青毛狮子；第四身明王青面，六臂，左上手持经卷，胸前双手握动物四蹄，右下手持剑，坐骑为龙；第五身明王黑面，头顶三骷髅头，八臂，左上手摇铃，右上手顶红色宝珠，胸前右手捏飘带，左手握右手腕，左中下手握戟，右中下手擎长剑，左下手握绢索，坐骑为一蓝色的神兽。

图 4-2-18　东起第三至五身明王，清，重泰寺水陆殿北壁

北壁西侧东起第一身明王黑面，六臂，左上手举华盖，右上手举骷髅杖，胸前左手握弓，右手持箭，左下手握经卷，右下手举长剑，坐骑为牛；第二身明王青面，额顶有三骷髅，六臂，左上手举白幡，右上手握铜镜，胸前双手握长矛，左下手持蓝色小罐，右下手握灵芝，坐骑为龙及狮子状神兽；第三身明王（图4-2-18）褐红面，头顶佛头，八臂，左上手持红色宝珠，右上手握长剑，胸前双手撕开肚皮露出本尊面容，中下双手分别顶日月，左下手握蓝色宝珠，右下手持经卷，坐骑为龙；第四身明王蓝面，额顶骷髅头，六臂，左上手持金刚杵，右上手握三环，胸前双手握蛇送口中，左下手握红色宝珠，右下手握长剑，坐骑为豹、龙合体状神兽；第五身明王白面，六臂，左上手握环，右上手举剑，胸前双手合掌，肘上横剑，左下手托灵芝，右下手托假山石，坐骑为龙。

图 4-2-19　中央一炁土星君，清，重泰寺水陆殿东壁

东、西壁绘三层，皆面朝北侧，南壁东、西侧绘二层，分别与东、西壁中下层接续，每组神灵前排里侧皆有童子举白幡，幡上书神灵名称，并皆以“宝幡”为后缀（以下榜题皆省略“宝幡”二字）。东壁上层北起榜题依次为南无文殊菩萨、中央一炁土星君（图4-2-19）、北方五炁水星君、南方三炁火星君、西方七炁金星君、东方九炁木星君、南方增长天王、北方天（多）闻天王、西方广目口（天）王、东方持国天王、北极紫微大帝、太一诸神五方五帝、日宫炎光太阳天子、月宫素曜太阴天子、天蓬忉利王印、大罗刹女；中层北起榜题依次为文臣四妇真君、人马天蝎天秤双女狮子巨蟹神宫（图4-2-20）、阴阳金牛白羊双鱼宝瓶磨（摩）羯神宫、寅卯辰巳午未元辰星相、申酉戌亥子丑元辰星相、井鬼柳星张翼轸星君、斗牛女虚危室壁星君、奎娄胃昴毕觜参星君、角亢氐房心尾箕星君、玄门七真人、上天六甲真君、四面八方真君、天蓬天口（猷）翊圣玄武真君、

□、天曹□（掌）禄算判官、天曹诸司判官；下层北起榜题依次为年月日时功曹使者、南无花藏王菩萨、往古大药叉众、往古诃利地（帝）母众、□、般支迦大将众、敕封洪恩真君、普天烈（列）妇女子众、往古旷野大将众、往古帝王一切王子众、往古后妃宫嫔婇女众、往古文武官僚众、往古□□□□□□□众、往古比丘众、往古大罗刹众、往古阿修罗众。

南壁东侧（图4-2-21）上层东起榜题依次为天蓬帝释天主王、欲界上四天并诸天众、欲界上莲花四天主众、无色界四禅天众、天蓬大梵天王、运年命五福天真；下层东起榜题依次为往古优婆塞众、钟离纯阳真君众、往古女冠众、往古儒流贤士众、往古孝子顺孙众、往古孝妇烈（列）女众。

西壁上层北起榜题依次为普贤菩萨（图4-2-22）、后土圣母、东岳天齐仁圣帝、南岳司天昭圣帝、西岳金天顺圣帝、北岳安天元圣帝、中岳中天崇圣帝、东海龙王、南海龙王、西海龙王、北海龙王、江湖淮济四渎诸龙神众、五湖百川诸龙神众、陂池井泉龙神、主风主雨主雷主电诸龙神众、地府三曹将使诸狱；中层北起榜题依次为主苗主稼主病主药诸龙神众、□□（三元）水□（府）大帝□□、

图 4-2-20　人马天蝎天秤双女狮子巨蟹神宫，清，重泰寺水陆殿东壁

图 4-2-21　重泰寺水陆殿南壁东侧，清

往古顺济龙王、往古□□（安济）夫人、太岁□□□□□□□□□游神众、大将军黄幡白虎蚕官五鬼众、金神□（飞）廉豹尾上朔日畜众、阴官奏书归忌九□（坎）伏兵力士诸众、吊客丧门大耗小耗宅龙神众、护国裕民城隍社庙土地神祇、南无地藏王菩萨、一殿秦广大王、二殿初江大王、三殿宋帝大王、四殿五官大王、五殿阎罗大王；下层北起榜题依次为□□□□（地府三司）判官、地府都□（司）判官、□（地府五道将军）、善恶二部牛头阿旁诸官曹□（众）、八寒地狱、八热地狱、近边地狱、孤独地狱、启教大士面然鬼王（图4-2-23）、主病鬼王五瘟使者、口吐火炎（焰）□烧声众、水陆空居依草附木□（幽）魂滞魄诸鬼众、枉滥无辜衔冤抱恨诸鬼众、投崖赴火自刑自缢鬼众、赴刑都市幽魂狴牢诸鬼众、饥荒殍饿病疾缠绵诸鬼众。

南壁西侧（图4-2-24）上层西起榜题依次为六殿□□（变成）大王、七殿泰山大王、八殿平等大王、九殿都司（市）大王、十殿转轮大王、地府六曹判官众；下层西起榜题依次为大腹臭毛针咽巨口饮啖不净饥火炽然（燃）众、树折崖催（摧）诸鬼众、严寒大暑兽咬虫伤诸鬼众、堕胎产亡仇冤抱恨诸鬼众、□（误）死针医横遭毒药诸鬼众、车碾马踏诸鬼众。

（二）水陆殿壁画的艺术特点及年代

与永安寺相似，重泰寺水陆画亦遵循了《天地冥阳水陆仪文》后附《坛场式》录水陆排位像的布局，但是重泰寺不像永安寺那样遵循得那么严格，而是对部分神灵（主要体现在左班神灵）的名称、先后顺序作了一定程度的改变。

重泰寺左班（东壁及南壁东侧）绘文殊菩萨引导的天仙、花藏王菩萨引导的往古人伦，右班（西壁及南壁西侧）绘普贤菩萨引导的下界、地藏王菩萨引导的冥殿，以及启教大士面然鬼王引导

图 4-2-22　普贤菩萨，清，重泰寺水陆殿西壁

图 4-2-23　启教大士面然鬼王，清，重泰寺水陆殿西壁

图 4-2-24　重泰寺水陆殿南壁西侧，清

的孤魂。《坛场式》中没有引导神灵（孤魂除外），重泰寺并没有遵循《天地冥阳水陆仪文》，而是对之作了大胆的改变，以文殊菩萨代替天藏王菩萨为天仙的导引，以普贤菩萨代替持地菩萨为下界的导引，以花藏王菩萨代替引路王菩萨作为往古人伦的导引。

左班天仙神祇中，金木水火土星君受到重视，位居最前列，本应位于前列的佛教三界九地的天主屈居南壁上层。此外，佛教四大天王中三位天王的榜题发生错乱，榜题为北方多闻天的实为南方增长天，榜题为南方增长天的实为西方广目天，榜题为西方广目天的实为北方多闻天。与佛教天仙位置偏后及图像榜题发生错乱相比，道教天仙中却多出数位真人、真君，包括运年命五福天真、文臣四妇真君、玄门七真人、上天六甲真君和四面八方真君等。往古人伦中发生错乱，将大药叉众、诃利帝母众、般支迦大将众、敕封洪恩真君、旷野大将众、大罗刹众及阿修罗众置其中。其中敕封洪恩真君指的是五代十国的徐知证、徐知谔兄弟，闽人为感谢兄弟二人率兵靖盗贼为立生祠，宋高宗敕赐祠额灵济宫，明永乐十五年（1417）敕建洪恩灵济宫于北京，加封二人为洪恩真君。另往古道人众被改为钟离纯阳真君众，亦显示了图像设计者对道教的熟悉和推崇。右班绘下界、冥殿和孤魂，众神灵的排序、名称与《坛场式》基本相符。

在图像样式、风格上，重泰寺主要体现了三个特点：第一，继承昭化寺以来的传统，在众神灵的身后及头顶表现了大量的祥云。同时，并不像昭化寺那样祥云将每组神灵包裹起来，每组神灵之间均保持了一定的距离，重泰寺的祥云基本连成一片，每组神灵之间的距离很近，这一点与永安寺相对接近。

第二，每组神灵前方里侧皆有一童子举白幡，幡上书写榜题。举幡的做法在昭化寺、资寿寺已经出现，其后永安寺开始在白幡上书写榜题，以代替传统的在每组神灵侧边框内书写榜题的做法，重泰寺继承了此做法，并在榜题后均加上了“宝幡”的后缀。

第三，从神灵造型上看，整体上显得比较清秀、文弱，明王、护法、夜叉像也不再那么凶恶威武。衣纹多为中长线条，简洁干练，不讲究粗细变化，颜色以石绿、朱红、石青等色为主，鲜丽而不失清雅。

上述第一、二个特点表明重泰寺水陆壁画不早于永安寺，同时从风格上看，笔者认为重泰寺水陆壁画与清乾隆二年（1737）霍州娲皇庙壁画有相似之处，可能略晚于娲皇庙，大约绘制于乾隆时期。

第三节 山西霍州娲皇庙的神祠壁画

娲皇庙，全称娲皇圣母庙，位于山西霍州市五公里外东郊大张镇贾村。坐北朝南，地势前低后高，前有戏台，左、右有钟鼓二楼，后为正殿，即圣母殿，供奉主神为女娲，东、西垛殿供奉的主神分别为二郎神、关帝。其中正殿内完整地保存有清代壁画。

娲皇庙始建年代不详，明万历三十八年（1610）失火重建。清乾隆二年（1737）重修，立有《重修娲皇圣母庙记》碑。清同治六年（1867）重修，立有《贾村重修大庙碑记》。正殿面阔三间，进深两间，单檐悬山顶。殿内北墙坛上影塑楼阁天宫，内塑女娲像，两侧各立一胁侍天女，女娲座前还有童男、童女塑像，以上塑像皆系后补。女娲座后两侧各绘一凤凰，面向女娲，堆金沥粉，凤凰形制古朴，似为原绘，祥云纹及青底系重绘。北壁两侧和东、西山墙绘满壁画，南壁为门。其中东壁北隅有墨书题记曰："汾西县画工郭重、王恒、武尚志书画，油匠陈玉顺、陈玉昌。"西壁南隅原有墨书题记曰："汾西县画工□玄德、□廷孔、□□民、□□珏。大清乾隆二年岁□□□□月乙卯□□□。"可知壁画绘于清乾隆二年（1737）。可惜该墨书榜题现已残毁，只能看到"汾西县画"及最下排人名后的一至两字。另殿内梁上有墨书题记曰："旹大清同治肆年岁在乙丑巳月吉□□平定直□（隶？）州□学。"可知正殿建筑在清同治四年（1865）曾简单地重修。另笔者在实地观摩时，通过东壁残损处发现乾隆二年（1737）的壁画层里面还有一层壁画，时代不详。

正殿祭祀的主尊为女娲，壁画也是围绕女娲来设计的。女娲，是中国古代神话中的创世女神，有补天、造人、置婚姻等多种神迹和职司。女娲之名，比较早地见于《楚辞》和《山海经》。战国屈原《楚辞·天问》："女娲有体，孰制匠之？"[1]《山海经·大荒西

图 4-3-1 娲皇庙正殿北壁东侧局部，清

1 汪泗原著《楚辞校释》，中华书局，2014年，第106页。

经》："有神十人，名曰女娲之肠，化为神，处栗广之野，横道而处。"[1]其中女娲之肠化为十神人的记载已经显示出女娲作为人类始祖的身份。东汉许慎《说文解字》释"娲"字曰："古之神圣女，化万物者也。"[2]更是明确指出了女娲化生万物的创世女神的身份。作为创世女神，女娲的具体事迹主要有炼石补天、抟土造人、置婚姻。

西汉《淮南子·览冥训》中提到了女娲炼五色石补天的传说，曰：

往古之时，四极废，九州裂，天不兼覆，地不周载。火爁炎而不灭，水浩洋而不息。猛兽食颛民，鸷鸟攫老弱。于是女娲炼五色石以补苍天，断鳌足以立四极。[3]

东汉应劭《风俗通义》记载了女娲抟土造人的事迹，曰："天地开辟，未有人民，女娲抟黄土作人。"此外，《风俗通义》还提到了女娲祈为女媒置婚姻之事，曰："女娲祷祠神祈而为女媒，因置昏（婚）姻。"[4]为女媒、置婚姻应是在造人传说的基础上衍生而来，为民众在娲皇庙祈求子嗣提供了依据。

正殿北壁两侧绘后宫准备祭祀贡品的情形，两侧后宫构图相似，布置均极为考究，上有屋檐帷幕，黄色大帐掀起，两边各挂一个六边形的灯笼，室内中间均置有一山水屏障、三案几，案边有五位侍女忙碌准备祭祀的食物。其中北壁东侧帐内西侧案上置佛手瓜，一侍女捧桃，一侍女伸手来接，其侧一侍女端壶（图4-3-1）。案前立一孔雀。东侧置两案，外侧案前一侍女一边摆弄鱼盘，一边回首看正提壶进门的侍女；里侧案上置香炉、敦、瓶花等。北壁西侧帐内中间案上置碗、盏、白菜等，案侧侍女捧碗，碗内有层叠堆起的祭品，可能是糕点，对面侍女捧盘来接（图4-3-2）。东侧一侍女在案上剁鸭头，案上置猪头、藕、茄子。西侧案前侍女捧糕，另一侍女持罩来盖，案上置插孔雀羽毛的瓶，案前有一只大鹅。

东壁中间绘正殿，匾额上书"万世母仪"四字，称赞女娲堪为圣母仪表，两侧有垛殿，其中南垛殿侧有年直、月直使者，北垛殿侧有日直、时值使者（图4-3-3）。正殿匾额下女娲凤冠霞帔，端坐椅上，座后有山水屏障。女娲两侧各立一侍女，一捧假山石，一捧果状物，座前两侧各立二捧笏女官，南侧一女官躬身禀事，除右手持笏外，左手还持一方盒。殿前二女将身

图 4-3-2　娲皇庙正殿北壁西侧，清

1 沈海波校点《山海经》，上海古籍出版社，2015年，第355页。
2 ［汉］许慎撰《说文解字》，中华书局，1963年，第260页。
3 收于《诸子集成》第7册，第95页。
4 ［汉］应劭撰，王利器校注《风俗通义校注》，中华书局，2010年，第601、599页。

图 4-3-3 娲皇庙正殿东壁，清

披甲胄，分立台阶两侧。殿两侧有廊庑、垛殿相连。北侧有二垛殿，一垛殿内一女官伏案写书，一女官扶纸，一女官抱卷轴；另一垛殿内案前伏三侍女，一清理佛手瓜，二捧盖罩的盘，身后二童子分别捧石榴、果，台阶上一侍女捧盏拾级而下。南侧垛殿内置两案，四位侍女一倒提鸭腿，一清理猪鼻子，一提壶捧盏；另一案有侍女正在擦拭，案上有堆碗、盏、瓶花（图4-3-4）。案前有二童子扶栏玩耍。

图 4-3-4 准备祭祀贡品，清，娲皇庙正殿东壁

正殿月台下左右两侧各立五帝，皆着衮冕，捧笏。其中北侧五帝站立得较为分散，一靠前，中间三位，一靠后。最前方帝王对面有官吏相迎，后有二人抬案，其间有侍从抬供案、捧物等，最后一位帝王前方一官员捧宝，身后一老者拄杖，似为土地公。南侧五帝站成两排，一前四后。前方一体形略小的侍从头顶置珊瑚、宝珠的盘，在之前的壁画中，此人通常被表现为昆仑奴的形象。东壁最南端绘一松树，书上立二喜鹊，松树顶端画面残毁，上方有年直、月直使者。

西壁建筑布局及构图与东壁大体相似。中间殿正匾额上书“开天立极”，颂扬女娲补天造人的功绩，两侧有垛殿，正殿顶上方有年月时日四直使者（图4-3-5）。殿内中间设山水屏障，屏障前有二椅一案。案前女娲伸手整理头上的冠饰，身后一侍女掌方形

图 4-3-5　娲皇庙正殿西壁，清

图 4-3-6　等候审判，娲皇庙正殿西壁，清

扇，侧另有一侍女扛羽扇。女娲两侧立二头戴幞头身着圆领青衫的女官，一躬身捧笏，女娲回首与她形成交流，另一女官伸手欲扶女娲手臂。殿前中间一侍女长跪整理香炉，两侧各立一身披甲胄的女将，北侧者左手持弓，右手握箭，身后一吏持三叉戟，一吏举立瓜，南侧这双手持箭，身后一吏举立瓜。北侧有二垛殿，一垛殿内有三女官，一伏案书写，一捧笔洗，一取卷轴。另一垛殿内置一案，四侍女一捧香炉一捧果二持谷穗状物，案上置石榴、食盒、瓶，案前一童子捧瓶莲。另有一童子依栏上，持摇鼓。南侧垛殿内置一案，三侍女伏案整理瓜果，一女官捧香炉。另有一侍女提壶走下台阶，身后门口一女童捧方盒。

正殿台阶下方各立二官员躬身捧笏，身后各有二侍女奏乐，其中北侧一吹唢呐，一击鼓，南侧一击鼓，一敲击云锣。北侧下方二人抬供案，案上置香炉、灯，后方扛长矛的二武将和三上身袒露、浑身长毛、下着齐膝裤的犯人，均双手合十，似为恭候审判（图 4-3-6）。南侧下方绘一天子装扮的神祇来朝，该神祇头戴梁冠，身着冕服，身侧立一捧冕官员及一身披甲胄的武将，前方二官员挑灯，身后一女官掌扇，一女官举擎黄色华盖。西壁最南端绘一松树，书上立有雉鸡，上方云端有一天女捧卷轴和一凤凰翱翔而下。

从娲皇庙的壁画内容来看，有备献礼、帝王来朝、审判犯人等主题。虽然西壁正殿

“开天立极”的匾额与女娲炼石补天、抟土造人的事迹相符，但是壁画中并没有表现这些能具体表明其身份的情节。也就是说，在壁画中，女娲只是作为一般的圣母而存在，其身份已经被泛化。

图 4-3-7　娲皇庙正殿北壁西侧殿内山水屏障，清

壁画中仕女下颔尖圆，体态修长但不纤弱。线条简洁流畅，根据不同样式的衣服运用不同风格的线条，宽袍大袖的衣纹婉转流畅，窄袖衫的衣纹突出转折时的褶皱，有的还略带有钉头鼠尾的笔意。注意颜色的搭配，主要运用的颜色有石绿、石青、朱红、藤黄等，艳丽而不失清雅。壁画注重细节的表现，如侍女的发饰侧多饰有金色的凤凰，部分头戴幞头身着圆领窄袖衫（男装）女官幞头侧也饰有此凤凰，以表明其性别，颇有创意。此外，建筑的纹样、地砖的线条、瓷器的纹理等都有精细的呈现。尤其值得一提的是，殿内的山水屏风亦有细致的描绘，如北壁西侧殿内的屏风上绘雪景山水，远处山石耸峙，中间河流成冰，近处一文士拄杖在雪中寻幽，线条粗犷劲健，意境清幽（图4-3-7）。娲皇庙有明确纪年，代表了清乾隆时期壁画的风格和水平，在清代壁画年代序列的建构中具有标尺性的意义。

附录　《释氏源流》与明代寺院佛传图情节对比表

《释氏源流》（成化二十二年版本）	崇善寺《释迦世尊应化示迹图》摹本（洪武原本，成化十九年摹本）	瞿昙寺	妙因寺	多福寺（天顺二年，1458）	觉苑寺（天顺至弘治二年间，1457—1489）
1 释迦垂迹					1 释迦垂迹
2 如来因地					2 最初因地
		1 观察世间?	1 观察世间?		
			2 人间苦难?		
		2 谒见帝释			
		3 指示慈航	3 指示慈航		
		4 天鼓自鸣	4 天鼓自鸣		
		5 勘定菩萨救世?	5 勘定菩萨救世?		
		6 迎请上师?			
		7 命净居天前往兜率天宫	6 命净居天前往兜率天宫?		
3 上托兜率	1 护明修行	8 兜率请降	7 兜率请降	1 护明修行	3 上托兜率
		9 须弥山			
		10 挑选降处			
4 瞿昙贵姓					4 瞿昙贵姓
5 净饭圣王					5 净饭圣王
6 摩耶托梦	2 乘象入胎	11 摩耶托梦	8 摩耶托梦	2 乘象入胎	6 摩耶托梦
7 树下诞生	3 树下降生	12 树下降生	9 树下降生	3 树下降生	7 树下诞生
	5 步步生莲		10 步步生莲	7 步步生莲	
	4 九龙吐水	13 九龙灌沐	11 九龙灌沐	4 九龙吐水	
8 从园返城		14 从园还城	12 从园返城		8 从园还城
		15 履七宝衣			
9 仙人占相	6 仙人占相	17 仙人占相	13 仙人占相	5 仙人占相	9 仙人占相
	7 饭王观相			6 饭王观相	
					10 大赦修福
10 姨母养育					11 姨母养育
	8 天人献宝盖			8 天人献宝盖	
11 往谒天祠					12 往谒天祠
	9 天人献宝			9 天人献宝	
	10 天人献花			10 天人献花	
	11 天人献香			11 天人献香	
	12 天人献衣			12 天人赐衣	
	13 体挂天衣				
12 园林嬉戏			14 园林嬉戏?		13 园林嬉戏

《释氏源流》（成化二十二年版本）	崇善寺《释迦世尊应化示迹图》摹本（洪武原本，成化十九年摹本）	瞿昙寺	妙因寺	多福寺（天顺二年，1458）	觉苑寺（天顺至弘治二年间，1457—1489）
13 习学书数	14 入学从师		15 入学从师	14 入学从师	14 习学书数
	15 习学算术		16 习学书数	15 习学算法	
	16 现大身光			16 现大身光	
14 讲演武艺					15 讲演武艺
15 太子灌顶		16 太子灌顶			16 太子灌顶
16 游观农务	26 出城观苗稼		17 游观农务	26 出城观苗稼	17 游观农务
			18 复入一园?		
	17 走象奔马			17 走象奔马	
	18 争斗武艺			18 争斗武艺	
	19 上下相扑			19 上下相扑	
17 诸王捔力	20 箭穿九鼓		19 箭穿铁鼓	20 箭穿九鼓	18 诸王捔力
	21 掷象出城		20 掷象出城	21 掷象出城	
18 悉达纳妃			21 悉达纳妃		19 悉达纳妃
19 五欲娱乐					20 五欲娱乐
20 空声警策	28 天人省劝			28 天人省劝	21 空声警策
21 饭王应梦					22 饭王应梦
			22 欲行游观?		
22 路逢老人	22 东门见老		23 路逢老人	22 东门见老	23 路逢老人
23 道见病卧	23 南门见病		24 道见病卧	23 南门见病	24 道见病卧
24 路睹死尸	24 西门见尸		25 路睹死尸	24 西门见尸	25 路睹死尸
25 得遇沙门	25 北门见僧		26 出游北门	25 北门遇僧	26 得遇沙门
			27 得遇沙门		
			28 告别沙门		
			29 守护太子		
26 耶输应梦			30 耶输应梦?		27 耶输应梦
27 初启出家	27 初启出家		31 初启出家	27 初启出家	28 初启出家
	29 厌恶妃御			29 辞别耶输	
	30 欲向修行			30 欲向修行	
			32 群臣劝谏?		
			33 亲族劝谏?		
	31 车匿敬问			31 车匿敬问	
	32 诸天进僧衣			32 天人进僧衣	
	33 向父请辞			33 向父请辞	
			34 太子出宫		
28 夜半逾城	34 逾城出家		35 夜半逾城	34 逾城出家	29 夜半逾城

续表

《释氏源流》（成化二十二年版本）	崇善寺《释迦世尊应化示迹图》摹本（洪武原本，成化十九年摹本）	瞿昙寺	妙因寺	多福寺（天顺二年，1458）	觉苑寺（天顺至弘治二年间，1457—1489）
	35 离宫发愿			35 离宫发愿	
	36 樵夫指路			36 樵夫指路	
	37 山神迎引			37 山神迎引	
29 金刀落发	41 金刀落发		36 金刀落发	41 金刀落发	30 金刀落发
			37 真正出家？		
30 车匿辞还	38 车匿辞还		38 车匿辞还	38 车匿辞还	31 车匿辞还
	40 车匿见饭王		39 车匿还宫	40 车匿见饭王	32 车匿还宫
31 车匿还宫	39 车匿见耶输		40 耶输闻讯	39 车匿见耶输	
			41 姨母闻讯		
			42 诸弟感伤		
			43 大臣感伤		
	42 天人进桃			42 天人进桃	
	43 天人参礼				
				43 雪山入定	
	44 猿鹿献花果			44 麋鹿献花	
32 诘问林仙					33 诘问林仙
33 劝请回宫			44 劝请回宫		34 劝请回宫
34 调伏二仙			45 调服仙人		35 调服二仙
35 六年苦行			46 六年苦行		36 六年苦行
			47 知苦行非菩提因		
36 远饷资粮					37 远饷资粮
37 牧女乳糜	46 牧女献乳		48 牧女献乳	46 牧女献乳	38 牧女乳糜
38 禅河澡浴	45 泥连河沐浴		49 禅河澡浴？	45 泥连河沐浴	39 禅河澡浴
39 帝释献衣					40 帝释献衣
			50 龙女献筌提？		
40 诣菩提场					41 诣菩提场
41 天人献草	47 吉祥献草		51 天人献草	47 吉祥献草	42 天人献草
	48 天人献座			48 四王献座	
42 龙王赞叹					43 龙王赞叹
43 坐菩提座			52 坐菩提座		44 坐菩提座
44 魔王得梦					45 魔王得梦
45 魔子谏父					46 魔子谏父
46 魔女炫媚	49 魔女笑佛	18 魔女炫媚	53 魔女炫媚	49 魔女笑佛	47 魔女炫媚

续表

《释氏源流》（成化二十二年版本）	崇善寺《释迦世尊应化示迹图》摹本（洪武原本，成化十九年摹本）	瞿昙寺	妙因寺	多福寺（天顺二年，1458）	觉苑寺（天顺至弘治二年间，1457—1489）
.	50 天乐自鸣			50 天乐自鸣	
47 魔军拒战	52 魔军害佛	20 魔军拒战	54 魔军拒战	52 魔军害佛	48 魔军拒战
48 魔众拽瓶		23 魔众拽瓶	55 魔众拽瓶		49 魔众拽瓶
49 地神作证					50 地神作证
50 魔子忏悔					51 魔子忏悔
51 菩萨降魔			56 菩萨降魔		52 菩萨降魔
52 成等正觉			57 成等正觉？		53 成等正觉
53 诸天赞贺					54 诸天赞贺
	53 天人献袈裟			53 天人进袈裟	
54 华严大法					55 华严大法
55 观菩提树					56 观菩提树
	54 利益谢佛			54 利益谢佛	
	55 龙王听法			55 龙王听法	
	56 善多礼敬			56 善多礼佛	
	57 牧女皈依			57 牧女皈依	
	59 与贾说法			59 与贾说法	
	60 疮溃痊美			60 疮溃痊美	
	61 忠荣求度			61 忠荣求度	
	62 利生归礼			62 利生归礼	
		28 忉利天迎佛			
56 龙宫入定	63 龙宫说法	29 龙宫说法		63 龙宫说法	57 龙宫入定
57 林间宴坐			58 林间宴坐？		58 林间宴坐
		21 献钵奉食？	59 献钵奉食？		
58 四王献钵	51 四王奉钵		60 四王献钵	51 四王奉钵	59 四王献钵
59 二商奉食					60 二商奉食
60 梵天劝请			61 梵天劝请		61 梵天劝请
	65 贫人供佛			65 贫人供佛	
				66 猎师问法	
61 转妙法轮	66 憍陈如出家				62 转妙法轮
62 度富楼那					63 度富楼那
63 仙人求度					64 仙人求度
64 船师悔责	58 舟人追悔	22 船师悔责	62 船师悔责	58 舟人追悔	65 船师悔责
65 耶舍得度					66 耶舍得度
66 降伏火龙	64 降服火龙		63 降服火龙？	64 降伏火龙	67 降服火龙

续表

《释氏源流》（成化二十二年版本）	崇善寺《释迦世尊应化示迹图》摹本（洪武原本，成化十九年摹本）	瞿昙寺	妙因寺	多福寺（天顺二年，1458）	觉苑寺（天顺至弘治二年间，1457—1489）
67 急流分断					68 急流分断
68 弃除祭器					69 弃除祭器
69 竹园精舍					70 竹园精舍
70 领徒投佛					71 领徒投佛
71 迦叶求度					72 迦叶求度
72 假孕谤佛					73 假孕谤佛
	67 光中现天宫			67 光中现天宫	
	68 罗睺降生			68 罗睺降生	
	69 饭王惊问			69 饭王惊问	
	70 群臣谪议			70 群臣谪议	
	71 天人捧书			71 天人捧书	
	72 驾云散花			72 驾云散花	
	73 遥指火灭			73 遥指火灭	
73 请佛还国	74 饭王遣使			74 饭王遣使	74 请佛还国
	75 世尊入城			75 世尊入城	
74 认子释疑					75 认子释疑
	76 瞻礼如来			76 瞻礼如来	
75 度弟难陀			64 度弟难陀?		76 度弟难陀
76 罗睺出家			65 罗睺出家?		77 罗睺出家
77 须达见佛					78 须达见佛
78 布金买地					79 布金买地
79 玉耶受训					80 玉耶受训
80 渔人求度					81 渔人求度
81 月光谏父					82 月光谏父
82 申日毒饭					83 申日毒饭
83 佛化无恼					84 佛化无恼
84 降服六师					85 降服六师
85 持剑害佛					86 持剑害佛
86 佛救尼犍					87 佛救尼犍
87 初建戒坛					88 初建戒坛
88 敷宣戒法					89 敷宣戒法
89 姨母求度					90 姨母求度
90 度跋陀女					91 度跋陀女
91 再还本国					92 再还本国
92 为王说法	77 为王说法		66 为王说法	77 为王说法	93 为王说法
	78 身出水火			78 身出水火	

续表

《释氏源流》（成化二十二年版本）	崇善寺《释迦世尊应化示迹图》摹本（洪武原本，成化十九年摹本）	瞿昙寺	妙因寺	多福寺（天顺二年，1458）	觉苑寺（天顺至弘治二年间，1457—1489）
93 佛留影像					94 佛留影像
94 度诸释种					95 度诸释种
95 降伏毒龙					96 降服毒龙
96 化诸淫女		26 化诸淫女			97 化诸淫女
97 阿难索乳					98 阿难索乳
98 调伏醉象		19 调伏醉象	67 调服醉象		99 调服醉象
99 张弓害佛					100 张弓害佛
100 佛化卢志					101 佛化卢志
101 贫公见佛					102 贫公见佛
102 老人出家					103 老人出家
103 丑女改容					104 丑女改容
104 夫人满愿					105 夫人满愿
105 鹦鹉请佛					106 鹦鹉请佛
106 恶牛蒙度					107 恶牛蒙度
107 白狗吠佛					108 白狗吠佛
108 火中取子					109 火中取子
109 见佛生信					110 见佛生信
110 因妇得度					111 因妇得度
111 盲儿见佛					112 盲儿见佛
112 老婢得度					113 老婢得度
113 劝亲请佛					114 劝亲请佛
114 嘱儿饭佛					115 嘱儿饭佛
115 贷钱办食					116 贷钱办食
116 老乞遇佛					117 老乞遇佛
117 说苦佛来					118 说苦佛来
118 谈乐佛生					119 谈乐佛生
119 祀天遇佛					120 祀天遇佛
120 佛度屠儿					121 佛度屠儿
121 度网渔人					122 度网鱼人
122 度捕猎人			68 度捕猎人		123 度捕猎人
123 佛化丑儿					124 佛化丑儿
124 救度贼人					125 救度贼人
125 度除粪人					126 度除粪人
126 施食缘起					127 施食缘起
127 目连救母					128 目连救母
128 佛救婴儿					129 佛救婴儿

续表

《释氏源流》（成化二十二年版本）	崇善寺《释迦世尊应化示迹图》摹本（洪武原本，成化十九年摹本）	瞿昙寺	妙因寺	多福寺（天顺二年，1458）	觉苑寺（天顺至弘治二年间，1457—1489）
129 金刚请食					130 金刚请食
130 鬼母寻子		24 鬼母寻子	69 鬼母寻子		131 鬼母寻子
		25 布施汤药?	70 布施汤药?		
131 小儿施土					132 小儿施土
132 杨枝净水					133 杨枝净水
133 采花献佛					134 采花献佛
134 燃灯不灭					135 燃灯不灭
135 造幡供佛					136 造幡供佛
136 施衣得记					137 施衣得记
137 衣救龙难					138 衣救龙难
138 说咒消灾					139 说咒消灾
139 证明说咒					140 证明说咒
			71 忉利天迎佛		
140 龙宫说法			72 龙宫说法		141 龙宫说法
141 天龙云集					142 天龙云集
142 佛赞地藏					143 佛赞地藏
143 胜光问法					144 胜光问法
144 维摩示疾					145 维摩示疾
145 文殊问疾					146 文殊问疾
146 金鼓忏悔					147 金鼓忏悔
147 楞伽说经					148 楞伽说经
148 圆觉三观					149 圆觉三观
149 楞严大定					150 楞严大定
150 般若真空					151 般若真空
		30 授记弥勒			
		31 授记迦叶	73 授记迦叶?		
151 付嘱国王		32 付嘱国王			152 付嘱国王
152 法华妙典					153 法华妙典
153 饭王得病					154 饭王得病
154 佛还觐父					155 佛还觐父
155 殡送父王					156 殡送父王
156 佛救释种					157 释救释种
157 为母说法					158 为母说法
158 最初造像					159 最初造像
159 浴佛形象					160 浴佛形象

续表

《释氏源流》（成化二十二年版本）	崇善寺《释迦世尊应化示迹图》摹本（洪武原本，成化十九年摹本）	瞿昙寺	妙因寺	多福寺（天顺二年，1458）	觉苑寺（天顺至弘治二年间，1457—1489）
160 姨母涅槃					161 姨母涅槃
161 请佛入灭					162 请佛入灭
162 佛指移石		34 佛指移石			163 佛指移石
163 嘱分舍利		35 嘱分舍利?			164 嘱分舍利
164 付嘱诸天					165 付嘱诸天
165 付嘱龙王		36 付嘱龙王			166 付嘱龙王
166 请佛住世			74 请佛住世?		167 请佛住世
167 天龙悲泣					168 天龙悲泣
168 魔王说咒					169 魔王说咒
169 纯陀后供					170 纯陀后供
170 度须跋陀					171 度须跋陀
171 佛现金刚		37 佛现金刚	75 佛现金刚		172 佛现金刚
172 如来悬记					173 如来悬记
173 最后垂训					174 最后垂训
174 临终遗教					175 临终遗教
175 荼毗法则		38 荼毗法则	76 荼毗法则		176 荼毗法则
176 造塔法式		39 造塔法式、应尽还源			177 造塔法式
177 应尽还源					178 应尽还源
178 双林入灭	79 双林入灭	40 双林入灭	77 双林入灭	79 双林入灭	179 双林入灭
179 金刚哀恋					180 金刚哀恋
180 佛母得梦					181 佛母得梦
181 升天报母			78 升天报母		182 升天报母
182 佛母散花					183 佛母散花
183 佛从棺起	80 出棺说法	41 为母说法	79 佛从棺起	80 出棺说法	184 佛从棺起
184 金棺不动			80 金棺不动		185 金棺不动
185 金棺自举	81 金棺自举		81 金棺自举	81 金棺自举	186 金棺自举
186 佛现双足	82 佛现双足			82 佛现双足	187 佛现双足
187 凡火不燃					188 凡火不燃
188 圣火自焚	83 圣火自焚	42 圣火自焚	82 圣火自焚	83 圣火自焚	189 圣火自焚
189 均分舍利	84 建舍利塔	43 均分舍利	83 均分舍利	84 建舍利塔	190 均分舍利
190 结集法藏			84 结集法藏		191 结集法藏
191 育王起塔					192 育王起塔
192 育王得珠					193 育王得珠
193 迦叶付法		44 迦叶付法			194 迦叶付法
194 迦叶入定					195 迦叶入定
195 商那受法					196 商那受法

续表

《释氏源流》（成化二十二年版本）	崇善寺《释迦世尊应化示迹图》摹本（洪武原本，成化十九年摹本）	瞿昙寺	妙因寺	多福寺（天顺二年，1458）	觉苑寺（天顺至弘治二年间，1457—1489）
196 毱多筹算					197 鞠多筹算
197 蜜多持幡					198 蜜多持幡
198 马鸣辞屈					199 天亲造论
199 龙树造论					200 龙树造论
					201 □□□□
					202 神僧应供
200 师子传法					203 师子传法
				85 明帝感梦	
		33 佛法东流			
		45 达摩渡江			204 达摩悉来
					205 译经传法
		46 藏式塔龛			

后　记

我自2009年始在故宫博物院书画部工作，从事古代绘画的保管、展览和研究工作。故宫博物院保存有古代绘画54000余件，其中除大家熟知的卷轴画外，还有147件壁画。故宫藏壁画除少数为墓葬壁画外，其余均为寺观壁画，是从山西、北京等地的寺观截取而来。2011年，我申报的院级课题"故宫博物院藏寺观壁画的清理与研究"批准立项，拟对故宫藏寺观壁画进行系统的清理、研究，但是因为尚未完成影像的系统采集工作，所以该课题一直未能顺利进行。

故宫博物院藏寺观壁画多为残块，且原来所属寺院的信息多已丢失，那么根据现存寺观壁画遗迹系统建构寺观壁画演变的历史就是首要任务。在此考虑下，我接受了《中国古代物质文化史　寺观壁画下　明清》的写作任务。2011年至2016年间，除北京周边外，我还多次赴山西、河北、四川对寺观壁画遗迹进行调查，涉足过的寺观包括北京法海寺；山西稷山青龙寺，繁峙岩山寺、公主寺，新绛稷益庙，汾阳圣母庙、太符观，临汾老君庙，高平开化寺、仙翁庙，洪洞广胜寺、水神庙，太原多福寺，霍州娲皇庙，灵石资寿寺；四川剑阁觉苑寺，新津观音寺，广汉龙居寺等。上述寺观多位于偏僻的深山，交通不便。另由于时间的关系，还有很多保存有壁画遗迹的寺观未能涉足。

本书写作仓促，难免会有很多不足、疏漏，甚至是错误，笔者希望能够抛砖引玉，引起大家对散落在各地的寺观壁画有更多地关注、研究，尤其是希望能对壁画进行更有力地保护。如果因为没有好的保护而导致壁画剥落、损毁，那么我们丢失的不仅仅是有着重要艺术、文化价值的壁画，还有中华民族的文化和信仰。

王中旭
2016年5月于南三所

图书在版编目（CIP）数据

中国古代物质文化史．绘画．寺观壁画．下：明清 /
王中旭著．-- 北京：开明出版社，2016.8
ISBN 978-7-5131-2057-9
Ⅰ．①中… Ⅱ．①王… Ⅲ．①物质文化—文化史—中
国—古代②寺庙壁画—中国—明清时代 Ⅳ．① K220.3
② K879.412

中国版本图书馆 CIP 数据核字 (2015) 第 138070 号

出 版 人：陈滨滨

责任编辑：支　颖　魏红岩　董晓君
美术编辑：周怡君
装帧设计：羽人·高伟

出　版：开明出版社（北京市海淀区西三环北路 25 号青政大厦 6 层）
印　制：保定市中画美凯印刷有限公司
开　本：889×1194　1/16
印　张：21.5
字　数：590 千
版　次：2016 年 9 月北京第 1 版
印　次：2016 年 9 月北京第 1 次印刷
定　价：150.00 元

ISBN 978-7-5131-2057-9